돌아서다 그리고 걷다

이 소중한 책을

특별히 _____님께

드립니다.

KB190291

돌아서다 그리고 걷다

참된 회개와 하나님의 형상 회복을 위한
기독교 인성교육 이야기

조순애 지음

나침반

맑고 화창한 7월
아이들의 웃음 피어나는 교회 앞마당
마른 나뭇가지 하나가 눈에 들어왔다
마음이 아파 왔다

연둣빛 청록 생명이 가득하던 날
내 영혼이 메마름이요
교회가 생명력 없어 보임으로
마른 나뭇가지에서 눈을 뗄 수 없었다

내가 살았으나
내가 죽었음을 인정하는 것이
이렇게 어려웠을까?

20여 년…
주님의 시간 속에서
주님은 알게 하셨다.
나는 죽고
그리스도로 옷 입기만을 바라는
상한 심령의 피조물인 것을…

주님의 가장 큰 은혜는
나의 죄를 알게 하신 것이다.

"태초에 하나님이 천지를 창조하시니라 !"

그리스도의편지교회는 1992년에 에스겔서 47장 1절부터 12절의 말씀이 교회를 통해 성취되기를 소망하며 창립되었다. 나는 이 교회를 개척한 송풍호 목사의 아내로서 교회 안에서 교사로, 상담자로 30여 년을 교회 가족들과 더불어 살아오면서 성경에서 말씀하시는 복음과 그 말씀에 기반을 둔 교회의 실체가 왜 이렇게 다른 것인지에 대해 깊이 고민해왔다.

이 고민은 매 주일 아침과 오후, 주중 성경공부반에서 가르치고 있는 교회교육이 그리스도인의 인격과 삶에 실제적으로 반영되지 못하는 현실의 심각성을 직시하는 데에서 시작되었다. 기독교 교육의 본질과 실체는 상실된 채, 그 허상만이 교회 안에 깊이 뿌리내리고 있음을 보게 되었고, 예배와 모임을 통해 전달되는 영양분은 기독교의 종교적 의식을 살찌우는 데에 사용되어 왔음을 깨닫게 되었다. 내가 평생을 바쳐 충성해온 모든 것들이 결국 그리스도인의 인격과 삶에 더욱 견고한 종교적 갑옷을 입혀온 것이라는 깨달음은 내 삶의 근간을 흔들 만큼 충격적이었다. 무엇보다 심각한 것은 교회 안에서 이 거짓된 믿음의 영광을 서로 주고받으며 살아가면서도 이에 대한 큰 문제의식이 없는 나와 교회의 영적 상태였다. 그래서 나는 창세기로 돌아왔다. 그리고 더욱 명백히 보게 되었다.

"태초에 하나님이 천지를 창조하시니라"(창세기 1:1)

  ○ 인간이 창조주 하나님 앞에서 피조물로서의 자기 자리를 지키지 못하고 있음을

"또한 그들이 마음에 하나님 두기를 싫어하매 하나님께서 그들을 그 상실한 마음대로 내버려 두사 합당하지 못한 일을 하게 하셨으니"(로마서 1:28)

  ○ 피조물 됨을 거부하는 인간은 마음 깊은 곳에 하나님 두기를 싫어하고 있음을

"한 사람이 두 주인을 섬기지 못할 것이니 혹 이를 미워하고 저를 사랑하거나 혹 이를 중히 여기고 저를 경히 여김이라 너희가 하나님과 재물을 겸하여 섬기지 못하느니라"(마태복음 6:24)

  ○ 예수 그리스도를 믿음으로 구원받았다는 그리스도인이 하나님과 세상을 겸하여 섬기면서도 그 죄에 대한 진정한 두려움이 없음을

"우리가 하나님과 함께 일하는 자로서 너희를 권하노니 하나님의 은혜를 헛되이 받지 말라"(고린도후서 6:1)

  ○ 교회 안에서 하나님의 은혜가 헛되이 여겨지고 있음을…

이 외에도 세부적으로 들어가 보면 보통 심각한 것이 아니었다. 편지교회 안에 성경에서 말씀하신 하나님의 은혜와 사랑의 실재가 존재하지 않아 보였다. 교회 안에 수두룩하게 쌓여있는 죄의 문제

는 하나님의 은혜와 사랑이라는 대의적인 명분으로 덮이다 못해 또 다른 거짓을 뒤집어쓰고 더 큰 문제를 서서히 만들어가고 있었다. 이것은 시간의 문제일 뿐, 결국은 예수 그리스도의 몸인 교회가 파멸로 가는 지름길이고 어두움이었다. 교회 지체들이 교회를 파괴할 목적으로 의도성 있는 행위를 하는 것은 아니었다. 다만, 창조주 하나님과 피조물인 인간의 존엄에 대한 무지함과 오해에서 출발한 기독교 신앙의 접근방법 자체가 가진 치명적인 결함의 결과였다. 따라서 이 문제는 교회가 신앙의 기본으로 돌아가 다시 가르칠 것을 요구한다. 그리스도인의 인격과 삶이 성경적이기를 기대하는 기독교 인성교육의 핵심은 교회 안에서 역사하고 계시는 성령님께서 죄와 의와 심판에 대해 말씀하실 때 어떻게 응답할 것인지에 대해 지속적으로 가르치고 지킬 때까지 돕는 것이다.

그리스도의편지교회의 이 부분에 대한 구체적인 나눔과 죄에 대한 경계는 가정과 교회가 서로 협력하여 그룹 교제나 목장에서 좀 더 실제적으로 다루어진다. 이것은 그리스도의편지교회 안에서 '기독교 인성교육'이라는 개념으로 살아 숨쉬고 있으며 이 책이 그런 목회관을 반영하고 있다.

하나님께서 이 책을 통해 내가 사역하고 있는 그리스도의편지교회에서 기독교 인성교육의 개념과 실체가 구체적으로 어떤 모습으로 존재하고 있는지를 함께 나눌 수 있는 기회를 주심에 감사드린다.

주님의 은혜를 간구하며, 이매동에서…
조순애

출간을 기뻐하며

박영철 목사 / 전 침례신학대학교 실천신학교수, 현 주님의 기쁨교회 담임목사

신학생 때로부터 알고 지내온 조순애 박사는 결코 평안하고 안일한 삶을 살아온 사람이 아니다. 그의 목회현장은 언제나 심각했고, 신중했고, 그리고 깨달음과 하늘의 감격과 기쁨의 연속이었다. 죄성(罪性)으로 가득 찬 인간의 본성문제에 주목하고 복음으로 그 문제를 해결하기 위해 한결같이 싸우며 달려온 저자는 그 오랜 기간 동안의 산고(産苦)를 거쳐 이 귀한 책을 우리에게 선물했다. 교인들의 진정한 변화되는 삶에 관심을 쏟고 있는 모든 목회자들과, 기독교 교육에 관심을 가진 모든 교사들, 그리고 비록 예수를 믿지는 않지만 진지하게 인성교육을 의도하는 모든 사람들이 읽어야 할 필독서로 추천한다.

손상원 / Southwestern Baptist Theological Seminary 신약학 교수

그리스도인으로서 그리고 목사로서 종종 깊은 고민에 빠질 때가 있다. 내 속에 여전히 존재하는 죄의 모습을 발견할 때와 내가 속한 교회가 성경에 나타난 교회의 모습과 차이가 있음을 발견할 때이다. 이것은 단지 나만의 고민이 아닌 것 같다. 이 책의 저자가 함께 나누는 고민이기도 하다.

이 책은 재미있거나, 쉽게 읽을 수 있는 책이 아니다. 기분을 좋게 만들어주는 책도 아니다. 개인적인 신앙 간증집도 아니다. 교회의 성장이나 부흥에 관한 책은 더욱 아니다. 어려운 질문

에 쉬운 해답을 주는 책도 아니다. 한 목회자와 교회가 함께 걸어가던 길을 잠시 멈추고, 자신들이 지금까지 걸어온 길을 되돌아보며, 새로운 방향을 찾아가는 과정을 그린 책이다. 그리스도의 형상을 닮아가고자 몸부림치는 믿음의 형제자매들, 교회가 교회다운 모습으로 거듭나기를 갈망하는 주의 일꾼들에게 이 책을 꼭 한 번 읽어보도록 추천 드린다.

김인허 / 논문 지도교수, Southwestern Baptist Theological Seminary 조직신학 교수
제가 송풍호 목사님과 조순애 사모님을 만난 것이 벌써 10년 전이었습니다. 교회 됨의 회복을 위해 교회 됨을 찾아가는 멀고 먼 순례의 길에서 소중한 만남을 가지게 되었던 것이지요. 주님의 몸 된 교회를 생각하면 이리도 가슴이 벅차지만 현실의 교회를 보면 가슴이 저며오는 간극 속에서, 저는 신학적 교단에서 두 분은 교회라는 삶의 자리에서 각자가 아파하며 애쓰다가 서로 만나 길동무가 되었네요.
두 분을 만나니 삶을 쉽게 살지 못하고 사서 고생하는 분들의 특성을 볼 수가 있었습니다. 문제를 덮지 못하고 굳이 드러내어 대가를 치르려는 삶이지요. 현실이 아무리 힘겨워도 삶의 무게를 두려워하기보다는 오히려 자신의 삶을 끊임없이 성찰해가지 못할까 봐 아파하는 모습에서 두 분은 주님의 거룩 앞에 항상 서고자 하는 사람의 실존적 고통을 감당하고 있는 것으로 이해되었습니다. 이 책의 중요성과 제시성을 누구보다 확신하는 독자로서 이 책을 진심으로 추천합니다.

목차

제1부
돌아서다, 그리고 걷다

제2부
「기독교 인성교육」의 본질

제3부
「기독교 인성교육」의 실제

제4부
「기독교 인성교육」의 근거

죄로 죽은 인간은 참된 회개를 통해 물과 성령으로 거듭나지 아니하면 하나님 나라를 볼 수도 없고 갈 수도 없다.

"예수께서 대답하여 이르시되 진실로 진실로 네게 이르노니 사람이 거듭나지 아니하면 하나님의 나라를 볼 수 없느니라 니고데모가 이르되 사람이 늙으면 어떻게 날 수 있사옵나이까 두 번째 모태에 들어갔다가 날 수 있사옵나이까 예수께서 대답하시되 진실로 진실로 네게 이르노니 사람이 물과 성령으로 나지 아니하면 하나님의 나라에 들어갈 수 없느니라"(요한복음 3:3-5)

우리 주 예수 그리스도로 말미암아 우리를 값없이 구속하신 하나님 아버지께서는 우리가 예수 그리스도 안에서 진리의 영이신 성령님의 이끄심을 따라 하나님께 순종하며, 교회의 머리 되신 예수 그리스도의 몸으로 살아가기를 기다리신다. 이 책이 이런 아버지의 심정에 더 가까이 다가가는 데 도움이 되기를 기도한다.

이 책은 오늘날 많은 그리스도인의 인격과 삶 속에 여전히 믿음에 대한 혼돈과 공허와 흑암이 깊이 자리 잡고 있음을 보고 그들이 이를 발견할 수 있도록 도움을 주고자 쓴 책이다. 이 책을 읽는 독자들이 자신의 영적 정체성에 대한 분명한 자기 이해와 자기 인정으로 나아가는 기회를 갖게 되기를 소원한다. 그리고 이 책을 읽는 모든 분들이 참된 회개를 바탕으로 예수 그리스도와의 온전한 연합을 이루는 믿음의 여정 가운데 서기를 기도한다. 이 책을 읽는 독자들이 이 믿음의 소원을 마음으로 품고 우리의 생명의 빛이신 예수님과 연합된 깊은 사귐 안에서 주와 함께 동행하는 삶의 실체가 있기를 기도한다.

이렇게 그리스도 안에서 거듭난 그리스도인들의 생명력 있는 삶 가운데 우리 주의 성령님께서 우리 안에 일그러진 하나님의 형상을 회복시켜 모든 교회가 예수 그리스도의 장성한 분량에 이르러 하나님께 영광을 돌리는 기쁨과 감사가 넘치기를 간절히 기도한다. 무엇보다도, 이 땅에 예수 그리스도의 몸으로 세워진 교회가 그리스도 안에서 성령님의 인도하심을 따라 하나님의 말씀을 가르쳐 지키게 하는 기독교 인성교육의 장(場)으로 회복되어 하나님께는 영광이요, 땅에서는 하나님의 기뻐하심을 입은 사람들 중에 평화를 경험하게 하는 데에 이 책이 조금이나마 도움이 되기를 바란다.

이 책의 1부는 하나님을 믿는다고 하면서도 실제 삶에서 예수님을 반영하지 못하는 신자의 삶을 저자의 경험을 통해 드러낸다.
저자는 교회 안에서 자신의 어두운 상태를 발견하고 고민하고 갈등하며 죄를 인정하고 참된 회개에 이르게 되는 과정을 솔직하게 고백한다.

2부는 기독교 인성교육에 대한 저자의 성경적 이해를 담고 있다.

이 시대에 왜 기독교 인성교육이 중요한지, 그 교육의 기반이 되는 죄와 참된 회개에 대한 이해는 무엇이며, 결국 그 인성교육이 추구하는 목표는 무엇인지, 그리고 이를 위해 교회가 감당해야 하는 역할은 무엇인지 설명하고 있다.

특별히 기독교 인성교육의 모습을 묘사하고 설명할 때 그 근거가 되는 성경 본문을 가능한 있는 그대로 수록하였다. 한편으로는, 글을 읽는 중간에 성경 본문을 찾아보아야 하는 수고를 덜어줌으로써 독자가 글의 흐름을 놓치지 않고 읽을 수 있도록 돕기 위함이고, 그보다 더 근본적으로는 사람의 말보다 말씀 그 자체에 능력이 있음을 믿기 때문이다. 그러므로 책에 수록된 성경 본문을 읽을 때 이미 잘 알고 있는 익숙한 말씀이라도 다시 한번 천천히 또박또박 읽어나가길 권면한다. 말씀을 깊이 묵상하며 이 책을 읽는 모든 이들에게 말씀의 권능이 임하시기를 간절히 기도한다.

3부에서는 2부에서 논의된 기독교 인성교육에 대한 목회적 이해와 그 실례를 제시한다.

이를 위해 저자의 목회 경험을 중심으로, 각 장마다 그리스도의편지교회 가족들의 실제적인 이야기와 고백을 수록하였다.

수록된 가족들의 글은 그동안 교회 전체와 더불어 나누어 온 교회 지체 한 사람 한 사람의 삶과 신앙에 대한 고백이다.

교회의 영적 현실을 있는 그대로 드러내기 위해 가족들의 깨달음과 경험, 그에 대한 나눔 내용을 편집하지 않고 가감 없이 담았다. 이는 각 장의 주제를 좀 더 현실감 있게 설명하고 심정적으로 나누기 위함이다. 신학적 오류에 대한 검증 혹은 글의 완성도를 높이기 위한 수정 작업을 거치지 않음으로써 그리스도의편지교회가 그동안 겪어온 실질적인 고통과 시행착오들을 숨김없이 나누고자 하였다. 이를 통해 교회가 기독교 인성교육의 장(場)으로서 존재하는 것의 의미와 모습이 조금이라도 더 구체적으로 드러나길 기대한다.

마지막으로 **4부에는 앞서 제시된 기독교 인성교육의 주요 개념들에 대한 성경적·신학적 고증의 과정을 보다 구체적이고 체계적으로 담았다.**

4부의 내용은 저자의 목회학 박사학위논문 「참된 회개와 하나님의 형상 회복」: 참된 회개와 하나님의 형상 회복에 초점을 맞춘 기독교 인성교육 제안(Southwestern Baptist Theological Seminary, 2019)"을 일부 발췌·보완한 것이다.

여기서는 성경과 신학을 기반으로 기독교 인성교육의 의미와 성격을 이론적으로 설명하는 데에 초점을 맞춘다. 이는 기독교 인성교육의 성경적·신학적 토대를 마련하고, 그에 근거하여 그리스도의편지교회가 추구해온 기독교 인성교육의 실재를 점검함으로써 이 책의 내용이 성경적·신학적으로 타당함을 보이고자 하였다.

　기독교 인성교육의 의의는 우리 스스로가 하나님의 자리에서 자기 인생의 주인이 되고자 하나님을 반역했던 자신의 죄를 정확히 인정하고, 성령님의 인도하심에 순종함으로써 그 죄로부터 온전히 돌이키는 참된 회개가 시작될 수 있도록 돕는 데 있다.

　"내가 의인을 부르러 온 것이 아니요 죄인을 불러 회개시키러 왔노라"
(누가복음 5:32)
"이르시되 때가 찼고 하나님의 나라가 가까이 왔으니 회개하고 복음을 믿으라 하시더라"(마가복음 1:15)

　이 과정을 경험한 사람들에게 필연적으로 일어나는 변화는 곧 성령 충만의 상태이다. 예수 그리스도 안에서 하나님의 형상이 회복된 그리스도인들은 하나님의 형상을 따라 지음받은 인간에게 부여된 존엄성을 회복하고, 성령 충만한 상태에서 그리스도의 장성한 분량까지 전인격적으로 성장해 갈 수 있게 된다. 우리의 죄로 인해 일그러진 하나님의 형상이 예수 그리스도 안에서 회복되어 비로소 피조물로서의 삶에서 하나님께 영광을 돌릴 수 있게 되는 것이다.

　교회가 이와 같은 기독교 인성교육이 이루어지는 장(場)이 될 때, 교회는 하나님의 형상을 반영하는 삶을 살아가는 그리스도인들을 양성하고 하나님의 형상을 세상에 보이고 증거하는 교회의 본질에 충실한 존재가 될 수 있다.

이 책을 통해 그리스도의편지교회 이야기를 나눔으로써 교회가 이 길을 가도록 인도하시는 하나님의 은혜와 긍휼이 드러나길 원한다. 또한 교회 가족들의 실제적인 이야기를 읽는 독자들의 마음에 그리스도의 몸 된 교회를 향한 아버지 하나님의 사랑이 부어지기를 기도드린다.

"인성교육"과 "회개"는 사회 전반과 교회에서 일반적으로 널리 사용되는 용어이다. 이 책에서는 이 친숙한 용어들이 "기독교 인성교육"과 "참된 회개"로 보다 구체화되어 핵심 개념으로 언급되며 일반적인 이해와는 조금 다른 맥락으로 사용된다. 따라서 그 차이를 간략히 정리하고자 한다. 각 용어와 개념에 관해 보다 구체적이고 체계적인 설명은 Part 2와 Part 3에서 제시한다.

1. 기독교 인성교육

A. 개념의 구분

(1) 일반적 인성교육: 인간의 '전인적인 성품 변화'를 목적으로 하는 교육으로 일반 교육학 분야에서 오래 사용되어온 개념이다.

(2) 기독교 교육/교회 교육: 성경 또는 기독교 교리와 관련된 '지식교육'을 통해 영성이나 신앙의 함양을 목적으로 하는 교육이다.

(3) 기독교 인성교육: 창조주 하나님의 피조물로서의 인간이

지닌 '성경적 인성'이 삶에서 '전인격적'으로 실현될 때까지 '가르쳐 지키게 하는' 기독교/교회 교육의 본질적인 형태를 의미한다.

B. 개념의 특성

(1) '피조성'이 '인격성'에 우선하는 교육이다.

(2) '회심-중생-성화의 과정'에 따른 전인격적 변화를 동반하는 교육이다.

(3) '가르쳐 지킬 수 있도록 돕는' 교육이다.

C. 개념의 본질

(성령님의 인도하심에 온전히 순종함으로써 경험하게 되는) '참된 회개'에 기반을 둔 '하나님의 형상 회복'의 과정으로 전개되는 하나님의 구속 사역에 순종으로 동참하는 인간의 행위이다. 즉, 인간의 능동성이 허용될 뿐만 아니라 요구되는 '참된 회개'와 이를 이끄시고 가능하게 하시는 성령님의 역사하심에 '순종하는 데'에 초점을 맞춘 교육이다.

2. 참된 회개

A. 개념의 의미

성경에서 말씀하시는 회개는 본래 피조물로서의 인간이 창조주 하나님을 거부하고 스스로 자신의 주인이 되고자 하는 죄로부터 돌아서는 것으로, 곧 죄와 관련된 '일체의 사고와 행위'로부터 온전히 떠나는 것을 의미한다. 그러나 우리 삶의 많은 장면에서 회개를 성경의 명령에 따라 살아가지 못하는 자신의 모습에 대한 인간적 '후회와 뉘우침'으로 여기고 인간 이성에 기반을 둔 '자기반성적 사고의 결과' 정도의 의미로 사용하는 경우가 빈번하다.

따라서 이 책에서는 '참된 회개'라는 특정한 표현으로 회개의 본래적 의미를 강조하고자 한다.

B. 개념의 특성

참된 회개는 인간의 노력과 능력으로 이룰 수 없고, 성령님의 인도하심에 전적으로 순종할 때에만 가능한 경험이다.

C. 개념의 성경적 근거

"이에 예수께서 제자들에게 이르시되 누구든지 나를 따라오려거든 자기를 부인하고 자기 십자가를 지고 나를 따를 것이니라" (마태복음 16:24)

"내가 그리스도와 함께 십자가에 못 박혔나니 그런즉 이제는 내가 사는 것이 아니요 오직 내 안에 그리스도께서 사시는 것이라 이제 내가 육체 가운데 사는 것은 나를 사랑하사 나를 위하여 자기 자신을 버리신 하나님의 아들을 믿는 믿음 안에서 사는 것이라" (갈라디아서 2:20)

"주께서 사랑하시는 형제들아 우리가 항상 너희에 관하여 마땅히 하나님께 감사할 것은 하나님이 처음부터 너희를 택하사 성령의 거룩하게 하심과 진리를 믿음으로 구원을 받게 하심이니"(데살로니가후서 2:13)

"우리를 구원하시되 우리가 행한 바 의로운 행위로 말미암지 아니하고 오직 그의 긍휼하심을 따라 중생의 씻음과 성령의 새롭게 하심으로 하셨나니"(디도서 3:5)

제1부

돌아서다,
그리고 걷다

"네가 만일 네 입으로 예수를 주로 시인하며 또 하나님께서 그를 죽은 자 가운데서 살리신 것을 네 마음에 믿으면 구원을 받으리라 사람이 마음으로 믿어 의에 이르고 입으로 시인하여 구원에 이르느니라"(로마서 10장 9~10절)

양심의 호소

철없이 신학교를 졸업하고 목회에 입문하면서 나는 영적 정체성에 대한 혼돈과 공허와 흑암 가운데서 혼미한 상태로 교회사역에 임하게 되었다. 내가 누구이며 어떤 존재인지 묻지도 알지도 못한 채, 매우 피상적이고 추상적인 종교적 신념을 가지고 그럴듯한 신앙의 언어로 나를 포장하며 살았다. 실체가 없는 내 믿음에 대한 무지와 우매함을 메우기 위해 화려한 위장술인 열정 하나로 밀어붙이며 40여 년 가까이 목회자의 삶을 살아왔던 것이다.

나는 다시 창세기 1장 1절로 돌아왔다.
그리고 나의 창조주 하나님! 천지의 대주재이신 하나님의 빛의 비추이심 앞에서 내 영적 정체성을 확인하게 되었다. 사십 년이 넘는 세월 동안 예수님을 붙들고 살아왔지만, 나의 믿음은 기독교의 대단한 종교성에 불과했고, 그 믿음으로 살아온 나의 삶은 기독교적 종교의식에 참여하며 살아온 것일 뿐이었다. 그렇기에 하나님의 창조성과 인간의 피조성에 대한 분명한 믿음의 실체가 나의 인격과 삶에서 반영될 리가 없었다. 교회를 다니고 신학을 공부하면서 뿐만 아니라 교회사역을 하는 내 내 내 양심은 끊임없이 나를 향해 호소했고, 나는 그것을 자각하고 있었다. 나의 믿음과 내 삶의 실체가 성경에서 말씀하시는 것과 괴리되어 있음을….

내 믿음에 본질적인 문제가 있음이 너무나도 분명했다. 나는 이 양심의 호소를 더이상 간과할 수 없었다. 오랜 시간 교회와 함께 살아오면서 인격과 삶에서 그리스도를 반영하지 못하고 있는 나의 정체성을 직면할 때면 너무나 괴롭고 고통스러웠기 때문이다. 나는 죽어있었고, 내 영은 나를 향해 살려달라 외치고 있었다.

"영혼 없는 몸이 죽은 것 같이 행함이 없는 믿음은 죽은 것이니라"(야고

보서 2:26)

제 02 장

선생질

이런 영적 정체성을 가지고 교회 안에서 교사이자 목사 사모로서 내게 주어진 상황에 따라 적당하게 또는 그럴듯하게 살아온 순간순간은 언제나 불안정했고 나의 내면은 혼돈과 공허와

흑암이었다. 때론 너무 괴로워서 하나님의 부르심을 사모하며 하루하루를 버티기도 했다.

이런 삶을 사는 내가 어떻게 소망의 이유를 묻는 자들에게 마음으로부터 일어나는 소망의 답을 줄 수 있단 말인가? 그런데도 나는 신앙생활에 대한 교과서적인 정답을 말하면서 선생질을 하고 사모 노릇을 하며 적당히 살아가고 있었다. 이런 나에게 상담은 매우 큰 고통이었다. 그러나 안타깝게도 나에게 맡겨진 교회 사역 중 가장 주된 부분이 바로 상담을 통해 교회 지체들의 문제를 해결할 수 있는 대안을 제시하는 것이었다. 영적인 것은 개념뿐이었고, 세상적인 상담 방법론과 심리학적 지식을 동원하여 마음의 상처를 치유하는 쪽에 치중한 상담을 해왔다.

그 결과는 뻔했다. 상담을 하는 동안에는 피차간에 그럴듯한 화답이 일어났다. 그러나 일정 기간이 지난 후 그와 유사한 문제가 발생할 때마다 나는 매번 동일한 절차를 밟고 기도하는 종교적 요식행위를 반복하게 되었다. 나의 영혼과 육체는 점차 그 일 자체에 매이게 되었고, 나는 피폐해졌다. 피상담자의 문제 또한 근본적으로 해결되지 않았다. 결국 인간적인 방법과 나 자신의 능력에 기댄 상담 사역은 근본적인 치유가 아닌 일시적 도움에 불과하며 상담자나 피상담자 모두를 지치게 만들 뿐이라는 것을 깨닫게 되었다.

길고 어둡고 공허한 나의 과오의 시간을 통해, 나는 이 문제의 본질이 인간의 내면 깊은 곳에 자리 잡고 있는 죄의 속성에 있으며, 따라서 이 죄를 분명히 직시하고 이 죄로부터 벗어나는 것만이 이 문제를 궁극적으로 해결하는 길임을 깨닫게 되었다.

"내 형제들아 너희는 선생된 우리가 더 큰 심판을 받을 줄 알고 선생이 많이 되지 말라"(야고보서 3:1)

제 03 장

거짓믿음

이것이 나 자신이기에 교회 안과 밖에서 나는 이 괴로움을 숨기지 않고 상황에 따라 자연스럽게 노출하며 살았다. 주변의 지인들에게 나의 이 착잡한 심정을 나눌 때면 종종 나의 신앙 생활이 지나치게 율법적이거나 나의 성격이 완벽주의적이기 때문이라는 답을 듣곤 했다.

한 번은 어떤 분이 본인은 대학생 때 예수님을 만나 구원의 확신을 가진 뒤로 이런 고민을 하지 않는다며, 이 고통은 구원의 확신이 없어서 그런 것이니 예수님을 믿고 구원의 확신을 가지라며 복음을 전하기도 했다. 그러나 나는 그것이 내 괴로움의 원인이라는 점에 동의하기 어려웠다. 나는 결코 율법적으로 완벽해지고자 하는 것이 아니었으며, 예수 그리스도를 믿음으로써 구원받는다는 사실을 조금도 의심 없이 믿고 있었기 때문이다. 또 다른 분들은 내게 하나님의 은혜와 사랑에 대한 묵상과 감사에 보다 집중할 것을 권하기도 했다. 특히 은혜에 대한 강조, 즉 구원은 '받을 자격이 없는 사람에게 값 없이 베풀어주신 하나님의 선물'이라는 것을 강조하며, 하나님 앞에서 우리의 모습이 다 그렇다고 위로해 주었다.

"그러니까 은혜다. 우리는 성경대로 살 수 없다. 우린 그 삶을 살 수 없는 죄인이다. 그 고통은 많은 그리스도인과 사역자들이 죄인 된 인간으로서 예수님을 믿을 때 보편적으로 경험하는 것이니 너무 괴로워하지 말라. 우리가 부족한 것은 너무나도 당연한 사실이기에 하나님께서 예수 그리스도를 믿는 믿음을 시인하는 모든 자들을 구원하심을 믿고, 그저 감사함으로 하나님의 그 놀라운 은혜를 누리며 살아가면 된다."

이와 같은 위로와 권면에도 불구하고 나의 내면의 갈등은 계속되었다.

"주께서 이르시되 이 백성이 입으로는 나를 가까이하며 입술로는 나를 공경하나 그들의 마음은 내게서 멀리 떠났나니 그들이 나를 경외함은 사람의 계명으로 가르침을 받았을 뿐이라"(이사야 29:13)

"선한 사람은 마음에 쌓은 선에서 선을 내고 악한 자는 그 쌓은 악에서 악을 내나니 이는 마음에 가득한 것을 입으로 말함이니라"(누가복음 6:45)

"그들의 목구멍은 열린 무덤이요 그 혀로는 속임을 일삼으며 그 입술에는 독사의 독이 있고"(로마서 3:13)

"네가 하나님은 한 분이신 줄을 믿느냐 잘하는도다 귀신들도 믿고 떠느니라 아아 허탄한 사람아 행함이 없는 믿음이 헛것인 줄을 알고자 하느냐"(야고보서 2:19-20)

"한 입에서 찬송과 저주가 나오는도다 내 형제들아 이것이 마땅하지 아니하니라 샘이 한 구멍으로 어찌 단 물과 쓴 물을 내겠느냐"(야고보서 3:10-11)

성경은 인격과 삶으로 증거되지 못하는 나의 믿음이 거짓 믿음, 헛된 믿음이라고 말씀하셨다.

제 04 장

갈등

이처럼 거짓되고 헛된 믿음에 대해 경고하시는 말씀들이 나의 내면을 끊임없이 비추고 있었다. 어떠한 위로와 격려에도 불구하고, 이 비추심 앞에 나의 몸과 마음은 심히 괴로웠고 무거웠으며 내 안에서 일어나는 갈등과 의구심은 끊이지 않았다.

그렇다면…

'죄인 된 우리는 성경에서 말씀하시는 믿음에 도달할 수 없기에 부족한 우리를 구원하신 하나님의 은혜에 그저 감사하며 살아가는 것이 우리에게 주어진 최선의 삶이라면, 하나님은 인간이 지킬 수 없는 명령을 하시는 분이라는 것인가? 그래서 은혜와 믿음으로만 구원받는다는 것인가?'

'왜 인간은 성경 말씀대로 살 수 없는가?'

'그럼 헛된 믿음, 거짓된 믿음을 질책하는 성경 말씀들은 모두 교회 밖에 있는 사람들을 대상으로 말씀하신 것인가?'

해결되지 않은 질문들이 계속해서 나의 영적 상태를 혼미케 하였다. 이 삶이 나는 너무 괴로웠다. 사라지지 않는 괴로움 속에서 나는 성경에서 말씀하신 믿음이 내게 처음부터 없었거나, 내가 그 믿음을 잘못 이해하고 적용하며 살아온 것이 아닌지 스스로 묻게 되었다. 이런 과정을 거치면서 나는 내 믿음에 어떤 본질적인 문제가 있음을 점점 깊이 깨닫게 되었다.

오랜 시간의 끈질긴 씨름 끝에 이 괴로움의 원인을 마주할 수 있었다. 스스로 문제가 있다는 것을 느끼면서도 사실은 이 문제가 매우 심각하고 근본적인 문제라는 것을 결코 인정하고 싶지 않았던 거짓된 나의 자아, 그동안 내 존재와 삶의 기반이 되어 온 내 신앙을 어느 정도는 그대로 인정받고 싶어 하는 교만하고 고집스러운 나의 자아가 바로 그 괴로움의 원인이었다.

예수 그리스도와 함께 십자가에 못 박혀 죽었어야 하는 나의 자아가 그럴듯한 신앙인의 모습을 하고 예수님의 자리를 고집스럽게 차지하고 있었다. 그렇기에 이 갈등의 근본적인 해결책은 바로 '나의 거짓된 믿음'과 '거짓된 나의 자아'에 대한 인정에 있었다.

이것은 내 안에 거하는 죄의 실체에 대한 자각과 내 죄에 대한 자기 인정이었다. 주님께서는 내 믿음이 잘못되었다는 것, 내 믿음이 죽은 믿음, 곧 귀신같은 믿음이라는 것을 있는 그대로 인정하는 것만이 나를 그 고통으로부터 자유케 하는 유일한 길이라는 사실을 알게 하시고 경험하게 하셨다.

"내 형제들아 만일 사람이 믿음이 있노라 하고 행함이 없으면 무슨 유익이 있으리요 그 믿음이 능히 자기를 구원하겠느냐 만일 형제나 자매가 헐벗고 일용할 양식이 없는데 너희 중에 누구든지 그에게 이르되 평안히 가라, 덥게 하라, 배부르게 하라 하며 그 몸에 쓸 것을 주지 아니하면 무슨 유익이 있으리요 이와 같이 행함이 없는 믿음은 그 자체가 죽은 것이라 어떤 사람은 말하기를 너는 믿음이 있고 나는 행함이 있으니 행함이 없는 네 믿음을 내게 보이라 나는 행함으로 내 믿음을 네게 보이리라 하리라 네가 하나님은 한 분이신 줄을 믿느냐 잘하는도다 귀신들도 믿고 떠느니라"(야고보서 2:14-19)

제 05 장

죄의 인정

그렇다면 성경에서 말하는 믿음은 어떤 믿음인가? 나는 이 문제를 안고 창세기 1장~3장으로 돌아왔다. 성경은 너무나도 명확하게 하나님의 창조성과 인간의 피조성, 즉 우리의 존재 의미가 결국은 하나님이 주인되시고 우리가 그의 피조물되는 것에 있음을 말씀하고 계셨다. 하나님의 형상을 따라 지음 받은 인간은 하나님의 형상을 반영함으로써만 창조주 하나님의 뜻에 따른 본래의 인격을 온전히 갖춘 존재가 될 수 있는 것이었다. 이 길고 지난한 괴로움의 시간 끝에 내가 분명하게 믿고 깨닫게 된 것은 내가 이제껏 하나님과 무관하게 형성된 세상의 논리와 가치관에 따라 성경을 읽고, 그렇게 적당히 이해하고 적당히 믿어지는 기독교적 교리에 근거하여 하나님과 나와 세상을 규정하고 이해하며 살아왔다는 사실이었다. 왜 그랬을까? 어떻게 나 자신을 그리스도인으로 규정하면서 그런 삶을 살아올 수 있었던 것일까?

"또한 그들이 마음에 하나님 두기를 싫어하매 하나님께서 그들을 그 상실한 마음대로 내버려 두사 합당하지 못한 일을 하게 하셨으니 곧 모든 불의, 추악, 탐욕, 악의가 가득한 자요 시기, 살인, 분쟁, 사기, 악독이 가득한 자요 수군수군하는 자요 비방하는 자요 하나님께서 미워하시는 자요 능욕하는 자요 교만한 자요 자랑하는 자요 악을 도모하는 자요 부모를 거역하는 자요 우매한 자요 배약하는 자요 무정한 자요 무자비한 자라 그들이 이같은 일을 행하는 자는 사형에 해당한다고 하나님께서 정하심을 알고도 자기들만 행할 뿐 아니라 또한 그런 일을 행하는 자들을 옳다 하느니라"(로마서 1:28-32)

성경은 우리의 죄성에 관해 이처럼 분명히 말씀하신다. 우리는 마음에 하나님 두기를 싫어한다고, 하나님을 거부하는 것이 죄인 된 우리의 실체라고 말이다.

"이 백성이 입술로는 나를 공경하되 마음은 내게서 멀도다"(마태복음 15:8)

나는 이 사실을 인정할 수밖에 없었다. 내 마음의 깊은 내면은 나의 참 주인 되신 창조주 하나님과 하나님의 소유된 피조물인 인간의 관계를 온전히 인정하고 싶어 하지 않았다. 그렇기에 여전히 내 식의 믿음과 내 식의 신앙 양식을 붙들고 그러한 '내 것'들을 정당화하고자 오랜 시간 괴로워했던 것이었다.

그러나 성경은 내 존재의 의미는 어디까지나 하나님의 피조물 됨에 있음을 말씀하신다. 나는 스스로 무엇을 이해해서 판단하고 결정하는 존재가 아니라는 것이다. 다시 말해, 하나님의 피조물 된 나는 선과 악을 판단하고 선택할 수 있는 존재가 아니다. 그렇기에 인간이 스스로 자기 자신에 대한 주재권을 행사하려는 욕심, 우리의 인간관계나 삶에서 하나님과 같이 되고 싶어 하는 욕심은 그 자체로 그저 죄일 뿐이다. 성경은 모든 인간이 바로 이 죄와 허물로 죽었다고 분명하게 선언한다.

"그는 허물과 죄로 죽었던 너희를 살리셨도다"(에베소서 2:1)

이 말씀들이 나의 거짓된 믿음의 터를 흔들었다. 나는 마음 깊은 곳으로부터 나의 모든 주권을 하나님께 내어 드린 적이 없었다. 이성과 감정에 따라, 나의 의지로 수없이 고백하고 회개하고 결단했지만, 사실 나의 내면 깊숙이 성경에서 말씀하시는 온전한 믿음을 갖고 싶지 않은 마음이 있었음을 알게 되었다.

성경은 내가 입술로는 하나님에 대한 믿음을 고백하지만 실상 내 마음에 온전히 하나님 두기를 싫어하는 죄인일 뿐임을 들추어 보이셨다. 하나님의 창조성과 나의 피조성으로 규정되는 내 실체를, 내 마음은 완강히 거부하고 있었던 것이다. 이것이 곧 죄의 실체였다. 나는 이 죄에 대한 분명한 자각과 인정, 그리고 그 죄로부터 온전히 돌아서는 회개 없이 하나님의 은혜와 구속의 사랑에 대한 이성적인 이해와 판단, 감정적인 반응으로 충만해져 열과 성을 다해 교회 안에서 살아왔던 것이다. 입으로는 피조물 된 인간의 정체성에 부합하는 삶을 살아가길 원한다고 기도하고 사람들과 나누면서도 내 마음 깊은 곳에서 나는 그 온전한 그리스도인의 삶을 거부하고 있었다. 나는 여전히 하나님과 세상을 겸하여 섬기고 싶었다.

로마서 10장 10절은 "사람이 마음으로 믿어 의에 이르고 입으로 시인하여 구원에 이르느니라"라고 선언한다. 마음이 없는 입의 시인은 무의미하기에, 나의 수 없는 고백과 결단에도 불구하고 이 믿음이 내 마음과 인격과 삶에서 성취되지 못하였음이 분명하게 드러났다.

인간의 피조성의 존재적 의미를 개념적으로 이해했을 뿐 마음으로는 받아들이지 않았던 내 삶의 실체는 기독교의 종교적 외식과 의식 덩어리에 지나지 않았다. 지금도 나는 성령님의 이끄심에 나를 쳐서 복종시키지 않으면, 매 순간 하나님과 같이 눈이 밝아져 선과 악을 판단하는 존재가 되고 싶어 안달한다.

이 욕망이 나의 인격과 삶 구석구석에 배어 들어있다. 심지어 교회와 한 몸이 되어 살아가는 동안에도 종종 하나님의 이름과 영광을 운운하면서 행한 행위들의 배후에 이 욕망이 성령님의 역사보다 앞서 있음을 보게 된다. 나의 입술로는 하나님의 사랑을 노래하고 말하면서 말이다. 이는 비단 과거의 일이 아니라 지금 이 순간 나의 나 됨이며 내가 속한 교회의 현실이다. 하나님의 나라와 그분의 영광을 위해 교회에서 헌신하고 사역한다는 내가 실상은 하나님께서 세우신 교회를 건강하게 세워가시는 성령님의 사역을 훼방하고 핍박하는 주체였던 것이다.

제 06 장

회개

　성경은 하나님의 창조성과 인간의 피조성, 하나님의 형상으로서만 온전해질 수 있는 인간 존재에 대한 인간의 인정과 믿음, 그리고 그 믿음에 부합하는 실제적인 삶을 분명히 요구하신다. 그러므로 인간은 자기 주도적인 삶을 사는 것이 곧 하나님을 거부하는 죄 그 자체임을 인정해야 한다. 그리고 그 죄로부터 분명하게 돌아서는 회심을 거쳐 물과 성령으로 거듭나야 한다. 내가 끝없는 고민과 괴로움의 끝에 발견한 것은 바로 나의 회개와 믿음이 이처럼 분명하지 않았다는 것이었다.

　"그런데 바리새인 중에 니고데모라 하는 사람이 있으니 유대인의 지도자라 그가 밤에 예수께 와서 이르되 랍비여 우리가 당신은 하나님께로부터 오신 선생인 줄 아나이다 하나님이 함께 하시지 아니하시면 당신이 행하시는 이 표적을 아무도 할 수 없음이니이다 예수께서 대답하여 이르시되 진실로 진실로 네게 이르노니 사람이 거듭나지 아니하면 하나님의 나라를 볼 수 없느니라 니고데모가 이르되 사람이 늙으면 어떻게 날 수 있사옵나이까 두 번째 모태에 들어갔다가 날 수 있사옵나이까 예수께서 대답하시되 진실로 진실로 네게 이르노니 사람이 물과 성령으로 나지 아니하면 하나님의 나라에 들어갈 수 없느니라 육으로 난 것은 육이요 영으로 난 것은 영이니 내가 네게 거듭나야 하겠다 하는 말을 놀랍게 여기지 말라 바람이 임의로 불매 네가 그 소리는 들어도 어디서 와서 어디로 가는지 알지 못하나니 성령으로 난 사람도 다 그러하니라 니고데모가 대답하여 이르되 어찌 그러한 일이 있을 수 있나이까 예수께서 그에게 대답하여 이르시되 너는 이스라엘의 선생으로서 이러한 것들을 알지 못하느냐 진실로 진실로 네게 이르노니 우리는 아는 것을 말하고 본 것을 증언하노라 그러나 너희가 우리의 증언을 받지 아니하는도다 내가 땅의 일을 말하여도 너희가 믿지 아니하거든 하물며 하늘의 일을 말하면 어떻게 믿겠느냐 하늘에서 내려온 자 곧 인자 외에는 하늘에 올라간 자가 없느니라 모세가 광야에서 뱀을 든 것 같이 인자도 들려야 하리니 이는 그를 믿는 자마다 영생을 얻게 하려 하심이니라"(요한복음 3:1-15)

이 말씀은 나의 영적 실체를 고스란히 드러내셨다.

이 말씀을 묵상하며 나는 피조물로서의 나의 존재를 끈질기게 거부해 온 나의 죄에 대한 온전한 회개를 주께 구하고 두드리고 찾았다. 이 말씀이 내 안에서 성취되지 않는다면, 즉 거듭난 자의 인격과 삶이 내게 없다면, 나의 삶은 그 어떤 의미도, 소망도 없는 죽은 자의 헛되고 거짓된 순간들에 불과할 뿐이었다. 이 죄인의 자리에서 내가 할 수 있는 오직 한 가지 기도는 성령님께서 나를 이 죽음의 자리에서 건지셔서 아버지의 얼굴을 뵙게 해주시기를 소원하는 것이었다.

창조주 하나님의 형상을 따라 지음받은 피조물인 내가 내 마음에 창조주 하나님 두기를 싫어하는 자기 주도적인 삶에 대한 모든 죄를 온전히 회개하는 것. 회개하고 예수 그리스도를 주로 믿어 중생한 그리스도인으로서 예수 그리스도와의 온전한 연합을 이루는 것. 그리고 그 안에서 창조주 하나님께 영광을 돌리는 전인격적인 순종의 삶을 사는 것. 이 믿음을 날마다 충만케 해주시기를 구하는 것만이 죄인 된 내가 할 수 있는 전부였고, 오늘도 나의 전부이며, 내일도 나의 전부이기를 간절히 소망한다.

"네가 만일 네 입으로 예수를 주로 시인하며 또 하나님께서 그를 죽은 자 가운데서 살리신 것을 네 마음에 믿으면 구원을 받으리라 사람이 마음으로 믿어 의에 이르고 입으로 시인하여 구원에 이르느니라"(로마서 10:9-10)

이 말씀이 나와 교회가 결국 죄인의 자리에 설 수 있도록 축복해주셨다. 이 신령한 은혜를 베푸신 아버지 하나님, 아들 하나님, 성령 하나님께 모든 영광을 세세 무궁토록 돌려드린다.

"율법이 들어온 것은 범죄를 더하게 하려 함이라 그러나 죄가 더한 곳에 은혜가 더욱 넘쳤나니"(로마서 5:20)

제 07 장

교회

그동안 기독교적 종교의식에 만취되어 교회 안에서 종교적 외식에 충실한 삶을 살아온 나를 발견하게 되었다. 내 인생의 모든 주권을 아직도 내가 쥐고 기독교 신앙의 맵시를 내며 살아온 일체의 삶이 죄임을 마음으로부터 온전히 인정하게 되었다. 그 죄로부터 분명하게 돌이키는 온전한 회개 없이 예수님을 믿는다고 스스로 확신하며 살아온 나의 영적 정체성은 모두 거짓 그 자체였음을 입으로 시인하게 되었다. 회개 없이 하나님의 말씀을 대충 이해하고 적당하게 믿고 살아오면서도 그 사실을 마음으로 온전히 인정하지 않고 지속적으로 거부해왔던 것이 내 믿음의 가장 근본적이고 본질적인 문제였다.

내가 이 문제를 안고 적당하게 살아왔기에 나는 교회에서 성경 말씀을 온전히 가르쳐 지키도록 돕지 못했고 나의 삶으로 보여주지도 못했다. 이런 나에게 성경은 창조주 하나님의 형상을 따라 지음 받은 피조물 된 인간으로서의 나의 존재에 대한 분명한 인정과 하나님께 대한 온전한 믿음, 그리고 그 믿음에 따른 온전한 순종의 삶이 나의 전부임을 말씀하신다. 그것이 하나님께서 창조하신 나의 실체이고 내가 진정으로 내가 되는 유일한 길임을 선언하신다.

내 자아가 그리스도의 죽으심과 함께 십자가에 장사 지낸 바 된 나는 이제 그리스도의 다시 사심에 연합되어 죄에 대하여는 죽고 하나님께 대하여 산 자로서의 자유함을 누릴 수 있게 되었다. 이런 자들에게 약속하신 하나님의 나라와 의가 나를 통해, 그리고 교회를 통해 이 땅에서 증거되기를 간절히 구하고 찾고 두드리며 살아가고 있다.

하나님의 은혜로 구원받고 믿음으로 살아가고 있다고 확신하는 교회가 죄인의 자리로 내려오는 길은 너무나 혼란스러웠고 교회는 해산의 수고를 치러야 했다. 때로 그 과정은 지독히도 고통스러웠지만, 감사했고 감사하다. 이것이 곧 교회가 이 땅에서 해야 할 중요한 사역이고 역할이기 때문이다. 지금도 이 수고와 고통은 계속되고 있으며, 앞으로도 계속되길 소원한다. 이것이 교회가 이 땅에 존재하는 중요한 이유 중에 하나임을 믿기 때문이다. 교회가 예수 그리스도의 머리 되심에 연합되어 있는 그리스도의 몸으로 살아가지 않으면 우리가 각자의 인격과 삶에서 예수 그리스도를 반영하며 살아갈 가능성은 매우 희박해진다.

20여 년간 머리 되신 예수 그리스도의 몸 된 교회로 살아가고자 몸부림쳐 온 그리스도의편지교회는 이제 이 자리에서 주님과 깊이 동행하는 참된 자유와 평안, 정직한 기쁨과 감사를 나누며 살아가고 있다.

"진리를 알지니 진리가 너희를 자유케 하리라"(요한복음 8:32)
"평안을 너희에게 끼치노니 곧 나의 평안을 너희에게 주노라 내가 너희에게 주는 것은 세상이 주는 것과 같지 아니하니라 너희는 마음에 근심하지도 말고 두려워하지도 말라"(요한복음 14:27)

이 기쁜 소식이 교회 안에서나 밖에서 우리 자녀들을 통하여 땅 끝까지 전파되기를 간절히 기도한다. 우리 자녀들이 어려서부터 이 복음을 기반으로 한 기독교 인성교육을 통해 자신의 정체성을 깨닫고 이 복음의 질서 안에서 역사하시는 성령님을 따라 죄에 대하여, 의에 대하여 심판에 대하여 민감하게 반응하며 정직한 회개와 믿음으로 무장한 하나님의 사람으로 성장해 나아갈 수 있기를 간구한다.

제2부

「기독교 인성교육」의 본질

"내가 진실로 진실로 너희에게 이르노니 한 알의 밀이 땅에 떨어져 죽지 아니하면 한 알 그대로 있고 죽으면 많은 열매를 맺느니라 자기의 생명을 사랑하는 자는 잃어버릴 것이요 이 세상에서 자기의 생명을 미워하는 자는 영생하도록 보전하리라"(요한복음 12장 24절)

죄의 인정과 참된 회개가 핵심이다

1. 나는 누구인가?

오늘날 우리는 여러 심각한 사회 문제들을 겪고 있다. 그리고 세상의 빛과 소금이 되어야 할 교회가 그 역할을 다하지 못함으로 인해 쏟아지는 비난의 화살이 매섭다. 많은 교회들이 이 문제를 가슴 아프게 받아들이고 그 본연의 역할을 다하기 위해 노력하고 있지만, 교회를 향한 염려의 눈길과 목소리는 여전한 것이 현실이다.

한국사회는 자살률, 이혼율, 낮은 출산율 등이 세계 1위일 정도로 생명과 관계된 사회의 내적 기반이 뿌리째 흔들리고 있다. 여기에 학교폭력, 지속적으로 증가하는 성범죄와 혐오 범죄, 정서적 불안 및 우울증, 부정부패와 심각한 빈부격차, 다양한 집단들의 소외 및 차별현상 등 사회의 외연적인 측면에서도 많은 문제를 나타내고 있다.

최근 교육계뿐만 아니라 사회 각층에서 이와 같은 한국사회의 심각한 문제들에 대한 주요 원인이 '인성교육의 부재'에 있다고 이야기하고 있다. 성과중심적인 한국사회의 구조가 학교에서의 주지주의적·기능주의적 교육을 강화시켜 왔고, 경쟁적이고 비인간적인 사회 분위기가 점차 확산되어 이제 우리 사회 곳곳에 만연하다. 사회의 외연적 성장에 너무 집중한 나머지 그 과정을 겪어내야 하는 사회 구성원들의 인성에 대한 무관심과 방치가 오랜 시간 지속되어 왔으며, 그 결과로 양산된 왜곡되고 균형 잡히지 못한 사회 구성원들의 인성이 오늘 우리가 마주한 여러 사회 문제들을 초래하는 데에 결정적인 역할을 수행하게 되었다는 것이다.

이에 대한 반성으로 지난 몇년 간 각급 학교 차원의 인성교육 교육과정과 기업 및 기관 차원의 인성교육 프로그램 등이 꾸준히 개발되어 왔으나 그 효과가 아직은 크지 않다는 것이 학교 현장과 사회의 그동안의 평가이다.

이렇게 사회에 심각한 문제가 있을 때 사람들이 기대하는 것은 이 사회 문제를 뛰어넘는 영적 각성 즉, 세상의 원리와 한계에 휘둘리지 않는 빛과 소금의 역할을 수행할 존재이다. 한국 사회가 당면한 많은 어려움에도 불구하고, 사회가 교회에 어떠한 기대도 하지 않고 있는 오늘의 현실은 세상이 보는 교회가 그 역할을 수행할 수 없는 존재라는 것을 보여준다. 세상 사람들에게 보여지는 교회와 그리스도인들은 이 어두운 세상에서 소금과 빛의 역할을 수행하기는 커녕 오히려 각종 사회문제에 깊이 연관되어 비난받아 마땅한 존재로 여겨지는 것이 오늘을 살아가는 우리의 현실이다.

왜 그럴까? 왜 교회는 세상에 소금과 빛의 역할을 제대로 하지 못하는 심각한 상태가 되었을까?

우리는 이 문제를 궁극적으로 교회와 교회 교육의 문제로 볼 수 있어야 한다. 이는 교회가 세상을 변화시켜야 한다는 것이 아니라 그리스도인들이 그들의 삶 속에서 예수 그리스도를 반영하는 삶을 살아야 함을 말한다.

"너희는 세상의 소금이니 소금이 만일 그 맛을 잃으면 무엇으로 짜게 하리요 후에는 아무 쓸 데 없어 다만 밖에 버려져 사람에게 밟힐 뿐이니라 너희는 세상의 빛이라 산 위에 있는 동네가 숨겨지지 못할 것이요 사람이 등불을 켜서 말 아래에 두지 아니하고 등경 위에 두나니 이러므로 집 안 모든 사람에게 비치느니라 이같이 너희 빛이 사람 앞에 비치게 하여 그들로 너희 착한 행실을 보고 하늘에 계신 너희 아버지께 영광을 돌리게 하라"(마태복음 5:13-16)

그리스도의편지교회는 이것을 교회의 근본적인 문제로 인식하고 있다. 그리스도인의 삶을 통해 실제적으로 드러나는 예수 그리스도를 닮은 참다운 인성을 회복시키는 것은 이 사회의 구성원으로 살아가는 그리스도인들이 그들의 변화된 삶을 통해 세상에 소망을 증거하는 소금과 빛의 역할을 다하게 하는 유일한 방법이다. 그리스도인이 일상의 삶 속에서 예수 그리스도의 증인으로 살아가는 것이 곧 전도이고 이는 결과적으로 각종 문제로 신음하고 있는 우리 사회에 소망의 이유를 증거하는 길이 되어 죽어 있는 영혼들의 내적 각성을 일으키는 계기가 될 것이기 때문이다.

예수님을 믿고 교회에 출석하는 그리스도인들의 삶이 실제적으로 예수 그리스도를 반영하지 못하는 모습을 우리는 너무나 쉽게 목격할 수 있다. 열정적으로 주일 예배에 참여하고, 개인적인 성경 묵상 및 기도에 충실하며, 전도와 각종 봉사 및 교회 사역에 열심히 참여하는 소위 '신실한' 그리스도인 중에서도 많은 이들이 세상과 교회에서 다른 모습으로 이중적인 삶을 살아가고 있음을 부인할 수 없다. 예배와 성경공부, 기도생활, 제자훈련에 그렇게도 열심인 교인들이 정작 그들의 삶에서 예수 그리스도를 반영하지 못하는 모습, 즉 그리스도인으로서의 실체가 없는 삶을 마주하는 순간은 언제나 참담하다. 이를 해결하기 위해 교회는 더 정확히 성경을 가르치고, 잘 만들어졌다고 평가받는 교재와 프로그램을 도입해보기도 하지만 이 문제는 쉽게 해결되지 않는다.

수많은 교인들이 교회에서 신앙 생활을 시작하면서 예수 그리스도를 닮아가기 위하여 끝없는 결단을 내리고 노력하고 있음에도 불구하고 그들은 실생활에서 그 결심이 좌절되는 순간을 매번 경험하게 된다.
왜 그럴까?

이런 교인들의 반복되는 고백은 크게 다음의 두 가지로 나뉜다.

첫째는 성경에 비추어 볼 때, 본인이 어느 정도 부족한 삶을 살고 있다는 것에는 동의하지만 그 부족한 정도가 특별히 문제가 될 만큼 지나치게 잘못 살고 있는 것처럼 느껴지지는 않는다는 것이다. 이들은 자신의 삶이 비기독교인들의 삶과 도덕적·윤리적으로 분명하게 구분되지 않는다는 점에서 자신의 부족함을 인정한다. 성경은 완벽하게 도덕적이고 윤리적인 삶을 살아낼 것을 요구하는데, 자신이 그 기준에 미치지 못한다고 보기 때문이다. 그럼에도 불구하고 스스로 예수님에 대한 믿음을 고백하고, 그리스도인으로서의 차별화된 삶을 살아야 한다는 이성적인 부담감을 가진 채 의지적으로 노력하며 살아가고 있기는 하기에 비록 부족한 점이 있다 하더라도 예수님을 믿지 않는 것만큼 큰 문제는 아니라고 생각한다. 적어도 그리스도인에게 요구되는 최소한의 조건은 충족시키고 있기 때문에 부족하지만 괜찮다고 생각하는 것이다.

둘째는 성경 말씀에 따라 예수 그리스도를 삶의 주인으로 모시고 예수 그리스도의 주권에 굴복되어 하나님의 은혜 안에서 성령님의 인도하심에 순종하는 삶을 살아야 한다는 기독교적 교리를 이해하고 그에 동의하며 그렇게 살아야 한다고도 생각하지만 그게 마음처럼 쉽게 되지 않는다는 것이다. 그들은 마주하는 현실 앞에서 '예수 그리스도'의 마음에 앞서 자신의 감정이 반응하고, '예수 그리스도'의 말씀에 앞서 자신이 가진 상식에 부합한 판단을 내리게 된다고 고백한다.

이러한 경험이 지속해서 반복되다 보면, 어느새 그리스도인에게 요구되는 '예수 그리스도'의 모습은 인간이 도달할 수 없는 이상적인 모습으로 간주되어 그 삶을 살지 못하는 것을 당연하게 생각하며 자신의 부족한 삶을 합리화하게 된다. 즉, 어떤 삶이 성경적인 삶인지 이성적으로 이해하고 있지만, 오랜 시간 몸에 배어 있는 옛사람의 흔적과 습관, 세상에 대한 사랑과 집착, '합리적'이라고 생각되는 세상의 논리와 가치관들이 그리스도인의 삶을 살아가는 데 방해요소로 작용한다는 것이다. 이해도 하고 있고 노력도 하고 있으므로 문제는 있지만 어쩔 수 없다는 태도이다.

그러나 어느 쪽이든지 "우리는 불완전한 인간이기에 말씀 그대로 살 수 없고 예수님처럼 살 수 없다"고 스스로 변명하며 "그러므로 구원은 하나님의 은혜"라고 스스로를 위로하고, 이 문제를 묵인하거나 외면하는 것은 결코 성경적이지 않다. 성경은 교회를 향하여 하나님 아버지의 온전하심과 같이 너희도 온전하라고 하셨고 예수 그리스도 안에 산다고 하는 자는 예수님이 행하시는 대로 행해야 한다고 하셨기 때문이다.

"그러므로 하늘에 계신 너희 아버지의 온전하심과 같이 너희도 온전

하라"(마태복음 5:48)

"기록되었으되 내가 거룩하니 너희도 거룩할지어다 하셨느니라"(베드로전서 1:16)

"그의 안에 산다고 하는 자는 그가 행하시는 대로 자기도 행할지니라"(요한1서 2:6)

따라서 나는 교회가 그리스도를 반영하지 못하는 삶을 살아가는 사람이나 기독교의 종교적 의식에 성실하게 참여하고 늘 믿음에 대한 마음의 부담을 갖고 있으면서도 결국은 자신의 이성적 판단이나 세상의 보편적인 기준과 가치에 따라 움직이는 사람을 '성경에서 말씀하신 그리스도인'으로 인정해서는 안 된다고 생각한다. 그리스도의편지교회는 각 개인의 인격과 삶에서 예수 그리스도가 반영되지 않는 교인들의 내면의 실체를 심각한 문제로 보았다. 행함이 없는 믿음은 죽은 믿음이기 때문이다.

"영혼 없는 몸이 죽은 것 같이 행함이 없는 믿음은 죽은 것이니라"(야고보서 2:26)

'그리스도인'은 예수 그리스도의 주권적 삶을 따르는 자이다. 따라서 그리스도인을 양육하는 교회 교육의 궁극적인 목표는 예수 그리스도께서 머리 되신 교회의 지체로 살아가는 각각의 그리스도인들이 그들의 삶 전반에서 예수 그리스도의 모습을 증거하고 그 실체를 보이도록 하는 것이다.

교회는 교회와 한 몸을 이루는 각 교회 지체들이 일상의 삶 속에서 한 알의 밀알이 될 수 있도록, 즉 세상에 뿌려진 복음의 씨앗이 되어 죽어 없어짐으로 열매 맺는 삶을 살아갈 수 있도록 가르치고 또 지켜 행하도록 끝까지 도와야 한다.

"내가 진실로 진실로 너희에게 이르노니 한 알의 밀이 땅에 떨어져 죽지 아니하면 한 알 그대로 있고 죽으면 많은 열매를 맺느니라"(요한복음 12:24)

이것이 그리스도의편지교회가 제시하는 교회와 교회교육, 그리고 기독교 인성교육의 본질이다. 예수 그리스도의 삶을 그리스도인의 삶 속에서 회복시키는 것은 교회의 회복뿐만 아니라, 그리스도인들이 속한 이 사회의 회복과도 직접적으로 관련된다. 대부분의 그리스도인들이 사회의 한 구성원으로서 살아가기 때문이다. 성경은 이 세상에는 소망이 없다고 선언한다.

"그 때에 너희는 그리스도 밖에 있었고 이스라엘 나라 밖의 사람이라 약속의 언약들에 대하여는 외인이요 세상에서 소망이 없고 하나님도 없는 자이더니"(에베소서 2:12)

그러므로 성경은 그리스도인들이 거룩한 삶을 통해 소망이 없는 이 세상에 '소망의 이유'를 전하는 자들이어야 함을 명령한다.

"너희 마음에 그리스도를 주로 삼아 거룩하게 하고 너희 속에 있는 소
망에 관한 이유를 묻는 자에게는 대답할 것을 항상 준비하되 온유와
두려움으로 하고"(베드로전서 3:15)

그리스도인들은 그리스도로 인해 세상에서 거룩한 자로 살
아야 하며 소망을 가진 자로 드러나야 하고, 그 소망의 이유를
묻는 자에게 온유와 두려움으로 그리스도를 전할 수 있어야 한
다. 따라서 그리스도인들은 소망이 없는 이 세상에 대한 책임
에서 결코 자유로울 수 없다.

"그러므로 너희는 가서 모든 민족을 제자로 삼아 아버지와 아들과 성
령의 이름으로 침례를 베풀고 내가 너희에게 분부한 모든 것을 가르쳐
지키게 하라 볼지어다 내가 세상 끝날까지 너희와 항상 함께 있으리라
하시니라"(마태복음 28:19-20)

하나님의 하나님 되심과 그분의 능력은 모든 그리스도인들
이 하나님의 말씀에 순종할 때 우리 자신과 교회를 통하여 나
타나고 성취된다. 그것이 곧 하나님을 반영하는 삶이고 생명력
있는 복음을 전하는 실제적인 길이기에 그동안 그리스도의편
지교회는 가르쳐 지키게 하는 기독교 인성교육에 주력해 왔다.
그럼에도 불구하고 나와 교회 가족들의 삶은 크게 달라지지

않았다.

왜 그럴까? 참으로 긴 시간을 지켜보고 기도하며 고민했다. 그리고 나와 교회를 향해 다음과 같이 묻게 되었다.

우리가 진짜로 예수님을 믿는 사람들인가?

우리가 예수님과의 분명한 만남을 가져본 적이 있는가?

우리가 믿고 있는 믿음과 성경에서 말씀하신 믿음이 동일한 믿음인가?

인간이 하나님의 은혜로 말미암아 구원받는다는 말씀을 우리는 어떻게 이해하고 믿고 있는가?

우리가 구원의 확신이 있다고 말하는 신앙고백은 어디에 근거를 둔 것인가?

그것이 성경 구절이라면, 우리는 그 성경 구절을 어떻게 이해하고 있는가?

나와 교회 가족들의 신앙의 근본에 대한 질문이 끝없이 쏟아져 나왔다.

우리는 왜 예수님을 믿게 되었을까?

우리는 죄를 어떻게 이해하고 있는가? 그 근거는 무엇인가?

그리스도의편지교회는 주님의 인도하심을 따라 이 문제와 오랜 시간 씨름해 왔고, 결국 성령님께서는 우리가 고민해온 모든 질문들이 창세기 1장 1절에 대한 믿음의 문제로 수렴됨을 깨닫게 하셨다.

"태초에 하나님이 천지를 창조하시니라"(창세기 1:1)

창조주와 피조물의 관계가 깨져버린 상태로, 다시 말해 하나님의 자리를 넘보며 내가 나 자신의 주인이 되어 살아가려는 인간의 죄성을 그대로 유지한 채 나의 의지에 따라 하나님을 믿고 교회 생활을 열심히 하는 것으로는 성경에서 말하는 참된 그리스도인이 될 수 없음이 너무나도 명백했다.

창세기 1장 1절은 하나님의 창조주 되심을 선포한다. 따라서 하나님이 아닌 나의 의지에 따라 내가 주인이 되어 살아가는 삶은 창조주 되신 하나님의 실존을 사실상 믿지 않고 있음을 보이는 증거가 된다. 이 말씀을 머리로는 이해하지만 마음으로 믿지 않는 교회 가족들이 전인격적인 변화가 수반되는 그리스도인의 삶을 살아가지 못하는 것은 당연한 것이었다. 피조물이기를 거부하는 사람에게는 새로운 피조물의 삶이 시작될 수 없기 때문이다.

"새 포도주를 낡은 가죽 부대에 넣는 자가 없나니 만일 그렇게 하면 새 포도주가 부대를 터뜨려 포도주와 부대를 버리게 되리라 오직 새 포도주는 새 부대에 넣느니라 하시니라"(마가복음 2:22)
"그런즉 누구든지 그리스도 안에 있으면 새로운 피조물이라 이전 것은 지나갔으니 보라 새 것이 되었도다"(고린도후서 5:17)

앞서 제기된 문제 인식, 즉 많은 그리스도인들이 실제 삶에서 예수 그리스도를 반영하지 못하는 것은 결국 새 것이 되지 못하였기 때문이다. '세상과 자신의 가치 체계'에 따라 사는 것, 즉 창조주 하나님을 인정하지 않고 자신이 주인이 되어 살아온 옛 삶과 옛사람 자체가 죄의 실체임을 인정하고 그 죄로부터 돌이키는 근본적인 회개 없이, 그 죄의 알맹이를 고스란히 안고 그 위에 기독교적인 형식을 덧입혀 그리스도인의 외양을 갖춰 살아가기를 고집하기 때문이다. 속사람의 변화 없이 그리스도인의 외양만 갖춘 자는 말 아래 등불이요 맛을 잃은 소금일 뿐이다.

"이와 같이 너희 중의 누구든지 자기의 모든 소유를 버리지 아니하면 능히 내 제자가 되지 못하리라 소금이 좋은 것이나 소금도 만일 그 맛을 잃으면 무엇으로 짜게 하리요 땅에도, 거름에도 쓸데 없어 내버리느니라 들을 귀가 있는 자는 들을지어다 하시니라"(누가복음 14:33-35)
"더러운 귀신이 사람에게서 나갔을 때에 물 없는 곳으로 다니며 쉬기를 구하되 얻지 못하고 이에 이르되 내가 나온 내 집으로 돌아가리라 하고 가서 보니 그 집이 청소되고 수리되었거늘 이에 가서 저보다 더 악한 귀신 일곱을 데리고 들어가서 거하니 그 사람의 나중 형편이 전보다 더 심하게 되느니라 이 말씀을 하실 때에 무리 중에서 한 여자가 음성을 높여 이르되 당신을 밴 태와 당신을 먹인 젖이 복이 있나이다 하니 예수께서 이르시되 오히려 하나님의 말씀을 듣고 지키는 자가 복이 있느니라 하시니라 무리가 모였을 때에 예수께서 말씀하시되 이 세대는 악한 세대라 표적을 구하되 요나의 표적 밖에는 보일 표적이 없나니 요나가 니느웨 사람들에게 표적이 됨과 같이 인자도 이 세대에 그러하리라 심판 때에 남방 여왕이 일어나 이 세대 사람을 정죄하리니 이는 그가 솔로몬의 지혜로운 말을 들으려고 땅 끝에서 왔음이거니와 솔로몬보다 더 큰 이가 여기 있으며 심판 때에 니느웨 사람들이 일어나 이 세대 사람을 정죄하리니 이는 그들이 요나의 전도를 듣고 회개하였음이거니와 요나보다 더 큰 이가 여기 있느니라 누구든지 등불을 켜서 움 속에나 말 아래에 두지 아니하고 등경 위에 두나니 이는 들어가는 자로 그 빛을 보게 하려 함이라 네 몸의 등불은 눈이라 네 눈이 성하면 온 몸이 밝을 것이요 만일 나쁘면 네 몸도 어두우리라 그러므로 네 속에 있는 빛이 어둡지 아니한가 보라 네 온 몸이 밝아 조금도 어두운 데가 없으면 등불의 빛이 너를 비출 때와 같이 온전히 밝으리라 하시니라"(누가복음 11:24-36)

스스로 그리스도인이라고 고백하면서도 예수님과 관계없는 삶을 살아간다면, 그리고 그것을 어쩔 수 없는 인간의 한계로 여기며 큰 문제가 아니라고 스스로를 다독인다면, 이는 청소되고 수리된 집에 일곱 귀신이 들어와 그 형편이 더 심하게 된 상태처럼, 자기 소유를 버리지 않고 예수님의 제자가 되겠다는 사람들처럼 매우 심각한 어둠 가운데 있는 것이다. 내가 주체가 되어 살아온 이전 것을 완전히 버리고 창조주 하나님의 피조물 된 삶의 자리로 돌아서는 진정한 회개가 있지 않는 한, 인간은 결코 예수 그리스도 중심의 새사람이 될 수 없다.

"너희가 서로 거짓말을 하지 말라 옛사람과 그 행위를 벗어 버리고 새 사람을 입었으니 이는 자기를 창조하신 이의 형상을 따라 지식에까지 새롭게 하심을 입은 자니라"(골로새서 3:9-10)

"너희는 유혹의 욕심을 따라 썩어져 가는 구습을 따르는 옛사람을 벗어 버리고 오직 너희의 심령이 새롭게 되어 하나님을 따라 의와 진리의 거룩함으로 지으심을 받은 새 사람을 입으라"(에베소서 4:22-24)

옛사람은 썩어져가는 구습을 따른다. 여기에는 기존의 삶을 살아가는 기반이 되었던 모든 논리와 상식, 가치체계가 전부 포함된다. 그러나 우리는 우리의 논리와 상식을 버리지 않고 하나님을 믿겠다고 고집부린다. 오히려 우리는 성경 말씀이 우리의 논리와 상식에 부합할 것을 요구한다. 우리의 기준에 따라 말씀을 재단하여 받아들일 만한 것만 선별적으로 수용한다. 말씀에 순종하기를 원한다고 하면서 사실은 우리 자신을 그 말씀보다 우위에 두는 것이다.

이 사실을 깨닫기까지 참 오랜 시간이 걸렸다. 교회가 말씀을 가르치는 것만으로 끝내지 않고, 교회 가족들이 실제로 말씀에 따라 살고 있는지 지속적으로 살펴보며 말씀을 지켜 행할 때까지 권면하는 고통스러운 시간을 견뎌낸 후에야 비로소 이 실체가 드러났다. 우리는 누구인가? 종교적 교회 생활을 하고 있는 우리는 여전히 피조물의 자리를 거부하는 거짓된 죄인이다.

그리스도의편지교회가 추구하는 기독교 인성교육은 궁극적

으로 교회 지체들이 참된 회개를 통해 그의 삶 속에서 예수 그리스도를 닮아가는 '전인격적 변화'를 경험하고, 예수 그리스도의 사람으로 '새 사람'이 되어 성령님의 이끄심을 따라 세상으로 나아가 창조주 하나님께 순복하고 예수 그리스도의 삶을 따라 살아가도록 하는 데에 그 목적을 둔다. 피조물의 자리가 아닌 자신이 주인 되어 살아온 삶 자체가 죄라는 것을 마음에서 정직하게 인정하는 것, 즉 이 본질적인 죄에 대한 분명한 인정이 있어야만 그 죄로부터 온전히 돌아서는 참된 회개로 나아갈 수 있다. 참된 회개만이 우리의 전인격적 변화의 시작점이기에 기독교 인성교육은 모두를 이 시작점으로 안내하고 이어지는 변화의 여정을 이끌어 가는 역할을 다해야 한다.

이것은 교회 지체들에게 인간의 이성이 이해하고 납득할 만한 설명을 제시하여 그들이 이해한 만큼 부분적이고 점진적으로 그리스도인의 삶을 살아가도록 하는 것이 아니다. 이것은 오히려 자신의 이성으로 구축해 온 세상적 가치체계와 거기에 기반을 두고 행한 모든 삶 그 자체가 죄라는 사실을 인정하고 돌이키도록 하는 것이다. 이 죄로부터 돌이키는 참된 회개는 그동안 자신을 지탱해준 자기중심적 세계관 및 세상적 가치체계와 그에 따른 일체의 삶을 그리스도와 함께 십자가에서 장사 지내는 것이다.

"그러나 내게는 우리 주 예수 그리스도의 십자가 외에 결코 자랑할 것

이 없으니 그리스도로 말미암아 세상이 나를 대하여 십자가에 못 박히고 내가 또한 세상을 대하여 그러하니라"(갈라디아서 6:14)

"그리스도 예수의 사람들은 육체와 함께 그 정욕과 탐심을 십자가에 못 박았느니라"(갈라디아서 5:24)

"우리가 알거니와 우리의 옛사람이 예수와 함께 십자가에 못 박힌 것은 죄의 몸이 죽어 다시는 우리가 죄에게 종 노릇 하지 아니하려 함이니"(로마서 6:6)

새사람이 된 그리스도인의 삶은 바로 이 회개를 통해 다시 사신 예수 그리스도와 연합할 때 비로소 가능해진다. 하나님 앞에 죄인인 인간이 참된 회개로 거듭나도록 돕고, 이렇게 거듭난 교회 지체들이 성경적 가치체계에 따라 완전히 새로운 삶을 살아가도록 돕는 것, 이것이 교회의 과제이며 역할이다. 이처럼 교회를 통해 실현되는 기독교 인성교육은 그리스도인으로 살아가는 교회의 지체들이 하나님 중심의 새로운 가치체계에 따르는 삶을 지속적으로 살아가도록 책임지고 사랑으로 끝까지 돕는 것이다.

"너희가 진리를 순종함으로 너희 영혼을 깨끗하게 하여 거짓이 없이 형제를 사랑하기에 이르렀으니 마음으로 뜨겁게 서로 사랑하라 너희가 거듭난 것은 썩어질 씨로 된 것이 아니요 썩지 아니할 씨로 된 것이니 살아 있고 항상 있는 하나님의 말씀으로 되었느니라"(베드로전서 1:22-23)

"먼저 다메섹과 예루살렘에 있는 사람과 유대 온 땅과 이방인에게까지 회개하고 하나님께로 돌아와서 회개에 합당한 일을 하라 전하므로"(사도행전 26:20)

나는 누구인가?

나는 입술로 하나님의 이름을 부르면서 여전히 옛사람으로 어둠 가운데 살고 있는가? 아니면 그리스도와 연합된 새사람으로 빛의 비추이심 앞에 전인격적인 삶이 변화되어 살고 있는가?

신실하신 하나님께서는 자신의 죄를 마음으로 회개하고, 예수 그리스도를 마음으로 믿는 모든 자의 구원을 약속하셨다.

"나더러 주여 주여 하는 자마다 다 천국에 들어갈 것이 아니요 다만 하늘에 계신 내 아버지의 뜻대로 행하는 자라야 들어가리라"(마태복음 7:21)

이렇게 회개하고 그리스도의 주권에 굴복된 그리스도인의 삶은 전적으로 성령님께서 인도하시고 책임지신다. 교회가 이론적인 신앙 지도 및 영성 훈련만으로 교회의 지체들이 회개에 합당한 열매를 맺는 신앙생활을 하도록 끝까지 책임과 의무를 다하여 돕기란 매우 어렵다. 그리스도의 몸으로서의 나눔과 도전은 교회의 끝없는 인내와 성령님의 역사하심이 없이는 불가능하다.

교회가 이론적인 신앙 지도에 더해 각 지체가 자신의 실제 삶에 대해 구체적으로 나눌 수 있도록 돕고 끝까지 인내로써 기다려 주는 것이 그리스도 안에 있는 자들의 사랑이다.

"내가 사람의 방언과 천사의 말을 할지라도 사랑이 없으면 소리 나는 구리와 울리는 꽹과리가 되고 내가 예언하는 능력이 있어 모든 비밀과 모든 지식을 알고 또 산을 옮길 만한 모든 믿음이 있을지라도 사랑이 없으면 내가 아무 것도 아니요 내가 내게 있는 모든 것으로 구제하고 또 내 몸을 불사르게 내줄지라도 사랑이 없으면 내게 아무 유익이 없느니라 사랑은 오래 참고 사랑은 온유하며 시기하지 아니하며 사랑은 자랑하지 아니하며 교만하지 아니하며 무례히 행하지 아니하며 자기의 유익을 구하지 아니하며 성내지 아니하며 악한 것을 생각하지 아니하며 불의를 기뻐하지 아니하며 진리와 함께 기뻐하고 모든 것을 참으며 모든 것을 믿으며 모든 것을 바라며 모든 것을 견디느니라"(고린도전서 13:1-7)

교회는 지체들이 자신들의 삶 속에서 드러나는 그리스도와 괴리된 인격적 반응들에 대해서 두려움 없이 솔직하게 나눔으로써 자신들의 영적 정체성을 보게 하고 삶에 영향력을 미치는 도움을 줄 수 있어야 한다. 이는 목회자와 교회의 지도자가 먼저 자기 자신과 자신의 삶에 대해 솔직하게 나눔으로써만 시작될 수 있다. 목회자가 먼저 거짓의 옷을 벗고 자신을 있는 그대로 드러낼 때 교회 지체들의 나눔에 대한 교회의 위로와 격려, 그리고 성경 말씀에 근거한 도전이 힘을 얻고 각 지체의 영혼과 삶이 어둠 가운데서 빛으로 나아오는 성령님의 역사를 경험할 수 있게 된다. 그리스도인의 삶에 대한 성경적인 이해 및 일상적 적용에 대한 권면, 예수님의 몸 된 교회의 권면에 대한 순종, 순종을 통해 경험한 살아계신 하나님에 대한 나눔의 과정을 통해 그리스도인들은 불순종으로 일그러진 하나님의 형상을 회복하게 된다. 이렇게 각자의 삶에 예수 그리스도를 반영하게 됨으로써 전인격적으로 거룩함과 경건함이 충만해지는 것을 경험할 수 있게 된다.

이 일련의 과정들이 기독교 인성교육의 시작이며 끝이기도 하다. 교회의 목적은 기독교 인성교육을 통해서 교회의 본질이신 예수 그리스도의 몸을 회복하는 것이다. 그리스도의편지교회에 이 복음이 선명해지고 있음에 감사하다. 하나님께서는 그리스도의편지교회가 이 복음을 푯대 삼아 나아가도록 인도하셨고, 계속해서 이 길을 따라 걷고자 하는 소망을 갖게 하셨다.

2. 무엇이 '죄'인가?

성경에서 말씀하시는 근원적인 죄는 도덕·윤리적인 것이 아니다. 창세기 2-3장은 '죄'가 무엇인지를 분명하게 보여준다. '하나님과 같이 되고 싶어 하는 마음', '하나님의 명령을 거역하는 행동', '하나님으로부터 숨으려는 거짓'. 결국, 창조주 하나님의 주인 되심을 거부하고 내가 나의 주인이 되어 살겠다는 것이다. 물론 성경은 도덕·윤리적으로 악한 행위에 대해서도 언급하시고 책망하신다(로마서 1:28-32). 그러나 이는 성경에서 말씀하시는 죄 그 자체가 아니라, 그 죄에 빠진 사람들의 삶에서 표면적으로 드러나는 '죄가 동반하는 현상'의 일부로 이해되어야 한다. 그럼에도 불구하고 여전히 많은 그리스도인이 이러한 도덕·윤리적인 차원에서 죄를 이해하고 자각하고 인정하는 경향이 있다. 이것은 매우 심각한 문제이다. 이러한 죄는 하나님을 믿지 않는 것이 죄라는 성경 말씀과 상관이 없고, 죄의 문제를 하나님의 도움 없이 나의 힘으로 해결할 수 있는 것으로 착각하게 할 가능성이 높기 때문이다. 앞서 언급한 바와 같이, 성경의 죄에 대한 이 같은 왜곡된 이해는 결국 성경을 우리의 상식과 기준에 따라 이해하고자 하는 우리의 버리지 못한 구습에서 기인한다. 이 역시 죄의 결과물인 것이다.

그리스도의편지교회 가족들도 예외가 아니다. 교회가 20여 년 동안 죄에 대해 선포하고 가르쳤기에 성경적 죄에 대해 개념적으로는 이해하지만, 자기 자신 안에 뿌리 깊이 박혀 있는 그 죄의 실체를 보지 못한 가족들은 여전히 실제적으로는 죄를 도덕·윤리적인 것으로 여기고 있다는 사실이 나눔을 통해 드러난다. 죄의 실체를 보지 못한다는 것은 다시 말해서 피조물성을 거부하는 자신에 대한 인정과 회개가 없다는 것을 의미한다. 그렇기에 개념적으로는 성경에서 말씀하시는 죄를 이해하면서도 순간순간의 삶에서 다시 '자기 기준'에서 악한 행위를 죄로 보고 교회와 나누는 모습을 보이는 것이다. 선과 악에 대한 '나'의 기준을 가지고 있기에, 죄의 문제를 해결하는 주체 역시 '나'다. 그러나 성경은 창조주 하나님과의 관계가 회복되지 않은 상태에서 '나의 나 됨' 자체가 죄라고 하시기에, 내가 나로서 하는 모든 행위는 세상의 기준에서 제아무리 선한 행위라고 할지라도 하나님의 기준에서는 죄일 뿐이다. 이는 세상과 교회 안에서 자기의 의를 세우려고 애써 노력하는 행위에 불과하다. 우리는 모두 죄인이다. 우리 안에 예수님께서 주와 그리스도로 계시지 않으면 우리는 모두 다 죄 아래 놓여 있는 죄인일 뿐이다.

"기록된 바 의인은 없나니 하나도 없으며"(로마서 3:10)

"모든 사람이 죄를 범하였으매 하나님의 영광에 이르지 못하더니"(로마서 3:23)

따라서 성경에서 말하는 '죄'에 대한 올바른 인식을 갖는 것은 너무나도 중요하며 무엇보다 우선되어야 한다.

죄에 대한 인정은 우리의 노력이나 방법으로 되는 일이 아니다. 예수님께서는 보혜사 성령님께서 우리에게 죄에 대하여, 의에 대하여, 심판에 대하여 알게 하실 것을 약속하셨다. 그러므로 우리의 죄에 대한 인정과 참된 회개는 성령님의 책망하심 앞에 정직하게 설 때만 가능하다.

"그러나 내가 너희에게 실상을 말하노니 내가 떠나가는 것이 너희에게 유익이라 내가 떠나가지 아니하면 보혜사가 너희에게로 오시지 아니할 것이요 가면 내가 그를 너희에게로 보내리니 그가 와서 죄에 대하여, 의에 대하여, 심판에 대하여 세상을 책망하시리라 죄에 대하여라 함은 그들이 나를 믿지 아니함이요 의에 대하여라 함은 내가 아버지께로 가니 너희가 다시 나를 보지 못함이요 심판에 대하여라 함은 이 세상 임금이 심판을 받았음이라"(요한복음 16:7-11)

성경은 우리의 죄인 됨에 변명의 여지가 없음을 선언하셨다. 죄인에게 죄인 됨을 말씀하시는 성령님의 책망하심 앞에서 숨거나 변명하지 않고 정직하게 설 때, 이 말씀이 내 모습으로 보이고 그 사실을 마음으로 인정할 수 있게 된다.

죄는 우리의 마음 깊은 곳에 숨어있기 때문에 이 마음이 정직하게 드러날 때만 죄의 실체를 마음으로 깨닫고 발견할 수 있다. 성령님께서는 우리의 전인격적 삶과 마음 안에서 이 죄의 실체가 드러날 수 있도록 역사하고 계신다. 이것이 거룩한 빛의 기능이다.

"그러면 어떠하냐 우리는 나으냐 결코 아니라 유대인이나 헬라인이나 다 죄 아래에 있다고 우리가 이미 선언하였느니라 기록된 바 의인은 없나니 하나도 없으며 깨닫는 자도 없고 하나님을 찾는 자도 없고 다 치우쳐 함께 무익하게 되고 선을 행하는 자는 없나니 하나도 없도다"

(로마서 3:9-12)

그 누구도 예외는 없다. 모든 인간은 이 죄가 보이고 인정될 때 참된 회개를 할 수 있고, 하나님의 창조 의도에 부합하는 하나님의 형상을 반영하는 인간의 삶을 살아갈 수 있게 된다.

그리스도의편지교회에 베풀어주신 하나님의 가장 큰 은혜는 교회 가족들 각자가 자신이 하나님 앞에서 죄인이라는 사실을 마음으로 인정하게 하신 것이다.

3. 왜 '죄인'의 자리에 머물러야 하는가?

그리스도인이 있어야 할 자리는 죄인의 자리이다. 그곳이 우리가 항상 머물러야 하는 자리이다. 죄인의 자리에 있을 때에만 죄의 결과인 죽음에 대한 대속과 죄사함이 있고, 예수 그리스도의 보혈의 피로 의롭다 칭함이 있을 수 있기 때문이다. 많은 그리스도인이 이 죄인의 자리에 머물러 본 적이 없음에도 죄 사함을 받았다는 믿음을 고백하거나, 죄인의 자리에서 빨리 벗어나서 자유로워지고 싶다고 말한다. 그러나 이것은 성경에 대한 무지와 오해의 소치일 뿐이다. 성경은 그리스도인이 있어야 할 자리는 죄인의 자리임을 분명하게 말하고 있다. 예수님께서는 우리가 잘 아는 '탕자의 비유'를 통해 죄인 된 인간은 스스로 정직하게 죄인의 자리를 찾아 돌아가야 함을 말씀하신다.

"또 이르시되 어떤 사람에게 두 아들이 있는데 그 둘째가 아버지에게 말하되 아버지여 재산 중에서 내게 돌아올 분깃을 내게 주소서 하는지라 (생략) 이에 스스로 돌이켜 이르되 내 아버지에게는 양식이 풍족한 품꾼이 얼마나 많은가 나는 여기서 주려 죽는구나 내가 일어나 아버지께 가서 이르기를 아버지 내가 하늘과 아버지께 죄를 지었사오니 지금부터는 아버지의 아들이라 일컬음을 감당하지 못하겠나이다 나를 품꾼의 하나로 보소서 하리라 하고 이에 일어나서 아버지께로 돌아가니라 … 하나 아버지는 종들에게 이르되 제일 좋은 옷을 내어다가 입히고 손에 가락지를 끼우고 발에 신을 신기라 그리고 살진 송아지를 끌어다가 잡으라 우리가 먹고 즐기자 이 내 아들은 죽었다가 다시 살아났으며 내가 잃었다가 다시 얻었노라 하니 그들이 즐거워하더라"(누가복음 15:11-24)

하나님의 것을 자신의 것으로 여기고 하나님과 관계없이 자신이 원하는 대로 사는 자기 주도적이고 자기중심적인 삶의 결과는 죽음뿐임을 진정으로 알게 된 인간은 "내가 하늘과 아버지께 죄를 지었으니 지금부터 아버지의 아들이라 일컬음을 감당하지 못하겠다"라는 고백과 함께 죄인의 자리에 서기를 자청한다. 그는 회개하고 스스로 죄인의 자리에 서서 아버지의 종이 되길 소원하며 아버지의 집으로 돌아가지만, 아버지는 그를 반겨 아들로 회복시킨다. 예수님께서는 자신이 의인을 부르러 온 것이 아니라 죄인을 불러 회개시키러 온 것이라는 말씀의 뜻을 이 비유로 설명해 주신다.

그러나 우리는 이 문제에 대해서 깊이 고민하거나 생각하는 것을 피하며 죄인의 자리에 머무르기를 거부한다. 교회 가족들도 마찬가지이다. 특히 구원의 확신을 가지고 살아가는 사람들에게 이런 이야기는 이해하기조차 어려운 내용이 되어버린다. 죄인의 자리에서 구원받았음을 확신하며 살아가는 사람들에게 죄인의 자리에 머물러야 한다는 것은 매우 받아들이기 어려운 말씀이기 때문이다. 평생 빠짐없이 예배드리고 교회에 깊이 헌신하며 살아온 성실한 가족들은 더욱 힘들어한다. 오랜 시간 상한 심령 없이 제사를 지내는 종교적 행위에 길들여졌고 스스로 구축해온 기독교에 대한 각자의 이해가 견고하기에, 그것이 성경에서 말씀하시는 것과 다르다는 점에는 어느 정도 동의하면서도 그것으로부터 완전히 벗어나지 못한다. 그러나 교회는 이들에게 죄인을 불러 회개시키러 오셨다는 예수님의 진리의 말씀을 거듭 선포할 수밖에 없다. 예수님께서 죽음에 이르시기까지 "회개하고 나를 믿으라"라고 말씀하셨듯이, 교회는 교회 가족들이 '참된 회개'에 이르도록 끝까지 포기하지 않고 외쳐야 한다.

기독교 신앙에서 가장 핵심적인 진리는 오직 예수 그리스도를 믿음으로만 그 죄로부터 구원받는다는 것이다. 예수 그리스도는 죄에 매여 있는 인간을 이 매임으로부터 자유케 해주셨다. 죄에 더 이상 매이지 않는다는 것은 죄의 종으로 살았던 자리에서 떠난다는 것을 의미한다. 그리스도인들이 이 사실을 믿고 그리스도께로 온전히 돌아서서 그리스도 안에 거해야 한다는 것은 영원한 진리이다. 그러나 한가지 잊지 말아야 할 것은 예수 그리스도는 우리가 아직 죄인되었을 때에 우리를 위하여 죽어주셨기에 이 말씀을 생각하고 묵상하는 영적 상태라면 죄인의 자리에서 벗어날 수 없다. 우리가 이 자리에 설 때 하나님께서 예수그리스도를 통하여 죄인들에게 베푸신 은혜와 사랑이 무한대로 배가 됨을 경험할 수 있고 자신의 죄를 온전히 회개함으로 죄의 매임에서 벗어나 자유함으로 말씀을 순종할 수 있다. 죄의 매임에서 벗어난다는 것을 죄인의 자리에서 벗어나는 것으로 오해해서는 안 된다. 우리는 죄인의 자리에 설 때만 그 죄인을 구원하시는 예수 그리스도의 사랑으로 죄의 매임에서 벗어날 수 있기 때문이다.

죄인의 자리에서 참된 회개를 통해 거듭난 그리스도인들은 자기 자신으로부터 자유로워지는 경험을 하게 된다. '나'로부터의 자유함은 곧 매여 있던 모든 것으로부터의 자유함이다. 그것을 모두 붙들고 있던 '나'는 죽고, 이제 그 자리에 나의 주인 되신 예수님이 계시기 때문이다. 예수님께서는 죄에 대한 죽음과 부활을 통해 우리를 죄로부터 자유케 하시기 위해 이 땅에 오셨고, 그 뜻을 이루셨다. 예수 그리스도를 마음으로 믿고 이 자유를 경험한 그리스도인에게는 이보다 더 큰 은혜가 있을 수 없기에, 우리는 '우리의 죄를 알고 인정하게 하신 것'이 교회에게 주신 하나님의 가장 큰 복임을 고백하게 되는 것이다. 성경은 하나님께서 가장 기뻐하시는 것이 우리의 애통하는 상한 심령이라고 하신다.

"주께서는 제사를 기뻐하지 아니하시나니 그렇지 아니하면 내가 드렸을 것이라 주는 번제를 기뻐하지 아니하시나이다 하나님께서 구하시는 제사는 상한 심령이라 하나님이여 상하고 통회하는 마음을 주께서 멸시하지 아니하시리이다"(시편 51:16-17)

이것은 죄에 대한 매임의 문제가 아닌 참된 자유함의 문제이다. 자신의 죄에 대한 참된 회개를 통해 예수 그리스도를 믿음으로 구원받은 사람은 하나님과의 관계에서 죄인의 자리에 있을 때 가장 기쁘고 감사하고 만족한다. 그는 죄인의 자리에서 벗어나기를 원하지 않는다. 그곳이 자신의 자리이고, 그 자리에 머무름으로 주님과 동행하기 때문이다. 우리가 그토록 갈망하는 성령님 충만은 여기서부터 경험된다.

4. 물과 성령으로 거듭나는 '참된 회개'가 왜 중요한가?

"예수께서 대답하여 이르시되 건강한 자에게는 의사가 쓸 데 없고 병든 자에게라야 쓸 데 있나니 내가 의인을 부르러 온 것이 아니요 죄인을 불러 회개시키러 왔노라"(누가복음 5:31-32)
"미쁘다 모든 사람이 받을 만한 이 말이여 그리스도 예수께서 죄인을 구원하시려고 세상에 임하셨다 하였도다 죄인 중에 내가 괴수니라"(디모데전서 1:15)
"이르시되 때가 찼고 하나님의 나라가 가까이 왔으니 회개하고 복음

을 믿으라 하시더라"(마가복음 1:15)

'참된 회개'는 마음에 하나님 두기를 싫어하는 죄로부터 떠나는 것이다. '인간 이성에 기반을 둔 자기 반성적 사고의 결과로, 성경의 명령에 따라 살아가지 못하는 자신의 모습에 대한 인간적 후회와 뉘우침'을 참된 회개로 착각해서는 안 된다.

그리스도의편지교회는 그리스도인이 참된 회개를 통해 자신이 주인 되어 살아왔던 인생과 그리스도 밖에 있을 때 가졌던 가치체계 일체에서 돌이켜 그리스도 안에서 성령님께 복종하는 삶을 살아야 한다고 선포해왔다. 교회는 이 삶의 전환이 우리의 인격과 삶에서 반영되지 않는다면, 우리는 전인격적으로 하나님을 만나지 못한 것일 수 있다고 가감 없이 전해왔다. '기독교 인성교육'의 실천은 자신의 죄를 정확히 보고 그곳에서 확실히 돌이켜 떠나는 참된 회개가 없이는 불가능하기 때문이다. 그러므로 언제나 그리스도의편지교회의 지체들은 하나님께서 이 어두운 세상에 생명의 빛으로 보내신 예수 그리스도 앞에서 지체들 모두가 각자 자신의 죄를 보고 하나님께로 온전히 돌아서는 진정한 회개가 있어야 함을 끊임없이 듣고 그 회개의 삶을 살아갈 수 있도록 서로 돕는다.

이 과정에서 많은 교회 가족들이 교회를 떠났다. 교회 가족들의 떠남은 교회에게 가장 큰 슬픔이고 아픔이다. 그럼에도 불구하고 교회는 성경에서 말씀하시는 이 복음에 관해서는 타협할 수 없었기에 여전히 이 길을 가고 있다. 그리고 교회를 떠난 가족들이 어디에 있든지 예수님을 마음으로 믿어 의에 이르고, 입으로 시인하여 구원에 이르러 그들의 인격과 삶에 예수님을 반영하며 살아가기를 기도한다.

이 모든 일들은 성령님의 일하심으로만 가능하다. 성령님께서는 교회 가족들의 일상 가운데 각 사람의 죄를 보게 하시고 회개를 촉구하신다. 우리가 주님께 기도하는 많은 문제들은 실제로 우리 자신의 육신의 정욕을 위한 것들이다. 우리의 정욕을 채워달라는 일방적인 기도와 기복적인 열심은 주님의 심정과는 거리가 멀다. 성령님께서는 교회 가족들의 인격과 삶에서 스스로 피할 수 없는 유혹과 고난들을 통해 자신이 주인 되어 살아온 죄를 보게 하신다. 그리고 그 죄로부터 온전히 돌아서기를 원하신다. 그럼에도 불구하고 죄를 회개하지 않는 우리의 영적 상태는 공허와 혼돈이다. 이런 우리의 마음은 혼미하며 깊은 흑암 가운데에 있을 수밖에 없다. 그러나 우리는 이런 자신의 내면세계에 대해 무지하며, 이를 알고 싶어 하지도 않는다. 우리의 이와 같은 태도가 죄와 허물로 죽어있는 우리의 영적 상태에 대한 증거이다. 그런데도 우리는 자신의 영적 상태를 누구보다 더 잘 알고 있다고 스스로 확신한다. 이것이 우리의 심각한 문제이다.

"그 중에 이 세상의 신이 믿지 아니하는 자들의 마음을 혼미하게 하여

그리스도의 영광의 복음의 광채가 비치지 못하게 함이니 그리스도는 하나님의 형상이니라"(고린도후서 4:4)

아직도 교회 가족들은 자신의 안위와 평안, 위로, 가정과 직장에서의 문제해결 등 세상 사람들이 구하는 것들과 별반 다르지 않은 것들에 초점을 맞추고 있음을 보게 된다. 그렇기에 교회는 우리의 몸에 밴 육체적인 정욕과 세상을 향한 욕망에서 출발하는 종교적인 기도와 간구가 잘못된 것임을 반복해서 지적한다.

"그러므로 우리는 들은 것에 더욱 유념함으로 우리가 흘러 떠내려가지 않도록 함이 마땅하니라"(히브리서 2:1)

교회는 하나님의 말씀을 흘러 떠내려 보내지 말고 그 말씀의 비추이심 앞에 참된 회개와 순종으로 화답하여 하나님의 사랑과 은혜 안에서 회개의 합당한 열매를 맺고 살아갈 것을 반복적으로 강권한다. 그리고 이 모든 과정은 우리의 영역이 아닌 성령님의 역사하심이기에 오직 기도함으로 하나님께 나아간다.

성경은 복음의 진리가 한 사람에게서 성취될 때까지 우리에게 인내를 이루라고 하셨고, 이 인내로 우리의 영혼을 얻게 될 것이라고 말씀하셨다. 한 사람이 참된 회개에 이르는 길은 험난하고 교회는 그 여정을 함께 한다. 한 사람의 갈등이 때로는 엄청난 폭풍을 몰고 오고, 온 교회가 몸살을 앓듯이 그 아픔 가운데 함께 있게 된다. 이 심각한 갈등 속에서 그 한 사람과 교회의 온 지체들이 마음으로 주님을 찾고 구하고 두드릴 때, 성령님께서는 주님의 시간에 주님의 방법으로 우리에게 회개의 영을 불어넣어 주신다. 이렇게 한 영혼이 참된 회개로 거듭나기까지 교회의 모든 지체가 한 몸으로 함께 인내하고 기다려 주는 것이 한 영혼을 죽기까지 사랑하시는 주님의 심정에 순종하는 교회의 태도이다. 이 모든 과정을 주관하시는 성령님께 순복하기를 간구하는 교회의 간절한 기다림이 주님의 사랑이고 주님에 대한 믿음이다.

"너희 생각에는 어떠하냐 만일 어떤 사람이 양 백 마리가 있는데 그 중의 하나가 길을 잃었으면 그 아흔아홉 마리를 산에 두고 가서 길 잃은 양을 찾지 않겠느냐 진실로 너희에게 이르노니 만일 찾으면 길을 잃지 아니한 아흔아홉 마리보다 이것을 더 기뻐하리라 이와 같이 이 작은 자 중의 하나라도 잃는 것은 하늘에 계신 너희 아버지의 뜻이 아니니라 네 형제가 죄를 범하거든 가서 너와 그 사람과만 상대하여 권고하라 만일 들으면 네가 네 형제를 얻은 것이요 만일 듣지 않거든 한두 사람을 데리고 가서 두세 증인의 입으로 말마다 확증하게 하라 만일 그들의 말도 듣지 않거든 교회에 말하고 교회의 말도 듣지 않거든 이방인과 세리와 같이 여기라 진실로 너희에게 이르노니 무엇이든지 너희가 땅에서 매면 하늘에서도 매일 것이요 무엇이든지 땅에서 풀면 하늘에서도 풀리리라 진실로 다시 너희에게 이르노니 너희 중의 두 사람이 땅에서 합심하여 무엇이든지 구하면 하늘에 계신 내 아버지께서 그들을 위하여 이루게 하시리라 두세 사람이 내 이름으로 모인 곳에는 나도 그들 중에 있느니라 그 때에 베드로가 나아와 이르되 주여 형제가 내게 죄를 범하면 몇 번이나 용서하여 주리이까 일곱 번까지 하오리이까 예수께서 이르시되 네게 이르노니 일곱 번뿐 아니라 일곱 번을 일흔 번까지라도 할지니라"(마태복음 18:12-22)

제 02 장

하나님의 형상 회복이 최종 목표이다

"또 새 영을 너희 속에 두고 새 마음을 너희에게 주되 너희 육신에서 굳은 마음을 제거하고 부드러운 마음을 줄 것이며 또 내 영을 너희 속에 두어 너희로 내 율례를 행하게 하리니 너희가 내 규례를 지켜 행할지라"(에스겔 36장 26-27절)

"그는 보이지 아니하는 하나님의 형상이시요 모든 피조물보다 먼저 나신이시니 만물이 그에게서 창조되되 하늘과 땅에서 보이는 것들과 보이지 않는 것들과 혹은 왕권들이나 주권들이나 통치자들이나 권세들이나 만물이 다 그로 말미암고 그를 위하여 창조되었고 또한 그가 만물보다 먼저 계시고 만물이 그 안에 함께 섰느니라 그는 몸인 교회의 머리시라 그가 근본이시요 죽은 자들 가운데서 먼저 나신 이시니 이는 친히 만물의 으뜸이 되려 하심이요 아버지께서는 모든 충만으로 예수 안에 거하게 하시고 그의 십자가의 피로 화평을 이루사 만물 곧 땅에 있는 것들이나 하늘에 있는 것들이 그로 말미암아 자기와 화목하게 되기를 기뻐하심이라 전에 악한 행실로 멀리 떠나 마음으로 원수가 되었던 너희를 이제는 그의 육체의 죽음으로 말미암아 화목하게 하사 너희를 거룩하고 흠 없고 책망할 것이 없는 자로 그 앞에 세우고자 하셨으니"(골로새서 1장 15-22절)

하나님의 형상을 따라 창조된 인간이 하나님과 같이 되고자 하나님께 반역하는 죄를 범함으로써 하나님의 형상은 파괴되고 훼손되었다. 그 결과, 창조주 하나님과 피조물 된 인간의 관계성 속에서만 온전해질 수 있는 인간의 '인성' 역시 심각하게 파괴되고 훼손되고 왜곡되었으며, 모든 인간은 죄 아래 놓이게 되었다. 지금 이 순간까지 인간은 하나님과의 관계가 단절된 죽음의 상태, 즉 죄에 매인 상태에 있으며 이렇게 파괴된 인간의 인성은 하나님을 거부하고 하나님을 마음에 두기 싫어하는 방향으로 작용하고 있다.

기독교 인성교육은 바로 이 인간의 영적 죽음과 죄에 매인 왜곡된 인성에 대한 인정에서 시작된다. 즉 기독교 인성교육의 전제는 하나님과 인간의 관계가 끊어져서 인간이 영적으로 죽었다는 것이며, 기독교 인성교육의 목적은 하나님과 인간의 끊어진 관계를 회복하고 하나님과의 지속적인 관계 속에서 인간을 성장시켜 하나님의 형상대로 살 수 있도록 해야 한다는 것이다. 하나님께서는 이 회복을 오직 예수 그리스도를 통해서만 준비하셨고 성취하셨다는 것이 성경의 진리이다.

하나님과 인간의 관계 회복의 가능성은 모든 인간을 구원하고자 하시는 하나님의 은혜와 십자가의 죽음과 부활로 인간의 죄를 대속하신 예수 그리스도의 공로, 그리고 인간을 이 삶에 동참하게 하시는 성령님의 사역에 달려있다. 따라서 하나님과 인간의 관계회복을 추구하는 기독교 인성교육은 인간이 성령님의 사역에 순종함으로 동참할 때에만 실현될 수 있다.

그리스도인이 실제 삶에서 예수 그리스도를 반영하지 못한다는 것은 곧 그가 하나님과의 관계를 회복하지 못하고 있는 '죽은 상태'에 처해 있음을 의미한다. 이는 성령님의 사역에 동참하기를 거부하며 성령님께 불순종하고 있는 그의 죄에 대한 명확한 증거이다. 죄로 인해 영뿐만 아니라 창조주 하나님께 부여받은 본래의 인간성 전체가 죽은 인간, 즉 파괴되고 훼손된 하나님의 형상과 하나님을 거부하는 왜곡된 인성을 가진 인간이 예수 그리스도를 통해 다시 살아난다는 것은 하나님의 창조의 목적에 부합한 인간의 영과 인간성의 완전한 회복을 향해 나아가는 여정이 시작됨을 의미한다. 그것은 곧 '하나님께서 창조하신 인간 그 자체'의 회복을 뜻하는 것이다.

하나님께서 창조하신 인간은 하나님의 형상으로서의 인간이며, 하나님의 완전한 형상이며 완전한 인간이신 예수 그리스도의 인성으로 살아가는 인간이다. 따라서 하나님과의 관계를 회복하는 것은 반드시 그 삶에서 예수 그리스도를 반영하는 모습으로 증명되어야만 하며, 증명될 수밖에 없다. 만약 스스로 하나님과의 관계가 회복되었다고 주장하는 인간의 삶에 하나님의 형상을 반영하는 예수 그리스도의 실체가 반영된 인격과 삶이 없다면, 교회는 예수 그리스도 안에서 회복된 하나님과 그의 관계에 대해 의문을 던지고 점검해야 한다. 이는 교회가 존재하는 이유 중 하나일 뿐 아니라 '기독교 인성교육'을 실천함에 있어 매우 중요하다.

> "그를 아노라 하고 그의 계명을 지키지 아니하는 자는 거짓말하는 자요 진리가 그 속에 있지 아니하되 누구든지 그의 말씀을 지키는 자는 하나님의 사랑이 참으로 그 속에서 온전하게 되었나니 이로써 우리가 그의 안에 있는 줄을 아노라 그의 안에 산다고 하는 자는 그가 행하시는 대로 자기도 행할지니라"(요한1서 2:4-6)

그러나 이것은 교회에게 있어서 가장 힘들고 피하고 싶은 일이기도 하다. 교회 지체 한 사람 한 사람이 예수 그리스도 안에서 하나님의 형상을 회복하여 그리스도를 반영하는 삶을 살도록 끝까지 돕는 것은 참으로 고통스러운 삶이다. 이 삶은 각 사람의 마음에 대한 깊은 통찰과 성령님의 비추이심에 의존한 담대한 사랑의 지적과 권면이 없이는 불가능한 일이다. 항상 근신하여 깨어 있지 않으면 성령님보다 앞서 행하는 오류를 범할수 있으며 그에 대한 대가 지불은 무엇보다도 크다. 그렇지만 그리스도의편지교회는 끊임없이 교회 지체들의 실제적인 삶에 대해 도전하고, 자신의 죄를 스스로 확인하고 인정할 수 있도록 주님의 비추이심 앞으로 나아가게 하는 일에 타협하지 않고 최선을 다해오고 있다.

이 생명의 복음이 한 사람에게 들어와 자라는 것은 마치 인간이 어머니에게 잉태되어 태어나고 점점 성장하여 어른이 되는 과정과 매우 유사하다. 교회는 한 영혼에 이 복음의 씨를 뿌리고, 그가 그리스도의 인격과 삶으로 새로 태어나 건강하게 성장할 수 있도록 영양분을 공급하며, 바르게 교육하여 이 세상에서 빛과 소금이 되는 그리스도의 편지가 될 수 있도록 끝까지 책임지고 도와야 한다. 주님이 이 땅에 남겨주신 교회는 주님이 다시 오시는 그날까지 오롯이 이 해산의 수고를 감당해내야 한다.

"나의 자녀들아 너희 속에 그리스도의 형상을 이루기까지 다시 너희를 위하여 해산하는 수고를 하노니"(갈라디아서 4:19)

그리스도의편지교회의 지체들은 이 삶을 한 몸으로 함께 살아간다. 그리스도의 몸 된 교회는 하나님께서 주신 거듭난 생명으로 성령님을 따라 순종하며 머리 되신 예수 그리스도를 따라가는 지체들로 이루어진 몸이기 때문이다. 이 몸을 이루어가고, 한 몸으로 주어진 역할을 감당하고자 애쓰는 교회는 늘 시끄럽고 요란스럽지만, 그 과정에서 주님이 주시는 평안과 자유함이 있기에 감사함으로 이 길을 걷고 있다.

"평안을 너희에게 끼치노니 곧 나의 평안을 너희에게 주노라 내가 너희에게 주는 것은 세상이 주는 것과 같지 아니하니라 너희는 마음에 근심하지도 말고 두려워하지도 말라"(요한복음 14:27)

1. 완전히 상실되지 않은 '하나님의 형상'의 흔적

우리의 범죄함에도 불구하고 우리 안의 하나님의 형상은 완전히 상실되지 않았다. 이것이 인간을 향한 하나님의 은혜요 사랑이다. 인간의 일방적인 거부로 하나님과 인간의 관계는 단절되었지만 하나님께서는 인간이 그리스도 안에서 변화된 인격과 삶으로 하나님과의 관계를 회복하고 하나님의 영광을 드러낼 수 있는 길을 마련해두셨기 때문이다. 죄인 된 인간은 죄를 회개하고 예수 그리스도를 믿음으로 자신 안에 남아 있는 하나님의 형상을 회복하고 하나님과의 관계를 회복하여 하나님 아버지께로 돌아갈 수도 있고, 이를 끝까지 거부하고 예수님을 믿지 아니함으로 영원한 죽음에 이를 수도 있다.

하나님의 형상에 관하여 많은 신학자가 오랜 시간 논의해왔지만, 모두가 동의하는 단 하나의 정답은 없다. 그러나 인간이 하나님의 형상을 따라 지음 받았다는 성경 말씀에 근거하여 인간의 근본적인 특성 두 가지를 제시할 수 있다.

첫째는 '피조성'이고, 둘째는 '인격성'이다.

피조성은 창조주 하나님과 피조물 된 인간의 관계를 보여준다. 인간은 본질적으로 하나님과의 관계에 근거하여 존재한다. 하나님께서는 인간이 '마음'을 통해 하나님을 알고, 만나고, 믿고, 사랑할 수 있음을 말씀하셨다. 따라서 존재론적으로 하나님께 의존하는 창조주 하나님의 피조물 된 인간은 '마음'을 통해 하나님과 관계를 맺는다. 인격성은 인격적인 존재이신 하나님의 형상을 따라 지음 받은 인간이 가진 고유한 성품이다. 인간의 온전한 인격성은 창조주 하나님과 피조물 된 인간의 관계 안에서만 발현될 수 있으나, 우리의 범죄 함에도 불구하고 우리 안에 남아 있는 하나님의 형상으로 인해 우리는 모두 특정한 형태의 인격성을 가지고 살아간다.

하나님과의 관계가 끊어진 인간에게 남아있는 인격성은 왜곡된 형태로 존재하기에, 창조의 의도와 달리 하나님을 거역하고 배역하는 도구로 사용된다. 피조성과 인격성을 모두 가지고 있는 인간은 하나님과 무관한 삶을 살아갈 때, 인격성에 전적으로 의지한다. 그러나 '기독교 인성교육'은 피조성을 인격성에 우선하는 교육이다. '참된 회개'를 통해 우리안에 내재된 피조성을 되살리고, 그 피조성을 우리가 평생 의지하며 살아온 인격성에 우선함으로써 하나님과의 관계성 안에서 살도록 하는 교육인 것이다.

(1) 피조성 – '마음'

일단, 피조성을 가진 인간은 자신이 하나님으로부터 창조되었다는 것을 마음에서 인정하며, 그 창조주 하나님의 목적과 뜻에 맞게 전적으로 하나님을 의존하며 살아갈 때 가장 '인간다운' 존재가 될 수 있다. 하나님께서는 인간이 '마음'으로 창조주를 인식하고 창조주와 관계 맺을 것을 말씀하신다. 그렇기에 피조성을 거부하는 인간은 곧 '마음'으로 창조주를 거부하는 것이라고 할 수 있다.

"여호와께서 사람의 죄악이 세상에 가득함과 그의 마음으로 생각하는 모든 계획이 항상 악할 뿐임을 보시고 땅 위에 사람 지으셨음을 한탄하사 마음에 근심하시고"(창세기 6:5-6)

"또 새 영을 너희 속에 두고 새 마음을 너희에게 주되 너희 육신에서 굳은 마음을 제거하고 부드러운 마음을 줄 것이며 또 내 영을 너희 속에 두어 너희로 내 율례를 행하게 하리니 너희가 내 규례를 지켜 행할지라 내가 너희 조상들에게 준 땅에서 너희가 거주하면서 내 백성이 되고 나는 너희 하나님이 되리라"(에스겔서 36:26-28)

"네 하나님 여호와께서 네 마음과 네 자손의 마음에 할례를 베푸사 너로 마음을 다하며 뜻을 다하여 네 하나님 여호와를 사랑하게 하사 너로 생명을 얻게 하실 것이며"(신명기 30:6)

"너희가 아들이므로 하나님이 그 아들의 영을 우리 마음 가운데 보내사 아빠 아버지라 부르게 하셨느니라"(갈라디아서 4:6)

성경은 하나님의 피조물인 인간이 마음으로 하나님을 믿게 되는 것이고 마음으로 하나님을 사랑하는 것임을 강조하고 있다. 그러나 마음이 악하고 완고한 인간은 하나님을 거부하며 살아간다. 그가 하나님과의 관계를 회복하는 길은 하나님께서 주시는 부드러운 새 마음으로 살아가는 것이다. 바울은 로마서 10장 10절을 통해 우리가 마음으로 예수님을 믿을 것을 촉구한다.

"사람이 마음으로 믿어 의에 이르고 입으로 시인하여 구원에 이르느니라"(로마서 10:10)

"오직 하나님께 옳게 여기심을 입어 복음을 위탁 받았으니 우리가 이와 같이 말함은 사람을 기쁘게 하려 함이 아니요 오직 우리 마음을 감찰하시는 하나님을 기쁘시게 하려 함이라"(데살로니가전서 2:4)

하나님은 말씀이신 예수님을 우리 마음에 빛으로 비추셔서 우리 마음속 깊은 곳에 탐욕과 탐심으로 잉태된 죄가 가득함을 보게 하시고 인간이 마음으로부터 돌이키는 참된 회개를 하게 하신다. 성경은 우리가 하나님을 찬양하며 섬기는 모든 행위를 한다고 하더라도, 그것이 마음으로 하나님과 관계 맺는 것이 아닌 메마른 입술의 고백일 수 있음을 말씀하신다.

> "주께서 이르시되 이 백성이 입으로는 나를 가까이하며 입술로는 나를 공경하나 그들의 마음은 내게서 멀리 떠났나니 그들이 나를 경외함은 사람의 계명으로 가르침을 받았을 뿐이라" (이사야 29:13)

교회 안에서 살아가면서도 마음으로부터 회개하고 마음으로 예수 그리스도를 믿는 믿음이 무엇인지 알지 못한다면, 그 믿음으로 살아가는 삶을 살아가지 못한다면, 자신이 과연 창조주 하나님의 피조물 된 자신의 피조성을 마음으로 믿는 사람인지 자문해볼 필요가 있다.

그러나 우리는 입술로 예수님에 대한 믿음을 고백하는 모든 그리스도인에게 이러한 질문을 던지는 것을 매우 꺼린다. 오늘날의 개인주의적인 사회 풍토는 타인의 삶에 깊게 관여하는 것을 지양하고, 나아가 그것을 매우 무례한 행위로 간주한다. 문제는 '나의 나 됨'을 부인하고 예수님을 주로 믿고 살아가는 교회 안에서도 동일한 문화와 분위기가 용인된다는 것이다. 그렇기에 현실적으로 교회 안에서조차 타인의 삶에 깊이 관여하는 것을 매우 조심스러워 한다.

> "그러므로 사람이 선을 행할 줄 알고도 행하지 아니하면 죄니라" (야고보서 4:17)

그러나 그리스도인들에게 하나님을 마음으로부터 믿고 그 믿음으로 살아가고 있는 지를 질문하는 것이 하나님 앞에서 선한 것이라면, 거듭난 그리스도인들은 그것을 행하지 않는 것이 자신에게 죄가 됨을 잊어서는 안 된다. 그러므로 교회는 한 개인의 인간의 존엄과 그의 존재는 존중하고 사랑하되 그 사람 안에 거하는 죄에 대해서는 서로 경계하고 그가 그 죄로부터 온전히 돌아서도록 회개를 촉구하며 그 죄와의 싸움에 기도와 실제적 도움으로 함께 동참해야만 한다. 교회 안에서 하나님의 선을 알고도 행하지 않으면서 기독교의 종교적 의식과 외식으로 서로 소통하고 안위하며 살아가는 일이 그대로 묵인되거나 관습적으로 지속되어서는 안 된다.

한 교회에서 수십 년을 살아가면서 내 옆에 있는 형제자매가 무엇을 생각하고 어떤 마음을 품고 살고 있는지, 그들의 마음의 실체가 그리스도 안에서 살고 있는지를 물을 수도 없는 신사 숙녀의 교회 생활이 습관화되어서는 안 된다. 이 문제는 그리스도의편지교회의 실체이기도 하다. 교회 예배와 모임 중에서 우리의 입술은 주님을 고백하며 찬양하고, 서로의 믿음을 적당히 인정하고 서로 영광을 주고받으며 종교적 외식을 행하고 있다는 것이 말씀 앞에 분명히 드러났기 때문이다.

"너희가 성경에서 영생을 얻는 줄 생각하고 성경을 연구하거니와 이 성경이 곧 내게 대하여 증언하는 것이니라 그러나 너희가 영생을 얻기 위하여 내게 오기를 원하지 아니하는도다 (생략) 너희가 서로 영광을

취하고 유일하신 하나님께로부터 오는 영광은 구하지 아니하니 어찌
나를 믿을 수 있느냐"(요한복음 5:39-44)

그러나 그리스도 예수의 사람들은 예수 그리스도를 마음으
로부터 믿어 의에 이르고 입으로 시인하여 구원에 이른 사람들
이다. 그러므로 교회는 모든 사람에게 그들이 받아들이든지 아
니 받든지 그들 안에 있는 하나님의 형상의 완성이시며 완전
한 인성을 가지신 예수 그리스도를 전해야만 한다. 이는 교회
를 향한 주님의 지상 명령이다. 이것 또한 이 땅에 교회가 존재
하는 이유이다. 이것이 기독교 인성교육의 중심 과제이다. 이
믿음은 죄에 대한 분명한 자기 인식과 자각, 그 죄로부터 온전
히 돌아서는 참된 회개를 통한 믿음을 말한다. 우리의 피조성
을 마음에서 받아들이고, 우리를 죄로부터 구원하신 하나님의
은혜와 사랑을 마음으로부터 믿고 순종할 때, 우리는 그리스도
안에서 하나님의 형상을 회복한 새 옷을 입은 새 사람이 된다.

"진리가 예수 안에 있는 것 같이 너희가 참으로 그에게서 듣고 또한 그
안에서 가르침을 받았을진대 너희는 유혹의 욕심을 따라 썩어져 가는
구습을 따르는 옛사람을 벗어 버리고 오직 너희의 심령이 새롭게 되어
하나님을 따라 의와 진리의 거룩함으로 지으심을 받은 새 사람을 입으
라"(에베소서 4:21-24)

(2) 인격성 – '지·정·의(知.情.意)'

일반적으로 지(知)·정(情)·의(意)의 측면에서 논의되는 인간의 인격성은 본래적으로 하나님의 형상을 따라 지음 받은 인간에게 하나님께서 부여하신 하나님의 속성이다. 이 속성은 하나님을 알고 경배하며, 하나님께 의존하고 순종함으로 기뻐하고, 하나님의 뜻과 목적을 인지하여 그 뜻에 따르기 위한 것이다. 하나님의 형상을 따라 지음 받은 모든 인간이 이러한 본래적 인격성을 삶에서 실현해낼 때 '가장 인간다운 인간'이 될 수 있다. 그 삶은 오직 '창조주 하나님의 의도'에만 전적으로 의존하는 삶이다. 예수 그리스도는 바로 그와 같은 삶을 살아낸 유일하고 완전한 인간이기에 인간이 진정한 '인간'으로 살아가는 것은 예수 그리스도와 같은 삶을 살아갈 때만 가능해진다.

"너희 안에 이 마음을 품으라 곧 그리스도 예수의 마음이니 그는 근본 하나님의 본체시나 하나님과 동등됨을 취할 것으로 여기지 아니하시고 오히려 자기를 비워 종의 형체를 가지사 사람들과 같이 되셨고 사람의 모양으로 나타나사 자기를 낮추시고 죽기까지 복종하셨으니 곧 십자가에 죽으심이라"(빌립보서 2:5)

"수고하고 무거운 짐 진 자들아 다 내게로 오라 내가 너희를 쉬게 하리라 나는 마음이 온유하고 겸손하니 나의 멍에를 메고 내게 배우라 그리하면 너희 마음이 쉼을 얻으리니 이는 내 멍에는 쉽고 내 짐은 가벼움이라 하시니라"(마태복음 11:28-30)

그러나 하나님께 불순종한 죄를 지은 인간은 이 인격성이 심각하게 훼손되어 하나님을 경외하고 하나님을 의지하며 하나님의 주권에 따라 피조물로서의 인격성을 가지고 살기보다는 하나님의 주권을 거부하고 자신이 인생의 주인이 되어 자기를 사랑하고 자기가 원하는 삶을 살아가고 있다. 그렇기에 우리의 인격성을 하나님의 형상에 따라 부여된 인격성의 올바른 형태로 착각해서는 안 된다. 그 증거 중 하나는 인간의 '거짓'이다. 하나님께서는 생각과 감정과 행동이 일치하시지만, 왜곡된 인격성을 가진 인간의 생각과 감정과 행동은 심각한 불일치를 겪는다. 결과적으로 이것은 거짓으로 나타난다. 죄 아래에 살아가는 인간은 이 거짓에서 결코 자유로울 수 없다.

교회 안에서 서로의 죄에 대해 경계하고 회개를 권면할 때, 이 거짓은 매우 선명하게 드러난다. 교회 모임에서 자신의 죄에 대한 문제가 제기될 때, 죄인의 자리에 서기를 거부하는 가족들은 즉각적으로 변명하고 반박하며, 때론 상황이 좀 더 심각해지기도 한다. 여기서 심각한 상황은 교회를 떠나는 것이다. 대부분 자신에 대한 문제 제기는 오해에서 비롯된 것이라고, 누구에게 들었냐고 화를 내거나 억울해하고 분노하며 슬퍼한다. 사람에 따라 정도의 차이가 있을 뿐, 그리스도의 몸을 이루어 살아가는 교회 가족 모두가 이 갈등의 과정을 거쳐 갔거나 거쳐 가고 있다. 물론 교회 안에서 자신을 드러내기를 원하지 않기에 이 과정을 아직 시작조차 하지 않은 가족들도 있다.

가장 심각한 반발을 발생하게 하는 인격적인 도전은 그들의 마음이 심히 거짓됨에 대한 지적이다. 이것은 교회 가족들의 생각과 말과 행동이 서로 다르다는 것에 대한 문제 제기이다.

"만물보다 거짓되고 심히 부패한 것은 마음이라 누가 능히 이를 알리요마는 나 여호와는 심장을 살피며 폐부를 시험하고 각각 그의 행위와 그의 행실대로 보응하나니"(예레미야 17:9-10)

"만일 우리가 하나님과 사귐이 있다 하고 어둠에 행하면 거짓말을 하고 진리를 행하지 아니함이거니와 그가 빛 가운데 계신 것 같이 우리도 빛 가운데 행하면 우리가 서로 사귐이 있고 그 아들 예수의 피가 우리를 모든 죄에서 깨끗하게 하실 것이요 만일 우리가 죄가 없다고 말하면 스스로 속이고 또 진리가 우리 속에 있지 아니할 것이요 만일 우리가 우리 죄를 자백하면 그는 미쁘시고 의로우사 우리 죄를 사하시며 우리를 모든 불의에서 깨끗하게 하실 것이요 만일 우리가 범죄하지 아니하였다 하면 하나님을 거짓말하는 이로 만드는 것이니 또한 그의 말씀이 우리 속에 있지 아니하니라"(요한1서 1:6-10)

이 거짓됨을 인정하지 못하는 교회 가족들은 이렇게 말한다.

"나는 분명히 하나님을 믿는다. 만약 교회에서 내 모습이 그렇지 않게 비추어졌다면 그건 내 마음에 열정이 없어서 그렇게 보이는 것뿐이다. 나는 하나님께만이 아니라 매사에 그런 사람이다"

"나도 힘들다. 하나님을 정말 잘 믿고 싶다. 그런데 안 믿어진다. 나더러 어쩌란 말인가?"

"나도 좋은 믿음을 원하고 있다. 때가 되면 하나님께서 주시지 않겠는가? 기다려달라. 다그치지 말라. 믿음이 억지로 되는 게 아니지 않나?"

"아직은 그렇게까지는 믿고 싶지 않지만, 언젠가는 믿을거다. 그러니 나를 그냥 놔둬라"

"내가 교회에서 가르치는 것들을 거부하지는 않지 않나. 비록 내 믿음이 아직은 그렇게까지 안 되지만 그 가르침에 동의하기에 교회를 떠나지 않고 붙어 있는 것 아니겠나. 언젠가는 되겠지…" 등 이들 모두에게 '믿음이 견고할 수 없는' 각자의 이유가 있다.

이것은 스스로 속고 또 속이는 것이다. 실상은 마음으로 하나님을 믿기 싫어하는 데에 문제의 원인이 있는데, 그 사실을 감추고 다른 이유로 자신의 행동을 정당화하려 하기 때문이다. 이런 나눔을 향한 지적과 지적에 대한 변명, 변명에 대한 또 다른 지적과 그에 대한 변명… 이 삶이 교회 안에서 반복되고 있다. 거짓된 자기 자신을 인정하지 않는 교회 가족들은 20년이 넘는 시간을 교회와 함께 했음에도 여전히 예수님을 주님으로 믿고 순종을 결단할 기미를 보이지 않는다. 오늘도 교회는 이 자리에서 갈팡질팡하는 교회 가족들을 보며 피차에 미칠 것 같은 답답함과 안타까움으로 하나님의 긍휼을 구하며 기도할 수밖에 없다. 이처럼 각 사람이 거짓을 통해 드러나는 피조성에 우선하는 인격성 그 자체가 하나님 앞에서 죄임을 깨달아 자신의 죄인됨을 인정하고 그 죄로부터 분명하게 돌아서는 참된 회개에 이를 수 있도록 끝까지 돕는 것이 교회가 추구하는 기독교 인성교육의 과정이다.

2. 하나님의 형상을 회복하는 방법

각 사람이 주님의 몸인 교회로 살아가면서 '기독교 인성교육'을 통해 하나님의 형상을 회복하는 단 한 가지 방법은 성령님의 가르침과 인도하심에 순종함으로써 경험되는 참된 회개와 믿음이다. 이는 물과 성령님으로 거듭나는 중생과 성화의 과정이 한 사람의 삶에 전인격적으로 반영될 수 있도록 끝까지 가르쳐 지키게 하는 것이다.

> "여호와께서 천천의 숫양이나 만만의 강물 같은 기름을 기뻐하실까 내 허물을 위하여 내 맏아들을, 내 영혼의 죄로 말미암아 내 몸의 열매를 드릴까"(미가 6:7)
> "하나님께서 구하시는 제사는 상한 심령이라 하나님이여 상하고 통회하는 마음을 주께서 멸시하지 아니하시리이다"(시편 51:17)

태초에 하나님이 인간에게 부여하신 하나님의 형상이 죄로 일그러져 피조성을 무시하고 인격성으로만 스스로 하나님의 자리에 올라 내 마음대로 살아온 죄에 대하여 성령님께서 말씀하실 때, 그와 연관된 모든 것으로부터 완전히 돌아서는 참된 회개를 통해서만 하나님의 형상을 회복하는 역사가 시작된다. 이것이 곧 회개와 믿음을 동반한 '회심'이다. 자신의 죄를 깨닫고 그 죄를 탄식함으로 하나님께 용서를 구하며 마음에서부터 시작된 회개는 그의 삶의 전반에서 예수그리스도가 증거되는 행동으로 나타난다. 자신의 구원자와 주님 되신 예수 그리스도의 죽음과 부활에 온전히 동참함으로 회복된 하나님의 형상으로 인해 우리는 그분께 대한 의지적이며 인격적인 신뢰로 이뤄진 온전한 믿음을 갖게 될 수 있는 것이다.

구속의 과정은 전적으로 성령님의 주관 아래 진행되지만, 이 회심의 과정에는 인간의 능동적이고 자발적인 의지가 요구된다. 성령님께서는 우리가 그분의 인도하심에 '순종'이라는 적극적인 행위로 응답할 것을 요청하신다. 따라서 교회는 '기독교 인성교육'을 통해 이 행위를 적극 권면하는 것이다.

회심한 인간은 영적으로 다시 태어나는 '중생'을 경험하고 그때 죄로 인해 일그러진 하나님의 형상이 회복된다. 그렇게 회심과 중생을 경험한 사람은 비로소 '그리스도를 닮아가는 삶'을 살 준비를 갖추게 되는데, 그것이 곧 '성화'의 과정이다. 다시 말해, 이것이 중생에서 시작된 그리스도인들의 신앙 여정 내내 계속되는 성령님의 거룩하게 하시는 역사인 것이다. 중생을 경험한 그리스도인은 바로 흑암에서 하나님의 나라로 옮

기어지는 하나님의 역사를 경험하지만, 주님이 다시 오실때까지 자기를 부인하고, 자신의 죄 된 행실을 죽이며, 예수그리스도를 닮아가기 위해 하나님께 자신을 온전히 내어 드리는 삶을 살아가야 한다.

교회 안에서 이루어지는 기독교 인성교육의 핵심은 각 지체가 점진적으로 예수님의 장성한 분량에 이르기까지 온 교회가 깨어 기도함으로 서로 격려하여 이 길을 함께 걸으며 이 믿음을 끝까지 가르쳐 지킬 수 있도록 돕는 것이다. 교회는 이렇게 주님의 말씀 앞에 죽기까지 순종해야 한다. 이것이 우리 안에 훼손된 하나님의 형상을 회복하는 유일한 방법이기 때문이다. 하나님의 형상이 회복된 사람들의 삶은 몇 가지 특징을 갖는다.

(1) '피조물 됨'을 인정하는 삶

그들은 이제 자신이 하나님의 피조물 되었음을 마음으로 인정하며 살아간다. 인간이 자신의 피조성을 인정하는 것은 하나님께서 자신의 창조주 되심을 인정하는 것이고, 이는 하나님에 대한 자신의 전적인 의존성을 인정하는 것이다. 따라서 자신의 '피조물 됨'을 인정하는 사람의 삶은 그의 피조성이 그의 인격성에 우선하는 삶이라고 할 수 있다. 자신의 생각과 감정과 의지가 모두 창조주 되신 하나님의 생각과 감정과 의지에 전적으로 지배받는 삶을 살아가는 것이다.

이 삶은 피조물로서 피조성을 거부하고 하나님께 불순종했던 죄에 대한 회개에서 출발한다. 하나님께 반역하여 스스로 창조주 하나님의 자리에 앉고자 하는 피조물의 죄는 그가 다시 피조물의 자리로 돌아가야만 해결되는 것이다. 이 죄를 회개했다고 해서 온전한 피조물의 삶을 곧바로 살 수 있는 것은 아니다. 여전히 우리 몸에 배어있는 죄의 태도와 습관이 육체의 가시로 남아 있기 때문이다. 우리의 인격성이 우리의 피조성에 우선하는 삶이 이에 해당한다고 볼 수 있다. 우리에게 주어진 인격성은 철저하게 우리가 피조물로서 살아가는 것만을 위해 사용되어야 한다.

피조성이 인격성에 우선하는 삶을 완벽하게 사신 분이 예수 그리스도이시고, 예수님께서 십자가에서 우리 죄를 대속하여 죽으셨던 순간 이 삶은 가장 빛났다. 하나님이신 예수님께서는 이 땅에 인간 예수로 오셔서 33년 동안 영원한 피조물인 우리에게 어떻게 살아야 하는지를 몸소 보여주셨다.

"너희 안에 이 마음을 품으라 곧 그리스도 예수의 마음이니 그는 근본 하나님의 본체시나 하나님과 동등됨을 취할 것으로 여기지 아니하시고 오히려 자기를 비워 종의 형체를 가지사 사람들과 같이 되셨고 사람의 모양으로 나타나사 자기를 낮추시고 죽기까지 복종하셨으니 곧 십자가에 죽으심이라"(빌립보서 2:5-8)

그리스도의편지교회는 몇 년 전부터 "창세기 1장 1절을 믿는가?"라는 질문으로 교회 가족들의 영적 정체성에 대해 물어왔다. 풀어서 말하자면, 이 질문은 "당신이 창조주 하나님의 피조물 됨을 믿는가?", "(믿는다면), 당신은 피조물의 자리에서 살아가고 있는가?", "(아니라면), 왜 피조물의 자리에 있지 않은가?" 등을 묻는 것과 같다. 이 질문은 복음의 본질로 들어가기 전 인간의 죄에 대한 이해와 그 죄를 인정하는 죄인의 자리에서 본 경험이 있는지에 대해 묻는다. 성경에서 말씀하신 죄의 근본은 피조물이 창조주의 자리를 기웃거리고 탐내는 것이다. 창세기 1장 1절 말씀은 우리가 천지를 창조하신 창조주 하나님 앞에서 이 죄를 보고 이 죄로부터 돌이키는 분명한 회개에 근거하여 예수 그리스도를 믿고 있는가를 묻고 있다.

> "태초에 하나님이 천지를 창조하시니라 땅이 혼돈하고 공허하며 흑암이 깊음 위에 있고 하나님의 영은 수면 위에 운행하시니라 하나님이 이르시되 빛이 있으라 하시니 빛이 있었고 빛이 하나님이 보시기에 좋았더라 하나님이 빛과 어둠을 나누사 하나님이 빛을 낮이라 부르시고 어둠을 밤이라 부르시니라 저녁이 되고 아침이 되니 이는 첫째 날이니라"(창세기 1:1-5)

복음을 듣고, 자신이 죄인임을 인정하며 회개하고, 침례 받고, 교회와 목장에서 믿음을 고백하고 나눈다고 하더라도, 하나님의 형상을 반영하는 삶을 살지 못하는 교회 가족들의 삶은 그 자체로 피조물성에 대한 거부의 증거였다. 하나님의 피조물임을 개념적으로 이해하고 동의하였지만, 여전히 하나님의 자리에서 자기 자신이 주체가 되어 선악을 구분하고 옳고 그름을 판단하며 결정하고 있는 삶을 버리지 못하고 있는 것이다.

이렇게 피조성에 대한 분명한 인정과 믿음이 없으면서도, 즉 창조주 하나님에 대한 분명한 믿음이 없으면서도 우리는 하나님을 믿고 신뢰하는 것처럼 자신의 죄를 고백하고 나누고 믿음에 관한 문제를 고민하며 하나님에 관해 이야기하고 있었다. 창세기 1장 1절 말씀을 통해 이와 같은 교회의 모습이 하나님 앞에서 오히려 더 가증스럽고 더 완악한 지경에 이르게 되었음을 볼 수 있었고, 이것이 우리 교회의 현실이자 죄임을 알게 되었다.

거듭난 그리스도인들이라면 자신의 죄가 자각될 때 자신에 대한 구차한 변명이나 핑계 없이 그 죄를 인정하고 그 죄와 관련된 일체의 것들로부터 즉시로 돌아서는 참된 회개의 자리에 서게 된다. 그러나 교회 가족들의 실체는 그렇지 않았다. 그래서 교회는 수년째 창세기를 떠나지 않고 씨름을 하고 있다. 교회는 교회 가족들에게 "우리는 하나님의 피조물이다", "우리는 피조물이기에 우리 자신에 대한 주권을 가지고 있지 않다. 그런데도 하나님께 반역하여 그 주권을 가져오고자 하는 우리의 마음과 모든 행위는 우리 안에 거하는 죄와 그 허물이다". "우리의 일상적인 삶에서 우리 자신의 모든 판단과 이해, 결정을 멈추고 하나님만을 바라보는 하나님을 향한 절대적인 신뢰와 복종이 없다면 우리는 이미 그 자체로 우리의 몸을 불의의 병기로 죄에게 내어주고 있는 것이다"라고 선포해왔다. 피조물의 삶은 하나님의 본체이신 예수님께서 선택하고 복종하셔서 먼저 가시고 그리스도의 몸 된 교회에게 따라오라고 하시는 길이다.

"만물을 그 발 아래에 복종하게 하셨느니라 하였으니 만물로 그에게 복종하게 하셨은 즉 복종하지 않은 것이 하나도 없어야 하겠으나 지금 우리가 만물이 아직 그에게 복종하고 있는 것을 보지 못하고 오직 우리가 천사들보다 잠시 동안 못하게 하심을 입은 자 곧 죽음의 고난 받으심으로 말미암아 영광과 존귀로 관을 쓰신 예수를 보니 이를 행하심은 하나님의 은혜로 말미암아 모든 사람을 위하여 죽음을 맛보려 하심이라 그러므로 만물이 그를 위하고 또한 그로 말미암은 이가 많은 아들들을 이끌어 영광에 들어가게 하시는 일에 그들의 구원의 창시자를 고난을 통하여 온전하게 하심이 합당하도다 거룩하게 하시는 이와 거룩하게 함을 입은 자들이 다 한 근원에서 난지라 그러므로 형제라 부르시기를 부끄러워하지 아니하시고 이르시되 내가 주의 이름을 내 형제들에게 선포하고 내가 주를 교회 중에서 찬송하리라 하셨으며"(히브리서 2:8-12)

이 믿음의 실체는 인간이 자기로부터 떠나는 것이다. 그리스도인들은 옛 자아로 살아온 모든 삶으로부터 떠난 자들이다.

(2) 죄와 피 흘리기까지 싸우는 삶

그리스도의 형상이 회복된 자들은 죄와 피 흘리기까지 싸우기 위해 몸부림친다. 그리스도인의 삶이 참된 회개와 거듭남으로만 완성되지는 않기 때문이다. 그리스도인에게 완성된 삶은 존재하지 않는다. 오직 예수 그리스도만이 완전하시다. 이 예수 그리스도의 인격과 삶은 예수 그리스도와 연합된 그리스도인들이 하나님께서 자신에게 허락하신 말씀에 근거한 순종을 통해서만 따를 수 있는 것이다. 그리스도인에게 이 삶은 육체적 죽음이 임할 때까지 계속되는 것이며, 그 과정에서 어떠한 타협이나 중지가 있어서는 안 된다.

그러나 회개하고 예수님을 믿는 자에게 하나님의 은혜로 '구원이 주어진다'라는 '구원의 확신'에 대한 강조로 인해 죄와 피 흘리기까지 싸워야 하는 영적 전쟁의 중요성에 크게 무게를 두지 않는 경우가 많다. 많은 교회 가족들이 죄와 피 흘리기까지 싸워야 한다는 교회의 말씀을 개념적으로 이해하고 그렇게 살아가겠다고 결심하지만 실상은 자신의 마음의 문 앞에 엎드려 호시탐탐 기회를 노리고 있는 죄의 실체를 발견하지 못하고 도덕·윤리적인 죄에 대한 지속적인 부담감과 죄책감에 지쳐 죄의 문제를 복잡한 것으로 여기며 피하고 덮으려 한다. 이것은 명백한 사탄의 속임수이다. 인간의 전인격적 변화는 바로 이 죄에 대한 자기 인정과 그 죄로부터 온전히 돌아서는 순종에서 시작되기 때문이다. 사탄은 우리가 죄에 대하여 고민하지 않도록 열과 성을 다해 우리를 혼미케 한다. 우리가 죄인의 자리에 서는 그 순간이 그에게는 영적 전쟁에서 패하는 순간이기 때문이다.

"이러므로 우리에게 구름 같이 둘러싼 허다한 증인들이 있으니 모든 무거운 것과 얽매이기 쉬운 죄를 벗어 버리고 인내로써 우리 앞에 당한 경주를 하며 믿음의 주요 또 온전하게 하시는 이인 예수를 바라보자 그는 그 앞에 있는 기쁨을 위하여 십자가를 참으사 부끄러움을 개의치 아니하시더니 하나님 보좌 우편에 앉으셨느니라 너희가 피곤하여 낙심하지 않기 위하여 죄인들이 이같이 자기에게 거역한 일을 참으신 이를 생각하라 너희가 죄와 싸우되 아직 피흘리기까지는 대항하지 아니하고 또 아들들에게 권하는 것 같이 너희에게 권면하신 말씀도 잊었도다 일렀으되 내 아들아 주의 징계하심을 경히 여기지 말며 그에게 꾸지람을 받을 때에 낙심하지 말라 주께서 그 사랑하시는 자를 징계하시고 그가 받아들이시는 아들마다 채찍질하심이라 하였으니 너희가 참음은 징계를 받기 위함이라 하나님이 아들과 같이 너희를 대우하시나니 어찌 아버지가 징계하지 않는 아들이 있으리요 징계는 다 받는 것이거늘 너희에게 없으면 사생자요 친아들이 아니니라 또 우리 육신의 아버지가 우리를 징계하여도 공경하였거든 하물며 모든 영의 아버지께 더욱 복종하며 살려 하지 않겠느냐 그들은 잠시 자기의 뜻대로 우리를 징계하였거니와 오직 하나님은 우리의 유익을 위하여 그의 거룩하심에 참여하게 하시느니라 무릇 징계가 당시에는 즐거워 보이지 않고 슬퍼 보이나 후에 그로 말미암아 연단 받은 자들은 의와 평강의 열매를 맺느니라 그러므로 피곤한 손과 연약한 무릎을 일으켜 세우고 너희 발을 위하여 곧은 길을 만들어 저는 다리로 하여금 어그러지지 않고 고침을 받게 하라"(히브리서 12:1-13)

우리의 삶에서 죄를 발견케 하시는 것과 이 죄를 벗기 위한 경주를 인내로써 끊임없이 하게 하시는 것은 성령님의 사역이다. 우리의 삶 전체를 회개한 뒤에도 여전히 우리 안에 거하는 죄의 잔재를 더 깊이 깨달아 뿌리 뽑을 수 있도록 성령님은 그리스도인의 마음 안에서 역사하신다. 이 죄와의 전쟁에서 우리의 육체와 영혼이 피곤하고 낙심될 때 우리는 교회의 머리 되신 예수님을 구하고 찾고 두드린다.

우리의 마음이 주님의 얼굴을 향해 있을 때 우리의 생명의 빛이신 주 예수께서는 우리 마음의 어두움을 끝없이 비추셔서 주의 성령님을 통해 우리의 죄에 대하여, 의에 대하여, 심판에 대하여 말씀하심으로 우리는 우리의 어두운 내면을 더 깊이 깨닫고 죄와의 싸움을 감사함으로 받게 된다. 이 싸움은 나 홀로가 아닌 그리스도의 몸인 교회와 함께하며, 그 결과 우리는 모든 삶에서 죄로부터의 자유함을 경험케 된다. 주님은 우리의 어두움에 빛을 비추이심으로 말씀하시고 성령님께서는 우리의 연약함을 위해 간구하시며 도우시고 그리스도의 몸 된 교회는 이 길을 함께 걷고 있기에 우리는 우리의 삶에서 이 죄와 싸워 이기게 된다.

교회는 사랑과 권면과 인내와 징계로 각 지체들의 영적 전쟁을 함께 감당한다. 그리스도 안에서 서로 사랑함으로 서로를 위해 기도로 중보하는 그리스도의 몸 된 교회 지체들을 통해 피차 죄가 드러날 때, 그 죄에서 돌이켜 하나님께 나아갈 것을 권면한다. 그럼에도 불구하고 고집스럽게 변명하며 자신의 죄인 됨을 거부하는 사람들에게 교회는 일정 기간의 징계를 제안한다. 이 징계는 대단한 것이 아니라 예배를 제외한 교회의 모든 활동에서 일정 기간 배제시키는 것이다.

교회의 공식적인 예배와 성경공부 외에 소그룹 모임이나 봉사 활동에 당분간 불참시키고 깨어서 자신의 내적성찰에 모든 것을 집중토록 24시간 중보기도로 돕는다. 교회 가족들의 영적 문제는 한 꺼풀만 벗겨보면 징계 대상 한 사람만의 문제가 아니라 교회 전체의 문제임을 알 수 있다. 그러기에 교회 전체가 근신하며 깨어 기도해야만 한다. 교회와 한 몸 된 한 지체가 받는 징계는 곧 교회 전체가 하나님의 말씀 앞에서 교회의 죄에 대해 경계함을 받는 것이다. 우리의 죄와 씨름하는 과정은 고통스럽지만, 주님께서 이 과정을 통해 우리를 연단하시고 성장시키시기에 모든 교회 가족들은 이런 일들로 인하여 하나님께 감사드리며 주님께 더 깊이 나아 갈 수 있게 된다.

주님의 몸 된 교회가 없다면 죄를 발견하는 것도, 권면을 받는 것도, 이 죄와 싸우게 하시는 주의 징계 앞에 살아가는 연단도 불가능하다. 이 연단을 통해 주님은 자신의 의로우심을 증명하시고 교회가 회개함으로 순종할 때 의와 평강의 열매를 맺게 하신다. 우리는 교회가 이 역할을 감당해야 함을 주님의 명령으로 받는다. 이와 같은 주님의 명령에 순종하고자, 교회는 또다시 피곤한 손과 연약한 무릎을 일으켜 세우고 함께 곧은 길을 만들어, 이제 우리의 저는 다리로 어그러지지 않고 걷게 하실 그 날을 주 안에서 기대하며 살아가고 있다.

그렇다고 해서 모든 가족이 죄와 피 흘리기까지 싸우는 주님의 연단 가운데 흔들림 없이 살고 있다는 것은 아니다. 많은 가족이 생명의 빛이신 예수님께서 말씀으로 자신의 죄를 드러내시고 죄와 싸우기를 권면하심을 알면서도, 죄에 대하여 징계하시는 주님의 심정을 느끼면서도 죄에 매여 있는 자신을 직면하고 회개의 자리에 머물기를 게을리하고 있다. 오히려 자신의 욕심과 죄의 결과로 돌아온 고난과 주님의 징계까지도 그저 삶에서 일어나는 단순한 사건이나 문제로 여기고 그 문제를 해결해달라고 기도하기도 한다. 각 목장에서 교회 지체들이 서로의 삶을 나누는 과정에서 자신의 죄가 의도치 않게 드러날 때, 그 상황을 피하거나 숨어버리려는 모습을 보인다. 우리의 뿌리 깊은 죄성으로 인해 우리는 결코 안주할 수 없다. 교회는 지체들의 인격과 삶에서 예수님이 반영되지 않는 모습을 목격할 때마다, 죄에 대한 우리의 고백과 회개가 하나님 앞에서 매우 가증스러운 태도를 보인 것에 지나지는 않는지 자문하며, 여전히 묵은 땅을 뒤집어 기경하시는 성령님께 귀기울여 순종함으로 살아가고 있다.

거듭난 그리스도인은 교회 안과 밖에서 끊임없이 드러나는 자신의 죄와 끝까지 싸우고 그 죄를 경계하며 사는 사람이다. 이들은 교회 안에서 자신의 죄가 구체적으로 드러날 때 교회 지체들과 함께 그 죄에 관하여 대화하는 것을 당황해하거나 불편해하지 않는다. 사람의 이성으로는 결코 이해할 수 없는 온전하신 성령님의 역사이다. 이들은 본인뿐만 아니라 타인에 대한 객관적인 분별력도 가지고 있다. 교회 지체들이 서로의 죄에 대해 경계하는 나눔은 개인에 대한 인격적인 모독이 아니라 그 죄에 대해 통분히 여기는 심정을 표현하는 것이다. 그리스도인은 죄와 싸워 이김으로써만 살아갈 수 있기 때문에 거듭난 그리스도인들은 교회에서 자신의 삶을 있는 그대로 정직하게 드러내기를 주저하지 않을 뿐만 아니라, 나아가 자신의 죄가 노출되어 교회를 통한 주님의 꾸지람과 채찍질과 징계 가운데 살면서 고침받기 원하는 사람들이다.

(3) 가르침을 지켜 행하는 삶

"그러므로 너희는 가서 모든 민족을 제자로 삼아 아버지와 아들과 성령의 이름으로 세례를 베풀고 내가 너희에게 분부한 모든 것을 가르쳐 지키게 하라 볼지어다 내가 세상 끝날까지 너희와 항상 함께 있으리라 하시니라"(마태복음 28:19-20)

교회에서 하나님의 말씀을 가르치는 것은 그 말씀을 지켜 행하도록 하는 데에 그 의미와 목적을 둔다. 그리스도인들의 인격과 삶이 그리스도를 반영하지 못하고 있다면 하나님의 형상을 회복하는 그의 믿음의 여정에 문제가 있는 것이다. 이 상황이 오래 가면 그는 지·정·의가 일치하지 않는 거짓된 믿음에 익숙해지고 결국에는 죄에 둔감해지는 심각한 영적 문제에 봉착하게 된다. 그렇기에 예수님께서 부활하셔서 하늘로 올라가시며 우리에게 남기신 마지막 명령은 '내가 너희에게 분부한 모든 것을 가르쳐 지키게 하라'는 것이다. 예수님께서는 말씀을 가르치는 것이 전부가 아니고, 그 말씀을 지킬 수 있도록 끝까지 돕는 것이 가르치는 자의 책임임을 말씀하신다. 이것은 주님이 우리를 사랑하시되 자신을 내어주시기까지 끝까지 우리를 사랑하신 것처럼 우리도 서로 사랑하라는 주님의 명령과 같은 말씀이다.

피조성이 인격성에 우선되는 삶을 사는 거듭난 그리스도인들에게 있어서 가르치는 것과 지키게 하는 것, 즉 아는 것과 사는 것은 사실상 하나이다. 그리스도의 인격으로 새사람이 되어 살아가는 그리스도인은(거짓 없는 믿음으로) 생각과 감정과 의지(지·정·의)가 하나님의 뜻에 따르는 삶을 살아가기 때문이다. 거짓 없는 믿음은 하나님의 창조주 되심과 자신의 피조물 됨에 대한 마음으로부터의 분명한 인정과 믿음을 가지고 예수 그리스도를 따라 끝없이 자기 자신을 부인하며 살아가는 것으로 증명된다. 이 삶이 곧 거듭난 그리스도인의 삶이며, 가르침을 지켜 행하는 삶이다.

그리스도의편지교회는 교회 지체들 한 사람 한 사람이 이 삶을 살아갈 때까지 포기하지 않고 인내하며 가르쳐야 할 책임이 있다. 그것이 곧 '기독교 인성교육'을 행하는 것이다. 처음에는 말씀을 배우는 것에만 익숙한 교회 가족들에게 우리가 성경을 공부하는 목적과 이유가 어느 곳에 있든지 시간과 공간의 달라짐과 상관없이 하나님의 말씀을 지켜 행하기 위함임을 강조하며 가르쳤다. 그러나 아무리 그 사실을 반복해서 가르쳐도 교회 가족들의 삶은 변하지 않았다. 교회의 모임 중에 있을 때는 듣고 배우는 말씀에 대해 고민하고 지켜보리라 다짐하지만, 교회 문을 나서는 순간 그것을 잊고 교회 밖에서는 세상에서 몸에 밴 육체의 정욕과 안목의 정욕과 이생의 자랑을 따랐던 옛 습관과 기질에 따라 사는 삶이 만연했다. 그 누구도 예외가 없는 흔한 모습이었기에, 언제부터인지 말씀과 삶의 괴리가 당연한 것 혹은 어쩔 수 없는 것으로 여겨졌다.

성경이 분명히 아니라고 선언하시는 이 문제를 교회는 간과할 수 없었다. 20여 년 전, 이 문제를 더 이상 덮어두지 않기로 결심하고 갈등과 반발의 시한폭탄을 안고 자폭하는 마음으로 교회 가족들의 삶을 구체적으로 도전하기 시작했다. 말씀을 지켜 행하는 것에 초점을 맞추어 말씀의 적용점을 제안하고 훈련하였다. 이 과정에서 알게 된 사실 한 가지는 교회 가족들이 교회에 나온 목적이 대부분의 경우 진리를 찾고 그 진리를 따라 살기 위함이 아니라 각자의 다양한 필요를 충족시키기 위함이라는 것이었다. 교회 가족들과의 인간적인 관계가 좋아 교회에 나오는 사람, 어려서부터 교회에 다니던 종교성으로 인해 교회에 다니지 않는 것이 불편해서 교회에 출석하는 사람, 하나님께는 관심이 없지만 교회에 자신의 어려움이나 고민거리를 상담하기 위해 오는 사람, 마음으로는 하나님을 거부하지만 그래도 교회에서 선포되는 말씀들이 옳다는 생각이 들어 돌이키는 회개는 없이 교회 예배와 모임에 의지적으로 참석하는 사람 등…. 그렇기에 진리이신 예수님에 대한 깊은 관심보다 종교심에 기반을 둔 교회 생활이 자연스러웠고, 열심히 기도하고 전도하면 하나님께서 내 필요를 채워주실 것이라는 기복적인 종교적 태도가 교회의 가르침과 무관하게 그대로 유지되고 있었다. 이들의 관심이 다른 곳에 있었기 때문에, 교회가 아무리 믿음의 본질적인 문제에 대해서 가르쳐도 이에 대해 깊이 고민하지 않았고 말씀을 지켜 행함을 강조하는 교회의 가르침을 불편해하며 힘들어했다. 그냥 말씀을 듣기만 하는 것은 조금 부담스러울 뿐이지만 지키도록 끈질기게 요구하고 점검하는 교회의 태도에는 화가 나는 듯했다.

그럼에도 불구하고 모일 때마다 사랑과 선행으로 격려하면서 알고도 행치 않는 불순종에 대해서는 유리그릇 다루듯이 조심스럽게 권면하고 기다렸다. 이런 시간이 지속되면서 교회가 이 부분에 대해서 타협하지 않고 끝까지 이 길이 성경에서 말씀하신 믿음의 길이라고 가르쳐 지키게 하자 교회를 부담스러워하고 함께 걷기를 거부하는 사람들이 생겨났다. 이런 상황이 발생할 때면 마치 교회를 떠날 사람들이 줄을 서서 기다리고 있는 듯한 마음이 들어 압박을 느끼기도 했지만, 멈추지 않았다. 성경이 너무나도 분명히 말씀하고 계셨기 때문이다. 오래 지나지 않아 그 우려는 현실이 되었다. 많은 사람들이 교회를 떠났다. 그때가 교회 개척 이후 가장 힘든 시간이었다. 목회자로 살면서 가장 많이 울었던 날들이다.

그렇지만 이 길을 결코 포기할 수 없었다. 어떤 상황에서도 성경 말씀을 가감 없이 전하고, 하나님의 명령을 가르쳐 지키도록 끝까지 돕는 데에 교회의 모든 사역의 초점을 맞추었다. 이런 상황에서 교회를 떠나지 못하고 남아 있는 지체들은 교회가 좋아서 남아 있는 것이 아니고 모두 다 떠나면 교회가 문 닫을 것이 걱정되어서, 떠날 용기가 없어서, 우리가 불쌍해서 남아 있는 것만 같았다. 인간적으로 매우 고통스러웠지만, 교회 전체 모임과 소그룹 목장 모임을 통해 어김없이 우리의 거짓된 믿음을 나누고 아픈 지적을 하고 함께 기도하며 회개함으로 나아가는 힘든 시간이 흘러갔다.

20여 년의 세월이 흐르는 동안, 때로는 서로 마음이 상하기도 하고 일시적으로 원수가 되기도 했지만, 이 시간을 함께 겪어내며 서로를 많이 알아가고 이해하게 되었기에 교회 가족들은 서로의 깊은 삶을 편안하게 나눌 수 있는 관계가 되었다. 그러나 이와 같은 관계의 변화에도 불구하고 가족들의 삶은 하나님께 온전히 나아가지 않았다. 크게 변한 것이 없었다. 자신이 하나님 앞에 잘못 살고 있다고, 회개한다고 나눔 예배와 목장에서 계속 고백했지만 자기를 부인하고 그리스도로 새 옷을 입은 새 사람으로 다시 태어나는 것은 어려워 보였다. 그만큼 우리 안의 죄는 질기고 강성했다.

그러나 다른 방법이 없었다. 교회는 항상 살아 계신 하나님의 말씀이 교회에 역사하시기를 간구하며, 하나님의 말씀을 지켜 행함이 없는 거짓된 믿음을 경계하고, 이것이 교회 가족들의 삶에서 드러날 때 고집부리지 말고 회개할 것을 계속해서 권면했다. 이는 교회 가족들의 표면적인 행위에 대한 판단이나 정죄가 아니라 그 행위를 야기하는 깊은 내면의 죄에 대한 도전이었다. 그 죄를 회개하지 않는 한 어떠한 행위의 변화도 결코 진정으로 이루어질 수 없으며, 마지막 날에 우리가 받게 될 심판의 결과를 바꿀 수 없음을 분명히 알았기 때문이다.

"하나님의 말씀은 살아 있고 활력이 있어 좌우에 날선 어떤 검보다도 예리하여 혼과 영과 및 관절과 골수를 찔러 쪼개기까지 하며 또 마음의 생각과 뜻을 판단하나니"(히브리서 4:12)

"다만 네 고집과 회개하지 아니한 마음을 따라 진노의 날 곧 하나님의 의로우신 심판이 나타나는 그 날에 임할 진노를 네게 쌓는도다"(로마서 2:5)

교회의 사역자인 나부터 이 말씀을 두려움과 떨림으로 받아 회개하고 주님을 똑바로 믿겠다는 마음으로 살아왔고, 시간이 지나면서 이 삶에 동참하는 가족들이 조금씩 늘어가고 있다.

이 긴 시간 동안 깊은 아픔들을 통해서 중요한 한 가지 사실을 마음으로부터 깨닫게 되었다. 하나님의 말씀은 우리의 이성으로 이해하고 깨달아서 지키는 것이 아니라 주님을 사랑하기 때문에 지키는 것이라는 사실이다. 예수님을 사랑하는 사람은 어떤 상황에서도 하나님의 말씀을 믿음으로 순종할 수 있음이 마음으로부터 믿어졌다. 예수 그리스도에 대한 순종은 그런 측면에서 예수님의 사랑 앞에서의 굴복에 가깝다. 주님의 사랑과 말씀에 대해 가르치시고 그것을 생각나게 하셔서 우리를 진리 가운데로 인도하시는 분은 성령님이시다. 그러므로 우리의 이해와 판단에 근거한 의지만으로는 하나님께 순종할 수 없다. 우리는 성령님의 인도하심과 역사하심에 순종함으로 하나님의 말씀을 따를 수 있게 된다.

"나의 계명을 지키는 자라야 나를 사랑하는 자니 나를 사랑하는 자는 내 아버지께 사랑을 받을 것이요 나도 그를 사랑하여 그에게 나를 나타내리라"(요한복음 14:21)

이때 주의해야 할 점은 우리가 자기를 부인하지 않고도 기독교적 종교심이나 오랫동안 함께 살아온 교회 가족들에 대한 인간적인 친밀함과 신뢰, 목회자를 비롯한 모든 교회 가족들에게 나의 믿음을 인정받고자 하는 욕심 등을 따라 그럴듯한 거짓 순종의 모습을 보일 수도 있다는 것이다. 이런 사람들의 특징은 교회나 목장에서 바로 그 지점을 지적하면 대부분 잘 받아들이지 못하고 반발한다. 자신을 잘 몰라서 그렇다고, 억울하다고, 자신의 노력을 몰라준다고, 이 삶을 위해 자신이 얼마나 많은 것을 희생하고 포기했는지 알아주지 않는다고 화를 내거나 서운해한다. 이것은 회개의 자리에 머무르는 그리스도인의 삶과 괴리되어 있는 태도이다. 그리스도인은 자신의 죄에 대한 지적을 기꺼이 그리고 감사히 받아 하나님 앞에 그 문제를 가지고 나아가 씨름하는 자이기 때문이다.

교회는 거짓된 순종에 대해 매우 강경한 입장을 취한다. 그것은 자기 자신이 삶의 주체가 되어서 말씀을 자신의 이성으로 이해하고 해석하여 자신이 수용할 수 있는 범위 안에서 순종할 수 있는 것만을 순종하고 있는 것이라고, 그것은 자신의 목적을 따라 계산된 순종이라고, 그렇기에 순종의 모양을 취하지만 실상은 '나'의 욕심과 의지에서 출발한 행위일 뿐이라고, 차라리 아무것도 하지 말고 차분히 자신의 내면과 마음을 깊이 있게 들여다보도록 지적하고 권면한다. 이렇게 되면 참으로 답답한 긴 시간이 흘러갈 수밖에 없다. 성령님께서 그에게 알려주시고 깨닫게 하시고 회개하게 하시기까지, 그가 성령님의 말씀에 순종하기까지 교회는 함께 힘들고 서로 간에 어색한 시간을 보내게 된다.

"또 여호와께서 왕을 길로 보내시며 이르시기를 가서 죄인 아말렉 사람을 진멸하되 다 없어지기까지 치라 하셨거늘 어찌하여 왕이 여호와의 목소리를 청종하지 아니하고 탈취하기에만 급하여 여호와께서 악하게 여기시는 일을 행하였나이까 사울이 사무엘에게 이르되 나는 실로 여호와의 목소리를 청종하여 여호와께서 보내신 길로 가서 아말렉 왕 아각을 끌어왔고 아말렉 사람들을 진멸하였으나 다만 백성이 그 마땅히 멸할 것 중에서 가장 좋은 것으로 길갈에서 당신의 하나님 여호와께 제사하려고 양과 소를 끌어 왔나이다 하는지라 사무엘이 이르되 여호와께서 번제와 다른 제사를 그의 목소리를 청종하는 것을 좋아하심 같이 좋아하시겠나이까 순종이 제사보다 낫고 듣는 것이 숫양의 기름보다 나으니 이는 거역하는 것은 점치는 죄와 같고 완고한 것은 사신 우상에게 절하는 죄와 같음이라 왕이 여호와의 말씀을 버렸으므로 여호와께서도 왕을 버려 왕이 되지 못하게 하셨나이다 하니"(사무엘상 15:18-23)

이 말씀에서 사울은 하나님의 말씀을 부분적으로 순종하고 궁극적으로는 자기의 목적을 달성하려 한다. 하나님께서는 사무엘을 통해 사울에게 자신은 제사나 숫양보다 자신의 목소리를 청종하는 것을 더 좋아하신다고 알리시고 그를 버려 왕이 되지 못하게 하신다. 하나님의 말씀을 청종하지 않고 내 식대로 하나님께 순종하는 것은 하나님을 거역하는 불순종이고, 그 결과는 버려짐이다. 그러므로 교회는 교회 가족들의 이런 태도를 그냥 지나칠 수 없고 적당히 타협할 수 없는 것이다.

야고보서 말씀은 하나님의 말씀을 듣고 배우지만 지켜 행하지 않는 것은 귀신이 하나님을 알고 떠는 그 정도의 믿음과 다를 바가 없는 허탄한 것이라고 말씀하신다. 행함이 없는 믿음은 영혼이 없는 몸과 같이 죽은 것이라고 하신다. 믿음은 행함으로 나타나고, 행함으로 믿음이 온전하게 된다고 하신다.

"이와 같이 행함이 없는 믿음은 그 자체가 죽은 것이라 어떤 사람은 말하기를 너는 믿음이 있고 나는 행함이 있으니 행함이 없는 네 믿음을 내게 보이라 나는 행함으로 내 믿음을 네게 보이리라 하리라 네가 하나님은 한 분이신 줄을 믿느냐 잘하는 도다 귀신들도 믿고 떠느니라 아아 허탄한 사람아 행함이 없는 믿음이 헛것인 줄을 알고자 하느냐 우리 조상 아브라함이 그 아들 이삭을 제단에 바칠 때에 행함으로 의롭다 하심을 받은 것이 아니냐 네가 보거니와 믿음이 그의 행함과 함께 일하고 행함으로 믿음이 온전하게 되었느니라 이에 성경에 이른 바 아브라함이 하나님을 믿으니 이것을 의로 여기셨다는 말씀이 이루어졌고 그는 하나님의 벗이라 칭함을 받았나니 이로 보건대 사람이 행함으로 의롭다 하심을 받고 믿음으로만은 아니니라 또 이와 같이 기생 라합이 사자들을 접대하여 다른 길로 나가게 할 때에 행함으로 의롭다 하심을 받은 것이 아니냐 영혼 없는 몸이 죽은 것 같이 행함이 없는 믿음은 죽은 것이니라" (야고보서 2:17-26)

그러므로 교회는 우리 주 예수 그리스도의 명령을 따라 교회 지체들이 교회에서 배운 말씀을 자신의 삶 속에서 지켜 행할 수 있도록 매우 구체적이고 실제적으로 가르쳐 지키도록 하는 데에 끝까지 순종해야 한다. 하나님의 말씀을 가르쳐 지키도록 하는 일은 교회의 생명력과 직결된다. 그 결과 교회와 목장은 언제나 바람 잘 날이 없고 시끄럽고 복잡하다. 그래도 이것이 교회가 가야 할 길이기에 한 말씀이라도 온전히 지킬 때까지 교회 가족들은 피차에 행함이 없는 죽은 믿음을 서로 경계하고, 행함이 없는 거짓된 믿음의 실체가 드러나 그 죄를 회개하고 그리스도 안에서 새로운 삶을 살아 낼 수 있도록 서로 끝까지 돕는다.

(4) 예수 그리스도 안에서 사는 삶

"나는 참포도나무요 내 아버지는 농부라 무릇 내게 붙어 있어 열매를 맺지 아니하는 가지는 아버지께서 그것을 제거해 버리시고 무릇 열매를 맺는 가지는 더 열매를 맺게 하려 하여 그것을 깨끗하게 하시느니라 너희는 내가 일러준 말로 이미 깨끗하여졌으니 내 안에 거하라 나도 너희 안에 거하리라 가지가 포도나무에 붙어 있지 아니하면 스스로 열매를 맺을 수 없음 같이 너희도 내 안에 있지 아니하면 그러하리라 나는 포도나무요 너희는 가지라 그가 내 안에, 내가 그 안에 거하면 사람이 열매를 많이 맺나니 나를 떠나서는 너희가 아무 것도 할 수 없음이라"(요한복음 15:1-5)

그리스도인이 새 생명의 삶을 사는 것, 하나님의 형상이 회복되는 것, 그리스도가 반영된 삶을 사는 것은 우리가 그리스도 안에 거할 때만 가능한 것이다. 성경은 우리가 그리스도 안에 거할 때 예수님도 우리 안에 거하셔서 우리로 하여금 많은 열매를 맺게 하실 것이라고 말씀하신다. 인간은 예수님을 떠나서는 아무것도 할 수 없음을 명확하게 말씀하신다. 즉 너희는 내가 일러준 말로 깨끗하게 되었지만 참 포도나무이신 예수님께 붙어 있지 않으면, 그렇게 예수 그리스도 안에 살지 않으면 여전히 열매 맺지 못하는 죽어 있는 가지일 뿐이라는 것이다. 예수 안에서 사는 삶은 열매를 맺는 삶이다.

성경은 예수 그리스도로 말미암지 않고는 하나님께 나아갈 길이 없다고 분명하게 선언하신다.

"예수께서 이르시되 내가 곧 길이요 진리요 생명이니 나로 말미암지 않고는 아버지께로 올 자가 없느니라"(요한복음 14:6)

예수 그리스도께서 내 안에, 내가 예수 그리스도 안에 산다는 것은 내가 예수 그리스도와 연합된다는 것이다. 예수님은 우리와 연합하심으로 자신을 계속 알리시고 경험케 하셔서 그 사랑을 더욱 알게 하신다. 우리가 하나님과 연합된다는 것은 하나님이 우리를 그처럼 사랑하신다는 것이다. 하나님의 사랑은 세상이 사용하는 '사랑'이라는 단어의 의미와 매우 다르다.

하나님의 사랑은 사랑하는 대상과 연합하는 사랑인데 사랑할 만한 자를 사랑하는 것이 아니라 원수 된 자리에 있는 인간을 위해 자신을 다 내어주시는 사랑이다. 죄인 된 우리를 그대로 받아들이시는 인자의 사랑과 죄인 된 우리를 깨끗게 하셔야 하는 소멸하는 불로서의 공의의 사랑이시다.

이런 하나님의 사랑을 죄인인 인간들이 과연 알 수 있을까? 불가능하다. 죄인 된 우리는 사랑이신 예수님 자체보다 예수님의 이적을 좇고, 표적을 보고 예수님을 우리식으로 판단하여 믿으러 한다.

"유월절에 예수께서 예루살렘에 계시니 많은 사람이 그의 행하시는 표적을 보고 그의 이름을 믿었으나 예수는 그의 몸을 그들에게 의탁하지 아니하셨으니 이는 친히 모든 사람을 아심이요 또 사람에 대하여 누구의 증언도 받으실 필요가 없었으니 이는 그가 친히 사람의 속에 있는 것을 아셨음이니라"(요한복음 2:23-25)

창조주 하나님의 형상을 따라 지음 받은 인간이 자신의 창조주 하나님을 믿지 않고 하나님께서 만드신 피조물을 하나님보다 더 사랑하고 경배하고 믿는 어리석음처럼 우리는 내가 생각하고 이해하고 경험한 하나님을 믿고 싶어 한다. 수많은 사람이 오병이어의 이적을 행하신 예수님을 좇을 때, 예수님께서는 너희가 나를 찾음은 떡을 먹고 배부른 까닭이라 하시고 너희가 내 살을 먹고 내 피를 마시지 않으면 너희 속에 생명이 없다고 분명하게 선언하셨다.

"예수께서 이르시되 내가 진실로 진실로 너희에게 이르노니 인자의 살을 먹지 아니하고 인자의 피를 마시지 아니하면 너희 속에 생명이 없느니라 내 살을 먹고 내 피를 마시는 자는 영생을 가졌고 마지막 날에 내가 그를 다시 살리리니 내 살은 참된 양식이요 내 피는 참된 음료로다 내 살을 먹고 내 피를 마시는 자는 내 안에 거하고 나도 그의 안에 거하나니 살아 계신 아버지께서 나를 보내시매 내가 아버지로 말미암아 사는 것 같이 나를 먹는 그 사람도 나로 말미암아 살리라"(요한복음 6:53-57)

내가 그리스도 안에, 그리스도가 내 안에 거하기 위해서 예수님의 살과 피를 먹고 마셔야 한다는 이 말씀을 제자들은 이해하기 어려워 했다. 그리고 이후 열두 제자를 제외한 많은 이들이 예수님을 떠났다. 이천 년이 넘게 지난 지금도 많은 그리스도인이 여전히 이 말씀의 의미를 잘 모르는 것 같다. 교회 가족들도 마찬가지이다. 살리는 것은 영이니 육은 무익한데, 말씀은 영이고 생명이라 하셨으니 무익한 육체의 지식과 이해로는 이 말씀을 알 수가 없는 것이다.

"제자 중 여럿이 듣고 말하되 이 말씀은 어렵도다 누가 들을 수 있느냐 한대 예수께서 스스로 제자들이 이 말씀에 대하여 수군거리는 줄 아시고 이르시되 이 말이 너희에게 걸림이 되느냐 그러면 너희는 인자가 이전에 있던 곳으로 올라가는 것을 본다면 어떻게 하겠느냐 살리는 것은 영이니 육은 무익하니라 내가 너희에게 이른 말은 영이요 생명이라 그러나 너희 중에 믿지 아니하는 자들이 있느니라 하시니 이는 예수께서 믿지 아니하는 자들이 누구며 자기를 팔 자가 누구인지 처음부터 아심이러라 또 이르시되 그러므로 전에 너희에게 말하기를 내 아버지께서 오게 하여 주지 아니하시면 누구든지 내게 올 수 없다 하였노라 하시니라 그때부터 그의 제자 중에서 많은 사람이 떠나가고 다시 그와 함께 다니지 아니하더라 예수께서 열두 제자에게 이르시되 너희도 가려느냐 시몬 베드로가 대답하되 주여 영생의 말씀이 주께 있사오니 우리가 누구에게로 가오리이까"(요한복음 6:60 68)

예수님께서는 열두 제자와의 마지막 만찬 자리에서 본인의 살을 먹고 피를 마시라는 말씀, 즉 우리가 그리스도 안에, 그리스도가 우리 안에 거하게 되는 것은 예수님의 십자가 죽음과 부활이 일어난 후 제자들이 예수님과 같은 죽음과 부활에 참예할 때 알게 될 것이라고 말씀하신다, 그러므로 예수님의 살을 먹고 피를 마시는 것은 이제 우리가 죄에 대하여는 죽고 그리스도께 대하여는 산 자로 살아가는 것을 의미한다.

성경은 이 삶을 우리 힘으로 살아내라고 하지 않으신다. 예수님 안에 거하는 자들이 예수님의 이름으로 이 삶을 살 수 있기를 구하면 예수님이 하시겠다는 것이다. 예수님께서는 우리가 예수님을 사랑하면 예수님의 계명을 지킬 것이고, 이를 위해 진리의 영인 보혜사 성령님께서 우리 안에 거하시며 우리를 가르치실 것이라고 말씀하신다. 그때에는 우리가 예수 그리스도 안에, 예수 그리스도가 우리 안에 있는 것을 알게 된다고 하신다.

"내가 아버지 안에 거하고 아버지는 내 안에 계신 것을 네가 믿지 아니하느냐 내가 너희에게 이르는 말은 스스로 하는 것이 아니라 아버지께서 내 안에 계셔서 그의 일을 하시는 것이라 내가 아버지 안에 거하고 아버지께서 내 안에 계심을 믿으라 그렇지 못하겠거든 행하는 그 일로 말미암아 나를 믿으라 내가 진실로 진실로 너희에게 이르노니 나를 믿는 자는 내가 하는 일을 그도 할 것이요 또한 그보다 큰 일도 하리니 이는 내가 아버지께로 감이라 너희가 내 이름으로 무엇을 구하든지 내가 행하리니 이는 아버지로 하여금 아들로 말미암아 영광을 받으시게 하려 함이라 내 이름으로 무엇이든지 내게 구하면 내가 행하리라 너희가 나를 사랑하면 나의 계명을 지키리라 내가 아버지께 구하겠으니 그가 또 다른 보혜사를 너희에게 주사 영원토록 너희와 함께 있게 하리니 그는 진리의 영이라 세상은 능히 그를 받지 못하나니 이는 그를 보지도 못하고 알지도 못함이라 그러나 너희는 그를 아나니 그는 너희와 함께 거하심이요 또 너희 속에 계시겠음이라 내가 너희를 고아와 같이 버려두지 아니하고 너희에게로 오리라 조금 있으면 세상은 다시 나를 보지 못할 것이로되 너희는 나를 보리니 이는 내가 살아 있고 너희도 살아 있겠음이라 그 날에는 내가 아버지 안에, 너희가 내 안에, 내가 너희 안에 있는 것을 너희가 알리라"(요한복음 14:10-20)

결국 예수 그리스도 안에 거하는 것, 예수님의 살과 피를 먹고 마시는 것은 예수님의 죽음과 부활에 동참하는 삶, 즉 갈라디아서 2장 20절의 삶인 것이다.

"내가 그리스도와 함께 십자가에 못 박혔나니 그런즉 이제는 내가 사는 것이 아니요 오직 내 안에 그리스도께서 사시는 것이라 이제 내가 육체 가운데 사는 것은 나를 사랑하사 나를 위하여 자기 자신을 버리신 하나님의 아들을 믿는 믿음 안에서 사는 것이라"(갈라디아서 2:20)

이 말씀은 그리스도의편지교회가 개척 때부터 지금까지 주일 예배를 시작하며 교회의 신앙고백으로 함께 찬양해온 곡이다. 그리스도의편지교회는 이 신앙고백의 터 위에 세워진 교회이다. 지금도 교회의 간절한 소망은 온 교회 가족들이 각자의 삶을 갈라디아서 2장 20절 말씀으로 사는 것이다. 이는 에스겔서 47장의 하나님께서 교회를 세우신 목적과도 합치된다. 하나님께서는 교회를 이렇게 말씀으로 인도해 오셨다. 우리는 매 순간 말씀의 인도를 받아 살아가야 한다. 그것은 우리의 죄를 밝히 보고 우리의 실제 마음과 삶이 없는 종교성을 낱낱이 들춰내는 삶이다.

죄가 드러나 빛으로 나오지 않는 한 우리는 그리스도와 함께 십자가에 못 박힐 수 없는 완악하고 목이 곧은 고집 센 사람들이다. 하나님께서는 이런 우리의 황폐한 마음을 드러내시며 회개에 이를 것을 끊임없이 촉구하신다. 교회가 이 말씀이 성취되기를 소망하며 씨를 뿌리고 씨름을 했던 고통스러운 시간 동안 우리는 한 알의 밀이 되어 땅에 떨어져 죽고, 성령님 하나님의 자라나게 하심과 인도하심에 우리가 순종함으로써 이 말씀이 교회에서 실현되는 믿음을 구하며 살아가고 있다.

"내가 진실로 진실로 너희에게 이르노니 한 알의 밀이 땅에 떨어져 죽지 아니하면 한 알 그대로 있고 죽으면 많은 열매를 맺느니라"(요한복음 12:24)

제 03 장

교회가 이 교육의 주체이자 장이다

"이러므로 내가 하늘과 땅에 있는 각 족속에게 이름을 주신 아버지 앞에 무릎을 꿇고 비노니 그의 영광의 풍성함을 따라 그의 성령으로 말미암아 너희 속사람을 능력으로 강건하게 하시오며 믿음으로 말미암아 그리스도께서 너희 마음에 계시게 하시옵고 너희가 사랑 가운데서 뿌리가 박히고 터가 굳어져서 능히 모든 성도와 함께 지식에 넘치는 그리스도의 사랑을 알고 그 너비와 길이와 높이와 깊이가 어떠함을 깨달아 하나님의 모든 충만하신 것으로 너희에게 충만하게 하시기를 구하노라 우리 가운데서 역사하시는 능력대로 우리가 구하거나 생각하는 모든 것에 더 넘치도록 능히 하실 이에게 교회 안에서와 그리스도 예수 안에서 영광이 대대로 영원무궁하기를 원하노라 아멘"(에베소서 3장 14-21절)

사람들로부터 종종 "왜 교회가 '기독교 인성교육'을 강조하게 되었는가?"라는 질문을 받는다. 답은 아주 간단하다. 바로 우리 교회의 실체를 보게 되어서이다. 이 책은 오늘 우리가 살고 있는 사회와 교회 현실의 심각한 문제의 원인을 '기독교 인성교육'의 부재에서 찾는다.

2015년의 통계청 조사에 의하면, 우리나라 인구 전체의 20%가 개신교인이며, 약 30%가량이 기독교인이라고 한다. 종교가 있다고 답하는 인구가 50%도 되지 않는 것을 고려할 때, 이는 상당한 수준이라고 볼 수 있다. 그럼에도 불구하고, 기독교가 세상에서 빛과 소금의 역할을 제대로 하고 있는지에 대해 자신 있게 답을 할 수 없는 현실에 참담함을 느낀다. 교회가 바르게 복음을 가르쳐 하나님의 말씀을 지켜 행하도록 끝까지 책임지는 역할을 다 했다면, 과연 인구의 20%가 개신교인인 우리나라의 현실이 지금과 같을 수 있을지 자문해본다.

그 질문 앞에서 교회 목회자로 살아온 나의 지난날을 돌아보게 되었다. 예수를 나의 주와 그리스도로 믿고, 자기를 부인하고 예수님의 길을 따라 가겠다고 고백한 그리스도인들의 삶이 정말 예수님의 삶과 같다면, 우리 사회가 지금과는 조금이라도 다를 수 있지 않았을까? 적어도, 사람이 살아가면서 감당할 수 없는 문제들을 마주할 때, 세상이 그리스도인들에게 소망의 이유를 물어볼 수 있지 않았을까? 입술로 고백한 믿음을 삶으로 살아내지 못하는, 그리스도의 인격으로 살아가는 삶이 없는 교회 현실을 보며 나와 우리 교회의 책임을 통감한다.

"이르시되 때가 찼고 하나님의 나라가 가까이 왔으니 회개하고 복음을 믿으라 하시더라"(마가복음 1:15)

전에는 이 말씀이 교회 밖의 사람들에게 해당된다고 생각했다. 지금은 그렇지 않다. 이 말씀이 나와 우리 교회에게 주어진 말씀이라고 믿는다. 교회의 머리 되신 예수님께서 우리 교회를 향해 "기독교적 종교성의 갑옷을 벗고 하나님의 빛 앞에 드러난너희의 거짓된 믿음의 실체를 인정하라. 때가 찼고 하나님의 나라가 가까이 왔으니 회개하고 복음을 믿으라"고 말씀하시는 것으로 받아들이게 되었다.

"하나님의 말씀은 살아 있고 활력이 있어 좌우에 날선 어떤 검보다도 예리하여 혼과 영과 및 관절과 골수를 찔러 쪼개기까지 하며 또 마음의 생각과 뜻을 판단하나니"(히브리서 4:12)

하나님의 말씀이 그리스도의편지교회에 성취되어 교회 모든 가족들이 참된 회개의 자리로 나아갈 때, 우리의 인격과 삶에서 하나님의 권능이 나타나 교회가 이 땅에서 빛과 소금으로 기능할 수 있다고 믿는다. 말씀이 성취되지 않는 이유는 우리가 그 말씀을 가벼이 들어 말씀이 흘러 떠내려가도록 두었기 때문이다.(히브리서 2:1)

'기독교 인성교육'은 무엇인가? 인간 안에 있는 하나님의 형상을 회복하는 교육이고, 그리스도인이 예수 그리스도의 장성한 분량으로 성장하도록 돕는 교육이다. '나의 나 됨'으로 인해, 즉 피조물성에 대한 나의 거부로 인해 왜곡된 하나님의 형상을 회복하는 것은 '나의 나 됨'에 대한 철저한 회개에서 시작된다.

세상 사람들도 인성교육이 사회 문제의 한 가지 해결책이 될 수 있음을 이야기한다. 그러나 이는 '기독교 인성교육'과는 본질적인 차이가 있는 교육이다. 세속적인 인성교육은 시대가 요구하는 이상적인 인간을 양성하고, 그가 자신의 역할을 다함으로써 사회를 더욱 건강하게 만들어나갈 것을 기대한다. 그러나 '기독교 인성교육'은 내가 무엇을 더 잘하고 더 많이 감당해내고 더 훌륭하게 해낼 것을 바라지 않는다. 더욱 정확하게 말하자면, 그와 같은 접근을 매우 경계한다.

'기독교 인성교육'은 하나님을 거역한 인간이 그 죄를 회개하고 하나님께로 돌아서서 하나님의 말씀에 전적으로 순종하는 삶을 살아가는 그리스도인을 양성하는 데 그 목적을 두기 때문이다. 그리스도인은 참된 회개를 통해 그리스도의 죽으심과 부활하심에 연합된 자로서 그리스도 안에서 사는 자이다. 그리스도로 사는 자는 자신의 옛 성품을 십자가에 못 박아 장사지낸 자이다. 이제 그는 성령님에 이끌리어 예수 그리스도의 성품으로 살아가게 된다. 이 모든 과정은 그의 힘과 능력이 아닌 주님의 능력으로만 성취될 수 있다.

교회는 교회의 각 지체들에게 이 믿음과 삶이 전인격적으로 실현될 수 있도록 '기독교 인성교육'의 주체이자 장(場)으로써의 역할을 다해야만 한다. 교회가 이 길을 포기하지 않고 끝까지 지켜 행함으로 순종할 때 교회가 회복되고 그리스도인들이 세상의 빛과 소금으로 회복될 것임을 믿는다.

1. 교육의 주체: 예수 그리스도가 머리 되신 '교회'

바울은 예수 그리스도의 머리 되신 교회 안에 예수 그리스도와 관계없는 어떠한 세상의 학문, 교훈, 논리 등이 들어와서는 안 됨을 강력히 주장한다. 그는 인간이 예수 그리스도의 죽음과 부활에 동참할 때, 세상의 모든 규례와 명령과 가르침도 함께 죽음을 선언한다. 그는 시대에 따라 변화하는 유한한 지식이 아닌 예수 그리스도만이 영원한 지혜와 지식의 원천이시며 인간을 살게 하시고 충만하게 하심을 강조한다. 무엇보다 중요한 것은 '그리스도 안에'라는 말씀이다. 과연 우리가 지금 그리스도 안에서 보고, 느끼고, 생각하고, 행하고 있는가? 교회의 기준은 언제나 '그리스도 안에'여야 한다. 이 기준이 흔들리면 그리스도의 지혜와 지식의 보화, 생명의 충만은 교회와 무관해지고, '기독교 인성교육'도 그 방향을 잃을 수밖에 없다.

"누가 철학과 헛된 속임수로 너희를 사로잡을까 주의하라 이것은 사람의 전통과 세상의 초등학문을 따름이요 그리스도를 따름이 아니니라 그 안에는 신성의 모든 충만이 육체로 거하시고 너희도 그 안에서 충만하여졌으니 그는 모든 통치자와 권세의 머리시라 또 그 안에서 너희가 손으로 하지 아니한 할례를 받았으니 곧 육의 몸을 벗는 것이요 그리스도의 할례니라 너희가 침례로 그리스도와 함께 장사되고 또 죽은 자들 가운데서 그를 일으키신 하나님의 역사를 믿음으로 말미암아 그 안에서 함께 일으키심을 받았느니라"(골로새서 2:8-12)

교회는 지혜와 생명의 원천이신 예수 그리스도를 머리로 하는 몸 된 지체이기에 이 시대의 가치와 논리를 따라서는 안 되며 오직 예수 그리스도로 말미암아 그리스도 안에서 하나님의 형상을 회복하여 인간을 가장 인간답게 하는 '기독교 인성교육'의 장(場)이 되어야 한다. 온몸이 머리로 말미암아 움직이고 자라나므로 교회의 본질은 머리이신 예수 그리스도와 연결되고 연합되는 것이어야 하며 '기독교 인성교육'은 이 본질에 부합하는 방식으로 수행되어야 한다.

"또 이것들은 장래 일의 그림자이나 몸은 그리스도의 것이니라 아무도 꾸며낸 겸손과 천사 숭배를 이유로 너희를 정죄하지 못하게 하라 그가 그 본 것에 의지하여 그 육신의 생각을 따라 헛되이 과장하고 머리를 붙들지 아니하는지라 온 몸이 머리로 말미암아 마디와 힘줄로 공급함을 받고 연합하여 하나님이 자라게 하시므로 자라느니라 너희가 세상의 초등학문에서 그리스도와 함께 죽었거든 어찌하여 세상에 사는 것과 같이 규례에 순종하느냐 (곧 붙잡지도 말고 맛보지도 말고 만지지도 말라 하는 것이니 이 모든 것은 한때 쓰이고는 없어지리라) 사람의 명령과 가르침을 따르느냐 이런 것들은 자의적 숭배와 겸손과 몸을 괴롭게 하는 데는 지혜 있는 모양이나 오직 육체 따르는 것을 금하는 데는 조금도 유익이 없느니라"(골로새서 2:17-23)

'기독교 인성교육'은 예수 그리스도께서 머리 되신 그리스도의 몸 된 교회에서 생명의 빛이신 예수님과의 사귐을 통해 실현되고 충만해진다. 예수 그리스도는 보이지 않는 하나님의 가장 완전한 형상이시다. 따라서 교회는 하나님의 형상이신 예수 그리스도를 반영하고, 지체들이 교회와 가정과 일터에서 예수 그리스도를 반영하는 삶을 살게 하는 기독교 인성교육의 주체이자 장(場)으로서의 역할을 충실히 감당해야 한다.

"태초부터 있는 생명의 말씀에 관하여는 우리가 들은 바요 눈으로 본 바요 자세히 보고 우리의 손으로 만진 바라 이 생명이 나타내신 바 된지라 이 영원한 생명을 우리가 보았고 증언하여 너희에게 전하노니 이는 아버지와 함께 계시다가 우리에게 나타내신 바 된 이시니라 우리가 보고 들은 바를 너희에게도 전함은 너희로 우리와 사귐이 있게 하려 함이니 우리의 사귐은 아버지와 그의 아들 예수 그리스도와 더불어 누림이라"(요한1서 1:1-3)

예수 그리스도가 머리 되신 교회에서의 사귐은 예수 그리스도의 피 값으로 가능해진 사귐이다. 예수 그리스도 안에서 지체 간의 '사귐'이 곧 하나님 아버지와 예수님과의 사귐, 즉 창조주 하나님과의 관계회복을 의미하기 때문이다. 따라서 이 사귐은 하나님의 형상을 왜곡시키는 죄로부터 인간을 자유롭게 한다. 우리의 힘으로 죄를 이겨내는 것이 아니다. 의도적으로 죄를 숨기지 않고 생명의 빛이신 예수 그리스도와의 사귐 안에 있을 때 우리는 그리스도로 인해 자연스럽게 죄로부터 자유한 삶을 살 수 있게 된다. 이 삶은 자신의 죄에 대한 경계심에 민감해지는 삶이며 예수 그리스도의 피로 죄에서 깨끗하게 되었음을 증거하는 삶이다. 그러므로 죄를 감추거나 자신이 해결하려는 인간적이고 종교적인 모든 노력은 어둠에 행하는 것이고, 진리를 행하지 않는 것이라고 성경은 분명하게 선언한다.

우리가 죄가 없다고 말하는 것은 스스로를 속이는 것이고 하나님을 거짓말하는 이로 만드는 것이며 말씀이 우리 속에 있지 않은 것이다.

"만일 우리가 죄가 없다고 말하면 스스로 속이고 또 진리가 우리 속에 있지 아니할 것이요 만일 우리가 우리 죄를 자백하면 그는 미쁘시고 의로우사 우리 죄를 사하시며 우리를 모든 불의에서 깨끗하게 하실 것이요 만일 우리가 범죄하지 아니하였다 하면 하나님을 거짓말하는 이로 만드는 것이니 또한 그의 말씀이 우리 속에 있지 아니하니라" (요한1서 1:8-10)

생명력 있는 교회는 하나님의 빛이신 말씀 앞에서 빛과의 사귐을 통해 지체들이 죄를 경계하고 회개하여 그리스도 안에서 거룩하고 정결한 삶을 살아갈 수 있도록 충분한 영양분을 공급하는 비옥한 토양이 된다. 만일 교회가 인간이 예수 그리스도로 살아가는 것을 불가능한 과제로 여겨 교회 지체들의 일상적 삶에서 드러나는 죄의 흔적을 경시하고 당연한 것으로 여겨 침묵한다면, 그것은 변명의 여지가 없는 사탄의 속임수일 뿐이다. 교회는 빛과의 사귐을 통해 죄를 범하지 않을 수 있도록 머리 되신 그리스도를 붙들고, 회개의 자리에 머물러야 한다. 그 자리에서 우리의 죄를 보고 자백할 때, 우리는 죄의 매임에서 자유케 하시는 주님의 은혜를 경험하게 된다. 죄를 짓는 것이 결코 당연한 것이 아님을 주님의 빛 아래에서 분명히 알 수 있게 된다. 우리는 연약해서 죄를 지을 수밖에 없고 예수 그리스도로 살 수 없다고 말하며 안주하는 것은 하나님의 말씀을 경히 여기는 행위이다. 이는 사탄에게 미혹되어 자신의 죄를 죄로 보지 못하고 정당화하는 행위에 불과하다.

"죄를 짓는 자마다 불법을 행하나니 죄는 불법이라 그가 우리 죄를 없애려고 나타나신 것을 너희가 아나니 그에게는 죄가 없느니라 그 안에 거하는 자마다 범죄하지 아니하나니 범죄하는 자마다 그를 보지도 못하였고 그를 알지도 못하였느니라 자녀들아 아무도 너희를 미혹하지 못하게 하라 의를 행하는 자는 그의 의로우심과 같이 의롭고 죄를 짓는 자는 마귀에게 속하나니 마귀는 처음부터 범죄함이라 하나님의 아들이 나타나신 것은 마귀의 일을 멸하려 하심이라 하나님께로부터 난 자마다 죄를 짓지 아니하나니 이는 하나님의 씨가 그의 속에 거함이요

그도 범죄하지 못하는 것은 하나님께로부터 났음이라"(요한1서 3:4-9)

"하나님께로부터 난 자는 다 범죄하지 아니하는 줄을 우리가 아노라 하나님께로부터 나신 자가 그를 지키시매 악한 자가 그를 만지지도 못하느니라"(요한1서 5:18)

우리가 당면한 문제는 인간의 연약함에 있는 것이 아니라 교회의 머리 되신 예수 그리스도를 붙들지 않는 것, 곧 성령님을 좇지 않는 것에 있다. 다시 말해, 성령님을 거역하는 것이다. 성령님께 순종하면 죄를 범하지 않는다. 이것이 곧 빛과의 사귐이요, 예수 그리스도가 머리 되신 교회의 모습이다.

영으로써 몸의 행실을 죽이며 사는 자, 즉 이 빛과의 사귐으로 살아가는 그리스도인은 이제 죄를 미워하고 나의 옛 자아를 미워하고 세상을 미워하여 나와 내 정욕과 세상을 십자가에 못 박고, 그 전처럼 나와 세상을 자랑하며 사는 것이 아니라 오직 예수 그리스도의 십자가만을 자랑하게 된다.

"그리스도 예수의 사람들은 육체와 함께 그 정욕과 탐심을 십자가에 못 박았느니라"(갈라디아서 5:24)

"그러나 내게는 우리 주 예수 그리스도의 십자가 외에 결코 자랑할 것이 없으니 그리스도로 말미암아 세상이 나를 대하여 십자가에 못 박히고 내가 또한 세상을 대하여 그러하니라"(갈라디아서 6:14)

예전에 교회 가족들의 성령님에 대한 이해는 본질적이고 전인격적인 성령님 자체보다 성령님의 사역에 대한 이해에 편향되어 있어 보였다. 예컨대 "성령님"이라고 하면 어떤 은사적인 활동이나 감정적인 느낌 등의 특별한 경험을 주로 떠올리고 기대하는 경향이 있었다. 그러나 이제 아주 적은 수의 교회 지체들이 성령님을 우리 안의 거룩한 인격체로 인지하고, 성령님 충만의 상태가 우리의 삶의 전 영역에서 성령님과 전인격적으로 교통하는 것임을 깨달아 경험하기 시작했다. 교회로서는 감당할 수 없는 하나님의 은혜이기에 주님께 깊이 감사드린다.

"그러나 진리의 성령이 오시면 그가 너희를 모든 진리 가운데로 인도하시리니 그가 스스로 말하지 않고 오직 들은 것을 말하며 장래 일을 너희에게 알리시리라"(요한복음 16:13)

교회 가족 한 사람 한 사람이 이렇게 그리스도의 영을 알게 되고, 이제 살든지 죽든지 그리스도의 영이 내 안에 존귀하게 됨만을 위해 살아갈 때 교회의 머리 되신 그리스도께서 지체들을 통해 그리스도의 몸인 교회를 세워 가신다. 이것이 교회의 역할이고 사역이다.

"나의 간절한 기대와 소망을 따라 아무 일에든지 부끄러워하지 아니하고 지금도 전과 같이 온전히 담대하여 살든지 죽든지 내 몸에서 그리스도가 존귀하게 되게 하려 하나니 이는 내게 사는 것이 그리스도니 죽는 것도 유익함이라"(빌립보서 1:20-21)

2. 교육의 장: 예수 그리스도의 몸 된 '교회'

'기독교 인성교육'을 수행하는 주체도 교회이고 이 교육이 행하여 지는 곳 또한 교회이다. 하나님은 그리스도의편지교회에 하나님의 지혜와 계시의 영이신 성령님을 통하여 하나님을 알게 하셨다. 하나님께서 우리를 부르셔서 당신의 자녀 삼으시려는 지극히 크신 하나님의 사랑을 교회를 통해 경험케 하셨다. 하나님께서는 참된 회개를 통해 교회의 몸을 이룬 신자들 안에서 하나님의 기업으로 살아가는 영광스러운 삶을 풍성하게 하시며, 하나님을 믿고 따르는 자들에게 주신 무한한 능력으로 우리를 살게 하신다. 이 하나님의 능력이 우리 주 예수 그리스도 안에서 역사하여 죄와 허물로 죽은 우리를 그리스도와 함께 살리셨고 교회를 예수 그리스도의 몸으로 세우셨다.

"우리 주 예수 그리스도의 하나님, 영광의 아버지께서 지혜와 계시의 영을 너희에게 주사 하나님을 알게 하시고 너희 마음의 눈을 밝히사 그의 부르심의 소망이 무엇이며 성도 안에서 그 기업의 영광의 풍성함이 무엇이며 그의 힘의 위력으로 역사하심을 따라 믿는 우리에게 베푸신 능력의 지극히 크심이 어떠한 것을 너희로 알게 하시기를 구하노라 그의 능력이 그리스도 안에서 역사하사 죽은 자들 가운데서 다시 살리시고 하늘에서 자기의 오른편에 앉히사 모든 통치와 권세와 능력과 주권과 이 세상뿐 아니라 오는 세상에 일컫는 모든 이름 위에 뛰어나게 하시고 또 만물을 그의 발 아래에 복종하게 하시고 그를 만물 위에 교회의 머리로 삼으셨느니라 교회는 그의 몸이니 만물 안에서 만물을 충만하게 하시는 이의 충만함이니라"(에베소서 1:17-23)

성경은 예수 그리스도의 몸인 교회의 지체로 사는 그리스도인의 충만한 삶을 경주, 씨름, 전쟁, 싸움 등으로 설명한다.

"너는 그리스도 예수의 좋은 병사로 나와 함께 고난을 받으라 병사로 복무하는 자는 자기 생활에 얽매이는 자가 하나도 없나니 이는 병사로 모집한 자를 기쁘게 하려 함이라 경기하는 자가 법대로 경기하지 아니하면 승리자의 관을 얻지 못할 것이며"(디모데후서 2:3-5)

하나님께로 완전히 돌아선 그리스도인들은 이제 영적 전쟁인 죄와의 싸움을 시작한 사람들이다. 이 싸움과 경주는 혼자가 아니라 그리스도 안에서 한 몸된 교회가 함께하는 것이다.

"이러므로 우리에게 구름 같이 둘러싼 허다한 증인들이 있으니 모든 무거운 것과 얽매이기 쉬운 죄를 벗어 버리고 인내로써 우리 앞에 당한 경주를 하며 믿음의 주요 또 온전하게 하시는 이인 예수를 바라보자 그는 그 앞에 있는 기쁨을 위하여 십자가를 참으사 부끄러움을 개의치 아니하시더니 하나님 보좌 우편에 앉으셨느니라"(히브리서 12:1-2)

이 싸움과 경주가 없다면 그리스도인이 가야 할 길에서 이탈한 것이거나 아직 그 길에 들어서지도 못한 상태일 가능성이 높다. 성경은 이 싸움이 이미 이긴 싸움임을 말씀하신다. 그리스도 안에 있는 한 교회는 이 싸움에서 결코 패배하지 않는다. 그리스도께서 이미 이기셨기 때문이다.

"또 내가 네게 이르노니 너는 베드로라 내가 이 반석 위에 내 교회를 세우리니 음부의 권세가 이기지 못하리라"(마태복음 16:18)

그리스도의 몸 된 교회는 성령님을 구하고, 하나님께 간구하고, 기도로 지체들을 중보하며 성령님의 이끄심에 민감하게 반응하며 살아간다. 때론 우리가 그 의미를 미처 깨닫지 못할지라도 언제나 우리에게 최선으로 행하시는 하나님 아버지의 긍휼하심과 교회 지체들의 고통에 함께하시는 예수 그리스도의 사랑과 함께 싸우시는 성령님의 동행하심에 감사하고 찬양하게 된다. 교회는 이 땅에 소망을 두는 것이 아니라 하나님의 나라에 소망을 두고 이 땅에서 하나님의 전신갑주를 입고 살아가는 사람들이다.

"끝으로 너희가 주 안에서와 그 힘의 능력으로 강건하여지고 마귀의 간계를 능히 대적하기 위하여 하나님의 전신 갑주를 입으라 우리의 씨름은 혈과 육을 상대하는 것이 아니요 통치자들과 권세들과 이 어둠의 세상 주관자들과 하늘에 있는 악의 영들을 상대함이라 그러므로 하나님의 전신 갑주를 취하라 이는 악한 날에 너희가 능히 대적하고 모든 일을 행한 후에 서기 위함이라 그런즉 서서 진리로 너희 허리 띠를 띠고 의의 호심경을 붙이고 평안의 복음이 준비한 것으로 신을 신고 모든 것 위에 믿음의 방패를 가지고 이로써 능히 악한 자의 모든 불화살을 소멸하고 구원의 투구와 성령의 검 곧 하나님의 말씀을 가지라 모든 기도와 간구를 하되 항상 성령 안에서 기도하고 이를 위하여 깨어 구하기를 항상 힘쓰며 여러 성도를 위하여 구하라"(에베소서 6:10-18)

이 영적 싸움은 교회 안에서 죄가 죄로 드러나는 것으로부터 시작된다. 이것은 세상의 도덕적·윤리적인 죄의 근원이 되는 우리 안에 깊이 숨어있는 죄, 하나님과 세상을 겸하여 섬기고 싶은 마음, 더욱 정직하게 말하자면, 내가 나의 하나님이 되고자 하는 마음이다. 그 마음을 감추기 위해 우리는 종교적 외식으로 그것을 포장하지만, 교회 안에서 내가 노출될 때 그 거짓된 행위와 그 안에 포장된 죄가 고스란히 드러난다. 죄를 드러내는 분은 교회의 머리 되신 예수 그리스도이시고 성령님께서 이 일을 주관하신다. 우리의 일상 가운데 성령님께서는 끊임없이 그리스도의 빛을 비추시고 죄를 드러내셔서 교회 안의 어두운 정체성을 밝히시고 참된 회개에 기반을 둔 믿음으로 교회가 예수 그리스도의 몸으로써 예수 그리스도를 반영하는 삶을 살 수 있도록 인도하신다.

"그러나 책망을 받는 모든 것은 빛으로 말미암아 드러나나니 드러나는 것마다 빛이니라 그러므로 이르시기를 잠자는 자여 깨어서 죽은 자들 가운데서 일어나라 그리스도께서 너에게 비추이시리라 하셨느니

라"(에베소서 5:13-14)

신약 성경의 마지막 책에서 예수 그리스도께서는 사도 요한을 통해 아시아의 일곱 교회의 영적 상황과 문제를 알려 주시고 회개를 촉구하신다. 성령님의 인도하심을 따라 회개하는 교회에게 하나님의 형상이 회복된 하나님의 나라, 새 하늘과 새 땅을 약속하신다. 성령님께서는 끊임없이 우리 몸의 상태를 알려 주시고 회개를 간구하시고 행할 길을 인도하신다. 성령님의 알게 하심과 일하심을 따라 살지 않는 교회는 소망이 없다. 지금 그리스도의편지교회가 가장 두려워하는 것은 성령님의 세미한 소리를 듣지 못하는 이 소망 없는 상태에 빠져가는 것이다. 이는 짙은 어둠이다. 기독교 인성교육은 교회가 성령님의 세미한 소리를 듣고 회개하고 따라감으로써 교회 지체들이 새 생명으로 거듭나 그리스도의 몸을 세워 가도록 하는 과정이다. 이는 빛으로 오신 예수 그리스도의 충만함으로 가능한 것이기에, 이때 교회는 예수 그리스도의 충만함으로 나타난다.

"요한은 아시아에 있는 일곱 교회에 편지하노니 이제도 계시고 전에도 계셨고 장차 오실 이와 그의 보좌 앞에 있는 일곱 영과 또 충성된 증인으로 죽은 자들 가운데에서 먼저 나시고 땅의 임금들의 머리가 되신 예수 그리스도로 말미암아 은혜와 평강이 너희에게 있기를 원하노라 우리를 사랑하사 그의 피로 우리 죄에서 우리를 해방하시고 그의 아버지 하나님을 위하여 우리를 나라와 제사장으로 삼으신 그에게 영

광과 능력이 세세토록 있기를 원하노라 아멘"(요한계시록 1:4-6)

"귀 있는 자는 성령이 교회들에게 하시는 말씀을 들을지어다"(요한계시록 2:7,11,17,29; 3:6,13,22)

기독교 인성교육은 교회와 목장에서 교회 지체들이 자신의 죄를 보고 인정하는 데에서 시작된다. 교회 지체들이 자기 자신을 정확하게 보지 못할 때, 아무리 가르쳐도 알아 듣지 못할 때, 교회는 끝까지 인내하며 지체들이 스스로 자신을 볼 수 있도록 구체적이고 정직하게 지적하며 권면한다. 이것은 교회 교사로서 가장 힘든 일이다. 대개의 경우 처음에는 매우 부정적인 반응을 보이는 것이 보편적이기에 가능하다면 살짝 덮고 피하고 싶은 마음이 들 때도 많다. 그렇지만 이 부분에 대한 인정이 되지 않는다면 아무리 그럴듯한 신앙의 모습을 갖추더라도 그 결과는 모래 위에 지은 집과 같다. 건드리지만 않으면 일정 기간 동안은 매우 그럴듯해 보이지만, 그 실체를 건드리는 순간 모든 것이 허상처럼 무너진다.

교회가 기독교 인성교육을 통해 지체들이 하나님의 형상을 회복하도록 돕고자 한다면 이 부분에 있어서는 한치의 양보도 포기도 있어서는 안 된다. 성경의 명령에 순종하고자 하는 교회 안에는 성령님의 강력한 인도하심이 있다. 시간이 지나면서 각 지체들은 자신의 죄를 인정하게 되고 그것을 지적한 교회가 그리스도의 사랑 안에서 자신을 사랑하고 있음을 마음으로 깊이 느끼게 된다. 죄가 드러나는 것에 대한 두려움은 거짓이며 허상이다. 죄를 토설하는 순간, 우리를 잠식했던 두려움은 사라지고 자유함과 깊은 평안이 찾아온다.

그리스도 안에서의 온전한 사랑이 우리로 하여금 거짓된 두려움을 직면하게 하고, 그 두려움과 맞서 싸워 이기도록 돕는다. 실체 없는 두려움이 우리의 시야를 가려 죄를 직시하지 못하게 방해하지만, 그리스도의 사랑으로 인내하는 교회가 있어 우리는 그 두려움을 내쫓고 우리의 죄를 볼 수 있다. 교회는 예수 그리스도의 사랑으로 말미암아 그리스도의 몸으로 세워진다. 참으로 감사한 일이다.

"사랑 안에 두려움이 없고 온전한 사랑이 두려움을 내쫓나니 두려움에는 형벌이 있음이라 두려워하는 자는 사랑 안에서 온전히 이루지 못하였느니라 우리가 사랑함은 그가 먼저 우리를 사랑하셨음이라 누구든지 하나님을 사랑하노라 하고 그 형제를 미워하면 이는 거짓말하는 자니 보는 바 그 형제를 사랑하지 아니하는 자는 보지 못하는 바 하나님을 사랑할 수 없느니라 우리가 이 계명을 주께 받았나니 하나님을 사랑하는 자는 또한 그 형제를 사랑할지니라"(요한1서 4:18-21)

교회 가족들이 한 몸을 이룬다는 것은 서로 인간적으로만 친해지는 것이 아니라 교회 지체들 한 사람 한 사람이 예수 그리스도와 한 몸을 이루어가는 것이다. 예수 그리스도의 마음과 시선으로 형제를 사랑할 때 각 지체가 예수 그리스도로 연결되어 한 몸 된 교회를 이룰 수 있게 된다.

성경은 예수님께서 친히 교회의 모퉁잇돌이 되셨다고 하신다. 우리가 그 모퉁잇돌에 연결된 성전이 되어 주님의 몸인 교회를 이루며 성령님 안에서 하나님께서 거하실 처소로 지어져 가는 것이다. 교회가 그리스도의 몸으로 세워지는 것은 교제를 위한 어떤 프로그램을 통해서가 아니라 교회 지체들이 각자 오직 성령님의 인도하심을 따라 자기를 부인하고 예수 그리스도와 한 몸을 이룰 때만 가능한 것이다.

"너희는 사도들과 선지자들의 터 위에 세우심을 입은 자라 그리스도 예수께서 친히 모퉁잇돌이 되셨느니라 그의 안에서 건물마다 서로 연결하여 주 안에서 성전이 되어 가고 너희도 성령 안에서 하나님이 거하실 처소가 되기 위하여 그리스도 예수 안에서 함께 지어져 가느니라"(에베소서 2:20-22)

'예수 그리스도의 몸 된 교회' 이것이 예수 그리스도의 비밀이고 교회의 비밀이다. 교회는 예수 그리스도의 신부이다. 죄와 허물로 하나님과의 관계가 끊어졌으나, 우리를 대신하여 죽으신 예수님의 사랑으로 그 관계가 회복된 예수님의 정결한 신부가 되어야 한다. 예수님께서 다시 오시는 날에 예수님의 정결한 신부인 교회가 새 하늘과 새 땅의 거룩한 성으로 나타나게 될 것이다.

예수 그리스도의 신부로서 교회는 언제나 정결해야 한다. 뱀이 하와를 미혹한 것 같이 사탄의 간계가 교회와 교회 가족들을 미혹하기에 예수 그리스도를 향한 진실함과 깨끗함이 부패하지 않도록 교회는 끊임없이 죄를 경계하고 대적하며 살아야 한다. 교회가 예수 그리스도의 정결한 신부로 사는 것은 그리스도와 연합함으로써만 가능하다. 교회의 머리 되신 주님은 그리스도의편지교회 각 지체가 예수 그리스도의 정결한 신부로 준비될 수 있도록 성령님을 통하여 교회 안에서 역사하고 계신다. 그리스도의편지교회는 미숙하지만 주님의 인도하심을 따라 열심히 살아왔다. 그리고 앞으로도 교회는 이 자리에서 절대 벗어나서는 안 된다는 것을 더욱 분명히 하는 것이 우리가 이 교회의 후세대에 전해줄 가장 값진 유산이라고 생각한다.

"내가 하나님의 열심으로 너희를 위하여 열심을 내노니 내가 너희를 정결한 처녀로 한 남편인 그리스도께 드리려고 중매함이로다 그러나 나는 뱀이 그 간계로 하와를 미혹한 것 같이 너희 마음이 그리스도를 향하는 진실함과 깨끗함에서 떠나 부패할까 두려워하노라"(고린도후서 11:2-3)

성경은 예수 그리스도와 교회의 관계가 마치 남편과 아내의 관계와 같다고 말씀하신다. 몸 된 교회는 머리 되신 주님께 절대복종하고, 머리 되신 주님께서는 죽기까지 교회를 사랑하셔서 교회가 거룩하고 흠이 없게 하신다.

"아내들이여 자기 남편에게 복종하기를 주께 하듯 하라 이는 남편이 아내의 머리 됨이 그리스도께서 교회의 머리 됨과 같음이니 그가 바로 몸의 구주시니라 그러므로 교회가 그리스도에게 하듯 아내들도 범사에 자기 남편에게 복종할지니라 남편들아 아내 사랑하기를 그리스도께서 교회를 사랑하시고 그 교회를 위하여 자신을 주심 같이 하라 이는 곧 물로 씻어 말씀으로 깨끗하게 하사 거룩하게 하시고 자기 앞에 영광스러운 교회로 세우사 티나 주름 잡힌 것이나 이런 것들이 없이 거룩하고 흠이 없게 하려 하심이라 이와 같이 남편들도 자기 아내 사랑하기를 자기 자신과 같이 할지니 자기 아내를 사랑하는 자는 자기를 사랑하는 것이라 누구든지 언제나 자기 육체를 미워하지 않고 오직 양육하여 보호하기를 그리스도께서 교회에게 함과 같이 하나니 우리는 그 몸의 지체임이라 그러므로 사람이 부모를 떠나 그의 아내와 합하여 그 둘이 한 육체가 될지니 이 비밀이 크도다 나는 그리스도와 교회에 대하여 말하노라"(에베소서 5:22-32)

이처럼 교회는 참된 회개를 통해 예수 그리스도와 연합되어 한 몸을 이룬 사람들이 교회 안에서 머리 되신 예수 그리스도의 몸 된 지체로 세워지고 하나님의 형상을 회복해가도록 하는 기독교 인성교육의 장으로써의 역할을 감당해야 한다.

3. 교회의 회복: 세상의 빛과 소금 '그리스도인의 삶'

"너희는 세상의 소금이니 소금이 만일 그 맛을 잃으면 무엇으로 짜게 하리요 후에는 아무 쓸 데 없어 다만 밖에 버려져 사람에게 밟힐 뿐이니라 너희는 세상의 빛이라 산 위에 있는 동네가 숨겨지지 못할 것이요 사람이 등불을 켜서 말 아래에 두지 아니하고 등경 위에 두나니 이러므로 집 안 모든 사람에게 비치느니라 이같이 너희 빛이 사람 앞에 비치게 하여 그들로 너희 착한 행실을 보고 하늘에 계신 너희 아버지께 영광을 돌리게 하라 내가 율법이나 선지자를 폐하러 온 줄로 생각하지 말라 폐하러 온 것이 아니요 완전하게 하려 함이라 진실로 너희에게 이르노니 천지가 없어지기 전에는 율법의 일점 일획도 결코 없어지지 아니하고 다 이루리라 그러므로 누구든지 이 계명 중의 지극히 작은 것 하나라도 버리고 또 그같이 사람을 가르치는 자는 천국에서 지극히 작다 일컬음을 받을 것이요 누구든지 이를 행하며 가르치는 자는 천국에서 크다 일컬음을 받으리라 내가 너희에게 이르노니 너희 의가 서기관과 바리새인보다 더 낫지 못하면 결코 천국에 들어가지 못하리라" (마태복음 5:13-20)

세상은 인간의 존엄과 인간성의 상실로 고통받아왔으며 여전히 고통받고 있다. 많은 전문가들이 사회, 정치, 경제, 문화 등의 측면에서 현실을 진단하고 해결책을 제시하지만, 본질적인 문제는 해결되지 않는다. 인간과 그 인간들의 교류가 일어나고 있는 세상의 근본적인 문제는 하나님을 떠나서는 결코 해결될 수 없다. 인간의 존엄성은 인간이 자신의 창조주이신 하나님과의 뒤틀린 관계를 회복할 때만 온전히 보장받을 수 있기 때문이다. 하나님을 믿지 않는 사람은 이 진리를 받아들이지 않는다. 그렇기에 교회와 그리스도인이 자신들의 새사람 된 인격과 일상적 삶을 통해 이 진리를 세상에 증명해야 한다. 이것이 실재하는 진리임을 보여주어야 하는 것이다. 이것이 세상을 향한 교회의 역할이다. 그리스도인은 세상에서 진리이신 예수 그리스도를 증거하는 빛과 소금이 되어야 한다.

교회와 그리스도인이 예수 그리스도를 머리로 하는 그리스도의 몸 된 지체로서 세상에서 하나님의 형상을 반영하는 존재가 될 때, 세상은 교회를 보고 하나님을 경험하며 그 진리를 목격할 수 있게 된다. 예수님께서는 교회에게 이 복음의 책임을 맡기셨다. 교회는 기독교 인성교육을 통하여 희생적이고 헌신적으로 이 책임을 다해야 한다. 기독교 인성교육의 주체이자 장(場)으로서의 교회는 바로 이와 같은 교회의 본질에 충실한 그리스도인들의 공동체이다.

따라서 교회가 그 본연의 임무를 하나님 앞에서 충성되게 수행할 때 교회 안에 있는 하나님의 빛이 세상에 비치게 되고 교회는 부패한 세상에서 소금이 되어 사람들로 하여금 썩지 않는 하나님의 성결함을 사모하게 한다.

"사람이 등불을 켜서 말 아래에 두지 아니하고 등경 위에 두나니 이러므로 집 안 모든 사람에게 비치느니라"(마태복음 5:15)

"너희는 세상의 소금이니 소금이 만일 그 맛을 잃으면 무엇으로 짜게 하리요 후에는 아무 쓸 데 없어 다만 밖에 버려져 사람에게 밟힐 뿐이니라"(마태복음 5:13)

교회가 세상의 빛과 소금이 되어 하나님의 영광을 나타내는 것은 세상의 요구를 들어주는 것이 아니라 하나님의 말씀을 지켜 행할 때에만 실현될 수 있다. 많은 시간을 투자해서 열심을 다해 성경을 읽고 연구하며 많은 것들을 이해하고 깨닫는다 하더라도 그 말씀이 우리의 인격과 삶에서 순종함으로 성취되지 않는다면 우리는 하나님을 만홀히 여기는 것이요, 이 세상 사람들에게는 거짓말쟁이가 되는 것이다. 하나님의 은혜와 구원을 강조하면서 그 말씀을 지켜 행하지 않는다면 하나님의 은혜를 헛되게 하는 것이다.

"우리가 하나님과 함께 일하는 자로서 너희를 권하노니 하나님의 은혜를 헛되이 받지 말라"(고린도후서 6:1)

성경은 우리의 삶이 율법과 계명을 잘 지키는 서기관과 바리새인보다 더 낫지 못하면 천국에 들어갈 수 없다고 하셨다.

"내가 너희에게 이르노니 너희 의가 서기관과 바리새인보다 더 낫지 못하면 결코 천국에 들어가지 못하리라"(마태복음 5:20)
"그러므로 하늘에 계신 너희 아버지의 온전하심과 같이 너희도 온전하라"(마태복음 5:48)

그리스도인의 삶은 하나님 아버지의 온전하심과 같이 온전해야 한다. 어떻게 우리가 하나님과 같이 온전할 수 있는가? 우리 안에 계신 성령님께서 일하심으로 가능한 것이다. 성경은 예수님을 믿는 자는 예수님이 하시는 일을 그도 하게 된다고 분명히 말씀하셨다. 이는 어떤 특별한 체험이나 능력이 아니라 그리스도 중심으로 살아가는 모든 자의 당연한 삶이다. 우리가 예수님을 사랑하면 예수님의 계명을 지킬 수밖에 없기 때문이다.

만약 교회 지체들이 그들의 삶에서 예수님의 말씀을 지켜 행하지 않고 있다면, 교회는 그들이 자신의 믿음의 정체성을 정확하게 볼 수 있도록 도와야 한다. 그들이 예수님을 진정으로 사랑하는지 물어야 한다. 교회가 예수님의 이름으로 구할 것은 교회와 교회 지체들이 예수 그리스도 안에서 주님의 말씀을 지켜 행하는 것이다. 이는 사람의 힘과 의지로 되는 것이 아니다. 하나님께서 이를 위해 보혜사 성령님을 보내셔서 우리 안에 예수 그리스도께서 계심과 예수 그리스도 안에 우리가 있음을 알게 하시고 우리가 예수 그리스도로 살게 하신다. 이 역사가 교회에서 실현되지 않고 있다면 교회는 회개해야 한다. 교회가 성령님의 인도하심을 따라 회개할 때, 하나님께서는 회개한 교회를 통해 예수 그리스도의 빛을 세상에 나타내신다.

"내가 진실로 진실로 너희에게 이르노니 나를 믿는 자는 내가 하는 일을 그도 할 것이요 또한 그보다 큰 일도 하리니 이는 내가 아버지께로 감이라 너희가 내 이름으로 무엇을 구하든지 내가 행하리니 이는 아버지로 하여금 아들로 말미암아 영광을 받으시게 하려 함이라 내 이름으로 무엇이든지 내게 구하면 내가 행하리라 너희가 나를 사랑하면 나의 계명을 지키리라 내가 아버지께 구하겠으니 그가 또 다른 보혜사를 너희에게 주사 영원토록 너희와 함께 있게 하리니 그는 진리의 영이라 세상은 능히 그를 받지 못하나니 이는 그를 보지도 못하고 알지도 못함이라 그러나 너희는 그를 아나니 그는 너희와 함께 거하심이요 또 너희 속에 계시겠음이라"(요한복음 14:12-17)

성령님께 순종함으로 자신의 죄를 명확하게 보고 인정하고 참된 회개를 한 사람은 이제 예수 그리스도의 빛에만 의지하여 살아가기 때문에 어두운 세상에서 예수 그리스도의 증인이 되어 그가 만나는 모든 사람들에게 그의 인격과 삶을 통해 예수님을 드러내는 삶을 살 수 있게 된다. 이 삶의 열매는 성령님의 주도적인 역사하심으로 인해 그와 가장 가까운 예루살렘인 가족에게 이르게 되므로 거듭난 그리스도인은 먼저 자신의 가족에게 예수 그리스도의 증인이 된다. 그리고 이 증인은 사마리아와 땅끝까지 이르러 복음을 전하고 그의 평생의 삶을 통해 예수 그리스도를 증거한다. 이것이 바로 '기독교 인성교육'을 실천하는 주 안에서 회복된 교회와 머리 되신 예수 그리스도의 몸 된 교회의 지체들이 세상에서 빛과 소금으로 살아가는 모습이다.

"오직 성령이 너희에게 임하시면 너희가 권능을 받고 예루살렘과 온 유대와 사마리아와 땅 끝까지 이르러 내 증인이 되리라 하시니라(사도행전 1:8)

제3부

「기독교 인성교육」의 실제

"태초에 말씀이 계시니라 이 말씀이 하나님과 함께 계셨으니 이 말씀은 곧 하나님이시니라
그가 태초에 하나님과 함께 계셨고 만물이 그로 말미암아 지은 바 되었으니 지은 것이 하나
도 그가 없이는 된 것이 없느니라 그 안에 생명이 있었으니 이 생명은 사람들의 빛이라 빛이
어둠에 비치되 어둠이 깨닫지 못하더라"(요한복음 1장 1~5절)

「기독교 인성교육」을 추구하는 목회

"그러므로 우리가 이 직분을 받아 긍휼하심을 입은 대로 낙심하지 아니하고 이에 숨은 부끄러움의 일을 버리고 속임으로 행하지 아니하며 하나님의 말씀을 혼잡하게 하지 아니하고 오직 진리를 나타냄으로 하나님 앞에서 각 사람의 양심에 대하여 스스로 추천하노라 만일 우리의 복음이 가리었으면 망하는 자들에게 가리어진 것이라 그 중에 이 세상의 신이 믿지 아니하는 자들의 마음을 혼미하게 하여 그리스도의 영광의 복음의 광채가 비치지 못하게 함이니 그리스도는 하나님의 형상이니라 우리는 우리를 전파하는 것이 아니라 오직 그리스도 예수의 주 되신 것과 또 예수를 위하여 우리가 너희의 종 된 것을 전파함이라 어두운 데에 빛이 비치라 말씀하셨던 그 하나님께서 예수 그리스도의 얼굴에 있는 하나님의 영광을 아는 빛을 우리 마음에 비추셨느니라" (고린도후서 4장 1-6절)

1. 하나님은 목회자에게 교회의 심각성을 보게 하신다

하나님과 교회를 강력하게 거부한 가정에서 태어난 나는 20대 초반, 교회를 나가면서부터 주일학교 교사를 하기 시작했다. 내가 누구인지, 어떤 죄인인지도 모르는 나에게, 조그만 시골교회 담임전도사님은 주일학교 공과를 건네주시며 교사를 하라고 말씀하셨다. 나는 사양했다. 성경도 모르고 교회에 대해서 아무것도 모른다고… 전도사님은 공과대로만 지도하면 된다고 강력하게 권면하셨다. 그때부터(나는 교회에서 선생님이라는 호칭으로 불렸고, 지금도 나는 사람들이 교회에서 무슨 일을 하냐고 물을 때에는 성경 교사로 살아가고 있다고 말한다. 교회에 나가기 시작하면서) 지금까지 나는 40년 넘게 교회에서 성경을 가르치며 살아가고 있다.

1981년 2월에 신학교를 졸업하고, 그해 9월에 결혼해서 우리 부부는 서울 침례교회와 목동 늘푸른 침례교회, 여의도 침례교회에서 (81년부터 91년 말까지) 부교역자로 일했다. 이때도 나는 교회에서 다른 사역과 함께 주일날은 교사로 일을 했다. 내가 주로 가르치거나 상담한 대상은 거의 대학부, 청년부, 장년부 성경공부 반이었다.

이때까지만 해도 나는 교회학교 교사로서, 매우 만족스러운 삶을 살았다. 학생들에 대한 나의 마음은 항상 좋았고, 큰 문제의식이 없었다. 이 세상에는 다양한 직업들이 있는데, 나는 교회 안에서 하나님도 믿고 평생을 성경 교사로 살 수 있음으로 인해 늘 하나님께 감사하며 살았다.

1992년 4월, 우리 부부는 분당의 작은 상가 건물 2층에 48평 정도의 공간을 준비하여 '기독교한국침례회 분당교회'라는 명칭으로 교회를 개척하였다. 교회 개척과 동시에, 나는 분당에서 역시 향기와 슬기(두 딸)의 친구들과 어머니들을 대상으로 성경공부를 시작했다. 아파트가 준공되고 서울에 살던 많은 사람이 신도시 분당에 입주하면서, 가장 먼저 조성된 분당 시범단지에 개척한 교회들로 모여들었다. 분당교회에도 일 년이 지나면서 100여 명의 예배 참석자들이 모였다. 우리 부부는 아파트별, 성별, 연령별로 몇 개의 성경공부반을 만들어, 낮이든 밤이든 인원에 상관없이 일대일 혹은 그룹별 성경공부와 제자훈련을 시작했다.

성경공부반이 시작되면, 제일 먼저 매일 개인 경건의 시간을 갖도록 돕기 시작했다. 그리고 교회의 모든 모임에서 그 날의 성경공부 본문이 무엇이든 먼저 각자 개인적으로 가졌던 경건의 시간의 적용 부분을 함께 나눈 뒤에 이 적용이 각 사람의 인격과 삶을 통해 복음의 빛과 소금이 될 수 있기를 기도하고 성경공부 본론에 들어갔다. (이렇게 일 년 치 경건의 시간 본문을 성실히 순종하면 일 년 동안 성경 전체를 한번은 정독할 수 있었다.)

성경공부 교재는 성경 자체였다. 부교역자로 교회 사역을 할 때는, 교회 자체적으로 성경 말씀을 주제별로 발췌해서 만든 교재를 중심으로 성경공부를 했다. 주제별 성경공부 교재가 가진 장단점이 있는데, 그때 내 눈에는 개인적으로 장점보다 단점이 더 크게 보였지만, 내가 교재를 임의대로 바꿀 수는 없었다. 우선, 성경을 주제별로 공부하다 보면, 성경 전체의 흐름이 자꾸 끊기고 해서, 성경 전체의 핵심을 이해하는 데 늘 아쉬움이 있었다. 좀 더 심각한 문제는 어떤 주제를 설정해서 그 주제를 좀 더 부각시키고, 그 주제에서 얻고자 하는 특정한 목표에 대한 교회나 교사의 욕망 때문에 성경의 본래적 의도에서 벗어나는 왜곡된 적용을 할 위험성에 종종 놓이게 되는 것이다. 그래서 우리 부부는 분당에서 교회를 개척하면서부터 교회에서 올바른 신앙 생활을 할 수 있도록 방향성을 제시해주는 필수적인 신학적 서적들을 참고하되, 성경공부 교재는 성경책 자체로 한정하였다.

성경공부반은 함께 모여 그날 성경공부 본문을 여러 차례 반복해서 읽고 그 본문의 앞뒤 문맥을 또다시 읽은 뒤, 그 본문이 지금 우리에게 무엇을 말씀하고 있는지 각자 충분히 나눈다. 교사는 마지막에 그 나눔을 종합 정리해서 나눈 뒤, 우리의 나눔이 본문 해석상 타당한 것인지, 아니면 지나치게 주관적으로 영적인 해석을 해서 자기주관적 경험에 충만한 나머지 스스로 자긍하고 있지는 않았는지 질문을 한다. 그리고 이 본문이 기록될 때의 시대적, 사회적, 문화적 배경 및 당시의 교회 상황에 대해 보완해 줄 것이 있으면 보완해 주거나 바로 잡아 주고, 적용을 위한 세부적인 방법을 생각해내는 데에 많은 시간을 할애한다. 성경공부반의 시작 시간은 정해져있지만 끝나는 시간은 자유롭다.

그 과정을 좀 더 구체적으로 나열해보자면, **첫째, 성경 본문을 통해 자기 자신을 발견하도록 돕는다.** 즉, 자신의 자아 정체성을 구체적으로 볼 수 있도록 세밀하게 돕는다.

"주의 말씀은 내 발에 등이요 내 길에 빛이니이다"(시편 119:105)
"빛이 어두움에 비취되 어두움이 깨닫지 못하더라"(요한복음 1:5)

여기서 빛의 특징은 어두움을 밝힌다는 것이다. 빛은 사물을 정확히 식별할 수 있도록 돕는다. 인간의 내면에 하나님의 빛이신 말씀이 들어가면 인간은 자기 스스로 자신이 누구이며 어떤 사람인지를 보고 자기 자신을 하나님의 기준에 따라 성찰할 수 있게 된다.

둘째, 이것을 정직하게 교회에서 나눌 수 있도록 돕는다.

이때, 자신의 내면을 나누는 데 영향을 미치는 방해요인 중 가장 강력한 것은 수치심과 두려움이다. 이것을 교회에서 나누었을 때, 사람들이 나를 어떻게 생각할까? 이런 나를 알면, 인간관계가 끊어지는 것은 아닐까 등에 대한 두려움이다. 그러나 이것을 실제로 나누어보면 성경 말씀 그대로 자유함을 느끼기 때문에 그 자유함을 경험해보도록 돕는다. 요한복음 8장 32절 "진리를 알지니 진리가 너희를 자유케 하리라"는 말씀이 성취되는 순간이다.

셋째, 성경 공부반의 구성원들은 그리스도를 아는 것과 믿는 것에 하나가 되어 가며 점차 그리스도의 몸을 이루어 간다.

"그러므로 주 안에서 갇힌 내가 너희를 권하노니 너희가 부르심을 받은 일에 합당하게 행하여 모든 겸손과 온유로 하고 오래 참음으로 사랑 가운데서 서로 용납하고 평안의 매는 줄로 성령이 하나 되게 하신 것을 힘써 지키라 몸이 하나요 성령도 한 분이시니 이와 같이 너희가 부르심의 한 소망 안에서 부르심을 받았느니라 주도 한 분이시요 믿음도 하나요 세례도 하나요 하나님도 한 분이시니 곧 만유의 아버지시라 만유 위에 계시고 만유를 통일하시고 만유 가운데 계시도다 우리 각 사람에게 그리스도의 선물의 분량대로 은혜를 주셨나니… 그가 어떤 사람은 사도로, 어떤 사람은 선지자로, 어떤 사람은 복음 전하는 자로, 어떤 사람은 목사와 교사로 삼으셨으니 이는 성도를 온전하게 하여 봉사의 일을 하게 하며 그리스도의 몸을 세우려 하심이라 우리가 다 하나님의 아들을 믿는 것과 아는 일에 하나가 되어 온전한 사람을 이루어 그리스도의 장성한 분량이 충만한 데까지 이르리니"(에베소서 4:1-7, 11-13)

앞전 두 단계를 거치면서 우리의 살아가는 삶의 동기나 모양새는 다르지만 한 자리에 모여 있는 우리 모두의 내면이 크게 다를 바가 없음을 알게 된다. 그리고 그것을 각자 인정하며 서로 동의할 때, '함께'라는 지체의식을 갖게 된다.

넷째, 모든 나눔은 결국 우리에게 있어 이 내면의 본체는 무엇인가라는 질문 하나로 귀결된다. 그 질문이 우리를 진리로 나아가게 하기 때문이다.

그 본체가 바로 죄라는 것을 나누고, 이 죄의 특성을 서로 이야기해보도록 한다. 그러면 우리 내면에 있는 실체가 없는 어두움은 죄의 본체에서 파생되는 허물들임을 서로 인정하게 된다. 우리 내면에 형성되어 있는 정체성의 공통분모가 거짓과 부정직함임을 알게 되면 그것을 서로 나누며 이 거짓이 왜 지속적으로 해결되지 않고 있는지에 대하여 여러 각도로 접근해서 살펴본다. 그 결과, 우리 내면의 깊은 곳에 욕심이라는 죄의 근원지가 있음을 그리고 바로 그곳에 죄가 똬리를 틀고 앉아있음을 볼 수 있도록 돕는다.

"욕심이 잉태한즉 죄를 낳고 죄가 장성한즉 사망을 낳느니라"(야고보서 1:15)

우리와 하나님과의 관계를 파괴하고 우리와 우리 자신, 우리와 우리 주변과의 관계를 파괴시키며 우리가 살았으나 죽을 것 같은, 죽고 싶은 감정까지도 부추겨 우리의 인생을 파멸로 이끄는 죄악된 정체성을 구체적으로 어떻게 새롭게 세워갈 수 있을지 함께 고민하고 각자의 삶에 그것을 적용할 수 있도록 돕는다. 그래서 죄로부터 해방된 새로운 가치관으로 상황 파악을 정확히 하고, 자기를 조절할 수 있도록 돕는다. 나아가, 이것은 우리 자신이 아니라 성령님께서 강력하게 역사하시기에 모두 가능하다는 믿음의 확신을 갖도록 돕는다.

"이와 같이 성령도 우리의 연약함을 도우시나니 우리는 마땅히 기도 할 바를 알지 못하나 오직 성령이 말할 수 없는 탄식으로 우리를 위하여 친히 간구하시느니라 마음을 살피시는 이가 성령의 생각을 아시나니 이는 성령이 하나님의 뜻대로 성도를 위하여 간구하심이니라 우리가 알거니와 하나님을 사랑하는 자 곧 그의 뜻대로 부르심을 입은 자들에게는 모든 것이 합력하여 선을 이루느니라" (로마서 8:26-28)

다섯째, 이 죄에 대한 인정과 함께 참된 회개에 대한 나눔과 기도시간을 갖는다.

"내 이름으로 일컫는 내 백성이 그 악한 길에서 떠나 스스로 겸비하고 기도하여 내 얼굴을 구하면 내가 하늘에서 듣고 그 죄를 사하고 그 땅을 고칠지라" (역대하 7:14)

"만일 우리가 우리 죄를 자백하면 저는 미쁘시고 의로우사 우리 죄를 사하시며 모든 불의에서 우리를 깨끗케 하실 것이요" (요한일서1:9)

"누구든지 등불을 켜서 그릇으로 덮거나 평상 아래 두지 아니하고 등경 위에 두나니 이는 들어가는 자들로 그 빛을 보게 하려 함이라. 숨은 것이 장차 드러나지 아니할 것이 없고 감추인 것이 장차 알려지고 나타나지 않을 것이 없느니라. 그러므로 너희가 어떻게 듣는가 스스로 삼가라 누구든지 있는 자는 받겠고 없는 자는 그 있는 줄로 아는 것까

지도 빼앗기리라 하시니라"(누가복음 8:16-18)

"그러므로 우리가 저 안식에 들어가기를 힘쓸지니 이는 누구든지 저 순종하지 아니하는 본에 빠지지 않게 하려 함이라 하나님의 말씀은 살아 있고 활력이 있어 좌우에 날선 어떤 검보다도 예리하여 혼과 영과 및 관절과 골수를 찔러 쪼개기까지 하며 또 마음의 생각과 뜻을 판단하나니 지으신 것이 하나도 그 앞에 나타나지 않음이 없고 우리의 결산을 받으실 이의 눈앞에 만물이 벌거벗은 것 같이 드러나느니라 그러므로 우리에게 큰 대제사장이 계시니 승천하신 이 곧 하나님의 아들 예수시라 우리가 믿는 도리를 굳게 잡을지어다"(히브리서 4:11-14)

위의 말씀들 외에도 같은 맥락의 말씀들을 나누며, 하나님의 자녀로 거듭난 그리스도인들도 죄를 범할 수 있음을 인정하고 죄인의 자리에서 항상 회개하며 살아가는 것이 겸손한 그리스도인의 내면의 삶임을 가르친다. 이 내면을 인정하고 살아가는 것이 믿음의 발자취임을 서로 나누며 사랑과 선행으로 격려한다. 그리고 모임 중에 함께한 지체들이 이 죄로부터 떠나기를 간절히 갈망하는 마음들을 하나님께서 각자에게 주시기를 기도하고, 다음 모임에서는 그 죄로부터 떠나서 말씀에 순종함으로 참된 자유함을 경험한 하나님의 은혜를 나누는 시간을 갖게 될 것이라고 미리 알려준다.

물론, 본인이 나누기를 원치 않으면 하나님의 시간에 성령님께서 하실 것을 믿고 감사하며 권하거나 강요치 않는다. 그리고 우리 모임 가운데에 빛으로 임하셔서 우리의 어두움을 비추시고, 우리의 뒤틀린 마음에 자리 잡은 거짓된 가치관을 보게 해주심을 감사드리며 주께서 가르쳐주신 기도문으로 모임을 마친다.

나에게 있어서 가장 충격적인 것은 이런 성경공부와 나눔을 마치고 그다음 주 모임에 만나서 지난주에 우리가 나눈 것을 한 주 동안 기도하시면서 어떻게 지내셨는지 나누어보자고 말하면, 그것에 대해서 심각하게 고민하거나 삶으로 살아보려 노력한 흔적을 느낄 수 없는 경우가 빈번하다는 사실이다. 어떤 때는 "맞아, 내가 지난주에 그랬었지"라며 자신이 한 말을 전혀 기억하지 못하는 이도 있다. 그리고는 이번 모임에서도 똑같은 넋두리를 반복한다. 교회에 와서는 교회의 분위기에 알맞은 처세를 하고, 교회 밖으로 나가면 세상에서 자기주도적으로 열심히 살아가는 사람들과 구별이 어려울 정도로 이기적이고 감정적인 자기주도적 삶을 살고 있는 것이다. 결국 교회 안에도 그럴듯한 가면을 쓴 부정직하고 거짓된 삶이 가득할 뿐임을 발견케 되었다.

이 모습은 예나 지금이나 여전하다. 오히려 갈수록 심각해지기도 한다. 처음에는 자신의 내면을 볼 수 있는 기회를 주신 하나님께 감사하다고 눈물을 흘린다. 그러나 동일한 시간이 반복되어 흘러가면서 자기 스스로가 자기 생각보다 안 바뀌고 그로 인해 힘들어지면, 그 감정이 교회나 교사에 대한 불만으로 표출된다. 교회가 자신을 너무 힘들게 한다는 것이다. 나아가 교회가 하나님의 은혜와 사랑보다는 아직도 율법적인 신앙을 강조한다고 비판한다. 이렇게 교회를 떠난 이들도 종종 있다. 하나님의 은혜가 없는 교회라는 것이다.

나는 이때, 매우 고통스러운 시간을 보내게 되고 교사로서 깊은 고민에 빠져 혼돈과 공허와 흑암 가운데 처하게 된다.

하나님은 사랑이시고 은혜이신데, 내가 이들을 사랑하지 않는 것인가?

그렇다면 나는 하나님의 은혜를 경험하지 못하고 그 은혜로 인하여 살고 있지 않다는 것인가?

성경에서 말씀하신 사랑의 진정한 의미는 무엇일까?

성경에서 말씀하신 하나님의 은혜는 무슨 의미일까?

내가 이 일로 인하여 이토록 아프고 괴로운 것은 왜 그럴까?

교인이 떠나면 교인 수가 줄어들어 밥 먹고 사는 데 어려움이 있을 것이라는 두려움이 있어서일까?

아니면 주변 사람들로부터 무능한 목회자로 여겨지는 것이 두려워서일까? 끝없는 상념에 빠져 사경을 헤매는 육체적, 정신적, 영적 고통에서 헤어나지 못하는 밤낮을 보내는 것이 나의 일상이다. 무엇이 문제일까?

이때 한 줄기의 빛은 나를 향하여 말씀하신다. 또 다시 그 빛은 나의 나됨을 보게 하시고 나의 생각의 늪에서 나와 그저 회개함으로 빛 가운데로 나아올 것을 말씀하신다.

회개함으로 빛 가운데로 나아가는 길은 다양하다. 근간에 와서 가장 도움이 되는 것은 교회 지체들로 하여금 성경적 인간 존재의 의미와 인간의 존엄성을 토대로 자기 자신을 정직하게 돌아보도록 돕는 것이다. 한 마디로, 자신의 영적 정체성을 직시할 수 있도록 돕는 것이다. 왜 이런 과정이 필요할까?

우리의 일상적 삶에서 어떤 문제가 발생했을 때, 우리는 대부분 그 문제의 원인에 대해 철저히 분석하고 올바른 해결 방안을 모색해서 자기 스스로가 하나님 앞에 자원함으로 그것을 바로잡아 동일한 문제가 반복되지 않도록 하겠다는 의지를 보이기보다는 그 문제로 인해 겪어야 하는 고통을 예측하며 그것을 극도로 두려워한 나머지 그 순간을 모면하려는 데 급급해진다. 문제의 원인인 죄를 드러내 해결하는 것이 아니라 일단 덮고 모르는 척 살아가고 싶어 하는 것이다..

죄를 드러내지 않고 숨기려는 마음. 죄의 문제가 해결되지 않은 채 그대로 남아 있지만 그 사실을 외면하고 싶은 마음. 회개를 거부하는 이 거짓된 마음이 우리 안에 깊이 뿌리내린 죄의 거짓된 본성을 여실히 드러낸다. 이 본성의 터 자체를 무너뜨리는 못한 채, 하나님의 말씀을 열심히 공부하고 깨달은 것들을 교회와 나누며 그것을 삶으로 살아내겠다고 굳게 다짐한다면 과연 이 결심이 실현될 수 있을까?

나는 불가능하다고 믿는다. 우리의 의지적 결단이나 교육, 훈련에 의해서 우리의 성품이 부분적으로 조금은 바뀔 수 있다는

것을 나는 의심 없이 믿는다. 그러나 이 변화는 외부에서 공급
되는 환경적 자극(도전, 교육, 훈련)이 약화되거나 중단되면, 인간
의 의지가 조금이라도 느슨해지면, 어김없이 금세 다시 원래의
모습으로 되돌아가는 일시적인 것임을 지금까지 수없이 목격
하고 경험해왔다.

예수 그리스도를 믿지 않는 한, 인간은 끝없이 본래의 모습
으로 회귀하는 거짓된 변화의 굴레에서 결코 벗어날 수 없다.
죄의 문제를 해결하지 못한 인간의 마음은 그것이 어떤 것이든
결국은 거짓되고 악할 뿐이다.

> "만물보다 거짓되고 심히 부패한 것은 마음이라 누가 능히 이를 알리
> 요마는"(예레미야 17:9)
> "여호와께서 그 향기를 받으시고 그 중심에 이르시되 내가 다시는 사
> 람으로 말미암아 땅을 저주하지 아니하리니 이는 사람의 마음이 계획
> 하는 바가 어려서부터 악함이라 …"(창세기 8:21)

성경은 언제나 우리의 마음을 향해 하나님의 말씀을 선포하
신다. 평생의 사역을 통해 분명히 깨달은 한 가지는 악하고 거
짓되고 부패한 인간의 마음 상태를 하나님의 말씀의 능력으로
바로잡아주지 않으면 인간의 근본적이고 참된 변화는 결코 불
가능하다는 것이다. 따라서 나는 바로 그 마음의 변화를 돕는
기독교 인성교육이 교회가 전념해야 할 사역임을 확신하게 되
었다.

3부에서는 2부에서 언급된 기독교 인성교육의 본질적인 내용들을 보다 구체적으로 드러내어 보여줄 그리스도의편지교회 가족들의 나눔과 이야기들을 소개하고자 한다.

수록된 글들은 지체들이 교회 전체 앞에서 나눈 말씀들이다. 글에서 드러나듯, 그리스도의편지교회에서 가장 귀한 사람은 세상적 성공을 이룬 사람도 아니고, 도덕적으로 훌륭한 인품을 가진 사람도 아니며, 교회에서 봉사를 많이 하는 사람도 아니다. 그는 자신의 죄를 숨기지 않고 드러내는 사람이다.

기독교 인성교육을 소망하는 교회가 자신의 죄를 정확히 보는 사람을 가장 귀하게 여기는 것은 너무도 당연하다. 서로 다른 여러 글이 어딘가 모르게 비슷비슷하게 느껴지는 독자들이 있다면 그것은 그들 모두가 동일하게 자신의 죄를 숨김없이 드러내어 노출하고 있기 때문이다.

이들이 고백하는 죄는 세상의 기준을 따른 도덕 윤리적인 죄가 아니다. 이들은 성경적 기준에 따라 자신의 마음에 하나님 두기를 싫어하여 자기 마음대로 살아온 자신의 인생 그 자체를 죄로 고백한다. 각자의 연령과 생활 환경에 따라 고민하는 문제는 다양하지만 결국 하나님 앞에 용서받을 수 없는 죄인임에도 불구하고 오직 믿음으로 구원받은 사람들이며, 교회가 한 몸이 되어 끝없이 서로의 죄를 경계하고 각 사람이 자신의 내면의 죄를 보며 그 죄와 싸워가고 있음을 동일하게 고백한다. 이 고백들을 통해 그리스도의편지교회가 살아내고 있는 '기독교 인성교육'의 모습을 보이고자 한다.

2. 하나님은 말씀으로 교회를 인도하신다

　가장 먼저 나눌 글은, 그리스도의편지교회를 개척하고 담임 목회자로서 사역해 온, 송풍호 목사가 중앙일보 선데이지의 기자와 인터뷰한 내용이다.

　송풍호 목사는 서울 침례교회에서 전도사로 사역하다 1985년도에 여의도침례교회에서 목사 안수를 받고 이후 7년간 여의도 침례교회에서 교육 목사로 섬기던 중, 1992년 에스겔서 47장 말씀의 터 위에 교회가 세워지기를 갈망하는 마음으로 당시 막 개발이 시작되었던 신도시 분당에 분당교회를 개척했다. 도시개발 초기에 밀려오는 이주자들을 대상으로 우리 부부는 열심히 사역했고, 신도들의 수가 빠르게 늘어나며 교회는 탄탄히 자리를 잡아가고 있었다. 다만, 눈에 보이는 열매에도 불구하고 이상하리만큼 채워지지 않는 우리의 영적인 공허는 우리가 진정 하나님께서 세워가시는 예수 그리스도의 몸 된 교회로 살고 있는지 끝없이 자문하게 했다.

　그렇게 고민하던 우리 부부에게 하나님께서는 말씀을 통해 우리 교회의 심각성을 보이셨고, 우리는 교회 안에서 '죄'의 문제가 심각하게 다뤄지지 않고 있음을, 그리고 그로 인해 하나님의 은혜와 사랑에 대한 우리의 이해가 매우 깊이 왜곡되어 있음을 보게 되었다. 당시에는 몰랐지만, 이것이 우리 교회가 추구하는 '기독교 인성교육'을 향한 여정의 첫걸음이었다. 당시에는 비록 막연한 깨달음에 불과했지만 그럼에도 불구하고, 그때부터 우리에게 분명히 보여주신 심각한 죄의 문제를 교회에서 선포하기 시작했다. 죄의 문제를 해결하지 못한 우리는 모두 죽은 사람들이라는 동일한 말씀을 매주 부르짖으니 밀려오던 교인들이 하나둘 떠나가기 시작했다. 그렇지만 우리는 그 목회의 방향성을 포기할 수 없었다. 그것이 성령님을 통해 우리에게 밝히 보여진 우리의 실체였기 때문이다. 도리어 우리는 시간이 갈수록 점점 선명해지는 '기독교 인성교육'을 추구하는 학교를 설립할 꿈을 꾸기 시작했다. 여기에 수록된 인터뷰는 우리가 걸어온 길과 지나온 갈등, 그리고 우리 교회 신앙의 핵심을 담고 있다.

죄책감에 고통 받더라도 죄 인정하는 사람에게 기회온다

송용호 목사 연락처
전화 (02)-0000-000
팩스 (02)-000-000
홈페이지 www.church.com

김한성 기자 whansa@korea.com

내가 본 송용호 목사

믿을 수 없는 것을 믿게 해 준 스토리 텔러, 치유의 성직자

전용기
송방대school감독원장

「죄책감에 고통 받더라도 죄 인정하는 사람에게 기회가 온다」 중앙일보 「중앙선데이」 '영혼의 리더' 기사(2010.5.9) 중에서 소개한다.

하나님의 사랑에 대해 송풍호 목사는 이렇게 말한다.

"하나님의 사랑과 인간의 사랑이 다릅니다. 하나님은 사랑의 하나님이자 공의의 하나님입니다. 지금 시대는 공의로운 하나님이 사라진 시대입니다."

셰익스피어는 말했다.

"어떤 이들은 죄로 말미암아 일어서고 어떤 이들은 덕행으로 말미암아 추락한다."

역설적으로 이 말은 영적인 세계에도 적용될 수 있다. 회개의 과정을 거친다면 죄는 구원에 이르는 실마리가 될 수 있다. 자만심을 부추기는 덕행은 구원으로부터 멀어지게 하는 원인이 될 수 있다.

영혼의 리더〈45〉 '그리스도의편지교회' 송풍호 목사

그리스도의편지교회의 송풍호(55·사진) 목사는 철저한 죄의 회개를 요구하는 목회자다. 3주 전 이 교회 신도 두 명이 목사 안수를 받았다. 이들은 송풍호 목사에 대해 이렇게 증언한다. "송 목사님을 뵙고 '이분은 정말 하나님을 믿는 분이시구나. 정말 하나님을 믿는 것은 이분처럼 믿는 거구나'라고 생각했다."

(이은식 목사)

"나는 교회 바깥에 있을 때 기성 교인들을 보고 많이 질책했던 대표적 사람 중 하나였다. 송 목사의 도움으로 막상 하나님 앞에서 회개하며 내 자아가 얼마나 질긴지 알게 됐다."(장진한 목사)

그리스도의편지교회(구 분당교회)는 1992년 성남시 분당구 서현동에서 창립됐다. 교회 이름은 고린도후서 3장 3절("너희는 우리로 말미암아 나타난 그리스도의 편지니 이는 먹으로 쓴 것이 아니요 오직 살아계신 하나님의 영으로 쓴 것이며 또 돌판에 쓴 것이 아니요 오직 육의 마음판에 쓴 것이라")에서 따왔다.

"아이 달라진 유치원 운영으로 유명"

이 교회는 창립 초기부터 어린이의 신앙 교육을 강조했다. 95년 분당어린이선교원을 개원했으며 2001년 4월 용인시 수지로 교회가 이전할 때 어린이 교육 용도에 맞게 교회를 건축했다. 그리스도의편지교회는 인성교육 중심의 유·초·중·고 대안학교인 '한밀숲학교'의 개교를 앞두고 있다. '한밀숲학교'는 자연생태 체험과 신앙 교육을 바탕으로 '희생하는 리더십, 글로벌 리더십'을 육성할 것이다. 그리스도의편지교회는 한밀숲학교 설립을 위한 재원을 마련하기 위해 올해 2월 성남시 분당구 야탑동으로 이전했다.

송 목사는 수도침례신학교(학사), 침례신학대학 목회대학원(석사)에서 공부했다. 92년 그리스도의편지교회 담임목사가 되기 전에는 서울침례교회 전도사, 여의도침례교회 교육 목사로 일했다. 그리스도의편지교회에서 송풍호 목사를 만났다. 다음은 인터뷰 요지.

- 그리스도의편지교회는 어떤 교회입니까?

"성경에서 말하는 교회가 되고자 하는 교회입니다. 92년 교회가 창립해 잘 성장했고 좋은 교회라는 소문도 났습니다. 하지만 우리 교회가 진짜 성경에서 말하는 교회인가 하는 의문이 생겼어요. 성경은 그리스도가 교회의 머리요 우리는 교회라는 몸의 각 지체라고 말합니다. 3년이 지났을 때 '우리 교회는 성경에서 말하는 그런 교회가 아닙니다'라고 선포했습니다."

- 무엇이 문제였습니까?

"예수님을 믿어 죄를 용서받고 영생을 얻고 천국에 가는…이런 이야기는 다들 반가워합니다. 그런데 예수님을 우리의 주인으로 고백하면 그분의 말씀을 듣고 순종해야 합니다. 예수님이 우리의 모든 죄를 용서하시는 것처럼 예수님은 모든 면에서 우리의 주인이 돼야 합니다.

그러나 실제로는 주님의 뜻과는 전혀 무관한 삶을 살기도 합니다. 죄책감이나 부담감도 없이 말이죠. 죄를 인식하지도 않은 채 용서받았다고 단정해 버리기 때문에 주변으로부터 지탄을 받게 되는 거죠. 이런 문제를 제기하자 신도의 반 정도가 교회를 떠나기도 했습니다. 지금도 신도 수가 약 100명에 불과합니다. 그런 와중에 저희 부부가 지방에 내려가다 척추가 부서지는 교통사고가 있었습니다. 사고 이후에는 떠나간 사람은 없었던 것 같아요."

- 죄책감의 본질은 무엇입니까?

"주님의 말씀 앞에서 내가 부인된 상태였나 아니면 내 이성과 의지 속에서 어떤 일을 행하고 있는 것은 아닌가를 자문해야 합니다. 나를 부인하지 않는 것은 어떤 면에서는 주님을 대적하는 것, 주님의 말씀에 불순종하는 것입니다. 내가 부인되지 않았다는 것을 인정하면 그때부터는 주님 앞에서 죄책감이 생기죠. 죄책감 속에서 내가 불순종했다는 것, 거역했다는 것을 진심으로 받아들이면 회개에 이르게 됩니다.

반복해서 불순종하는 자신을 바라보면 너무 고통스러워서 살고 싶지 않을 정도로 괴롭게 됩니다. 그러면 회개가 일어납니다. 반복되는 죄에 대해 회개를 중단하지 않는 것은 주님 앞에서 자신을 볼 때만 가능합니다. 주님 앞에서 자신을 바른 방향으로 돌이킬 때 진정한 자유가 있습니다. 혹 돌이키지 않더라도 못 돌이키는 자신을 보고 주님 앞에서 굴복하고 '주님 저는 이렇게 연약한 자입니다'라고 고백하며 사는 게 신앙이라고 믿습니다.

죄책감 때문에 평생을 고통스럽게 살아도 죄를 인정하는 사람은 기회가 올 겁니다. 주님께서 불쌍히 여기시고 거룩한 삶으로 나가는 방향으로 인도해 주십니다. 죄는 회개해야 하고 회개하지 않으면 벌을 받습니다. 벌도 사랑입니다."

-교회가 참모습을 찾았습니까?
"한 사람 한 사람 예수님이 주님이라고 고백하니까 교회가 새롭게 세워지는 것을 느꼈습니다. 우리가 죄인이라는 것을 고백하면 용서받지 못할 죄는 한 가지도 없습니다. 주님의 음성을 듣고 응답하거나, 응답하지 못하면 죄책감을 느끼게 되는 반응이 교회 안에서 일어났습니다.

예수님은 성경 속에만 계신 분이 아니고 살아계신 하나님입니다. 하나님은 지금도 우리와 직접 교류하십니다. 성경을 통해서 말씀하시고 개인의 삶 속에서도 말씀하십니다. 깨어 있는 그리스도인, 영적인 교감이 일어나는 그리스도인이라면 주님이 말씀하십니다."

- 어떤 계기로 유치원 교육에 착수했습니까?
"수지로 교회를 옮기면서 유치원을 설립할 수 있게 건물을 지었어요. 그렇게 한 이유가 있습니다. 죄라는 것을 발견하고 회개하고 용서받게 되면 주님의 말씀에 순종하는 것만이 우리의 삶이라는 것을 알게 됩니다.

"그런데 마태복음 28장 19~20절을 보면 이렇게 나와 있습니다. "그러므로 너희는 가서 모든 민족을 제자로 삼아 아버지와 아들과 성령님의 이름으로 세례를 베풀고 내가 너희에게 분부한 모든 것을 가르쳐 지키게 하라. 볼지어다 내가 세상 끝날까지 너희와 항상 함께 있으리라 하시니라"라고 말이죠. 여기서 문제는 우리가 가르침을 받는데 가르침을 지키지는 않는다는 것이죠. 가르칠 내용은 성경에 나와 있으나 가르침이 지켜지는지 확인하는 것은 가르치는 것보다 열 배나 더 큰 노력이 필요했습니다.

자기 주장이 분명한 어른을 돌이키는 것은 잘 안 되더군요. 어릴 때부터 가르침이 실제로 삶 속에서 지켜질 때까지 훈련시키는 작업을 우리가 꾸준히 해보자는 게 유치원 교육을 시작한 취지였습니다."

"전인 교육 추구하는 '한밀숲학교' 인가 받아"

– 초·중·고 교육까지 준비한 이유가 있습니까?

"우리 교회 선교원의 유치원 교육이 주변에서 소문이 나기 시작했어요. 이 선교원에 가기만 하면 애들이 바뀐다는 것을 학부모들이 인정했습니다. 우리는 아이들의 가르침을 실제로 삶 속에서 적용하고 즐길 수 있게 훈련했습니다. 그 결과 우리 원생들은 나이 어린 학생들이지만 질서를 잘 지키며 자신이 속한 환경에서 어떻게 처신해야 할지를 몸에 익혀 알고 있습니다.

초등학교에 진학해서도 우리 선교원 출신은 다르죠. 그래서 학부모들이 초등학교 과정까지 제공해 줄 것을 요청했습니다. 그런 중에 자신의 재산을 내놓고 학교 교육에 동참하겠다는 분들이 나와 7~8년 전부터 학교 부지를 찾아보기 시작했고 2년 전 금어리에 28만 평 부지를 구입하게 됐어요. 2년 동안 학교 설립허가를 받고 설계하고 지금 개교를 준비하고 있습니다. 선교 유치원을 10여 년 운영하면서 하나님이 교회를 세우신 것을 경험했기에 새 학교 역시 세워질 것으로 믿고 우리 교회는 순종하고 있습니다. 그러나 학교가 안 세워져도 좋지만 이 신앙만큼은 결단코 포기할 수 없습니다."

"자기를 부인해야 '밀알' 될 수 있어"

- 새 학교 이름은 어떻게 지었습니까?

"요한복음 12장 24절(한 알의 밀이 땅에 떨어져 죽지 아니하면 한 알 그대로 있고 죽으면 많은 열매를 맺느니라)의 말씀에서 따왔습니다. 밀알처럼 되려고 하지 않는 자신을 뉘우치는 과정을 통해 교회 사람들이 정말 많이 변했습니다. 한 가족으로 그리스도의 몸을 이뤄가며 살아가는 교회가 됐습니다. 자기 자신을 부인하지 않으면 결코 살아갈 수도 교회를 이룰 수도 학교를 세울 수도 없다는 것을 알게 됐습니다."

〈김환영 기자〉

내가 본 송풍호 목사

믿을 수 없는 것을 믿게 해 준 스토리텔러, 치유의 성직자

이 글은 기자라기보다 특별한 체험을 겪은 한 신앙인으로서 씁니다. 저는 마음속에 세 분 영혼의 스승을 모시고 있습니다. 지금 다니고 있는 '분당평강교회'의 김성결 목사님, 중·고등학교 때 다녔던 서소문 '평안교회'의 이종수 당시 전도사님, 그리고 1992년부터 9년간 다녔던 '분당교회'(2001년 그리스도의편지교회로 개칭)의 송풍호 목사님입니다.

송 목사님과의 만남은 제게 지울 수 없는 인생의 한 페이지를 장식하고 있습니다. 30대 초반 저는 우울증을 앓았습니다. 불면증 → 무감각 → 무반응으로 확산되면서 사회생활 자체가 어려워졌습니다. 신경정신과의 상담이나 약물은 큰 도움이 안 됐습니다.

두 살배기 아들과 갓 태어난 딸, 처연한 아내의 얼굴, 그리고 저를 위해 하루도 빠짐없이 새벽기도를 하던 어머니의 눈물이 제게 살아야 할 이유를 겨우 제공했습니다. 동네 작은 상가교회 목사로 처음 뵌 송 목사님 부부(조순애 사모님)는 제 상황을 듣곤 연민 가득한 표정을 지었습니다. 그러곤 제 우울증이 씻은 듯이 낫기까지 1년 6개월간 매주 화요일 저녁 저희 집을 찾아왔습니다.

그들은 성경책 읽기나 찬송가 부르기를 어색해하는 나를 위한 배려인지 예배를 드리지 않았습니다. 그저 옆집에서 놀러 온 이웃처럼 편안하게 앉아 제 얘기를 들어주었습니다. 목사님 부부는 체질적으로 형식을 싫어합니다. 성직자라기보다 무슨 카운슬러 같았습니다. 이것저것 많은 얘기를 하게 해놓고선 비워진 침묵의 시간에 송 목사님은 '믿을 수 없는 믿음'의 스토리를 전해 주곤 했습니다.

예를 들어 이런 얘기들입니다. "옛날에 모세가 이끄는 이스라엘 백성들이 광야에서 불뱀에 물려 다들 죽게 되었다. 모세가 놋뱀을 만들어 나무에 매달았다. 그러곤 백성들에게 놋뱀을 보면 살고, 놋뱀을 보지 않으면 죽을 것이라고 했다. 놋뱀을 본 사람은 살았고 안 본 사람은 죽었다. 여기서 나무에 매달린 놋뱀은 예수님을 상징한다."

뭐 이런 식이었습니다. 삶의 의욕에 목말랐던 저는 이 믿을 수 없는 얘기를 믿게 되었습니다. 약간의 믿음이 생기자 송 목사님은 제게 숙제를 주셨습니다. '매일 성경 한 장씩 쓰라'는 것이었죠. 6개월 정도 매일 한 장씩 성경을 쓰던 94년 어느 봄날 "사람을 미워하면 마음이 어두워지고 어두운 마음이 눈에 비늘을 만들어 앞길을 못 보게 한다"라는 글을 접했습니다. 그 성경 구절이 저를 녹였습니다. 밤새 숱한 눈물과 참회의 시간을 보낸 뒤 제가 맞이한 아침은 "굿모닝!"이었습니다. 제 우울증은 그날 씻은 듯이 나았습니다.

송 목사님은 제 인생의 한 페이지에 '치유의 성직자'로 기록돼 있습니다. 목사님 자신이 생사를 넘나들며 기적 같은 치유를 받았습니다.

20대 초반엔 폐병이 악화돼 보름 동안 각혈을 하는 가운데 금식기도로 치유된 적이 있다고 합니다. 40대 때 당한 부부 교통사고, 최근에 겪은 심근경색에서 되살아났습니다. 얼마 전 저와 통화할 때 "내가 죽을 고비를 몇 차례 넘겼는데 안 죽더라고…"하면서 하하 웃으시더군요. 2001년 목사님 부부가 초기 신앙공동체를 지향하는 그리스도의편지교회를 새로 만들 때 저는 합류하지 않았습니다. 그래도 스승의 날이나 추석 때 저는 '영혼의 스승'을 모신다는 생각으로 목사님 댁을 찾아갑니다.

전영기 / 중앙SUNDAY 편집국장

3. 하나님은 교회 믿음의 실체를 드러내신다

기독교 인성교육이 이루어져야 하는 교회의 실제는 사실상 참혹하다. 가장 어려운 점은 교회가 밖에서 교회 가족들의 삶의 실제를 알 수 없다는 점이다. 이런 상태에서 넘치도록 선포되는 말씀과 성경적·신앙적 지식 교육은 종교적 외식을 낳는다. 선포되는 말씀이 맞다는 개념적 동의와 이를 살아내지 못하는 것에 대한 부담감이 뒤섞여 교회는 자신의 실체를 더 철저히 숨기려는 신도들의 거짓으로 가득 차게 된다.

그러므로 교회 가족들이 목장에서 실제 삶을 나누는 것은 필수적이다. 빛 되신 예수 그리스도의 비추이심에 따라 일상적 삶에서 드러나는 각자의 영적 정체성에 대한 나눔은 더 효과적인 교회 교육을 위한 하나의 정형화된 프로그램이 아니라 우리의 실체를 드러내기 위한 치열한 영적 전투 그 자체이기에 인간적인 방법과 노력으로 해낼 수 있는 것이 아닐 뿐만 아니라 단기 간에 가능한 일도 아니다. 지금 이 순간에도 교회는 마치 좁고 긴 터널을 지나듯 그리스도의 비추이심 앞에서 필시적으로 숨으려는 죄와 싸우며 자신과 자신의 삶을 나누는 일을 계속하고 있다.

김기현 자매는 그리스도의편지교회의 초창기부터 지금까지 교회와 함께 해 오고 있는 오랜 가족이다. 현재 고등학교 기간제 교사로 근무하고 있으며, 성년이 된 두 아들의 어머니이자 한 남편의 아내로 처음부터 지금까지 참 한결같은 모습으로 묵묵히 교회의 지체로 살아오고 있는 자매이다. 자매의 글은 우리 교회가 하나님의 빛의 비추이심 앞에 우리의 죄를 보고 몸부림치며 지나온 과정을 함께 겪은 비사역자의 시선을 잘 보여주고 있다. 그 격동의 시간을 지나며, 교회와 끝까지 함께 할 것을 다짐한 자매는 어떤 믿음으로 그 길을 걸어왔는지 진솔히 고백한다.

오직 소망은 교회의 죄에 대한 도전

- 자매목장 김기현 / 2012. 1.

한결같으신 하나님의 은혜를 따라 하루하루 살아갑니다. 그럼에도 불구하고 제 마음은 하나님을 바라볼 때는 감사를, 그렇지 못할 때는 욕심의 굴레에서 만족하지 못하고 요동치며 살아가는 믿음의 초보 단계에 머물러 있습니다.

어릴 때부터 교회 안에서 자랐던 저는 교회 생활을 열심히 하며 살아왔습니다. 성경공부, 주일학교 교사, 성가대, 구역모임, 수양회 등등 빠짐없이 적극적으로 임했고 제 생활의 가장 우선순위를 교회에 두고 살았습니다. 교회에서 만난 사람들과 함께 지내는 것이 편안하고 좋았습니다. 그러면서도 제 마음속에 "믿음 생활이 이것이 다인가?" 왠지 답답한 마음이 들었고 어디인가 주님을 더 뜨겁게 사랑하며 살아가는 사람들이 있을 것 같았습니다.

남편이 갑자기 직장을 옮기게 되어 분당으로 이사를 오게 되었고 "분당교회" 지금의 "그리스도의편지교회"에 속하게 되었습니다. 첫 목장 모임 참석했을 때 개개인이 공책을 꺼내 말씀을 보고 묵상한 것을 나누는 삶이 기본으로 자리 잡혀있었던 것이 인상적이었습니다. 무엇보다 교회 식구들이 목사님 가정에서 자주 식사하면서 초등학교 6학년이었던 향기, 유치원생이었던 슬기가 교회 아이들을 돌봐주고 무척 귀여워해 주었습니다. 가족같이 교회 안에서 생활할 수 있었습니다.

그러던 어느 날 목사님께서는 "우리 교회는 성경에서 말씀하시는 교회가 아니다"라고 선포하셨습니다. 예수 그리스도를 구주로만 믿고 자신이 어떤 죄인인지도 모른 채 죄 용서함을 받았다는 확신을 가지고 사는 신앙에 종지부를 찍고, 이제 예수 그리스도를 주와 그리스도로 믿고 순종하며 따라가는 삶, 교회는 각 개인이 한 알 한 알의 날콩으로서의 존재가 아니라 메주로 빚어져 그리스도의 몸을 이루어가야 하는 삶, 자기를 부인하고 예수 그리스도를 따라가는 삶, 이 신앙을 추구하며 설교말씀, 목장 모임의 방향이 완전히 바뀌었습니다.

이로 인해 많은 사람들이 교회를 떠났고 교회는 어수선한 분위기 속에서 조금씩 자리를 잡아갈 즈음 청천벽력과 같은 사건이 일어났습니다. 목사님, 사모님의 대형 교통사고였습니다. 전 교인의 연속 금식기도가 이때부터 시작되었습니다. 순서 된 사람은 그날 하루를 금식하며 오직 교회를 위해서 기도하고 다른 사람들은 그날 금식하는 사람을 위해서 기도하자고 하셨고 15년 가까이 이어지고 있습니다.

주일 설교는 목사님과 깊이 교제하시던 교회의 목사님들이 번갈아 오셔서 도와주셨고 두 분이 퇴원하신 후에는 침대에 누우신 채 목장 사역을 하셔서 저희들은 점심 도시락을 싸가지고 사택으로 가서 모임을 가졌습니다. 주된 내용은 일주일 동안의 생활을 나누고 겉으로 드러나는 일의 내면에 숨어있는 저희 자신들의 죄에 대한 지적이었습니다. 서로의 이야기 속에서 자신들의 모습을 돌아볼 수 있었고 아무 생각 없이, 문제의식 없이 살아왔던 저의 삶에 도전이 시작되었습니다.

분당에서 시작되었던 "분당교회"가 수지로 이사 오면서 "그리스도의편지교회"로 이름을 바꾸며 '하바어린이선교원'을 개원하였습니다.

교회에서는 나라를 위해서 기도하면서 사람이 바뀌지 않으면 이 나라에 소망이 없고 사람을 바꾸려면 교육이 필요한데 한 사람의 제대로 된 그리스도인이 끼칠 영향력을 생각하며 어릴 때부터 바른 믿음으로 교육할 터전을 생각하셨고 몇몇 형제자매들은 다니던 직장을 그만두고, 또 대부분 집에 있었던 자매들은 선교원 사역에 동참하고자 분당의 집을 정리하고 수지로 이사하였습니다.

저도 하나님께 순종하는 마음으로 선교원 사역에 임하게 되었습니다. 그동안 교회에서 배워왔던 말씀들을 선교원이라는 삶의 현장에서 살아볼 수 있는 시간이 주어졌습니다.

어린이 교육에 문외한이었던 형제자매들이 낮에는 선교원에서 밤에는 학교에 다니며 필요한 자격을 준비해갔고 맡겨진 아이들, 그들과 연결된 학부모님들, 매일 만나서 하루 종일 같이 생활하는 교회 가족들, 새로운 환경 속에서 적응해가며 그동안 오전에 모였던 교회 모임들은 모두 저녁으로 바뀌었고 이때부터 바쁜 생활이 시작되었습니다.

선교원에서는 크고 작은 문제들이 늘 일어났고 매주 사모님이 이끄셨던 교사 모임을 통해 각 반 아이들, 학부모님들과의 관계, 또 선교원의 차량, 식사, 청소 등 전체 상황 등을 나누고 같이 기도하였고 모든 일을 마음으로 할 것에 대해 늘 강조하셨습니다.

선교원 생활 중 학부모님들과의 관계를 원활하게 맺어가는 것이 어려웠던 저는 이런 과정을 통해 제 삶의 경험이나 생각의 틀이 좁고 고정되어 있어 사람들을 따뜻하게 품을 수 없는 저의 문제점들을 실감할 수 있었습니다.

교회에서는 선교원에서 자라나는 아이들을 지속적으로 교육할 수 있는 학교의 필요성을 느끼고 4년 전, 용인 금어리 땅을 매입하여 학교를 준비하게 되었고 몇 가족들은 금어리로 먼저 이사하여 먼 거리를 오가며 학교의 터전을 위해 앞서 순종하고 있습니다. 작년부터는 10년 동안 같이 모여 해왔던 선교원 사역을 마무리하고 흩어졌습니다. 두 분의 목사님과 세 분의 형제님들이 학교설립과 그에 따른 실제적인 업무를 담당해 오시고 자매님들은 어린이집, 유치원 교사로, 또 중고등학교 교무실, 행정실, 과학실 보조교사로, 기간제 교사 등으로 학교 현장에서 일하고 있습니다.

새로운 사람들과의 만남, 처음 하는 일들이 낯설었지만, 선교원에서 배웠던 대로 주어진 일들을 마음을 다하여 하다 보니 주위에서 도와주시고 인정해주셨고 계속 같이 일하자는 제안도 받게 되었습니다. 짧은 시간이었지만 여러 학교를 다니면서 지역 환경에 따른 교육의 차이, 사회의 어려움들을 경험하였고 사랑과 관심의 손길을 필요로 하는 안타까운 학생들도 많이 보았습니다.

2011년 말부터 교회는 실제 삶에서 영으로 움직이지 않고 영혼에 관심이 없는 저희들의 태도에 깊은 책망이 있으셨습니다. 오랫동안 망설이고 머뭇거리던 교회 가족들이 한 사람 한 사람씩 예수 그리스도를 구주와 주인으로 고백하는 침례식이 이어지는 성령님의 역사가 강하게 일어나기 시작하였습니다. 반면에 기도하지 않으면 안 될 무거운 짐들도 동시에 주어져, 기도하지 않는 삶을 회개하고 마음을 모아 기도에 힘쓰고 있습니다.

교회에서 강조하는 말씀 중 누가복음 9장 23절 "~ 아무든지 나를 따라오려거든 자기를 부인하고 날마다 제 십자가를 지고 나를 따를 것이니라" 사도행전 16장 31절 " ~ 주 예수를 믿으라 그리하면 너와 네 집이 구원을 받으리라" 가장 가까운 예루살렘인 가족부터 믿음의 영향력이 나타나야 한다고 하십니다.

저는 예수 그리스도를 주로 믿고 따라가는 삶에 있어 형제와 늘 갈등이 있습니다. 피차 고집이 세고 자아를 꺾지 못해 팽팽

하게 의견대립을 합니다. 저는 이 기간들이 답답하고 괴롭지만 저의 자아를 무너뜨리시는 하나님의 시간으로 믿고 기다리고 있습니다. 마침 어머님께서 저희 집 근처로 오시게 되었고 어머님께 마음 쓰는 저의 태도에 형제의 마음도 조금 누그러지곤 합니다.

교회에는 "나중된 자로서 먼저 되고 먼저 된 자로서 나중되리라"는 마태복음 20장 16절 말씀처럼 자신을 쳐서 복종하며 더욱 박진감 있게 앞서 순종하며 살아가는 형제 자매님들이 많이 있습니다.

작년 여름 20여 년 만에 대학부 때 함께 했던 친구들을 만났습니다. 저희 교회에서 추구하는 마이클 몰리노스의 책 "영성 깊은 그리스도인"을 사가지고 가서 선물로 주었습니다. 저도 다 이해하지 못하고 있지만 내면 깊은 곳에서 하나님과 동행하는 믿음의 여정이 있음을 나누고 싶었습니다.

예수 그리스도를 믿는다고 가족도 친구도 세상도 뒤로하고 살아왔지만 돌아보면 예수 그리스도 앞에서 내려놓은 것은 아무것도 없습니다. 하나님께서 어두움, 메마름, 괴로움, 고난, 고통을 통해 우리의 영혼을 깨끗게 하신다고 하시지만 여전히 세상에서 누리는 축복, 건강, 육체의 편안함 들을 누리고자 하는 육체의 욕구가 있습니다. 무엇보다 바벨탑처럼 쌓아가는 자아의 무너뜨림을 가장 힘겨워합니다.

그런데 여기에 한 가지 소망이 있다면 교회를 통해 이런 자신의 모습이 죄임을 지적받고 죄에 대한 경각심을 가지고 회개하여 그리스도와의 깊은 교제로 나아가도록 도전받는 것입니다. 찬송가의 가사처럼 "내 주 하나님 넓고 큰 은혜는 저 큰 바다보다 깊다. 너 곧 닻줄을 끌러 깊은 데로 저 한가운데 가보라. 왜 너 인생은 언제나 거기서 저 큰 바다 물결보고 그 밑 모르는 깊은 바닷속을 한 번 헤아려 안보나. 많은 사람이 얕은 물가에서 저 큰 바다 가려다가 찰싹거리는 작은 파도 보고 맘이 졸여서 못가네. 자 곧 가거라 이제 곧 가거라 저 큰 은혜 바다 향해 자 곧 네 노를 저어 깊은 데로 가라 망망한 바다로."

"그리스도의편지교회"에 속한 지 19년째 되어갑니다. 함께 웃었고 울었고 삶의 기쁨도 아픔도 나누며 살아왔습니다. 그러나 무엇보다 성경에서 말씀하시는 교회, 하나님이 기뻐하시는 예수 그리스도의 몸인 교회를 세워가고자 그토록 간절하게 찾고 구하고 두드리며 걸어오셨던 목사님과 사모님의 믿음을 따라 여기까지 오게 되었습니다. 앞으로는 아니 내일은 어떻게 될지 모르겠습니다. 단지 그리스도의편지교회가 에베소서 4장 15~16절 말씀을 이루길 소망합니다.

"오직 사랑 안에서 참된 것을 하여 범사에 그에게까지 자랄지라. 그는 머리니 곧 그리스도라 그에게서 온 몸이 각 마디를 통하여 도움을 받음으로 연결되고 결합되어 각 지체의 분량대로 역사하여 그 몸을 자라게 하며 사랑 안에서 스스로 세우느니라"(에베소서 4:15-16)

제 02 장

「죄와 참된 회개」:

피조성이 인격성에 우선하는 교육

"만물이 그로 말미암아 지은 바 되었으니 지은 것이 하나도 그가 없이
는 된 것이 없느니라"(요한복음 1:3)

창조주 하나님께 지음 받은 우리가 피조물로 살지 않고 스스
로 우리 자신의 주인이 되어 사는 것 자체가 죄이다. 우리는 그
죄를 분명히 보고 그에 따른 모든 판단과 가치체계 및 그와 연
관된 일체의 삶으로부터 돌아서는 참된 회개를 해야 한다. 그
회개를 시작으로, 우리 안의 피조성을 따라 그에 합한 방식으
로 우리의 인격성을 활용하도록 돕는 것이 그리스도의편지교
회가 추구하는 '기독교 인성교육'이다. 참된 회개를 통해 새로
운 삶을 시작할 때에만 우리는 하나님께서 우리에게 부여하신
하나님의 형상을 반영하는 진정한 인간이자 그리스도인으로
서의 삶을 살아갈 수 있다.

송슬기 자매는 하나님이 내게 맡기신 두 딸 중 둘째이다. 어

릴 적, 자기는 눈에 보이지 않는 하나님보다 눈에 보이는 엄마가 좋다고 고백하여 내게 근심을 안겼으나, 고등학교 2학년 때 성령님의 인도하심 앞에 자기의 죄를 분명히 보고 참된 회개를 통해 돌아선 뒤로 30대 초반이 된 지금까지 좌로나 우로나 흔들리지 않고 나의 든든한 동역자로 함께 이 길을 걸어가는 귀한 자매이다.

그렇게 하나님께로 분명히 돌아선 뒤로는 본인이 그토록 원했던 법학 전공을 뒤로 하고 교회가 추구하는 기독교 인성교육의 연구를 위해 교육학 전공을 선택하여 지금은 콜롬비아 대학에서 교육 철학 박사 과정을 밟고 있다. 자매의 연구는 '기독교 인성교육'이 철학적으로 어떤 합리성을 가지며 사회 전반에서 얼마나 중요한 역할을 수행할 수 있는지에 대한 매우 심도 있는 이해를 제공하고 있다.

이곳에 수록된 자매의 나눔은 자매가 고등학교를 막 졸업하고 대학교 1학년이 되었던 스무 살에 교회 전체 앞에서 나눈 내용이다. 회개만이 그리스도인으로 살아갈 수 있는 유일한 방법이라는 것을 스스로 경험하고 나누었기에 자매의 나눔은 교회에 매우 큰 영향력을 끼쳤다. 이 분명한 고백은 당시에도 그랬지만 여전히 우리에게 큰 울림으로 도전한다.

'회개만이 그리스도인으로 살 수 있는 유일한 방법'

- 청년부 송슬기 / 2007. 7.

오늘은 사사기 13장에서 16장까지, 4장에 걸쳐 기록되어 있는 삼손의 이야기를 나누려 합니다. 제가 태어나기 전 부모님께서는 이 말씀을 묵상하시고 삼손과 같은 아이가 태어나기를 기도하셨다고 합니다. 주일학교 어린아이들부터 어른들에 이르기까지 삼손은 대부분의 기독교인이 알고 있는 성경 속 인물로 '삼손과 데릴라'라는 영화와 오페라 등으로 더욱 잘 알려졌습니다. 이 사사기 13-16장을 통해 그리스도인의 삶에 대해서 나누고자 합니다.

삼손은 이스라엘이 여호와 앞에서 악을 행해 블레셋의 손에 있던 시기에 단 지파의 가족, 마노아의 아들로 태어났습니다. 임신하지 못하던 마노아의 아내에게 어느 날 여호와의 사자가 나타나 사사기 13장 4-5절 "그러므로 너는 삼가 포도주와 독주를 마시지 말며 어떤 부정한 것도 먹지 말지니라. 보라 네가 임신하여 아들을 낳으리니 그의 머리 위에 삭도를 대지 말라 이 아이는 태에서 나옴으로부터 하나님께 바쳐진 나실인이 됨이라 그가 블레셋 사람의 손에서 이스라엘을 구원하기 시작하리라"라고 이야기합니다. 여기서 나실인이란 히브리어로 '성별한다'라는 뜻을 가지고 있는 단어입니다. 성별한다는 것은 신성한 일에 쓰기 위하여 보통의 것과 구별한다는 뜻으로 나실인이 하나님의 신성한 일에 쓰임 받기 위해 보통의 사람들과 구별된 자들임을 나타냅니다.

예를 들어 구약에 나오는 사무엘도 나실인 중 한 명이라고 할 수 있습니다. 사무엘상 1장 10-11절 "한나가 마음이 괴로워서 여호와께 기도하고 통곡하며 서원하여 이르되 만군의 여호와여 만일 주의 여종의 고통을 돌보시고 나를 기억하사 주의 여종을 잊지 아니하시고 주의 여종에게 아들을 주시면 내가 그의 평생에 그를 여호와께 드리고 삭도를 그의 머리에 대지 아니하겠나이다"에 이어 태어난 사무엘을 1장 28절에서 여호와께 사무엘의 평생을 드리는 기도가 바로 나실인으로서의 사무엘을 보여주는 부분이라고 할 수 있습니다.

이처럼 나실인으로 태어난 삼손은 다른 보통 사람들에 비해 힘이 세었습니다. 어른이 되어 결혼을 해야 할 나이가 되자 삼손은 딤나에서 블레셋 사람의 딸을 아내로 맞이하였습니다. 그러나 잔치에서 삼손이 사람들에게 낸 문제의 답을 삼손의 아내가 다른 사람들에게 알려주어서 삼손의 수수께끼는 무용지물이 되고 맙니다. 이때 여호와의 영이 삼손에게 임하셔서 그 상황과 관련된 블레셋 사람들을 치게 하셨습니다. 삼손의 공격을 받은 블레셋 사람들이 삼손의 아내와 장인을 해하자 삼손은 다시 블레셋을 크게 치고, 에담 바위 사이에 거하게 됩니다. 공격을 받은 블레셋 사람들은 유다 사람들에게 삼손을 결박해 데려와 줄 것을 명했고, 사람들은 그 요구대로 삼손을 잡아 줄로 결박한 뒤 블레셋 사람들에게 데려갔습니다. 블레셋 사람 앞에 선 삼손에게 다시 여호와의 영이 임해 삼손은 나귀의 턱뼈로 많은 사람들을 이길 수 있었습니다. 이후 삼손이 소렉 골짜기의 들릴라라는 여인을 사랑하게 되고, 블레셋 사람들의 유혹과 은에 흔들린 들릴라는 삼손의 비밀을 캐내게 됩니다. 들릴라의 배신으로 삼손은 힘을 잃고 옥에 갇혔습니다. 블레셋 사람들은 삼손을 잡았다는 사실이 기뻐 그들의 신 다곤에게 제사를 지내며 그 자리에 삼손을 조롱거리로 참석시켰습니다. 그때 삼손은 그 집을 버틴 기둥을 찾아 마지막으로 하나님께 힘을 달라고 기도한 뒤 기둥을 쓰러뜨리고 수많은 블레셋 사람들과 함께 죽게 됩니다. 삼손은 유대민족을 다스리던 제정일치의 통치자, 즉 이스라엘의 사사로서 20년을 살았기 때문에 사사기에 기록되었습니다.

삼손 이야기에서 하나님은 삼손을 먼저 버리지 않으셨습니다. 삼손이 직접 하나님과의 약속을 깨기 전까지, 들릴라에게 힘의 근원을 말하기 전까지 하나님의 영은 삼손이 어떠한 행동을 하든지 항상 삼손을 움직이셨고, 그 곁에서 함께 하셨습니다. 그리고 자신의 죄를 회개하고 하나님께 다시 한 번 엎드리는 삼손에게 다시 기회를 주시고 삼손에게 역사하십니다. 이 말씀은 하나님께서는 항상 함께 계시고 우리의 회개에 바로 답해주시니 마음대로 살아도 상관없다는 말이 아닙니다. 그리스도인에게는 오직 회개뿐이며, 회개하는 사람에게 하나님의 역사가 임한다는 사실을 알아야 합니다. 그리스도인은 하나님의 피조물이며 도구입니다. 하나님의 역사가 임한다는 것은 하나님의 도구로 쓰임 받는다는 것과 같습니다. 그렇기에 회개는 그리스도인이 그리스도인답게 살아갈 수 있는 단 하나의 방법입니다. 자신이 없어지고 그 안에 하나님이 채워져 온전한 하나님의 도구로 쓰임 받기 위한 단 하나의 방법입니다. 삼손은 하나님께 불순종하는 모습을 보였지만 회개하고 하나님께 돌아왔습니다. 다시 그 앞에 엎드렸습니다. 하나님의 역사는 삼손과 같이 낮은 자리에서 회개하고 엎드리는 자에게 임하십니다.

그리스도인은 하나님 없이는 존재할 수 없고, 자신의 주권을 포기하지 않는 사람은 하나님과 동행할 수 없습니다. 삼손이 태어난 이유와 목적은 나실인으로 블레셋의 밑에 눌려있는 이스라엘을 구해내는 것이었습니다.

사사기 15장 18절 "삼손이 심히 목이 말라 여호와께 부르짖어 이르되 주께서 종의 손을 통하여 이 큰 구원을 베푸셨사오나 내가 이제 목말라죽어서 할례받지 못한 자들의 손에 떨어지겠나이다 하니" 16장 17절 "삼손이 진심을 드러내어 그에게 이르되 내 머리 위에는 삭도를 대지 아니하였나니 이는 내가 모태에서부터 하나님의 나실인이 되었음이라 만일 내 머리가 밀리면 내 힘이 내게서 떠나고 나는 약해져서 다른 사람과 같으리라 하니라" 즉, 삼손은 자신이 나실인이라는 것을, 자신의 삶이 여호와께 바쳐진 삶이며, 자신이 하는 일이 여호와를 위해 하는 일인 것을 알고 있었습니다. 마지막으로 하나님께 다시 힘을 달라고 기도한 뒤 불안해하거나 지체하는 모습 없이 기둥을 쓰러뜨리는 것 또한 자신을 통해 역사하실 하나님의 목적에 대한 신뢰가 있기 때문이었습니다.

그러나 그가 들릴라에게 자신의 비밀을 털어놓는 것은 그의 자아의 주관대로 행한 행동이었습니다. 삼손의 주권이 결정적으로 드러난 순간에 하나님은 그를 떠나셨습니다. 여호와의 영은 더 이상 삼손에게 역사하지 않으십니다. 성경을 통해 무엇을 깨닫고 느끼게 되든지 그 모든 것들은 항상 '주권 포기' 또는 '자아 부수기'와 같은 맥락으로 귀결됩니다. 그것이 그리스도인이 가져야 할 태도의 전부입니다.

주권을 포기하고 자아를 부수는 것은 우리 교회에서 이야기하는 전부입니다. 하지만 그 길은 참 쉽지 않습니다. 내가 잘 보이고, 하나님 앞에서 겸손하게 부서질 수만 있다면 더없이 행복할 것 같은데 참 마음대로 되지 않습니다. 그 자아를 부수는 일이 아프지만 무엇보다 행복하다는 사실을 알기에 더욱 갈망하지만, 똘똘 뭉친 자아가 사실은 그것을 거부하고 있으며 두려워하고 있기에, 진심으로 갈망하지 못하기에 언제나 제자리걸음입니다.

삼손은 나실인이기에, 저는 나실인으로 기도하는 가운데 태어났기에 이것이 교회 식구들 개개인과 관련이 없다고 생각하는 것은 하나님 앞에서 옳지 못한 태도입니다. 앞서 말씀드렸던 것과 같이 나실인은 신성한 하나님의 일에 쓰임 받기 위해서 보통의 다른 사람들과 구별된 사람들을 뜻합니다.

우리가 하나님 안에서 다시 태어나 하나님의 피조물인 것을 인정하고 그분이 우리의 주인이심을 믿을 때, 우리는 성별 된 존재로서 살아가야 할 의무를 지게 됩니다. 그렇기에 삼손이 가졌던 나실인에 대한 이해와 기둥을 무너뜨리기 전 자신이 나실인임을 알았기에 자신을 통해 역사하실 하나님을 생각하며 보여준 모습과 같이 하나님을 신뢰하고 의지하는 태도는 바로 우리가 가져야 할 태도입니다.

즉, 이는 어느 누군가의 이야기가 아닌 우리 자신의 이야기이며, 우리 중 그렇게 살아가지 못하는 사람이 있다면 그 사실에 가슴 아파해야 할 것입니다. 하나님 앞에서 진심으로 간절함을 가지고 엎드려야 할 것입니다. 항상 문제는 그 간절함인 것 같습니다. 간절함이 없기에 우리는 우리 자신을 보지 못하고 포장하며 덮어버립니다. 특히 제 모습이 그렇습니다. 주님을 알고 싶은, 주님께 다가가고 싶은, 주님을 위해 살아가고 싶은, 주님이 전부라는 생각뿐인 간절함이 충만할 때에는 그저 그 삶이 내 전부로 느껴지고 주님은 그 간절함에 응답하셨습니다. 하지만 말만 존재하고 간절함은 온데간데없기에 발전이 있을 수 없습니다. 사실은 원하지 않는 자아의 속마음을 하나님께서 모르실 리가 없기 때문입니다. 진심으로 자기가 주님을 원하고 있는지 심각하게 고민해보아야 합니다. 스스로를 속이지 말고, 하나님께 거짓된 모습을 보이지 않기 위해서 우리는 정확히 알아야 합니다. 그리고 간절함을 갖기 위해 기도하고 엎드려야 합니다. 하나님을 갈망하는 간절함이 있다면 그 사람은 교만할 수 없습니다. 겸손히 낮아질 수밖에 없습니다.

　주님을 간절히 갈망하고, 그 삶을 좇아 온전히 살아가는 사람의 삶은 그 어떤 사람의 삶보다 행복한 삶입니다.

　그리스도인의 삶은 행복한 삶입니다. 그 행복은 재물이 많아서, 명예가 드높여져서, 가족이 건강해서, 하는 일이 모두 성공적인 결과를 불러와서 느낄 수 있는 것이 아닙니다. 세상을 살아가는 사람들에게 평범한, 별로 큰 영향을 미치지 못하는, 유명하지 않은 제가 '고통이 행복하다'라고 이야기한다면, 대다수의 사람이 이해하지 못할 것이며 그중 어떤 사람들은 그러한 이야기를 대단한 성현의 말씀을 따라 하는 일종의 가식으로 치부해버릴지도 모릅니다. 아니 대부분의 사람이 그렇게 생각할 것입니다.

　그러나 그리스도인에게 고통은 행복입니다. 잘 깨지지 않는 자아를 깨는 작업은 정말 고통스럽지만, 그 작업을 한 뒤에 오는 깊은 감정은 행복입니다. 자아가 있는 사람은 인생이 참 괴롭고 힘이 듭니다. 무엇을 하든지 자신이 결정해야 한다고 생각하고, 자신이 이 인생의 여정을 계획하고 실현해나가야 한다고 굳게 믿고 있기 때문에 살아가는 과정에서 장애물이 있으면 그것을 부수어 이기려 하고, 남들과 차별된 삶을 위해 없는 길을 내려고 노력하는 등 힘든 삶을 자청해서 살아갑니다.

학기 초 대학 국어 시간에 자기소개서를 쓰라는 과제를 받은 적이 있었습니다. 그 자기소개서는 조금 독특하게도 자신이 어떠한 배경에서 어떻게 살아왔으며, 어떤 미래를 꿈꾸는지 적는 것이 아니라 자신의 삶을 표현할 수 있는 하나의 단어를 선정하고 그 단어 또는 대상을 중심으로 글을 쓰는 과제였습니다. 그때 제가 택한 단어는 '물'이었습니다. 제 삶을 표현할 수 있는 단어로 무엇이 있을지 고민하던 중 떠오른 것이 '물'이었습니다. 제가 물처럼 살고 있어서가 아니라 정말 물처럼 살고 싶었기 때문입니다. 물은 그저 높은 곳에서 낮은 곳으로 한 곳만 바라보며 흘러갑니다.

사실 물이 흐르는 땅에서는 자신이 도달할 끝이 보이지 않습니다. 그러나 물은 아무런 저항 없이 그저 흘러갑니다. 무엇이 자기를 기다리고 있든지 그저 놓인 길을 따라 흘러갑니다. 장애물이 있으면 그 장애물을 넘어뜨리려 하는 것이 아니라 돌아갑니다. 그 또한 놓인 것에 순응하며 할 수 있는 최선의 방안을 찾아 흘러갑니다.

흘러가는 길에서 자신을 필요로 하는 산짐승이나 길을 걷던 나그네가 있다면 기꺼이 자신을 희생합니다. 그 또한 물이 의도하지는 않았지만, 상황이 그렇게 만들어졌기 때문입니다.

그리스도인은 그저 하나님이라는 한 곳만 바라보며 흘러가야 합니다. 그리스도인이 살아가는 현재의 삶에서는 그가 도달할 끝을 알 수 없습니다. 그것은 모든 인간에게 있는 동일한 모습입니다. 그러나 일반적인 사람들은 그 끝을 하나로 설정하고 그것을 이루기 위해 삶을 하나의 전쟁 혹은 전투 과정으로 여기는 데 반해 그리스도인은 끝을 알 수 없지만, 그저 놓인 길을 따라 걸어갈 뿐입니다.

장애물이 있으면 일반적인 사람들은 자신의 노력으로 그 장애물을 극복하려고 사방팔방으로 애쓰지만, 그리스도인은 그저 놓인 길로 걸어갑니다. 장애물이 있다면 하나님께 기도하고 그저 인도하시는 대로 따라갑니다. 그저 놓인 길을 따라 최선을 다해 다리를 움직일 뿐입니다. 그리스도인은 누군가 자신을 필요로 할 때 자신을 아낌없이 희생하고 살아갑니다. 그리스도인의 삶에는 계산이 없으며 그저 놓인 대로 걷습니다. 이것이 그리스도인의 삶입니다. 자신이 존재하지 않습니다. 주권이 무엇인지 모릅니다. 그저 놓인 대로 한 곳만, 주님만 바라보며 살아갑니다.

자신의 주권이 포기되지 않는 한 이 삶은 불가능합니다. 앞에 있는 장애물을 내 식대로 극복하려 하면 할수록 더 강한 자아가 형성될 뿐입니다. 자아를 죽이는 데에는 고통이 동반합니다.

사랑하는 사람이 곁을 떠날 때 많은 사람들은 고통스러워하며 실의에 빠져 살아갑니다. 그 고통의 정도는 떠난 그 사람을 얼마나 사랑했는가에 따라 비례적으로 나타납니다. 내가 아닌 다른 사람임에도 불구하고 시름시름 앓기도 하는데 내가 누구보다도 사랑하는 나 자신을 버리는 일은, 죽이는 일은, 나로부터 떠나보내는 일은 그 무엇보다 고통스럽고 힘든 일입니다.

그러나 그것이 바로 그리스도인의 첫걸음입니다. 그 고통을 거쳐 내가 없어진 그리스도인의 삶은 정말 행복합니다. 뭐라 말로 표현하기 힘든 차분함과 안정감, 행복이 있습니다. 아무것도 고민할 필요가 없습니다. 그저 주님을 따라 살아가면 됩니다. 어떠한 길을 허락하시든지 놓인 대로 걸어가면 됩니다. 내 자아가 죽은 사람은 그 길이 눈에 보입니다. 아무것도 계획하지 않았지만, 어느새 최상으로 계획되어 있는 길이 보입니다. 그 길이 주는 행복은 경험하지 못한 사람은 상상할 수 없는 벅찬 감동입니다.

그리스도인은 내가 없어지면 없어질수록 행복한 사람이기에 그리스도인에게 고통은 곧 행복입니다. 무엇보다 고통스러울수록, 무엇보다 행복해집니다. 아이러니해 보이지만 이것이 진실입니다.

그리스도인의 삶은 세상의 삶과 반대입니다. 세상 사람들은 놓인 길에 만족하는 그리스도인을 향해 소극적이라고, 현실 도피적이라고 비난할지도 모릅니다. 길을 개척하는 것이 아니라 놓인 길을 걷는 것을 우습게 여기고 하찮게 여길지 모릅니다. 우리에게 행복이 그들에겐 불행으로 보일 수 있지만, 결코 그렇지 않습니다.

나실인이었던 삼손은 처음에 하나님이 의도하신 그 목적 그 대로 이스라엘을 블레셋의 손으로부터 건져내는 역할을 다하 였습니다. 자신의 주권을 포기하고 온전히 주님께 드린 사람에 게 하나님이 계획하신 길을 따라서 걷는 삶은 전혀 힘들 이유 가 없습니다. 주권을 쥐고 있는 사람에게는 이러한 삶이 너무 힘듭니다.

그러나 태어날 때부터 우리는 이미 창조주 하나님의 피조물 이었으며, 우리가 아무리 주권을 놓지 않으려 해도 근본적으로 우리에겐 주권이 없습니다. 우리 자신에 대한 우리의 주권은 우리의 교만한 착각 위에서만 존재할 뿐입니다. 없는 주권을 움켜쥐고 있으려고 애쓰는 것처럼 바보 같은 행동도 없는데 우 리는 모두 속이는 영의 손아귀에서 마치 주권이 있는 양 속아 서 살아가고 있습니다. 정말 한심하고 안타깝지만 그것이 바로 제 모습이고, 확언할 수는 없지만 우리 중 다수의 모습입니다.

그리스도인은 정말 행복한 사람들입니다. 그 삶을 행복으로 느낄 수 있는 특권을 허락받은 사람들이기 때문입니다. 그것은 정말 특권입니다.

최선을 다해 살고 싶다는 말은 하기 쉽지만 최선을 다해 살 았다는 말은 참으로 하기 어렵습니다. 순간순간 흔들리더라도 초점을 잃지 않고 주님 앞에서 최선을 다하려는 노력을 다한다 면, 성실하고 정직하게 살아가려고 노력을 다한다면 나머진 주님께서 알아서 계획하시고 인도하십니다.

우리는 그저 피조물이며 도구입니다. 도구에게 가장 영예로운 삶은 주인이 원하는 목적을 이루는 데 최상의 상태로 작용하는 것입니다. 해야 할 일에 최선을 다하려 노력하는 것은 도구를 최상의 상태로 만들어줍니다. 그 도구가 어디에 쓰임 받는지는 더 이상 도구의 관할이 아닙니다. 최상의 상태가 되려는 것 그것이 도구가 해야 할 전부입니다.

본분대로 살아가는 삶은 행복합니다. 주님 안에서 그 도구로 다시 태어난 사람들은 모두 나실인입니다. 그 본분대로 살아가며 행복을 누리는 그리스도의 편지 가문 식구들이, 그 일원으로서의 제가 되길 소원합니다.

1. '죄'를 정확히 알고 보도록 하라

참된 회개를 하기 위해서는 우리 죄를 정확히 알고 보는 것이 매우 중요하다. 하나님께서 정죄하시고 결코 용납하지 않으시는 죄가 무엇인지 성경을 통해 정확히 보지 않고서 우리는 절대 회개할 수 없고, 회개가 없이는 하나님의 형상을 회복할 수 없다. 죄로 일그러진 하나님의 형상을 가진 그는 이 세상에서 창조의 섭리 가운에 허락된 진정한 인간의 모습으로 살아갈 수 없으며, 회개가 없는 그에게 허락된 구원은 없다.

최정심 자매는 1995년도에 교회가 처음으로 시작한 분당 어린이 선교원에 교사로 오게 되면서 우리 교회를 만난 자매이다. 지금도 고등학생인 두 아들을 키우며 사립 유치원에서 원감으로 일을 하고 있다. 최 자매는 매우 열정적이며 감각이 뛰어나고 재주가 많은 자매이다. 자매의 이 성품은 하나님 앞에 귀하게 쓰임 받지만 민감하게 깨어있지 않으면 하나님보다 앞서 행하는 죄에 쉽게 빠지게 된다. 자매는 이런 자신을 인정하고 자신의 죄와 매일 싸우고 괴로워하며 살아간다. 그 모습이 참 귀하다.

지매가 최근에 나눈 이 글에는 창세기의 말씀을 통해 근본적인 자신의 죄를 보고 회개한 내용이 담겨 있다. 본인 안에 켜켜이 쌓인 죄의 실체를 끈질기게 파헤쳐 모든 교회 앞에 적나라하게 드러내며 그것이 곧 하나님의 사랑이자 교회를 통한 하나님의 은혜임을 고백함이 참 아름답다.

'나의 죄를 알게 하신 하나님의 은혜'
- 자매목장 최정심 / 2018. 10.

하나님! 감사합니다.

교회와 목장을 통해 저의 죄를 보게 하신 은혜에 감사드립니다. 죄밖에 할 말이 없는 저를 이 자리에 하나님께서 세우셨으니 있는 모습 그대로 드러내게 하옵소서. 예수님 이름으로 기도드립니다. 아멘.

하나님은 창세기 2장 17절에서 "선악을 알게 하는 나무의 열매는 먹지 말라 네가 먹는 날에는 반드시 죽으리라"라고 말씀하십니다.

"뱀은 여호와 하나님이 지으신 들짐승 중에 가장 간교하니라 뱀이 여자에게 물어 이르되 하나님이 참으로 너희에게 동산 모든 나무의 열매를 먹지 말라 하시더냐 여자가 뱀에게 말하되 동산 나무의 열매를 우리가 먹을 수 있으나 동산 중앙에 있는 나무의 열매는 하나님의 말씀에 너희는 먹지도 말고 만지지도 말라 너희가 죽을까 하노라 하셨느니라 뱀이 여자에게 이르되 너희가 결코 죽지 아니하리라 너희가 그것을 먹는 날에는 너희 눈이 밝아져 하나님과 같이 되어 선악을 알 줄 하나님이 아심이니라 여자가 그 나무를 본즉 먹음직도 하고 보암직도 하고 지혜롭게 할 만큼 탐스럽기도 한 나무인지라 여자가 그 열매를 따먹고 자기와 함께 있는 남편에게도 주매 그도 먹은지라"(창세기 3:1-6)

여자는 "하나님이 참으로 너희에게 동산 모든 나무의 열매를 먹지 말라 하시더냐"라고 묻는 뱀에게 창세기 3장 2, 3절 "동산 나무의 열매는 우리가 먹을 수 있으나 동산 중앙에 있는 나무의 열매는 하나님의 말씀에 너희는 먹지도 말고 만지지도 말라 너희가 죽을까 하노라 하셨느니라"라고 말합니다.

뱀은 창세기 3장 4, 5절 "뱀이 여자에게 이르되 너희가 결코 죽지 아니하리라 너희가 그것을 먹는 날에는 너희 눈이 밝아져 하나님과 같이 되어 선악을 알 줄 하나님이 아심이니라"라고 말합니다. 성경 말씀을 보면 하나님의 말씀을 여자와 뱀은 다르게 말합니다.

"하나님은 선악을 알게 하는 나무의 열매는 먹지 말라 네가 먹는 날에는 반드시 죽으리라"

여자는 "하나님의 말씀에 너희는 먹지도 말고 만지지도 말라 너희가 죽을까 하노라 하셨느니라"라고 말했습니다.

"먹지 말라"고 하셨지 다른 것을 또 말씀하시지 않았는데… 마치 다른 것도 이야기한 것처럼 먹지도 말라고 말합니다. 다른 것은 허용하는데… 마치 먹는 것만 말씀하신 것처럼 말입니다. 또 하나님은 "열매를 먹는 날에는 반드시 죽으리라"고 말씀하셨는데… 여자는 반드시 라는 말씀은 빼버립니다. 그리고 이야기합니다. "너희가 죽을까 하노라"고 말입니다.

뱀은 여자와 하나님 사이를 분리시키기 위한 목적을 가지고 간교하게 접근합니다.

여자가 뱀에게 말하되 동산 나무의 열매를 우리가 먹을 수 있으나, 3절 동산 중앙에 있는 나무의 열매는 하나님의 말씀에 너희는 먹지도 말고 만지지도 말라 너희가 죽을까 하노라 하셨느니라.

하나님은 "동산 각종 나무의 열매는 네가 임의로 먹되 선악을 알게 하는 나무의 열매는 먹지 말라"고 하셨습니다. 그런데 여자는 선악을 알게 하는 나무를 동산 중앙에 있는 나무라고 말합니다. 간교한 뱀은 여자의 말속에서 선악과를 탐하고 있는 여자의 약한 부분을 꿰뚫어보고 유혹했습니다.

"뱀이 여자에게 이르되 너희가 결코 죽지 아니하리라 너희가 그것을 먹는 날에는 너희 눈이 밝아져 하나님과 같이 되어 선악을 알 줄 하나님이 아심이니라 여자가 그 나무를 본즉 먹음직도 하고 보암직도 하고 지혜롭게 할 만큼 탐스럽기도 한 나무인지라 여자가 그 열매를 따먹고 자기와 함께 있는 남편에게도 주매 그도 먹은지라 이에 그들의 눈이 밝아져 자기들이 벗은 줄을 알고 무화과나무 잎을 엮어 치마로 삼았더라 그들이 그 날 바람이 불 때 동산에 거니시는 여호와 하나님의 소리를 듣고 아담과 그의 아내가 여호와 하나님의 낯을 피하여 동산 나무 사이에 숨은지라 여호와 하나님이 아담을 부르시며 그에게 이르시되 네가 어디 있느냐 이르되 내가 동산에서 하나님의 소리를 듣고 내가 벗었으므로 두려워하여 숨었나이다 이르시되 누가 너의 벗었음을 네게 알렸느냐 내가 네게 먹지 말라 명한 그 나무 열매를 네가 먹었느냐 아담이 이르되 하나님이 주셔서 나와 함께 있게 하신 여자 그가 그 나무 열매를 내게 주므로 내가 먹었나이다 여호와 하나님이 여자에게 이르시되 네가 어찌하여 이렇게 하였느냐 여자가 이르되 뱀이 나를 꾀므로 내가 먹었나이다"(창세기 3:4-13)

아담은 창세기 2장 21절 "여호와 하나님이 아담에게서 취하신 그 갈빗대로 여자를 만드시고 그를 아담에게로 이끌어 오시니" 23절 "아담이 이르되 이는 내 뼈 중의 뼈요, 살 중의 살이라"라고 고백했던 자입니다. 이렇게 고백한 자가 하나님은 내가 먹지 말라 명한 그 나무의 열매를 먹었느냐라는 물음에 아담은 하나님이 주셔서 나와 함께 있게 하신 여자가 그 열매를 주었다고 말합니다. 아담은 여자를 준 하나님과 여자를 원망한 듯합니다. 여자는 "뱀이 나를 꾐으로 내가 먹었나이다"라고 말하며 자신을 꾀인 뱀을 원망하고 죄를 전가합니다. 하나님 자리에 가고 싶어서 그 유혹에 넘어간 자신의 잘못을 말하지 않고 모든 잘못이 뱀에게 있다고 말합니다.

이 말씀을 묵상하면서 제 모습을 봅니다. 여자가 왜 뱀의 유혹에 넘어가서 선악과를 따 먹었을까? 저는 여자의 모습 속에서 제 자신을 비추어봅니다. 뱀의 유혹이 영향을 줄 수는 있지만 여자 안에 하나님처럼 되고 싶은 마음이 이미 자리 잡고 있었습니다. 그 결과 선악과를 따먹는 불순종의 죄를 지었습니다. 하나님이 되고 싶은 마음, 하나님 자리에 있는 내 자신, 내 필요에 따라 부르는 이름 하나님! 하나님이 내 뜻에 따라 역사해주시기를 기도합니다. 나를 만드시고, 나를 지으신 분이 하나님이고 나는 피조물이라고 말씀하십니다. 하나님의 피조물인 내가 낮과 밤을 주관하시는 하나님을 믿는다고 고백을 합니다. 그 고백과는 달리 하루 24시간 내가 주인이 되어 하나님 자리에 있는 제 자신을 봅니다.

나에게 주어진 하루 24시간의 삶 속에서 내가 하나님이 되어 생각하고 말하고 걷고 호흡합니다. 입으로는 하나님을 말하지만 내 모든 마음과 행동이 나를 드러내기 위해 내 마음은 분주합니다. 눈을 뜨면서부터 잠자리에 들기 전까지 내가 먹고 싶고, 하고 싶고, 가고 싶고, 갖고 싶고, 내 취향과 기질에 맞는 것, 내 감정에 맞는 것, 내 판단에 옳은 것, 내가 경험한 것, 내가 알고 있는 상식과 지식들이 최우선입니다. 내 삶 가운데 새롭게 펼쳐지는 일에도 하나님을 찾고 뜻을 구한다고 합니다.

하지만 사람들이 평가해 놓은 기준에 내가 동의되면 동일하게 말하고 행동합니다. 누구를 도와준다는 명목으로 보내는 시간조차 내가 주체가 되어 내 만족을 채웁니다. 나의 삶은 내가 느끼는 감정대로 기쁘고, 슬프고, 화나고, 미치겠다고 말합니다. 언제나 상대방의 생각과 의도와는 상관없이 내가 옳다고 생각합니다.

상대방이 내 손안에 들어오지 않고 내 마음대로 되지 않으면 우아하게 불편하다고 말합니다. 내 안에서는 화가 나고, 분이 나고 성이 나면서도 우아하게 말하며 거짓말을 합니다. 내가 옳다고 생각하기에 내 생각과 다르다고 말하는 사람을 미워하고 사람들의 관계를 내가 깨고 있습니다. 그야말로 나로 똘똘 뭉쳐 내가 /내가 /내가 하나님이 되어 살아갑니다. 교회에서 들은 율법 지식과 종교적 행위와 언어를 사용하며 입을 놀리고 살아갑니다. 내가 하나님이 되어 살아가기에 교회 눈치를 봅니다. 내 마음대로 하지 못하기에 눈치를 보고 살아갑니다. 이 말은 하나님만 없다면 내 마음대로 살텐데… 내 마음대로 하고 싶은 죄가 나를 둘러쌓고 있기에 걸림이 되는 모든 상황, 장소, 사람의 눈치를 보는 것입니다. 눈치를 주는 상황, 사람이 문제가 아니라 눈치를 보고 있는 제 자신이 문제이고 죄입니다. 이미 내 마음대로 살고 있으면서도 교회에 나오고 기도를 하고 성경을 보고 살아간다고 믿음이 있는 줄 착각합니다.

또 교회 안에서도 내 문제가 드러날 때 부담스러워했던 제 마음을 봅니다. 저는 다른 교회 가족들의 문제를 들을 때 판단하고 내가 정죄를 했기에 내 수준으로 문제와 사람을 보기에 부담스러웠다는 것을 알게 됩니다. 내가 주인 된 삶에 교회와 주님을 이용하며 살아갑니다. 내 계획, 기대, 뜻에 따라 하나님이 알아서 그 뜻에 맞게 역사해 주시기를 밀입니다. 그 마음이 크면 클수록 정반대의 삶이 저에게 펼쳐집니다.

이것이 예수님께서 저를 사랑하시는 증거라고 고백됩니다. 만약 내가 원하고 계획하는 것이 내 삶 가운데 다 이루어진다면 악한 저는 더 이상 하나님을 찾을 필요를 못 느낍니다. 내 죄를 고백하는 순간과 진실을 말한다고 말하는 순간에도 내 내면에는 거짓이 있습니다. 내 말에 속고, 내 마음에 속고 삽니다. 내가 하나님이 되어 살아온 삶의 결과는 현재의 저의 삶입니다. 직업, 가정도, 지금의 모습이 하나님은 당연하다고 하십니다. 나의 나됨 내가 하나님이 되어 살아온 삶의 당연한 결과입니다. 그렇지만 힘들다고 아프다고 속상하다고 미치겠다고 때로는 말을 하고 실제로 마음과 몸이 아프기도 합니다. 이런 제가 스스로에게 사치라고 말하지만, 생각으로는 또 제 생각에 머리가 돌아가는 악하고 추한 모습을 봅니다. 진실이라고는 눈

곱만큼도 찾아볼 수 없는 악한 본성 앞에 그저 하나님께 긍휼을 구합니다.

내가 하나님이 되어 말씀을 보고 기도하며 내 감정에 빠져 울부짖었던 내 감정에 충만했던 거짓을 봅니다. 하나님의 뜻을 모르면서… 내가 하나님이 되어 살아가는 매 순간 하나님의 이름을 부르며 내가 무엇인가를 합니다.

성령님의 부르심 간섭하심에는 귀와 마음을 닫고 불순종합니다. 내 감정에 맞는 것, 내 마음에 드는 사람들만 수용하고 인정합니다. 또 내 안에 아성을 쌓고 나 자신을 금송아지로 만들어 놓습니다. 그것을 매 순간 쓰다듬고 가꾸고 절하고 경배하며 살아갑니다. 교회와 목장, 자식을 통해서, 성령님께서 저에게 원하시는 부름에 복종하지 않는 것은 하나님을 믿지 않고 있는 증거입니다.

교회와 목장, 가족의 지적 앞에 내 입장을 설명하는 것은 이미 변명이라고 하십니다. 나에게 펼쳐지는 모든 환경이 힘들고, 슬프다는 것은 그 환경을 받아들이는 내 감정일 뿐입니다. 하나님은 이런 시간을 통해 주제 파악을 하게 하십니다. 더 들추시고 작은 것 하나도 용납하지 않으십니다.

이것이 저를 향한 하나님의 사랑입니다. 하나님이 이것 말고 다른 삶을 저에게 허락하셨다면 그야말로 저는 저주받은 사람입니다. 욕심을 부린 만큼 죄의 값도 큰 것은 당연합니다. 내가 하나님으로 살아온 삶을 철저히 몸과 마음으로 느낄 때까지 말입니다. 하나님의 시간까지 기다려야 됩니다.

사람마다 하나님이 다루시는 시간 방법은 알 수 없으나 교회와 목장 자매들의 입을 통해 들려오는 성령님의 인도하심에 복종하는 삶을 살라고 하십니다. 내 안에 내 형상의 금송아지를 볼 수 있는 것은 제 스스로는 할 수 없습니다.

교회를 통해 목장 자매들의 도전, 권면, 기도로 내가 하나님으로 살아가는 죄의 모습들을 볼 수 있습니다. 혼자는 불가능한 것입니다. 아니, 할 수도 없습니다. 제가 목장 자매들에게 화를 내고 다 안다고 제발 잠잠히 있으라고 말합니다. 그것은 내가 하나님이 되어 살아가는 삶을 포기하지 않고 그대로 살고 싶다는 것입니다. 이런 시간들을 보내면서 교회와 목장 자매들에게 감사하게 됩니다. 이런 나를 위해 끝까지 도전해주고 내 주제를 파악할 수 있는 눈을 뜨게 해주었으니 말입니다. 이 사랑의 빚을 서로 주고받으면서 살아갑니다.

목장 자매들 안에 동일하게 보이는 죄를 보며 서로 나누는데 사람에 따라 받아들이는 반응이 다릅니다. 어떤 사람은 바로 받아들인다고 그 자리에서 말은 하지만 내면에서는 자신이 생각하고 동의가 되면 받아들이고, 어떤 사람은 못 받아들이겠다고 그 자리에서 말하고, 어떤 사람은 왜 나만 가지고 그러냐고 말로 마음으로 이야기하며 사람들과 환경을 원망합니다. 또 어떤 사람은 뛰쳐나가고 싶다고 이야기를 합니다.

이 네 사람의 유형이 순차적이기는 하지만 제 마음에 동일하게 일어나고 있는 생각과 마음입니다.

과연 교회와 목장에서 무엇을 듣고, 살아가고 있는지 스스로에게 자문해봅니다. 교회의 머리는 주님이시고 모임의 주체도 주님이십니다. 하나님이 각자의 분량에 따라 보게 하시고 알게 하신 죄를 고백하고 경계하고 있습니까?

저희 금어리 목장은 저를 비롯해 죄가 많이 드러나는 자매들의 모임이기에 치열합니다. 그 속에서 죄에 넘어져 가는 자매들에게 자신의 죄를 볼 수 있게 때로는 냉혹하게 도전합니다. 이 시간을 통해 자신의 어둠을 인정하고 보기 시작하며 살아가는 자매들도 있고, 아직 고집을 피우며 어둠의 자리에 눌러 앉아 있는 자매도 있습니다. 또 부드럽게 이야기하지 않았다고 말에 상처받아 낯빛이 변기기도 하고, 울기도 하고, 자신의 처지를 비관하고 연민에 빠지는 자매들도 있습니다.

이 모든 자매들의 모습이 제 안에도 동일하게 있습니다. 하나님 앞에 동일한 죄인이기에 조금도 다를 것이 없습니다. 단지 조금씩 차이가 있다면 죄를 지적받을 때 자신을 인정하는 태도입니다. 인정한다는 것은 조금이나마 자신을 알고 있다는 것입니다. 다행히 알고 있는 그 자리에 안주할 수 없도록 도전하고 경계해주시는 교회와 목장이 있기에 소망이 생깁니다.

교회에서는 말씀을 통해 말로 인정한다고 아는 것이 아니라 삶으로 살아야 한다고 합니다. 오늘도 이 시간의 주인인 하나님의 음성이 교회와 목장을 통해 들려 올 때 복종의 삶을 살기를 소원합니다. 이 삶도 제가 살 수 없기에 그저 긍휼을 구합니다.

가까이에 있는 가족, 교회, 목장 자매들의 아주 작은 것, 사소한 것이라고 생각하는 나를 향한 도전과 제안도 성령님의 명령입니다. 이것쯤이야 하는 것이 아주 큰 명령입니다. 늘 교회에서 말씀하셨듯이 하나님의 관점과 사람의 관점은 다르다고 하셨습니다. 그 말씀의 뜻도 내가 하나님이 되어 받아들이고 이해한다면 진정한 의미를 알 수 없습니다. 그저 복종의 삶만이 제가 살길임을 알게 됩니다. 그나마 내가 이 모양으로 살아가면서도 내 감정에 빠져서 허우적거리다가도 추스르고 무릎을 꿇게 하시는 그 힘은 하나님의 은혜입니다. 교회와 목장 자매들의 도전과 권면 기도가 없었다면 불가능한 것입니다. 이곳에서 함께하며 이 모습 이대로 붙어서 살게 하시는 것은 죄인 된 나에게 허락하신 하나님의 은혜입니다.

2. '죄인의 자리'를 떠나지 않도록 하라

우리는 죄를 직면하는 것도 힘들어하지만 죄를 보고 나서 그 고통스러운 죄인의 자리에 머무르는 것도 매우 버거워 한다. 그러나 그것이 우리가 하나님의 형상을 회복할 수 없도록 사탄이 효과적으로 사용하는 전략이다. 죄인을 구하러 오신 예수님께서 우리를 만나주시는 곳은 죄인의 자리이다. 따라서 그곳은 성령 충만함으로 참된 자유함이 있는 자리이고, 매 순간 죄

와 싸우는 우리가 떠날 수 없는 하나님의 은혜가 넘치는 자리
이다.

"율법이 들어온 것은 범죄를 더하게 하려 함이라 그러나 죄가 더한 곳
에 은혜가 더욱 넘쳤나니"(로마서 5:20)

김은석 형제는 그리스도의편지교회에서 나고 자라 올해 대
학을 졸업하고 지금은 중등교사 임용시험을 준비하고 있다. 세
상적 기준으로 크게 엇나간 적 없이 잘 자라 주었으나 본인 안
에 있는 뿌리 깊은 종교성과의 싸움을 해나가길 소원하는 형제
이다.

형제의 글에서도 죄인의 자리에 있는 자신의 모습을 있는 그
대로 나눌 때, 참 자유가 있음을 엿볼 수 있다. 자신 안에 가득
한 자기 의와 종교성의 실체를 깊이 보며 교회 앞에 솔직히 고
백하고 있다. 매 순간 종교성에서 기인한 모든 행위 일체를 경
계하는 형제의 싸움이 곧 죄인의 자리에 머물고 있는 모습일
것이다.

노아의 방주와 바벨탑
- 청년부 김은석 / 2018. 5.
(말씀: 창세기 6:13-22, 창세기 11:1-9)

최근에 정말 바쁜 시간들을 보내고 있습니다. 3년을 쉰 공부

를 다시 하는 것만으로도 벅찬데, 멋모르고 시작한 임용고시 공부는 많은 노력을 필요로 하는 것이었습니다. 이왕 하는 공부 후회 없이 해보자는 생각으로 재수할 때보다 열심히 했는데 가끔은 몸이 안 따라줄 때도 있었습니다.

지난 주 주보에 설교자로 올라온 제 이름을 보고 누나가 "아마 네가 정신없이 사는 것을 보시고 쉬라고 시키셨나보다"라고 말했습니다. 지난주 월요일과 화요일 각각 발표가 하나씩 있었고, 목요일까지 글쓰기 과제를 제출했어야 했습니다. 또 금요일엔 예비군 훈련이 잡혀있어 소위 살인적인 스케줄의 한 주였습니다.

그러나 원래 저라면 '주일 말씀까지 준비해야 되니 더 바쁘다' 싶은 마음이 들었을 텐데, 신기하게도 바쁜 중에 말씀을 생각하면 쉼이 되었습니다. 예전엔 말씀을 준비할 땐 부담이 있었습니다. '무슨 말씀을 나눠야 하나? 내 삶에서 어떤 선한 것이 있다고 말씀을 나누라 하셨을까?' 이런 고민들로 가득해 설교 준비하는 것이 힘들었습니다. 하지만 이번에 주보에서 제 이름을 발견했을 때부터 별로 부담이 되지 않았습니다. 그저 솔직히 나의 죄인 됨을, 있는 그대로 전해야겠다는 생각이 있었습니다. 누나가 해준 말을 생각하며 과제를 하거나 공부를 하다가 불쑥불쑥 떠오르는 말씀을 통해 마음의 쉼을 구했습니다.

지난 몇 주간 제게 묵상되는 말씀은 오늘 본문 말씀 창세기 6

장과 11장 말씀입니다. 방주 이야기와 바벨탑 이야기는 정말 어렸을 때부터 익히 들었던 말씀들입니다. 크리스찬이 아니더라도 세상에서 많이 인용되고 알려진 이야기이기도 합니다. 하지만, 심지어 그 내용이 성경에서 불과 몇 페이지를 두고 나오지만, 전 딱히 그 둘을 비교해서 생각해본 적이 없었던 거 같습니다. 노아의 방주는 방주대로, 바벨탑은 바벨탑대로 그저 따로 읽고 넘어갔습니다.

사실 이게 그동안 제가 성경을 읽어 온 태도입니다. 아무런 생각 없이 성경을 눈으로만 읽는 습관이 제게 있습니다. 그 안에 흐르는 주님의 생명력까지는 볼 준비나 마음의 여유가 없습니다. 주일학교 때부터 성경말씀을 배웠으니 익숙함은 있지만, 들려지는 것의 수준에서 멈춥니다.

이렇게 성경을 익숙함으로만 보는 것은 비단 저만의 문제가 아니라 아마 많은 청년부와 중고등부 학생들의 문제이기도 할 것입니다. 그래서 교회에서는 창세기 1장부터 11장을 반복해서 읽어보라 하시고, 또 그것에 대한 자신의 생각을 지난 몇 주에 걸쳐 다양한 방식으로 계속해서 나눠보라고 하신 것 같습니다. 들은 것을 반복하는 수준의 고백이 아니라, 정말 자기가 들은 하나님의 음성을 나눌 수 있도록 같은 말씀을 계속 읽게 하신 겁니다. 창세기를 다시 읽을 때마다 새로운 것들이 보이는 놀라운 경험을 많은 교회 가족 분들이 하셨듯이, 제게 방주와 바벨탑이 선명하게 대비되어 보이는 시간을 가졌습니다.

방주와 바벨탑은 겉으로만 보면 모습이 비슷합니다. 둘 모두 거대하게 지어졌고, 흩어짐을 면하고자 만들어졌습니다. 정확한 시간은 알지 못해도 아마 둘 모두 상당히 오랜 시간 굉장히 많은 노력을 거쳐 지어졌을 것입니다. 그러나 그 둘은 만들어진 동기 면에서 확연히 다릅니다.

　방주는 노아가 스스로 홍수로부터 자신을 지키고자 만들어진 것이 아니라, 하나님께서 지으라 명령하심에 만들기 시작된 것입니다. 그 재료와 크기와 모양까지 모든 것을 하나님께서 설계하셨고, 노아는 그저 받은 명령 그대로 따랐습니다. 그곳에는 전혀 노아의 동기나 생각이 일절 개입되지 않았습니다. 그래서 22절에서는 노아가 하나님께서 자기에게 명하신 대로 다 준행하였다고 나와 있습니다.

　반면 바벨탑은 시날 평지에 모인 사람들이 자신들의 이름을 내고 온 지면에 흩어짐을 면하고자 지어집니다. 스스로 벽돌과 역청을 사용해 자신들의 성읍과 탑을 견고히 합니다. 이곳에는 전혀 하나님의 동기나 뜻을 찾아볼 수 없습니다. 순전히 인간들의 욕구로 계획하고 설계하고 지어진 겁니다.

　이러한 방주와 바벨탑의 차이는 정확히 믿음과 종교성의 차이와 같습니다. 방주는 그리스도인의 믿음을, 바벨탑은 그리스도인인 척 살아가는 이들의 종교성을 대표합니다. 믿음과 종교성, 이 둘은 겉모습으로는 비슷합니다. 둘 모두 영적인 모습을 취하고 있고, 굉장히 선해 보입니다. 둘 다 매주 교회에 나가고, 십일조를 드리고, 성경을 읽으며, 기도를 합니다. 술과 담배를 멀리하고, 세상 유혹을 끊어내고자 많은 노력을 요합니다. 그래서 둘 다 세상에선 착한 사람, 성실한 사람, 도덕적으로 흠 없는 사람이라는 평을 받습니다. 그러나 이 둘은 그 동기 면에서 확실히 다릅니다.

종교성을 가진 사람에겐 그 모든 행위들이 자신을 위한 것입니다. 자신의 이름을 높이고자, 혹은 자신이 천국에 가고자 노력하는 겁니다. 자기가 계획하고, 자기가 설계합니다. 마치 성경에 그 기준을 두고 있는 듯하지만, 실상은 성경을 인용할 뿐, 자신만의 기준을 세웁니다. 본인이 갖고 싶은 모습은 따르지만, 그 마음에 걸리는 것은 외면하는 식입니다. 자아를 죽이는 척하지만, 오히려 그 자아를 굳혀 벽돌로 하나하나 쌓아갑니다. '나는 주일에는 어떤 일이 있어도 교회에서 예배를 드려', '나는 세상에서 불이익을 받아도 술은 안 마셔'라는 식의 생각들은 자아를 죽이는 것 같지만, 사실은 자신의 종교성을 쌓아가는 벽돌인 것입니다. 그것들의 주체는 끊임없이 자신입니다.

내가 고민하고, 내가 결정합니다. 눈으로는 성경을 읽고, 입술로는 기도를 하지만 마음속에선 내가 생각하고 판단합니다. 그래서 늘 마음이 분요합니다. 모든 것을 내가 판단하여 짊어지기에 마음의 짐이 무겁습니다. 한 마디로 마음에 평안이 없습니다. 그런데 더 심각한 것은 그것을 마치 믿음의 좁은 길을 걷는 자의 고통으로 이해합니다. '하나님을 위해 내가 이 정도를 희생해야지'라며, 관념이 만들어낸 고통을 예수님께서 십자가를 지실 때 느끼신 고통이라 착각하며 살아갑니다. 결국 자기 의만 하늘 높이 솟습니다.

하지만 성경을 통해 하나님께서 정말로 말씀하고 계신 믿음은 그렇지 않습니다. 노아가 방주를 만들 때 하나님의 계획과 설계를 온전히 준행하였듯, 믿음도 전적으로 주님의 뜻을 따르는 것입니다. 노아같이 믿음의 길을 가는 사람은 무언가 고민하고 선택할 필요가 없습니다. 이미 재료도 정해졌고, 어떤 모양, 어떤 크기로 만들어질 것인지도 다 주어진 것입니다. 그러기에 믿음의 길을 가는 사람은 마음이 비워지고 모든 짐을 주님께 맡깁니다.

비록 세상의 유혹이 계속 방해하기에 넘어지고 흔들릴 때도 있지만 좁은 길을 가는 발걸음이 무겁지 않습니다. 정말 내 판단을 내려놓은 사람은 마음에 평안이 있습니다. 내 판단을 내려놓고 온전히 주님을 신뢰할 때 생기는 진정한 평안입니다.

로마서 6장에서는 예수님의 십자가와 부활로 인해 우리가 죄에서 해방되어 의에게 종이 되었다고 나와 있습니다. 또 성경의 여러 부분에서 우리는 하나님의 종으로 묘사됩니다. 종은 생각하고 판단하는 사람이 아닙니다. 종은 주인의 말씀을 그대로 따라 행하는 사람입니다.

그러나 우리는 자신이 결정하고 판단하는 위치에 가려 합니다. 하나님의 지혜를 구한다는 말씀을 오용하여 마치 자기가 결정한 일을 잘 진행하기 위해 하나님께서 도와달라는 식으로 기도합니다. 이는 마치 내가 주인의 자리로 가고, 하나님이 종의 자리로 가는 것입니다.

저는 교회에서 수없이 이와 관련된 말씀들을 전해 듣고 살아
왔습니다. 이번에 창세기 말씀을 보면서 새롭게 방주와 바벨
탑을 연관 지어 본 것이지, 그렇다고 제가 믿음과 종교성의 차
이에 대해 모르고 살아온 것은 아닙니다. 항상 종교성을 경계
해야 한다고, 믿음의 본질은 그것과 구분된다고 들어왔습니다.
또 매년 여러 형태로 그것을 간증을 하기도 했고, 갈라디아서 2
장 20절을 묵상하며 그렇게 살겠다고 생각했습니다. 하지만 지
금 이 시점에 제 삶을 되돌아보면 제가 만든 것은 여전히 바벨
탑입니다.

벌써 두 달 정도 전에 '나는 누구인가'를 쓰는 시간을 가졌습
니다. 그때 저는 스스로 제 자신을 알고 있다고 생각했던 것들
이 얼마나 실체가 없는 것인지 보게 되었습니다.

어린 시절부터 쭉 되짚어본 저의 모습은 그저 죄인의 모습이
었습니다. 모태 신앙, 침례 받음, 군종병 등 모두 하나님 앞에서
실체 없는 것들이었습니다. 심지어 '저는 죄인입니다'라는 고
백들도 얼마나 실체가 없이 습관적으로 나온 말들이었는지 보
였습니다. 그 말을 하는 제 속 안에는 '그래도 나는 다른 세상
사람들보단 낫지'라는 마음이 존재했기 때문입니다. 그게 바로
제가 갖고 있는 자기 의이자 종교성이었습니다.

이후 저는 스스로에게 질문들을 던졌습니다. '나는 왜 죄인
임을 인정하지 않나?', '그리스도인으로 살겠다고 하면서도 왜

주님께 온전히 내려놓지 못하나?', '왜 계속해서 내 생각을 앞
세우고, 내 판단을 버리지 않을까?' 등의 질문에 답하기가 쉽지
않았습니다. 아마 이번 설교 말씀을 준비하지 않았더라면, 끝
까지 답을 구하려 하기보다는 일상의 것들에 치여 답을 구하기
포기했을 것입니다.

예전에 제가 이 자리에 서서 설교를 할 때, 이런 말을 한 적이
있습니다. 저는 항상 90점 정도면 만족하는 성격이어서 믿음
도 90점 정도면 만족했는데, 믿음은 100점 이니면 0점만 있는
것이라고. 90점짜리 믿음은 결국 하나님 앞에선 0점과 같다고,
그래서 100점의 믿음이 아니면 의미가 없는 것이라고 나누었
습니다. 맞습니다. 영적인 세계는 빛 아니면 어둠이기 때문입
니다. 그러면 지금 제 믿음이 90점이라고 했을 때, 어떻게 해야
할까요?

저는 남은 10점을 채우려 노력했습니다. 지금이 90점의 수준
이라면 더 노력을 해서 남은 10점을 채워 100점을 만드는 것은
너무나도 당연한 논리처럼 보입니다. 하지만 이것은 세상의 논
리이지, 하나님의 법칙은 아닙니다. 아까 말씀드렸듯 하나님께
서 보실 때 90점짜리 믿음은 없는 것이기 때문입니다. 그냥 다
0점입니다. 그러므로 내가 아무리 10점을 채우려고 노력해도
100점이 될 수 없습니다. 10점이 아니라 20점, 30점을 더해도
계속 0점입니다.

지금 내 자신이 90점짜리라는 생각을 전제로 계속 점수를 더

하려 해봤자 밑 빠진 독에 물 붓듯 아무런 효과가 없는 것입니다. 하나님의 법칙에 따르면 내가 90점짜리라는 생각부터 버려야 합니다. 0점으로 돌아가야 합니다. 즉 내가 죄인임을 인정해야 합니다. 아무런 의가 없는, 내 속에는 정말 어둠으로 가득 차 조금의 빛도 없는 그런 죄인 말입니다. 그리고 그 상태에서 하나님께 엎드려 성령님을 구해야 합니다. 그때 하나님께서 100점을 채워주십니다.

마태복음 9장 17절, 새 포도주를 낡은 가죽 부대에 넣지 아니하나니 그렇게 하면 부대가 터져 포도주도 쏟아지고 부대도 버리게 됨이라. 새 포도주는 새 부대에 넣어야 둘이 다 보전되느니라.

저는 이 말씀을 수도 없이 들었으면서, 여전히 죄 된 저의 모습을 버리지 않고 어떻게든 그것을 고쳐 쓰려 했습니다. '말씀 묵상하는 시간이 적으니까, 말씀을 좀 더 읽자' '기도가 부족하니 기도를 더 하자' '예전엔 바쁘다는 핑계로 수요예배를 빠졌으니까 수요예배를 나가자' '친구들 만나는 것을 너무 좋아했으니 친구들을 조금만 만나자' 이런 식으로 제 자신의 부족한 점을 고치는 것이 회개라고 생각했습니다. 이것은 낡은 부대를 버리지 않는 것입니다. 이것은 내가 판단해서 탑의 벽돌을 쌓는 것입니다. 그래놓고 '왜 말씀도 읽고, 기도도 하고, 예배도 안 빠지고, 친구들도 안 만나는데 믿음은 여전히 그대로인가'를 고민하고 불평했습니다.

이때 사탄은 제 생각을 더 부추겨서 '과연 믿음의 길은 정말로 존재하는 것인가? 두드리면 열어주신다는 하나님께선 존재하시긴 하는 걸까?'라는 의심을 키우기도 했습니다. 그래서 지금까지의 저는 그리스도인으로 살겠다고 하면서도 계속 제 생각과 판단을 버리지 못한 것입니다. 믿음의 시작은 본인이 죄인임을 시인하는 것이란 걸 안다고 생각했는데, 전혀 다르게 왜곡해서 알고 있던 것이지 그 의미를 전혀 몰랐던 것입니다.

완벽히 자신을 버리지 않고, 어떻게든 지금의 모습에서 고치려 노력하는 것. 이렇게 세상의 논리대로 회개를 하는 것으로는 믿음을 가질 수 없습니다. 그렇게 수십, 수백 개를 고쳐봤자 쌓이는 것은 종교성입니다. 같이 교회를 다니고, 같이 말씀을 묵상하고, 같이 기도를 드려도 자신을 0점이라 보지 않고 여전히 자신의 점수를 매기고 있다면, 그 결과는 자신을 죄인이라 시인한 사람과 다를 수밖에 없습니다.

하나님께선 방주를 통해 노아를 홍수에서 구하시고 그의 자손을 번성하게 하셨지만, 바벨탑의 건설은 막으시고 그곳에 모인 사람들을 전부 흩으셨습니다. 흩어진 자들의 최후는 죽음뿐입니다.

우리는 학교에서, 직장에서, 그리고 수많은 책과 강의에서 자신을 위해 노력하고 발전시켜 나가라고 배웁니다. 80점을 받다가 90점을 받으면 칭찬을 받고, 성과금을 받습니다. 그것들에 길들여져 우리는 믿음도 세상의 논리대로 살아갑니다. 어떻게 하면 내 믿음이 좋아질 수 있을까 고민하는 것은 아무런 효과가 없습니다. 그렇게 고민해서 무엇을 해도, 무엇을 하지 않아도 우리는 똑같이 죄인입니다. 우리는 그저 아무 선한 것도 없는 죄인임을 인정하고 주님의 은혜를 구해야 합니다. 그 길 외에는 하나님께서 제시하신 믿음의 길이 없습니다.

이제 사탄은 제가 믿음의 길을 아는 것에 그치게 하는 쪽으로 전략을 바꿀 것입니다. 행함이 없게 하여 이 믿음을 죽게 할 것입니다. 제가 이 믿음의 길을 행함으로 지켜 나아갈 수 있도록 교회 가족들의 기도 부탁드립니다. 감사합니다.

3. '참된 회개'에 이르도록 하라

결국 죄를 정확히 보고 그 죄인의 자리에 머무르고자 하는 것은 참된 회개를 하기 위함이다. 죄는 하나님을 마음에 두기 싫어하는 나의 모습이고 그것을 인정하는 것에서부터 참된 회개는 시작된다. 기독교 인성교육은 그런 삶을 지향한다. 성경은 참된 회개를 한 자만이 물과 성령님으로 거듭난 것이며, 하나님께로부터 난 자라는 것을 분명히 밝히고 있다.

이주은 자매는 불신자였지만 기독교인 남편과 결혼하면서 어쩔 수 없이 교회에 출석하게 된 자매이다. 지금은 유치원 교사로 근무하며 장성한 삼남매의 어머니로 살아가고 있다. 20

여 년 전, 어린 두 아이를 데리고 남편과 함께 처음 우리 교회에 왔을 때, 자매는 우리 부부가 교통사고를 당해 교회를 비운 때였기에 쉽고 편한 교회 생활을 꿈꾸며 등록했었다고 한다. 그러나 하나님 안에서 참된 회개를 경험하고 거듭난 자매의 삶은 이전 모습을 찾아보기 힘들 정도로 180도로 바뀌었다.

자매의 나눔 역시 참된 회개에 따르는 마땅한 삶의 변화를 촉구하고 있다. 참된 회개는 자기의 자아가 죽어지는 결단이고 순간이기에, 창세기, 출애굽기, 요한복음 그리고 마태복음에 근거한 자매의 나눔은 죽지 않는 자기의 질긴 자아와 싸워가는 삶의 고백이다. 자기 부인을 사모하는 자매의 삶에 맺힌 열매가 너무도 귀하다.

내 자아가 죽는 진정한 회개
-자매목장 이주은 / 2013. 10.

"태초에 말씀이 계시니라 이 말씀이 하나님과 함께 계셨으니 이 말씀은 곧 하나님이시니라. 그가 태초에 하나님과 함께 계셨고 만물이 그로 말미암아 지은 바 되었으니 지은 것이 하나도 그가 없이는 된 것이 없느니라. 그 안에 생명이 있었으니 이 생명은 사람들의 빛이라 빛이 어둠에 비치되 어둠이 깨닫지 못하더라"(요한복음 1:1-5)

"이에 예수께서 제자들에게 이르시되 누구든지 나를 따라오려거든 자기를 부인하고 자기 십자가를 지고 나를 따를 것이니

라"(마태복음 16:24)

이 말씀을 마음에 품으시고 저의 나눔을 들어주셨으면 합니다.

오늘 저는 성경을 읽으면서 깨닫고 회개하였다면 나는 어떠한 삶을 살아야 하는지 삶이 어떻게 변화하여 살아가야 하는 것인지를 식구들과 함께 나누기를 원합니다.

태초에 하나님이 천지를 창조하시고 빛과 어둠, 하늘과 땅, 채소와 나무, 달과 별, 새와 물고기, 가축과 짐승을 종류대로 만드시고 보시기에 심히 좋았더라 하십니다.

하나님께서는 그 모든 것을 다스리게 하자 하시며 하나님의 형상대로 사람을 창조하시고 "사람이 혼자 사는 것이 좋지 아니하니 내가 그를 위하여 돕는 배필을 지으리라" 하시며 여자를 만드셨습니다. 그리고 또 이렇게 말씀하십니다. "하나님이 지으신 그 모든 것을 보시니 보시기에 심히 좋았더라" 하지만 그 마음은 잠시 뿐… 돕는 배필로 지음을 받은 여자는 하나님이 지으신 들짐승 중에 가장 간교한 뱀인 사탄으로부터 죄의 유혹을 받습니다.

하나님께서 "동산 각종 나무의 열매는 네가 임의로 먹되 선악을 알게 하는 나무의 열매는 먹지 말라 네가 먹는 날에는 반드시 죽으리라"라고 분명하게 명령하셨지만 여자의 눈에 보인 그 나무의 열매는 먹음직도 하고 보암직도 하고 지혜롭게 할 만큼 탐스럽기도 하였기 때문에 먹고 싶은 욕심이 생겼습니다.

그러한 생각을 가지고 있는 여자에게 간교한 사탄인 뱀은 유혹을 합니다.

사탄이 여자를 꿰뚫어 본 것입니다. "하나님이 참으로 너희에게 동산 모든 나무의 열매를 먹지 말래?"하며 슬며시 여자의 마음을 떠 봅니다. "어~ 동산 중앙에 있는 나무의 열매는 하나님의 말씀에 너희는 먹지도 말고 만지지도 말라 너희가 죽을까 하노라 하셨어." 여자는 "진짜 죽을까?"라는 의심을 품고 아리송하게 대답합니다. 하나님은 "반드시 죽는다"라고 정확하게 말씀하셨지만 여자는 "먹으면 진짜 죽을까?"라고 의심을 하며 자신의 소견에 옳은 대로 대답한 것입니다. 그 틈을 사탄은 절대로 그냥 지나치지 않습니다.

사탄은 확신을 가지고 여자가 믿을 수 있게끔 이렇게 말합니다. "아니야 결코, 절대로 죽지 않아. 그것을 먹으면 너희 눈이 밝아져 하나님과 같이 되는 거야. 그래서 하나님이 먹지 못하도록 하는 거야"라는 말로 여자의 마음을 간파하고 여자의 욕심을 채워주며 단번에 넘어뜨립니다.

여자는 이 말을 듣고 싶었습니다. 여자는 기다렸다는 듯이 자신이 원하던 답을 들었기에 망설이지 않고 바로 행동으로 옮깁니다. 그리고 혼자 죄를 짓는 것이 아니라 옆에 있는 남편까지도 죄를 짓게 만듭니다. 분명 돕는 배필로 여자를 만드셨지만 여자는 죄를 짓게 만드는 사탄의 역할을 하고야 맙니다. 하나님께서는 "먹으면 반드시 죽는다"라고 분명하게 말씀하셨지만 여자는 알아듣는 척 고개만 끄덕이는 흉내를 내었지 언제나 마음속에는 "먹으면 진짜 죽을까?"라는 의심의 마음을 품고 있었습니다. 이 여자의 모습이 곧 나의 모습입니다.

모든 것을 다 허용해주고 하나만은 절대로 하지 말 것을 약속했지만 베풀어주신 것에 대해서는 감사함이 없이 당연한 것으로 생각하고 하지 말라고 한 것에 대해 모든 초점이 맞추어져 어떻게 해서든지 하고야 마는 그 모습이 바로 나의 모습입니다. 하나님의 말씀을 믿지 못하고 의심한 죄요, 주어진 것에 감사가 없는 욕심의 죄입니다.

어떻게 살아야 하는 것을 알려주어도 그것은 바로 지우개가 되어 완전히 지워버리고 내가 생각하고 싶은 대로만 생각하고 살아갑니다. 그렇기에 여자가 의심을 품고 아리송한 대답을 한 것처럼 나 또한 내가 원하는 것이 있으면 정확한 대답을 하는 것이 아니라 교묘하게 말을 바꾸어 내 논리를 가지고 거짓으로 답하고 그 거짓이 옳은 것인 양 속고 살아가고 있습니다.

교회의 가르침과 하나님의 말씀을 믿지 않고 의심하며 살고 있으며 감사가 없이 욕심을 품고 두 마음으로 살아가고 있습니다. 말은 곧 나의 마음입니다. 말이 거짓이면 나의 마음도 거짓입니다.

그 모습이 나의 영적 수준입니다. 이런 거짓됨이 보여질 때 하나님 앞에 바로 엎드려 회개하고 긴장하며 살아야 합니다. 긴장이 풀어질 때 나의 영성은 즉시로 사탄의 먹이가 되고 맙니다. 내 소견에 옳은 대로 말하고 행동하고 욕심 때문에 믿지 못하고 의심한 죄를 회개합니다. 죄를 회개하지 않고 인정하지 않고 변명과 핑계로 살아간 나를 회개합니다. 말씀으로 깨어 긴장하며 살아가지 않는 나를 회개합니다.

하나님께서는 의심의 죄, 욕심의 죄, 변명과 핑계의 죄, 불순종의 죄를 지은 여자에게 말씀하십니다. "내가 네게 임신하는 고통을 크게 더하리니 네가 수고하고 자식을 낳을 것이며 너는 남편을 원하고 남편은 너를 다스릴 것이니라" 이 말씀을 읽으며 '하나님께서는 여자에게 아니 나에게 죄를 회개할 수 있는 기회를 주시는구나'라는 생각을 했습니다.

새로운 생명을 주셔서 기쁘고 행복하지만 새 생명이 태어나려면 많은 수고와 인내, 고통을 견뎌야만 합니다. 여자나 남자에게 가장 긴장되고 초조한 순간이며 가장 낮은 마음으로 하나님을 간절히 찾을 수 있는 시간입니다. 너무나 아프고 고통스러운 시간이지만 태어난 아기를 보는 순간 긴장하고 고통스럽고 아픈 순간은 어느새 사라지고 오직 환희의 기쁨만이 남아 있게 됩니다. 산고의 고통을 통해 새 생명을 얻었듯이 하나님을 의심하고 욕심부리고 믿음으로 살지 못한 나의 죄를 아프고 고통스럽게 가장 낮은 마음을 가지고 회개하면 새 생명의 기쁨 즉 구원을 얻을 수 있습니다.

하나님은 산고의 고통 즉 회개를 통해서 해산 즉, 구원을 약속하셨습니다. 고통이 있어야지만 새 생명을 얻을 수 있듯이 고통이 없으면 회개도 할 수 없습니다.

그러면 '하나님께서는 왜 남자가 아닌 여자에게 임신을 하게 하셨고 아픈 해산의 고통을 주셨을까?'를 생각하며 디모데전서 2장 13절에서 15절의 말씀 "이는 아담이 먼저 지음을 받고 하와가 그 후며 아담이 속은 것이 아니고 여자가 속아 죄에 빠졌음이라 그러나 여자들이 만일 정숙함으로써 믿음과 사랑과 거룩함에 거하면 그의 해산함으로 구원을 얻으리라"가 생각났습니다.

예전에 형제에게 섭섭한 마음이 들어 너무 힘들었을 때 이 말씀이 저에게 위로가 되었고 회개함으로써 모든 섭섭한 마음이 풀리고 평안할 수 있었습니다. 그때는 "그러나 여자들이 만일 정숙함으로써 믿음과 사랑과 거룩함에 거하면 그의 해산함으로 구원을 얻으리라"에 초점이 맞추어져서 "그렇지 내가 문제지"하고 회개를 하였습니다. 그런데 이번에는 "아담이 속은 것이 아니고 여자가 속아 죄에 빠졌음이라"에 초점이 맞추어지며 하나님께서 왜 남자가 아닌 여자에게 고통을 주셨는지를 성경을 통해 알려주셨습니다.

여자가 속아 죄에 빠졌기 때문에 남자가 아닌 여자에게 산고의 고통을 통해 회개하고 아이를 믿음으로 양육하라고 하십니다. 죄에 속아 남자에게도 죄를 짓게 하였으니 회개하고 믿음으로 남편을 도우라고 하십니다.

하나님은 창세기의 말씀을 통해 여자의 삶 즉, 아내이고 엄마인 나의 삶이 믿음으로 살지 못하고 욕심의 죄에 속아 살아갈 때 산고의 고통 같은 아픔 속에서 살아간다는 것을 보여주신 것입니다. 그렇기에 회개하고 믿음으로 똑바로 살라고 말씀하시는 것입니다.

예전에 사모님께서 출애굽기를 보시며 바로의 완악한 모습이 당신의 모습임을 고백하시고 바로의 모습이 곧 우리의 모습이며 나의 모습임을 말씀해주셨습니다. 하지만 바로의 완악한 모습이 나의 어떤 모습인지를 실제적이고 구체적으로 알지 못했습니다. 그런데 매일 3시간씩 한 말씀을 계속해서 몇 번을 읽다 보니 바로의 모습을 완악하다고 말씀하신 이유가 무엇인지, 완악하다는 것은 어떠한 행동표현으로 나타나는지, 왜 그토록 바로를 완악하게 하셨는지, 그 바로를 보면서 무엇을 보라고 하시는지를 알게 하셨고 바로의 모습이 나의 모습이라는 것을 알려 주셨습니다.

하나님은 모세와 아론을 택하시고 바로에게 가기 전 출애굽기 4장 21절의 말씀 "여호와께서 모세에게 이르시되 네가 애굽으로 돌아가거든 내가 네 손에 준 이적을 바로 앞에서 다 행하라. 그러나 내가 그의 마음을 완악하게 한즉 그가 백성을 보내주지 아니하리니"를 통해 바로가 완악할 것임을 알려주십니다.

모세와 아론이 바로에게 가서 "이스라엘의 하나님 여호와께서 이렇게 말씀하시기를 내 백성을 보내라 그러면 그들이 광야에서 내 앞에 절기를 지킬것이니라 하셨나이다" 바로가 이르되 "여호와가 누구이기에 내가 그의 목소리를 듣고 이스라엘을 보내겠느냐 나는 여호와를 알지 못하니 이스라엘을 보내지 아니하리라" 교만한 바로는 여호와 하나님을 전혀 인정하지 않습니다. 마음이 높았기에 하나님을 절대로 인정하지 않습니다. 마음이 높다는 것은 내 생각으로 가득 차 있는 것입니다. 그러면 절대로 자신을 볼 수가 없고 다른 사람의 말이 들리지 않습니다.

성경에 "바로는 몇 번의 재앙에도 그들의 말을 듣지 않았고 바로가 숨을 쉴 수 있게 됨을 보았을 때 그의 마음을 완강하게 하여 그들의 말을 듣지 아니하였다"라고 기록되어 있습니다.

바로는 9번째 재앙까지도 완악한 마음을 그대로 가지고 고집부렸고 신하들이 "왕은 아직도 애굽이 망한 줄을 알지 못하시나이까"라고 함에도 자신의 생각을 돌이키지 않았습니다. 자신의 잘못된 판단을 인정하기 싫었고, 여호와 하나님을 인정하기 싫었고 자신 외에는 어떤 말도 듣지 않았고 보지 않았습니다. 결국 마지막 10번째 재앙인 자신의 가장 소중한 장자를 죽이자 그때야 비로소 이스라엘 백성을 내보냅니다.

처음에는 바로에게 초점이 맞추어져 "바로가 진짜 완악하구나"라는 생각만 하였습니다. 하지만 계속 읽다보니 하나님께서는 바로를 계속 완악하고 완강하게 함으로써 바로가 행하는 완악함이 나의 삶과 똑같음을 알려주셨습니다. 그리고 몇 번의 재앙을 통해서 출애굽을 할 수 있었음에도 불구하고 10가지의 재앙을 다 보이셨어야만 했던 이유가 바로의 완악함 때문이 아니고 나의 완악함 때문이었음을 알게 하셨습니다. 끝까지 하나님을 인정하지 않고 자신의 생각을 고집하며 듣지 않는 바로의 완악함이 나라는 것을 알게 하셨습니다. 완악함이라는 것은 자신의 생각이 잘못된 것임을 알고 있으면서도 인정하지 않고 고집부리는 것입니다.

완전한 흑암입니다. 아무것도 보지 못하고 듣지 못하고 보려고 하지도 않고 들으려 하지도 않는 자신의 모습은 절대로 보려고 하지 않고 다른 사람 원망만 합니다. 하나님께서 아무리 나에게 알려주시고 경고하시고 보여주셔도 나라는 사람은 도무지 강퍅하고 완악한 마음을 회개하지 않고 돌아서지 않습니다. 잘못했구나 싶으면 바로 인정하고 회개하면 될 것을 끝까지 자신의 생각을 버리지 않고 나의 가장 소중한 것을 죽여야만 정신을 차립니다.

하나님의 형상을 따라 지음 받은 나에게 하나님께서는 "죄가 너를 원하나 너는 죄를 다스릴지니라" 명령하셨지만 죄를 다스리지 못하고 살고 있습니다. 그러나 사랑이신 하나님께서는 창세 전에 이미 그리스도 안에서 나를 택하셨기 때문에 내가 죄 가운데 있는 것을 결코 그냥 지나치지 않으셨습니다. 나를 다 알고 계셨습니다. 내가 어떤 인간인지 어떻게 죄를 지을 것인지 어떤 모습으로 살아갈 것인지를 다 아셨습니다.

죄인인 나를 택하시고 사랑하셨음에도 불구하고 나라는 인간은 육신의 정욕, 안목의 정욕, 이생의 자랑을 버리지 못하고 세상과 하나님 사이에서 갈 바를 알지 못하고 하나님을 잊은 채 바로의 완악한 모습으로 살아갈 것을 아셨습니다. 끝까지 내 소견에 옳은 대로 행하는 "나"라는 우상을 섬기고 내 눈의 들보를 보기보다는 다른 사람의 티만을 보며 트집을 잡고 고집 부리며 악하게 살 것을 아셨습니다. 죄를 다스리지 못하고 죄에 널브러져 어둠 가운데 살아갈 것을 아셨습니다. 그런 나를 아셨기에 성경을 나의 손에 들려주셨습니다.

이처럼 완악하고 거짓되고 자아가 살아있는 내가 성경을 읽을 수 있다는 것은 하나님의 은혜입니다. 나라는 사람 자체를 보면 절대로 있을 수 없는 일이지만 예수님의 보혈의 피로 인해 그 사랑으로 인해 가능한 하나님의 은혜입니다. 성경은 내가 지을 수 있는 모든 죄에 대하여 보여주셨고 어떻게 죄를 회개하고 어떤 삶을 살아야 함을 자세하고 정확하게 말씀하셨습니다.

그런데 나는 교회의 권면 앞에 형제, 자매들의 권면 앞에 나를 인정하고 사람의 마음을 헤아리기보다는 나를 질책하는 그 말로 인해 안색이 변하고 마음이 상하며 강팍하게 살고 있습니다. 나의 죄를 알았으면 인정하고 끝까지 죄가 죽기까지 싸워 회개하고 돌아서야 하는 데 그 죄로 인해 일어나는 고난과 환난을 이기지 못하고 이 정도면 되겠지? 하며 나 스스로가 타협을 합니다. "회개를 하고 싶은데 회개가 안 돼요"라는 것은 거짓입니다. 그것은 정직하지 않기 때문이고 아직도 내가 거짓되다는 것을 인정하고 싶지 않기 때문입니다. 나의 죄를 변명하지 않고 인정하고 정직하게 나를 들추고 그 죄를 하나님 앞에, 교회 앞에 토설해야 합니다. 그리고 용서를 구해야 합니다. 하나님께도 용서를 구해야 하지만 사람에게도 용서를 구해야 합니다. 그것이 곧 나의 죄를 인정하는 진정한 회개입니다.

이것이 바로 자기 부인입니다.

자기 부인은 어려운 것이 아닙니다. 내가 잘못했으면 "잘못했습니다"라고 인정하면 되고 거짓말을 했으면 "거짓말했습니다. 죄송합니다"라고 인정하면 됩니다. 주아가 자신이 낙서한 것을 교회 식구 앞에서 "잘못했습니다"라고 인정하고 회개하며 엉엉 소리 내어 운 것처럼 있는 그대로 정직하게 토설하면 됩니다. 그 인정을 하고 회개하면 되는 것을 그 알량한 자존심인 자아 때문에 변명하고 그 변명에 맞추어 거짓말을 하게 되고 사람의 눈치를 봅니다. 미혹의 영인 사탄에게 완전한 KO패를 당하는 것입니다.

하나님께서 회개하라고 우리 교회에게 나에게 지금 말씀하고 계십니다. 그래서 성경을 매일 3시간씩 읽도록 하셨습니다. 성경을 읽도록 하셨고 그 성경을 바로 알아서 나를 정확하게 보고 더 이상 내가 아닌 예수 그리스도 안에서 회개하고 살아가라고 하십니다.

그렇게 살아갈 때 창세기 22장 1절의 말씀 "그 일 후에 하나님이 아브라함을 시험하려고 그를 부르시되 아브라함아 하시니 그가 이르되 내가 여기 있나이다"라고 한 것처럼 각자에게 하나님께서 부르실 때 온전하고 내가 비워진 마음으로 무엇이든 듣겠사오니 말씀하소서 라는 태도로 엎드릴 수 있을 것입니다. "내가 여기 있나이다" 이 대답은 상황에 따라 변하는 믿음이 아닌 아브라함과 같이 나는 없어지고 무조건 믿고 순종하는 사람만이 할 수 있는 대답이기 때문입니다. 이 고백이 나의 입에서도 교회 식구들의 입에서도 온전한 마음에서의 고백이 될 수 있기를 소원합니다. 이 고백은 내가 없어지고 예수 그리스도 안에 들어간 사람만이 할 수 있는 고백입니다. 이 고백이 되어지지 않기에 너무 아픕니다.

교회의 말씀에 따라 성경을 읽으면 읽을수록 더 정확해지는 것은 요한복음 1장 1절에서 5절의 말씀을 온전히 믿고 나를 보고 인정하며 마태복음 16장 24절의 말씀에 따라 회개하고 정직하게 살아가야 한다는 것이 더더욱 마음에 새겨집니다. 그리고 이 말씀은 전혀 새로운 말씀이 아닙니다.

교회에서는 계속 이 말씀만 하셨습니다. 나의 눈이 보려고 하지 않았고 나의 귀가 들으려 하지 않았고 나의 마음을 닫고 내 소견에 옳은 대로 살아왔기 때문이었습니다. 하나님 없이는 내가 이 자리에 있을 수가 없기에 그분의 생명의 말씀인 성경으로 살아야 합니다.

죄가 보여지면 바로 인정하고 정직하게 살아야 합니다. 정직해야만 회개할 수 있습니다. 내가 없어지고 내 안의 예수 그리스도로 살아야 합니다. 그것이 곧 자기 부인이며 믿음의 시작이요, 끝이며 예수 그리스도 안에서 사는 믿음의 삶인 것입니다.

기도로 마치겠습니다.

"하나님 감사합니다. 어떤 본문의 성경을 보아도 내가 고백할 수 있는 것은 회개뿐입니다. 회개가 되어지지 않고는 거룩해 질 수가 없고 하나님의 나라를 소망할 수도 없습니다. 사탄이 잠식한 이 세상에서 오직 살아남을 수 있는 것은 구원의 투구와 성령님의 검 곧 하나님의 말씀에 회개하고 순종하며 살아가는 길 뿐입니다. 그러면 내가 그리스도 안에 그리스도가 내 안에 들어온 삶을 살 수 있을 것입니다. 성경을 읽고 깨닫고 하지만 또 넘어지고 죄를 짓고 살아가는 것이 나의 아니 우리 모두의 삶입니다.

하지만 그때마다 바로 정직하게 나의 죄를 인정하고 일어서서 하나님을 바라보고 회개하면 됩니다. 하나님은 그것을 원하고 계십니다. 내 안에 빛이 비추일 때 그것을 외면하지 않고 그 빛 앞에 바로 나아갈 수 있기를 기도합니다. 나의 자아는 언제나 살아있어 나를 넘어뜨린다는 것을 인정하고 그 죄를 다스릴 수 있기를 기도합니다. 하나님의 은혜로 주어진 성경 앞에 거짓되게 살지 말고 정직하게 살고 즉시로 회개하여 하나님께서 명령하신 거룩함에 나아갈 수 있기를 기도합니다. 하나님의 말씀에 항상 복종하여 두렵고 떨림으로 구원을 얻기를 간절히 기도합니다. 이 모든 말씀 예수님의 이름으로 기도드렸습니다. 아멘."

제 03 장

「하나님의 형상회복」:
전인격적 변화를 동반하는 교육…회심, 중생, 성화

"그러므로 너희가 그리스도와 함께 다시 살리심을 받았으면 위의 것을 찾으라 거기는 그리스도께서 하나님 우편에 앉아 계시느니라 위의 것을 생각하고 땅의 것을 생각하지 말라 이는 너희가 죽었고 너희 생명이 그리스도와 함께 하나님 안에 감추어졌음이라 우리 생명이신 그리스도께서 나타나실 그 때에 너희도 그와 함께 영광 중에 나타나리라 그러므로 땅에 있는 지체를 죽이라 곧 음란과 부정과 사욕과 악한 정욕과 탐심이니 탐심은 우상 숭배니라 이것들로 말미암아 하나님의 진노가 임하느니라 너희도 전에 그 가운데 살 때에는 그 가운데서 행하였으나 이제는 너희가 이 모든 것을 벗어 버리라 곧 분함과 노여움과 악의와 비방과 너희 입의 부끄러운 말이라 너희가 서로 거짓말을 하지 말라 옛 사람과 그 행위를 벗어 버리고 새 사람을 입었으니 이는 자기를 창조하신 이의 형상을 따라 지식에까지 새롭게 하심을 입은 자니라"(골로새서 3장 1-10절)

『그리스도인이 실제 삶에서 예수 그리스도를 반영하지 못한다는 것은 곧 그가 하나님과의 관계를 회복하지 못하고 있는 '죽은 상태'에 처해 있음을 의미하며, 이는 성령님의 사역에 동참하기를 거부하며 성령님께 불순종하고 있는 그의 죄에 대한 명확한 증거이다. 그러기에 죄로 인해 영뿐만 아니라 인간성 전체가 죽은 인간, 즉 파괴되고 훼손된 하나님의 형상과 하나님을 거부하는 왜곡된 인성을 가진 인간이 예수 그리스도를 통해 다시 살아난다는 것은 인간의 죽은 영과 인간성에 새 생명이 피어나고 하나님의 창조의 목적에 부합한 인간의 영과 인간성의 완전한 회복을 향해 나아가는 여정이 시작됨을 의미한다. 그것은 곧 '하나님이 창조한 인간 그 자체'의 회복을 뜻하는 것이다.』(본서 80p 발췌)

이은식 형제가 이 교회에 처음 왔을 때, 형제는 자기가 좋아하는 빨간색 수건을 항상 끼고 기어 다니던 한 아들의 아버지이자 도시계획 설계에 매진하는 회사원이었으나, 이제는 대학생으로 장성한 아들을 둔 아버지가 되어 그리스도의편지교회에서 부목사로 섬기고 있다. 이은식 형제는 교회가 설립할 학교와 관련된 모든 업무를 담당하는 책임자이기도 하다.

교회 지체들의 사랑을 통해 적나라하게 드러난 자신의 죄를 고백하며 회개하는 형제의 글은 뼈아플 정도로 진솔하며, 이제는 마음에 역사하시는 주님 때문에, 철저히 피조물의 자리에 설 때에만 전인격적 변화가 가능함을 믿게 된 믿음을 고백하고 있다. 형제의 나눔에서 이 회심의 과정이 곧 중생과 성화로 이어지고, 그때 기독교 인성교육이 추구하는 하나님의 형상이 회복될 것에 대한 소망이 엿보인다.

종교의 가면을 벗고, 사랑의 빚진 자 되어…

– 형제목장 이은식 / 2018. 11.

그리스도의편지교회는 제게 빛의 비추이심을 받도록 하였고 제 마음의 영역을 알게 하였습니다. 빛의 비추이심을 받는 사귐은 사랑이 없으면 일어나지 않습니다. 서로에게 너무나 고통스럽고 피하고 싶은 시간이기 때문입니다. 서로를 사랑하기에 가능한 일이고 그 사랑 앞에서 내 내면이 무너져 나갑니다. 교회는 내가 높게 쌓아놓은 바벨탑을 무너뜨리고, 내 견고한 아성을 흔들고, 내 자아의 뿌리를 뽑아서 나의 마음을 만나게 하였습니다. 제가 일평생 잊을 수 없는 사랑의 빚입니다.

"피차 사랑의 빚 외에는 아무에게든지 아무 빚도 지지 말라 남을 사랑하는 자는 율법을 다 이루었느니라"(로마서 13:8)

수년 전 형제목장에서 형제들은 "이은식 목사님에게는 마음이 느껴지지 않는다", "이은식 목사님에게는 따뜻함이 느껴지지 않는다"라고 저에 대해 솔직하게 이야기해 주었습니다. 사모님은 오래전부터 "이은식 형제는 매우 어린데 강한 어른처럼 살고 있는 것 같아"라고 말씀하셨습니다. 이 이야기가 저에게 빛의 비추이심으로의 사귐이었고 사랑의 빚이었습니다. 목회자에게 마음이 없다, 어리다는 것은 매우 치명적인 부분입니다. 목회가 불가능한 사람인 것입니다. 이 지적에 대해 나는 부인할 수 없었습니다. 이 이야기들은 내가 사실상 이미 조금은 인지하고 있었기 때문입니다. 다만 더 깊이 들어가길 피한 것 뿐입니다.

마음이 없는 사람은 괴물입니다. 교회에서 이런 내 자신에 대해 깊이 보라고 하시며 모든 일에서 제외시켜 주었기 때문에 이번에는 피할 수 없었습니다. '내가 왜 이렇게 되었을까?' 생각해보고, 하나님께 물었습니다. 그 원인은 단순했습니다. 어렸을 때부터 내가 나로 살지 않고 남에게 보여지는 나로 살았기 때문입니다. 저는 사람의 인정을 먹고 자라났습니다. 그래서 이제 나는 내가 누군지도 모르는 나로 살고 있습니다.

교회의 권면을 통해 내 모습을 보는 괴로운 긴 시간이 지나며 비로소 제 모습이 조금씩 보이기 시작했습니다. 아주 마음이 여리고 두려움이 많은 어린아이의 모습이었습니다. 그런데 나는 내 마음을 숨기고 매우 강인하고 신중한 어른의 모습으로 살고 있었습니다. 내 마음은 거기에 있었습니다.

나를 속이고, 다른 사람을 속이고, 하나님을 속이고 위장하며 살아온 저의 수많은 가면을 보게 되었고 처음으로 온전히 벗고 싶어졌습니다. 교회에서 여러 번 고백하고 다짐하고 노력했는데 가면을 벗고 사는 것은 온전히 되지 않았습니다. 개념도 알겠고 동의도 되지만 어느새 내가 주체가 되어있는 어른으로 돌아가 있었습니다.

가장 심각한 문제는 일 중심적이고 언제나 분석을 하고 문제와 해결책을 찾는 내 이성적인 태도였습니다. 그래서 늘 냉정하고 무정한 상태를 깔고 살았습니다. 분석하지 않으려고 애쓰고, 생각하지 않으려고 결심하고 기도도 했습니다. 내 죄를 보는 듯했고, 회개하는 듯했습니다. 그러나 돌아보면 그대로 제자리에 있었습니다. 내 자신에게 실망되고 마음이 좌절되었습니다. 이런 저를 보고 느끼면서도 기다려주는 교회와 교회 지체들로 인해 더 괴로웠습니다.

이렇게 괴로운 긴 시간이 지나면서 성경을 통해, 성령님을 통해, 교회를 통해 알게 하셨습니다. 내 자신이 고쳐질 수 없는 존재라는 것을 알게 하셨습니다. 하나님을 스스로 찾을 수도 없는 존재, 내 안에 선한 것이 하나도 없는 존재, 마음에 하나님 두기를 싫어하는 존재, 혼돈과 공허함으로 칠흑 같은 흑암 가운데 있는 제 자신이 느껴졌고 인정됐습니다.

내가 할 수 있는 일이 아무것도 없었습니다. 제 이성적인 태도와 무정함이 죄가 아니라 내 존재 자체가 죄였습니다. 이때부터 내 죄를 향해 내 안과 밖에서 나를 누르시고 함께 고통스러워하시는 주님의 마음을 느낄 수 있었습니다. 내 모든 것이 죄에서 태생된 것들이고 더럽고 추한 것들이었습니다. 내가 숨 쉬는 것은 죄로 공기를 더럽히는 것이라는 생각과 주님의 누르심으로 숨 쉬는 것 자체가 힘들었습니다.

"허물의 사함을 받고 자신의 죄가 가려진 자는 복이 있도다 마음에 간사함이 없고 여호와께 정죄를 당하지 아니하는 자는 복이 있도다 내가 입을 열지 아니할 때에 종일 신음하므로 내 뼈가 쇠하였도다 주의 손이 주야로 나를 누르시오니 내 진액이 빠져서 여름 가뭄에 마름 같이 되었나이다 (셀라) 내가 이르기를 내 허물을 여호와께 자복하리라 하고 주께 내 죄를 아뢰고 내 죄악을 숨기지 아니하였더니 곧 주께서 내 죄악을 사하셨나이다"(시편 32:1-5)

이 죄인의 자리에서 나오지 않는 것이 회개였습니다. 언제나 죄인의 자리에서 사는 것이 회개입니다. 이 자리가 주님의 십자가 아래입니다. 주님과 함께 내 육체를 십자가에 못 박는 자리입니다. 나의 주인 된 내 자아의 죽음이 선포되는 곳입니다. 거기가 가장 안전하고 가장 자유한 자리입니다.

주님의 사랑은 자신을 내어주는 사랑입니다. 이 사랑으로만 우리는 아버지 집으로 돌아갈 수 있습니다. 교회와 교회 지체들이 저를 이렇게 사랑하였고 저는 이 사랑에 빚진 자입니다. 참으로 사랑받지 못할 사람도 없고 사랑할 수 없는 사람도 없습니다. 이 사랑 만이 나에게 남겨진 하나님의 형상인 '마음'을 보게 하고 그 마음을 직면할 수 있는 용기를 줍니다. 이 마음에서 내 죄를 인정하고 회개하여 예수님을 주인으로 모실 수 있습니다.

주님은 나에게 도덕·윤리적인 기준을 더 높이 지키고 나의 인성을 고치라고 짐을 지우시는 분이 아닙니다. 주님은 나에게 고칠 수 없는 죄인 된 존재를 보여주시고 주님이 그 죄를 대속하셨음을 마음에 믿게 하십니다. 주님이 내 마음에 거하시고 연합하셔서 이제 주님을 따라, 성령님을 따라 살아가게 하시는 분입니다.

"사랑은 여기 있으니 우리가 하나님을 사랑한 것이 아니요 하나님이 우리를 사랑하사 우리 죄를 속하기 위하여 화목 제물로 그 아들을 보내셨음이라"(요한일서 4:10)

"우리가 아직 죄인 되었을 때에 그리스도께서 우리를 위하여 죽으심으로 하나님께서 우리에 대한 자기의 사랑을 확증하셨느니라"(로마서 5:8)

그전에 원수 되었던 내 이성, 감정, 의지가 나쁜 것이 아님을 알게 하셨습니다. 문제는 마음이었습니다. 내가 주인 되어 살아왔던 내 자아와 모든 삶을 마음으로 회개하고 하나님이 나의 주인 된 피조성이 내 중심에 회복될 때 이 인격성은 이제 하나님의 뜻을 따라 서로 합하여 살아가게 됩니다.

말과 생각과 행동이 늘 불일치했던 거짓된 삶에서 하나님이 나를 통치하실 때에는 나에게 부여하신 하나님의 형상인 말과 생각과 행동이 일치하는 인격성이 온전하게 통일됨을 경험하게 됩니다. 하나님은 회전하는 그림자도 없으신 온전하고 거룩한 분이시기 때문입니다.

그러므로 하나님께서는 마음을 다하고 뜻을 다하고 목숨을 다해 힘을 다해 성품을 다해 하나님을 사랑하라, 하나님을 섬기라, 하나님을 찾으라, 하나님의 계명을 지키라고 하시는 것입니다.(신명기 6:5; 역대하 34:31; 신명기 30:9) 나의 인격성으로는 할수 없으나 내가 하나님의 온전한 피조물이 되어 하나님만을 바라본다면 가능한 일입니다. 이제 이 믿음이 생겼습니다. 나는 죽고 주님이 사셔야 한다는 믿음입니다.

이로 보건대 종교성은 매우 악하고 심각한 것입니다. 마음의 영역으로 갈 수 없게 하기 때문입니다. 내가 교회에서 아직도 자기를 노출하지 않고 신사, 숙녀로 살고 있다면 정말 소망이 없습니다. 내 마음에서는 내 자아가 펄펄 살아서 내가 원하는 것을 하기 위해 숨 가쁘게 작동하고 있는데 나의 말과 생각과 행동은 주님을 믿는 사람처럼 위장하고 사는 것이기 때문입니다. 이렇게 세운 나의 바벨탑과 아성으로 아무도 나를 건드릴 수 없는 완고하고 완악한 상태에 빠져 있는 것이기 때문입니다.

제가 평생 교회 안에서 그런 종교성의 사람으로 살아왔고 지금도 틈만 생기면, 숨 쉴 만하면 종교성의 자리에 가 있는 제 자신을 보게 됩니다. 거기서 안주하고 머물면서 고인 물이 썩듯 내 영혼을 파괴하고 있는 것입니다.

이런 제 모습을 보게 되고 인정하게 된 것은 최근의 일입니다. 교회를 통해 한 사람 한 사람 그 내면을 들춰내시고 가면을 벗기실 때에야 비로소 알게 됩니다. 누구 하나 예외 없이 항상 깨어 있어야 함을 교회를 통해 피차 보게 됩니다. 내 마음의 평화가 깨져있으면 이미 심각한 어둠의 상태에 가 있었습니다. 모든 문제는 환경도 아니고 다른 사람 때문도 아니고 내 부족한 인격성 때문도 아니고 내가 주님을 바라보고 있지 않기 때문이었습니다.

나는 진흙과 같은 혼돈과 공허한 상태입니다. 내가 육체를 벗는 날까지 이것은 변하지 않습니다. 그러나 주님은 나를 질그릇으로 빚으셔서 귀중한 보배인 복음, 말씀, 생명을 담으셨습니다. 그 귀중한 보배가 없어지면 나는 진흙에 불과합니다. 이 어둠과 죄가 내 안에 있음을 알고 인정하는 것이 안전합니다. 고요합니다. 자유합니다. 죄의 유혹과 나의 반응을 인정하고 성령님을 따라 죄와 피 흘리기까지 싸울 수 있습니다. 이 어둠과 죄로 인해 항상 주님의 이름을 부를 뿐입니다.

"어두운 데에 빛이 비치라 말씀하셨던 그 하나님께서 예수 그리스도의 얼굴에 있는 하나님의 영광을 아는 빛을 우리 마음에 비추셨느니라 우리가 이 보배를 질그릇에 가졌으니 이는 심히 큰 능력은 하나님께 있고 우리에게 있지 아니함을 알게 하려 함이라 우리가 사방으로 우겨쌈을 당하여도 싸이지 아니하며 답답한 일을 당하여도 낙심하지 아니하며 박해를 받아도 버린 바 되지 아니하며 거꾸러뜨림을 당하여도 망하지 아니하고 우리가 항상 예수의 죽음을 몸에 짊어짐은 예수의 생명이 또한 우리 몸에 나타나게 하려 함이라"(고린도후서 4:6-10)

마음으로 회개하고 물과 성령님으로 거듭난 그리스도인들에게 내주하는 죄가 있다는 것이 믿음의 선배들의 신실한 고백입니다. 주님은 모든 인생을 죄 가운데 가두어 두셨습니다. 우리가 하나님을 찾도록 하기 위함입니다. 내 안에 선을 행하려 할 때 악한 것이 함께 오고 있음을 보게 됩니다.

성경을 보고 교회의 메시지를 듣고 교회 지체들의 하나님 안에서 살아가는 모습을 보면서 내 안에 선한 이성의 깨달음과 의지가 발동하지만 바로 이어서 광명의 천사의 모습으로 악한 계략이 들어옵니다. 내 마음을 선동하여 부산하게 하고 내 생각을 혼미하게 하며 어려운 상황이 크게 보이며 믿음을 의심하게 하여 상황과 타협하고 처음 들어온 생각을 그냥 적당히 해버립니다. 나 혼자서는 안 됩니다. 사탄의 전략을 이겨낼 수 없습니다. 그리스도가 머리 되신 교회와 한 몸으로 살아갈 때만 가능합니다. 가르쳐 지키게 하는 교회가 끊임없이 깨어서 질책하고 권면하고 기도로, 영성으로 주님께 간구할 때에만 가능합니다. 내가 하는 것이 아니고 성령님을 따라 순종할 때 주님이 하시는 것을 경험하게 됩니다. 이때 내가 그리스도 안에, 그리스도가 내 안에 있음을 알게 되고 성령님의 증거를 얻게 됩니다.

"한 영혼이 천하보다 귀하다"고 말씀하시는 그리스도의편지 교회의 사랑이 진흙 같은 나를 오늘까지 기다려주셨습니다. 함께 아파해 주셨고, 기도해주셨습니다. 성령님을 따라 저보다 먼저 저의 불쌍한 영혼을 간구해 주셨습니다. 죄와 허물로 죽은 나, 하나님의 형상이 파괴되고 훼손되고 왜곡되어 오직 나 밖에 모르는 미숙한 아이 같은 이기적인 인격성을 가진 나를 받으시는 주님과 교회의 사랑에 감사드립니다.

"내가 어렸을 때에는 말하는 것이 어린아이와 같고 깨닫는 것이 어린아이와 같고 생각하는 것이 어린아이와 같다가 장성한 사람이 되어서는 어린아이의 일을 버렸노라 우리가 지금은 거울로 보는 것 같이 희미하나 그때에는 얼굴과 얼굴을 대하여 볼 것이요 지금은 내가 부분적으로 아나 그때에는 주께서 나를 아신 것 같이 내가 온전히 알리라 그런즉 믿음, 소망, 사랑, 이 세 가지는 항상 있을 것인데 그 중의 제일은 사랑이라"(고린도후서 13:11-13)

1. 남아 있는 '하나님의 형상'을 알게 하라.

"우리의 범죄함에도 불구하고 우리 안의 하나님의 형상은 완전히 상실되지 않았다. 이것이 인간을 향한 하나님의 은혜요 사랑이다. 인간의 일방적인 거부로 하나님과 인간의 관계는 단절 되었지만 하나님께서는 인간이 변화된 인격과 삶으로 하나님과의 관계를 회복하고 하나님의 영광을 드러낼 수 있는 길을 마련해두셨기 때문이다. 죄인 된 인간은 죄를 회개하고 예수 그리스도를 믿음으로 여전히 자신 안에 남아 있는 하나님의 형상을 회복하고 하나님과의 관계를 회복하여 하나님 아버지께로 돌아갈 수도 있고, 이를 끝까지 거부하고 예수님을 믿지

아니함으로 영원한 죽음에 이를 수도 있다"(본서 83p 발췌)

황상대 형제는 교회가 수지에서 하바 어린이 선교원을 하고 있을 때, 학부형으로 우리 교회에 오게 되었다. 교회의 점심밥이 맛있어서 출석을 하게 되었다는 형제는 이제 장성하여 군복무 중에 있는 아들의 아버지이나, 그 아들의 성장보다 더 놀랍게 변화하여 교회의 지체로서 살아가고 있다. 죄를 가차 없이 끈질기게 지적하는 교회가 싫어 교회를 떠나고자 일부러 직장을 멀리 선택하기도 했었으나, 이제는 하나님 없이는 살 수 없는 형제가 되었다.

그러한 형제이기에 예수님의 사랑과 교회의 사랑을 고백하는 형제로 인해 더욱 감사하다. 교회를 통해 경험하는 예수님의 사랑이 자신을 살게 하였음을 가슴 아프게 고백하며 자신도 교회와 함께 그렇게 사랑하며 살아갈 것을 소망하는 형제의 모습으로 인해 하나님께 찬양과 경배와 감사를 드린다.

예수님의 사랑 교회의 사랑

형제목장 황상대 / 2018. 12.

"이 세상이나 세상에 있는 것들을 사랑하지 말라 누구든지 세상을 사랑하면 아버지의 사랑이 그 안에 있지 아니하니 이는 세상에 있는 모든 것이 육신의 정욕과 안목의 정욕과 이생의 자랑이니 다 아버지께로부터 온 것이 아니요 세상으로부터 온 것이라 이 세상도, 그 정욕도 지나가되 오직 하나님의 뜻을 행하는 자는 영원히 거하느니라"(요한1서 2:15-17)

'불혹 不惑', 공자가 마흔 살부터 세상일에 미혹되지 않았다고 한 데서 나온 말이다. 하지만 지금은 한 사람의 가정에서의 위치와 사회에서의 처지가 크게 변화하지 않는 나이에 접어들 때, 40세까지 살던 삶의 상태를 흔들림 없이 계속 유지하고자 하는 것을 '불혹의 40대'라고 비유하여 말한다.

내 40대의 삶은 어떠했나….

마흔 한 살에 12년간 일해오던 골프용품 회사를 그만두었다. 학원버스를 몰다가 정수기회사 영업사원을 했고, 24.5톤 화물차 장거리 운행을 했다. 목공소 공방 일을 하다가 손가락이 잘리고, 유치원 등하원 버스 기사 일을 했다. 그리고 건어물회사 납품 일을 하다가 지금은 물류센터 일용직 일을 하며 하루하루를 살고 있다.

'자업자득(自業自得)', 누구도 원망할 수 없이, 지금도 여전히 불안하게 살아가고 있는 나의 부끄러운 모습이다. 먹고 살기에 급급한, 참으로 보잘 것 없는 삶이다.

그런 나에게 교회는 '사람이 떡으로만 살 것이 아니라 하나님의 말씀으로 살아야 한다'고 가르쳤다. '오직 하나님을 경외하고 말씀을 지켜 살아야 할 것'을 끝없이 지키도록 가르치고 있다.

"내가 오늘 명하는 모든 명령을 너희는 지켜 행하라 그리하면 너희가 살고 번성하고 여호와께서 너희의 조상들에게 맹세하신 땅에 들어가서 그것을 차지하리라 네 하나님 여호와께서 이 사십 년 동안에 네게 광야 길을 걷게 하신 것을 기억하라 이는 너를 낮추시며 너를 시험하사 네 마음이 어떠한지 그 명령을 지키는지 지키지 않는지 알려 하심이라 너를 낮추시며 너를 주리게 하시며 또 너도 알지 못하며 네 조상들도 알지 못하던 만나를 네게 먹이신 것은 사람이 떡으로만 사는 것이 아니요 여호와의 입에서 나오는 모든 말씀으로 사는 줄을 네가 알게 하려 하심이니라 이 사십 년 동안에 네 의복이 해어지지 아니하였고 네 발이 부르트지 아니하였느니라 너는 사람이 그 아들을 징계함 같이 네 하나님 여호와께서 너를 징계하시는 줄 마음에 생각하고 네 하나님 여호와의 명령을 지켜 그의 길을 따라가며 그를 경외할지니라"(신명기 8:1-6)

하지만 나는 하나님의 명령과 주님의 길을 거부하고 대적하며 살았다. 언제나 이러한 삶의 주인은 하나님이 아닌 바로 나였다. 그렇기에 세상의 그물과 올무에 걸려 꼼짝없이 살아가고 있었다.

수중에 한 푼 없이 대출로만 24.5톤의 중고 화물차를 구입하여 장거리 화물 일을 시작하였을 때이다. 목적은 생활 형편이 나아지기를 바람이었고 돈을 벌기 위함이라고 했지만 그것은 내 마음을 합리화하려는 것일 뿐, 교회를 떠나기 위한 선택이었다는 것을 교회는 알고 있었다. 그럼에도 불구하고 교회는 나를 위해 기도하며 끝까지 기다리고 있었다. 여기서 내가 교회를 떠나려는 진짜 이유는 나의 마음 속 깊은 곳에 있는 나의 지나온 사십대 십 년간의 삶의 콤플렉스 때문이었다. 때로는 나의 이 모습이 교회에 비치는 것 같으면 내 삶이 너무 초라하게 느껴졌고 나를 향한 교회의 권면을 왜곡하였다. 그리고 교회가 이렇게 부담스러워졌기 때문에 돈이 목적이기도 했지만, 먼저 교회를 떠나기 위한 수단을 찾았던 것이 나의 진심이었다. 그렇게 새로운 일의 시작으로 나는 13년간을 살았던 교회를 떠난 듯했다.

그런데 첫 주의 시작부터 내 삶은 불안하고 불안정했다. 일의 시작과 과정, 그리고 그 결과가 모두 잘못된 것을 느낄 수 있었다. 하지만 돌이킬 수 없는 일이 되어 버렸기 때문에 나는 이 두려움을 이기고 넘어서야 했다. 오래전 몇 번인가 느껴본 이 두려움…, 그때 내가 이 두려움을 이겨 냈었는지는 잘 기억이 나질 않는다. 하지만 나는 당장 내 앞에 있는 이 거대한 두려움의 산을 정복해야만 했다. 그 너머에 안정과 여유, 그리고 행복이 있을 것이라고 생각했기 때문이다.

그러나, 이 모든 생각과 결단들이 무너져버리는 일이 생겼다.

그 주 목요일 늦은 밤, 경기도 안산에서 택배물건을 가득 싣고 금요일 일찍이 창원에 도착하였다. 그곳에서 하차를 한 나는 오후에 진해로 들어가기 위하여 인근 찜질방에서 잠시 눈을 붙였다.

 잠이 오지를 않았다. 선잠이라도 두어 시간을 자야 밤새 운행을 할 수 있을 텐데, 염려가 됐다. 하는 수 없이 일찍이 자리를 털고 일어나 진해로 향했다. 예정된 수입과일을 싣기 위하여 진해항 부근 넓은 광장 가운데에 있는 사무실에 들렀다. 사무실은 콘크리트 포장의 넓은 광장에 있는 2층의 가건물이었다. 늦은 봄이었지만 강한 햇볕에 콘크리트 바닥의 지열이 높아져 땀이 날 만큼 주위가 뜨거웠다. 밤을 거의 새워서 그런지 오는 동안 목이 마르고 입안이 달라붙었다. 나는 물을 마시기 위하여 차 안의 페트병을 들고는 2층 사무실로 올라가 직원에게 양해를 구했다. 그런데 직원으로부터 차량 기사들은 1층 외부에 있는 정수기에서만 물을 마실 수 있다는 말을 듣게 되었다. 할 수 없이 1층으로 내려가 건물 뒤편에 있는 정수기를 찾았다. 외부에 위치하고 있던 정수기는 석수통만 바꿔서 꽂아놓았을 뿐 청소관리가 되질 않아 불쾌할 만큼 먼지와 찌든 때가 많았다. 하지만 모든 것은 내가 견디고 넘어야 할 산이었다. 그리고 '이제 나는 이 물을 먹는 사람이 되었다' 생각하고 마시니 못 마실 물도 아니었고 맛도 있었다. 나는 페트병 가득 물을 받았다.

 이 상황에서 우습게도 수가에서의 예수님과 사마리아 여인과의 대화가 떠올랐다.

"예수께서 대답하여 이르시되 이 물을 마시는 자마다 다시 목마르려니와 내가 주는 물을 마시는 자는 영원히 목마르지 아니하리니 내가 주는 물은 그 속에서 영생하도록 솟아나는 샘물이 되리라"(요한복음 4:13-14)

그러는 동안 내가 실을 물건이 도착했고, 몇몇 곳으로 가야 할 물건들을 구분하여 차에 실었다. 그리고 사무실에서 명세서와 서류를 챙긴 후 2층에서 내려올 때 주머니 속에 있던 휴대폰의 벨이 울렸다. 누구의 전화일까? 액정을 보니 '송풍호 목사님'이라는 이름이 눈에 들어왔다. 사모님의 전화였다.

전화를 받았다. 수화기 너머로 사모님의 나지막한 음성이 또렷이 내 귀로 들려왔다.

"잘 있는가? 주님은 우리에게 함께 살라고 하셨는데…, 혼자 살아보니 어떤가? 그렇게 살아보니 좋던가?"

그랬었다. 이 일을 시작하기 전, "왜 그렇게 힘들고 위험한 일을 하려는가?"라는 사모님의 질문에 사람들과 부딪히지 않고, 조용히 생각도 하며 혼자 살아보고 싶다고 떠났던 나였다.

그날 내가 사모님께 무슨 말을 하였었는지는 기억이 나질 않는다. 사모님의 말씀을 듣는 내내 주체할 수 없이 눈물이 솟았고 나는 울음을 참고 있었다. 지금 진해에 있고 토요일 일찍 올라갈 예정이라는 나의 말에 사모님께서는 교회에서 기다릴테니 토요일에 교회로 오라고 내게 말씀하셨다. 거부가 되지 않왔다. 무언가 마음속 깊은 곳에서 끓어 오르는 것이 있지만 알 수 없었다. 나는 울고 또 울었다. 그렇게 밤을 새워 운행을 하는 동안에도 눈물은 멈추질 않았다.

나는 무엇일까? 내가 무엇이기에 부모도 아닌 교회가 이토록 나를 찾을까? 더이상은 교회와 함께 사는 것이 힘들어서 떠난 나였다. 그리고 나는 그것으로 교회와 끝이라고 생각했었다.

그런데 그날 그 시간 교회와의 통화는 내 안에서 늘 묵상하고 살아가는 많은 말씀들이 내 마음을 흔들게 했다.

"너희 생각에는 어떠하냐 만일 어떤 사람이 양 백 마리가 있는데 그 중의 하나가 길을 잃었으면 그 아흔아홉 마리를 산에 두고 가서 길 잃은 양을 찾지 않겠느냐 진실로 너희에게 이르노니 만일 찾으면 길을 잃지 아니한 아흔아홉 마리보다 이것을 더 기뻐하리라 이와 같이 이 작은 자 중의 하나라도 잃는 것은 하늘에 계신 너희 아버지의 뜻이 아니니라"(마태복음 18:12-14)

주님의 마음은 잃어버린 양에게 있다. 그 길 잃은 양을 찾는 것이 하나님의 뜻이기 때문이다. 주님의 몸인 교회는 이 목자의 아픔으로 나를 찾고 있는 것이다.

"누구든지 나를 믿는 이 작은 자 중 하나를 실족하게 하면 차라리 연자 맷돌이 그 목에 달려서 깊은 바다에 빠뜨려지는 것이 나으니라 실족하게 하는 일들이 있음으로 말미암아 세상에 화가 있도다 실족하게 하는 일이 없을 수는 없으나 실족하게 하는 그 사람에게는 화가 있도다 만일 네 손이나 네 발이 너를 범죄하게 하거든 찍어 내버리라 장애인이나 다리 저는 자로 영생에 들어가는 것이 두 손과 두 발을 가지고 영원한 불에 던져지는 것보다 나으니라 만일 네 눈이 너를 범죄하게 하거든 빼어 내버리라 한 눈으로 영생에 들어가는 것이 두 눈을 가지고 지옥 불에 던져지는 것보다 나으니라 삼가 이 작은 자 중의 하나도 업신여기지 말라 너희에게 말하노니 그들의 천사들이 하늘에서 하늘에 계신 내 아버지의 얼굴을 항상 뵈옵느니라"(마태복음 18:6-10)

예수님께서 제자들에게 길 잃은 양의 비유를 말씀하셨을 때, 그보다 앞선 말씀이 바로 위의 말씀이셨다. 믿음의 길로부터 실족한 자도, 잃어버린 양도 모두 주님을 부인하고 세상을 선택한 자들이다. 그리고 이 두 말씀은 하나님의 관점에서 죄인에 대한 심정과 그로 인한 아파하심이었다.

이 말씀을 볼 때면 나는 언제나 한 마리의 잃어버린 양이 되어서 생각했고, 나는 늘 누구를 실족시키는 입장에서 생각하며 살았다. 하지만 그것은 나의 관념적 입장이고 관점일 뿐이었다. 나는 주님 것을 내 것인 듯 누리고 살고있는 아흔아홉 마리에 속한 양일 수도 있고, 실족한 줄도 모르면서 살고있는 실족한 자일 수도 있다.

주님 앞에서 온전치는 못하지만 교회는 말씀으로 살고 그 말씀을 지키며 살아간다. 교회는 말씀 앞에 서서 자신을 비추며 살고, 목숨을 버리기까지 말씀을 순종하며 살고 있다. 적어도 내가 아는 교회는 그렇다. 교회는 길 잃은 양을 자신의 책임으로 본다. 하나님께서 맡기신 양을 한 마리도 잃지 않기를 바라는 것이 하나님의 뜻임을 알기 때문에 교회는 양이 길을 잃으면 죄책감으로 괴로워하며 밤새워 양을 찾아 나서는 깃이다. 아마도 그것이 회개가 아닌가 싶다. 그리고 그 회개가 길 잃은 양을 주님 안으로 돌아올 수 있도록 성령님은 길을 잃은 양에게 은혜를 베푸시는가 보다. 교회를 통하여 말씀하시는 참 목자이신 주님의 음성을 기억하고, 기다리던 그 음성에 응답하는 것은 분명 성령님의 인도하심이었고 은혜였다. 성령님은 그날 그 시간에 그 음성을 기억하고 들을 수 있도록 나에게 임하셨다.

그럼에도 불구하고 교회는 하나님을 거부하며 길을 잃어버린 나의 죄를 대신하여 자신의 손과 발을 잘라내고 눈을 빼어버리는 고통 가운데 서 있다. 언제나 그랬다. 지금 몸뚱아리 어느 곳 하나 성한 곳이 없는 교회의 모습이 그 이유 때문이었다. 그것은 나를 위한 사랑이었고, 하나님께서 아들을 통하여 내게 베풀어 보이신 사랑이었다. 그것이 바로 교회이다.

"보라 아버지께서 어떠한 사랑을 우리에게 베푸사 하나님의 자녀라 일컬음을 받게 하셨는가, 우리가 그러하도다 그러므로 세상이 우리를 알지 못함은 그를 알지 못함이라 사랑하는 자들아 우리가 지금은 하나님의 자녀라 장래에 어떻게 될지는 아직 나타나지 아니하였으나 그가 나타나시면 우리가 그와 같을 줄을 아는 것은 그의 참모습 그대로 볼 것이기 때문이니 주를 향하여 이 소망을 가진 자마다 그의 깨끗하심과 같이 자기를 깨끗하게 하느니라"(요한1서 3:1-3)

하나님을 알 수조차 없는 어둠의 상태인 내 안에 주님께서 빛으로 친히 오시어 나를 하나님의 자녀로 삼아 주신 것이 하나님의 사랑이다. 이 은혜로 나는 믿음을 얻게 되었고, 주님 안에 들어갈 기회를 갖게 되었다. 그것이 이 땅에서 교회로의 삶이다. 하지만 이 기회를 허투루 여겨선 안 된다. 그대로 그 자리에 머물고만 있다면, 주님의 참모습 그대로를 뵈어야 할 머지않은 그때에 나는 주님과는 아무런 상관이 없는 사람일 수밖에 없기 때문이다. 그렇게 되지 않기 위해선 주님의 깨끗하심과 같이 나 또한 깨끗해져야 한다.

나를 깨끗케 하는 것이 말씀이다. 교회의 권면과 가르침을 순종으로 받으며 주님의 말씀과 계명을 지키고 준행하는 삶만이 나를 깨끗하게 만든다.

"예수께서 그리스도이심을 믿는 자마다 하나님께로부터 난 자니 또한 낳으신 이를 사랑하는 자마다 그에게서 난 자를 사랑하느니라 우리가 하나님을 사랑하고 그의 계명들을 지킬 때에 이로써 우리가 하나님의 자녀를 사랑하는 줄을 아느니라"(요한1서 5:1-2)

믿음으로 하나님의 자녀가 된 우리는 그 안에서 서로 사랑해야 한다. 그 말씀이 삶으로 살아져야 한다. 요한1서 3장 18절의 말씀처럼 말과 혀로만 사랑하는 것이 아닌, 행함과 진실함으로 서로 사랑하여야 한다.

이 삶을 사는 곳이 교회이고, 이 삶을 살아야 하는 곳이 바로 교회이다. 이 어두운 세상에서 빛으로 오신 주님을 사랑하는 사람들이 서로 사랑하며 함께 살아가지는 곳이 바로 교회이다.

이 어두운 세상의 삶 속에서 주님의 말씀을 가르치고 지켜 행하며 살 수 있도록 나를 돕는 곳이 바로 교회인 것이다.

"무릇 하나님께로부터 난 자마다 세상을 이기느니라 세상을 이기는 승리는 이것이니 우리의 믿음이니라 예수께서 하나님의 아들이심을 믿는 자가 아니면 세상을 이기는 자가 누구냐 이는 물과 피로 임하신 이시니 곧 예수 그리스도시라 물로만 아니요 물과 피로 임하셨고 증언하는 이는 성령이시니 성령은 진리니라 증언하는 이가 셋이니 성령과 물과 피라 또한 이 셋은 합하여 하나이니라"(요한1서 5:4-8)

이 어두운 세상에 길이요, 진리요, 생명으로 오신 그리스도 예수님의 죽음과 부활에 연합된 자로서 주님 안에 살 수 있도록 남겨놓으신 교회로 이 땅에서 살아가게 해 주심에 감사를 드린다.

2. 회복된 인격성을 통해 나를 알게 하라

자유의지를 가지고 삶의 방향성을 직접 선택하며 살아갈 수 있게 하는 우리의 인격성은 하나님의 형상을 따라 우리에게 부어진 성품이지만, 우리의 불순종의 결과로 심하게 왜곡되어 이제는 하나님을 대적하는 죄의 도구로 전락해버렸다. 하나님과의 인격적인 교제를 위해 부여받은 그 성품은 참된 회개를 통해 회복되어 하나님이 누구시고 내가 누구인지 정확히 알아 하나님을 경외함으로 의지하고 순종하는 데에 사용될 때, 본래의 모습으로 성취될 것이다.

장성묵 형제는 우리 교회 자매와 결혼하며 그리스도의편지교회에 출석하게 되었다. 불신자의 가정에서 기독교와 전혀 접점이 없이 살아온 형제가 결혼과 동시에 하나님을 만나 그리스도의편지교회의 지체로 살고 있다. 결혼 당시만 하더라도 토목공학을 전공하고 설계회사에서 일을 했으나, 이제는 고등학교 교사로서의 길을 가고 있다.

약속된 내일은 없고 오늘만 존재하기에 과거의 죄에 매여 핑계만 대지 말고 지금 이 순간 하나님께 순종할 것을 촉구하며, 형제는 오로지 말씀을 통해 하나님을 알고, 그 말씀에 비추어 우리가 누군지 알아야 한다고 고백하고 있다. 그때에만, 온갖 거짓에 속아서 내가 누군지도 모르고 있는 우리가 자신을 정확히 알 수 있기 때문이다.

나는 누구인가? 나는 어떤 사람인가?

−형제목장 장성묵 / 2018. 4.

"하나님의 말씀은 살아 있고 활력이 있어 좌우에 날선 어떤 검보다도 예리하여 혼과 영과 및 관절과 골수를 찔러 쪼개기까지 하며 또 마음의 생각과 뜻을 판단하나니 지으신 것이 하나도 그 앞에 나타나지 않음이 없고 우리의 결산을 받으실 이의 눈 앞에 만물이 벌거벗은 것 같이 드러나느니라"(히브리서 4:12-13)

"나는 누구인가?"와 "나는 어떤 사람인가?"의 차이를 아는 데는 적잖은 시간이 걸렸습니다. 처음 사모님이 과제를 내시고 그 주 수요일 기도모임 시간에 이은식 목사님께서 이 숙제에 관해 말씀하시며 "나는 누구인가?"와 "나는 어떤 사람인가?"는 차이가 있다고 하셨습니다. 이렇게 저렇게 그 차이를 알아보라고 말씀하셨습니다. 숙제를 내주었을 때부터 저는 "나는 누구인가?"와 "나는 어떤 사람인가?"가 별 차이가 없다고 생각했습니다.

그런데 이은식 목사님께서는 계속 그 차이를 생각해보라고 말씀하셔서 나름 의아해하기도 했습니다. 한 주가 지나고 두 주가 지나고 뇌리에는 계속해서 그 과제에 대한 부담이 남아있었습니다. 창세기를 읽던 중, 아담과 하와가 갑자기 죄를 지은 다음부터 부끄러움을 알게 되고, 나뭇잎으로 그 부끄러움을 가리게 되는 사건을 읽게 되었습니다. 어느 순간 나 자신이 그토록 "나는 누구인가?"와 "나는 어떤 사람인가?"의 차이를 알고자 했는데 하나님께서 제게 창세기 말씀을 통하여 알게 해 주셨습니다.

　그 후 "나는 누구인가?"와 "나는 어떤 사람인가?"의 차이는 바로 나뭇잎으로 가리기 전과 나뭇잎으로 가리고 난 후의 차이다 하는 것으로 느껴졌습니다. 하나님께서 아담과 하와를 만드시고 에덴동산에 살게 하시며 이 땅을 다스리라고 말씀하신 것과 같이 저를 만드시고 제가 처한 환경을 주셨습니다. 이것이 바로 나는 누구인가에 해당하는 것이었습니다. 즉 "나는 누구인가?"라는 것은 처음 하나님께서 나에게 이 땅에 있게 하신 목적에 해당하는 것입니다.

　그럼 "나는 어떠한 사람인가?"라는 것은 무엇일까요? 아담과 하와가 죄를 짓게 되어 부끄러움을 알고 나뭇잎으로 가리게 되었듯 하나님께서 주신 본연의 모습을 잃고 하나님이 아닌 다른 사람의 눈에 비치게 되는 것에 신경을 쓰게 되는 것, 바로 이것이 "나는 어떠한 사람인가?"에 해당하는 것이라고 생각합니다.

인간이 하나님처럼 되고자 하나님께서 하지 말라고 하신 것을 어기게 되었을 때 곧바로 죄가 이 땅에 들어오게 되었듯, 저에게도 누가 가르쳐 주지도 않았지만 자연스럽게 죄의 시작이 있었고, 그 이후로 죄의 속성이 나 스스로도 알지 못하는 사이에 두 겹, 세 겹, 이제는 아예 셀 수 없을 정도로 겹겹이 내 안에 가득하게 되었습니다.

여러분들이 저를 아시다시피 저는 일 중심의 사람입니다. 누군가에게 보여주려 많은 일을 하고, 특히 학교에서도 아이들에게 잘 가르치는 선생님으로 보이기 위헤 수업준비도 많이 하고 했습니다. 최근 들어 새로운 과목 수업 이외에는 따로 수업준비를 하지 않습니다.

이번 한 주는 최고로 바쁜 한 주였습니다. 엄청 바쁘게 해결해야 하는 문제가 눈덩이처럼 불어났습니다. 저는 학교에서 참 바쁘게 삽니다. 일단 교과수업이 많습니다. 교과목수업만 20시간, 진로 동아리 등을 합치면 일주일에 시간표 상에 있는 수업이 24시간입니다.

1학년, 2학년 교과수업시간뿐 아니라 방과 후 1학년 컴퓨터 수업(일주일에 8시간)에다 3학년 공무원반 수업까지. 이렇게 한 주일을 삽니다. 그런데 이런 수업 외에 학생들의 문제가 터지는 것이 선생님을 힘들게 하는 것입니다. 학원 선생님은 여기까지 즉 수업만 하는 되는데요. 그래서 제가 우스갯소리로 "공무원 학원 선생님 하는 게 낫겠다"라고 했습니다. 작년인가에요.

그런데 이번 한 주는 하나님의 뜻으로 바쁜지 아니면 내가 먹고 자고 나의 육신의 일을 처리하는데 바쁜 것인지 정신이 없었습니다. 저는 보통 학교에서 일어나는 크고 작은 문제들을 자매에게 얘기할 때가 많은데. 이번 주는 자매와 얘기할 시간조차 없었습니다. 그런데 이번 주는 또 제가 주일 말씀을 나누어야 하잖아요. 아이들을 교실에 모아놓고 제가 얘기했습니다. 이런 일들을 이번 주 교회의 설교 말씀 시간에 하겠다고 했습니다.

학생들끼리의 갈등을 중재하면서 누가 옳다, 누가 그르다를 얘기하기 전에 그들의 마음을 이해해주려고 했습니다. 그리고 조금씩 상대에게 양보하자며 제가 다른 선생님과 부딪힌 얘기를 했습니다. 니가 잘했다, 못했다는 것은 중요하지 않다. 왜 이미 지나갔기에… 우리는 재판관이 아닙니다. 하나님만이 사람들을 심판하실 것입니다. 우리는 함께 가는 것입니다.

이렇게 바쁜 일주일을 살았어도, 오늘 내가 하나님에 대해 관심이 없다면, 하나님 알기를 주저하는 우리들을 하나님께서는 '게으르고 악한 종아!'라고 부르십니다. 데살로니가 후서에는 하나님을 모르는 자들과 우리 주 예수 그리스도의 복음에 복종하지 않는 자들에게 형벌을 내리시겠다고 하셨습니다.

"하나님을 모르는 자들과 우리 주 예수의 복음에 복종하지 않는 자들에게 형벌을 내리시리니"(데살로니가후서 1:8)

우리에겐 내일은 없습니다. 오늘만 존재할 뿐입니다. 우리에겐 어제도 없는 것 같습니다. 지나간 과거도 하나님께서는 묻지 않으시는 것을 성경에서 찾아볼 수 있습니다. 하나님은 가인에게 다음과 같은 질문을 하십니다. "네 아우 아벨이 어디 있느냐?" 이때 가인이 사실대로 말씀드리고 하나님께 용서를 구했으면 어떻게 되었을까요?

창세기에서 롯이 소돔성을 떠날 때 하나님은 뒤를 돌아보지 말라고 하셨지만, 롯의 아내는 뒤를 돌아보아 소금기둥이 되었습니다.

마태복음에서 예수님께서는 이미 죽은 자는 죽은 자들이 장사하게 하라고 하셨습니다. 여기서 예수님께서는 부모의 장례의 중요성이나 필요성, 자녀의 의무 등을 외면하신 것이 아닙니다.

예수님께서는 그분의 나라에 앞으로 나가도록 부르심을 받았을 때 뒤를 돌아보는 자들을 위해서는 있을 곳이 없음을 지적하신 것입니다.

누가복음 말씀에 손에 쟁기를 잡고 뒤를 돌아보는 자는 하나님의 나라에 합당하지 아니하니라 하시니라고 하셨습니다.

과거는 하나님께서 묻지 않으십니다. 그리고 그것이 바로 하나님을 따르는 삶일 것입니다. 그런데 우리는 내가 어떻게 해보겠노라고 지나간 과거를 이 핑계, 저 핑계 대며 이리저리 빠져나갈 궁리를 하게 됩니다. 그러나 현재만 존재할 뿐입니다.

저도 마찬가지입니다. 이번 한 주 동안 저희 반 아이들의 모습을 보며, 저를 세세히 보게 되었습니다. 왜 핑계를 댈까요? 우리는 죄인이기 때문입니다. 먹음직도 하고 보암직도 하고 안목의 정욕 육신의 정욕 이생의 자랑으로 가득 찬 죄인이기 때문입니다. 솔직히 이제는 내가 어떠한 사람인지조차도 잘 모르겠습니다. 이제는 내가 예전에 이랬었는데 지금은 그렇지 않은 것처럼 생각이 듭니다. 예를 들면, 예전 같으면 제가 성실하다고 생각했던 것에 저도 조금은 동의했는데 이제는 전혀 그렇지 않은 것 같아서 저를 잘 설명하지를 못하겠습니다. 오히려 잘 모르겠다가 정답인 것 같습니다. 그러면 최소한 완고해지지는 않으니까요.

많은 교회 식구들도 "나는 누구인가?" "나는 어떠한 사람인가?"에 답하기가 힘드실 것입니다. 그러나 이것은 순종의 문제인 것 같습니다. 저는 누구보다도 제 자신을 잘 안다고 생각했는데, 이제는 정말 알다가도 모르겠습니다. 내가 누구인지가 불분명한 것 같습니다.

누구는 믿음이 있어서 교회에 나올 수도 있습니다. 그러나 편지교회를 수십 년간 다니시는 여러분은 목사님과 사모님의 믿음에 많이 기대고 있는 것도 사실입니다. 아무리 내 생각이 옳다고 해도 좀 기다리세요. 저도 기다리는 것, 이것이 가장 안 되는 사람 중 하나입니다. 내 생각이 아니고 하나님 뜻을 묻는 그 시간, 그것이 바로 하나님을 믿는 것입니다.

"하나님의 말씀은 살아 있고 활력이 있어 좌우에 날선 어떤 검보다도 예리하여 혼과 영과 및 관절과 골수를 찔러 쪼개기까지 하며 또 마음의 생각과 뜻을 판단하나니 지으신 것이 하나도 그 앞에 나타나지 않음이 없고 우리의 결산을 받으실 이의 눈 앞에 만물이 벌거벗은 것 같이 드러나느니라"(히브리서 4:12-13)

즉 말씀으로 하나님을 알게 되고, 말씀으로 우리가 지켜야 할 것들을 알게 됩니다. 그리고 말씀이 비췄을 때 내가 품었던 생각의 거짓됨을 알 수 있습니다. 말씀이 아니고서는 다 거짓입니다. 나의 생각이지 하나님의 말씀이 아닙니다. 그것은 나의 거짓된 가치관입니다. 내 안에 말씀이 살아있지 못하면 그것은 나의 죄악 된 모습을 아이들에게 전수해주는 것이나 마찬가지입니다.

우리의 부모님은 그것을 모르셨기에 그런 것을 우리에게 전수해주실 수밖에 없으셨습니다. 그러나 저를 포함하여 편지교회에 다니는 식구들은 그럴 수 없으십니다. 말씀으로 전해야만 합니다. 말씀으로 자녀를 돌보아야 합니다. 말씀으로 부모님께 순종해야 합니다. 말씀으로 하루를 살아야 합니다. 말씀으로 남편과 아내에게 대해야 합니다. 말씀은 지식이 아닙니다. 말씀은 경험이 아닙니다. 말씀은 습관이 아닙니다. 우리의 의무입니다. 우리를 죄에서 벗어나게 하는 유일한 통로입니다. 매일이 새로워야 합니다. 성령님으로 쓰인 하나님의 말씀만으로 사람은 자기 방식의 오류를 보고, 그에 따라 변화할 수 있을 것입니다.

감사합니다. 기도로 마치겠습니다.

"어제를 묻지 않으시는 하나님 감사합니다. 우리의 경험, 생각, 판단… 이런 것으로 살았습니다. 이제 하나님의 말씀의 비추임을 받아 내가 누구인지 내가 얼마나 죄인인지 알고 하나님의 말씀으로 살고 뒤돌아보지 않고 하나님을 따라갈 수 있도록 도와주세요. 예수님의 이름으로 기도합니다. 아멘."

3. '일상생활'에서 피조물로 살도록 하라

하나님의 형상을 따라 지음 받은 인간이 창조의 섭리 가운데 갖게 되는 특별한 것은 하나님이 우리의 주인 되심으로 인한 우리의 피조성이다. 따라서 하나님의 형상은 스스로 피조성을 거부하고 하나님께 불순종하며 살아온 삶을 회개할 때에만 비로소 회복될 수 있다. 성경은 피조성이 인격성에 우선하는 삶을 이 땅에서 33년 동안 완벽하게 살아내시고 십자가를 지신 예수 그리스도를 닮으라고 명령하신다.

이예찬 형제는 앞서 소개된 이은식 형제의 아들이자 김은석 형제와 동갑내기 친구이다. 교회 밖에서는 모두에게 인정받고 칭찬받는 성실하고 모범적인 학생이지만 교회 안에서는 언제나 죄인일 뿐인 자신의 모습을 보며 항상 회개의 자리에 머무르기를 소원하는 귀한 형제이다.

창세기 1장 1절을 가지고 오랜 시간 고민해 온 형제는 일상에서 믿음으로 사는 생활이 매 순간을 피조물의 자리에서 피조물로서 살 때에만 가능하다고 이야기 한다. 형제는 자신이 언제나 순종의 외형을 갖추고 살아왔으나 실은 피조물의 자리가 아닌 자신이 주인된 자리에서 철저히 감정과 의지로 자신을 표장하고 조절하여 살아온 것이라는 아픈 고백을 하고 있다.

일상에서 믿음으로 산다는 것… 피조물로 사는 것
- 청년부 이예찬 / 2018. 5.

"태초에 하나님이 천지를 창조하시니라"(창세기 1:1)
"우리가 다 하나님의 아들을 믿는 것과 아는 일에 하나가 되어 온전한 사람을 이루어 그리스도의 장성한 분량이 충만한 데까지 이르리니 이는 우리가 이제부터 어린 아이가 되지 아니하여 사람의 속임수와 간사한 유혹에 빠져 온갖 교훈의 풍조에 밀려 요동하지 않게 하려 함이라 오직 사랑 안에서 참된 것을 하여 범사에 그에게까지 자랄지라 그는 머리니 곧 그리스도라 그에게서 온 몸이 각 마디를 통하여 도움을 받음으로 연결되고 결합되어 각 지체의 분량대로 역사하여 그 몸을 자라게 하며 사랑 안에서 스스로 세우느니라"(에베소서 4:13-16)
작년 12월 31일에 창세기 1장 1절을 가지고 설교를 했었는데, 이번에도 다시 같은 말씀을 가지고 설교를 하게 됐습니다. 이 말씀을 묵상하면 할수록 우리가 이 한 절의 말씀을 마음으로 믿고 그 믿음을 우리의 삶에서 실제로 반영하지 않는다면 이 외의 다른 말씀을 묵상하는 것이 우리에게 무의미하다는 생각을 하게 되었습니다.

창세기 1장 1절은 우리가 하나님의 피조물 됨을 말씀하십니다. 삶의 모든 순간에서 우리가 창조주이신 하나님의 피조물로서 살아간다면, 우리는 하나님께서 우리를 창조하신 이유에 맞는 삶을 살아가고 있는 것입니다. 반면에 이 말씀이 우리의 삶에서 매 순간 실현되지 않는다면, 우리는 하나님의 뜻에 거역하는 삶을 사는 것입니다.

제 진로가 다시 바뀌었던 지난 몇 달간에도 저는 이 말씀을 묵상하지 않을 수 없었습니다. 겉으로 보이기에 제 삶은 하나님께 순종하는 피조물로서의 삶과 같이 보이지만, 사실 지금까지의 제 삶에 그와 같은 순종은 없었음을 고백합니다.

교회는 어려서부터 하나님의 말씀에 순종하는 믿음의 삶을 살아야 한다고 가르치셨지만, 저는 그 삶의 외형을 흉내 내었을 뿐 사실 마음으로 순종하는 삶을 살지 않았습니다. 겉으로는 교회의 권면에 따라 살아가는 듯했지만, 사실 저는 그 어느 것 하나 마음으로 따른 적이 없었습니다. 이성 문제, 진로 문제, 신앙 문제 등 모든 부분에 있어서 제 마음에는 제 욕망이 가득했지만, 티를 내지 않고 그 마음을 숨긴 채 의지적으로 교회의 권면에 따라 살아왔던 것이기 때문입니다.

아무리 제 행위가 순종의 외형을 갖추었다 하더라도 제가 피조물의 자리가 아닌 하나님의 자리에 앉아 철저히 제 감정과 의지의 주인으로 살아왔다면 그것은 결코 순종의 삶이 될 수 없습니다. 제 삶은 철저히 불순종의 연속이었습니다.

근 몇 달 동안 창세기 1장 1절과 함께 묵상 되었던 말씀은 출애굽기의 이스라엘 백성들의 모습이었습니다. 애굽을 떠나온 뒤로 끝없는 불평을 하며, 모세와 하나님을 저주하고, 물과 먹을 것을 내놓으라고 떼쓰는 이 이스라엘 백성들에게, 하나님께서는 매일 같이 만나를 주시고, 메추라기를 주십니다. "우리가 애굽 땅에서 고기 가마 곁에 앉았던 때와 떡을 배불리 먹던 때에 여호와의 손에 죽었다면 좋았을 것을"이라고 말하는 그 배은망덕한 말을 하는 시점에, 여호와께서는 "보라 내가 너희를 위하여 하늘에서 양식을 비같이 내리리니"라고 말씀하시며 이들에게 만나와 메추라기를 주십니다.

그런데 16장의 이 부분을 읽으며 이번에 새롭게 눈에 들어왔던 것은 하나님께서 양식을 비같이 내리겠다고 하신 뒤, "이같이 하여 그들이 나의 율법을 준행하나 아니하나 내가 시험하리라"라고 말씀하신 것입니다. 하나님께서 만나와 메추라기를 주신 것은 말씀 그대로 하나님께서는 이들이 당신의 명령에 순종하는지 보기 위해서 이 음식들을 주신 것이었습니다. 그러나 이스라엘 백성들은 순종하지 않았습니다. 그들은 당장 굶주렸던 배가 부르고 매일 먹을 것이 보장됐기 때문에 걱정이 없어졌습니다.

하루 먹을 것만 거두고, 안식일 전날에만 미리 하루치를 더 거두라고 하신 하나님의 말씀은 그들 마음에 우선순위가 아니었습니다. 그들은 하나님의 말씀을 거역하는 것임을 알면서도 미리 만나를 비축해 두어 본인들의 내일을 대비할 수 있다고 생각했습니다. 그들은 자신들의 미래를 자기 스스로 판단하고 결정했습니다. 하나님께서는 하나님의 말씀에 순종할 것을 그들에게 명령하셨습니다. 먹고 사는 가장 기본적인 문제부터 자신이 판단하고 결정하는 것을 그만두고 하나님만을 신뢰하라고 하셨습니다. 오직 순종하라고 하셨습니다. 매일을 그렇게 살라고 말씀하셨습니다. 그러나 이스라엘 백성들은 그 말씀에 불순종했습니다.

저는 제 삶의 모든 순간 가운데 제가 이렇게 먹고, 입고, 생활하는 모든 것이 하나님께서 주신 것이라고 생각하며 살지 않았습니다. 관념적으로는 하나님께서 주신 것이라는 생각이 늘 있었고, 습관적으로 그렇게 고백하며 살아왔습니다. 그러나 저의 실제적 내면과 삶은 언제나 저의 내일을 스스로 생각하고 염려하는 데에 초점을 맞추어 정신없이 살아왔고, 교회 예배와 모임에는 그저 습관을 따라 아무런 준비 없이 참여할 뿐이었습니다.

이런 저와 반대로 하나님의 말씀에 순종하는 사람들은 삶의 모든 순간 가운데서 하나님의 주권을 경험합니다. 밥을 먹으면서, 옷을 입으면서, 잠을 자면서, 이 모든 것을 가능하게 하시는 하나님께 감사하게 됩니다. 이들에게 하나님께서 주신 교회 가족들과 함께 음식을 먹고 이야기를 나누면서 무언가를 결정하고 함께 기도하는 것은, 하나님의 주권에 따라 사는 사람에게는 너무나도 자연스럽고 당연한 삶입니다. 반면에 이렇게 일상에서 하나님이 경험되고 있지 않다면, 우리는 하나님의 말씀에 불순종하며 사는 것입니다.

제가 매 순간 불순종하는 삶을 살아왔다는 것을 알게 되어서 그런지, 최근 때때로 제 삶이 낯설 때가 많습니다. 내가 지금 왜 도서관에 앉아서 공부를 하고 있는지, 왜 학식을 먹고 있는지, 왜 내가 수업을 듣고 있는지 등 순간 낯설어지는 시간이 많습니다. 이 낯섦의 시간에 하나님의 말씀을 묵상하게 됩니다. 그 시간과 공간에서 제가 어떻게 하나님께 불순종하고 있는지 구체적으로 돌아보게 됩니다. 순종하고 싶다고 말만 하는 것이 아니라, 그 순간 제가 하고 있는 구체적인 불순종의 행위와 마음에서 돌이켜 회개하게 됩니다.

우리에게는 지금 이 순간만 존재합니다. 과거도 미래도 지금 우리가 하나님 말씀에 순종하는 것을 방해하지도 영향을 주지도 않습니다. 우리가 해야 할 것은 지금 이 순간 하나님의 말씀에 순종하는 것뿐입니다. 순종하려 할수록 저는 제가 하나님의 말씀에 철저히 순종하고 있지 않다는 것을 발견합니다. 여전히 사람들에게 인정을 받기 위해 제 말과 행동을 치밀하게 계획하고, 제 모든 관심은 제 육체의 편안함과 안위에만 있음을 매 순간 발견합니다. 하지만 그렇게 죄인인 저를 발견한 시간이 바로 하나님께서 저를 부르신 시간입니다.

만나를 욕심껏 챙겨 놓은 이스라엘 백성들에게 "언제까지 내 계명과 율법을 지키지 아니하려느냐"하며 탄식하시는 하나님의 음성을 듣는 순간입니다. 우리는 하나님의 음성이 들리는 바로 그 순간 회개하고 돌아서서 들려오는 하나님의 말씀 앞에 응답해야만 합니다.

이 삶이 우리 자신을 부인하고 우리 각자의 십자가를 지는 삶입니다. 불순종하는 우리의 모습을 직면하고 돌아서는 것은 때로 죽고 싶을 만큼 힘이 듭니다. 저의 경우에는 매순간 사람들에게 인정받기 위해 말하고 행동하는 제 모습을 보는 것이 매우 힘듭니다. 그러나 이런 저를 인정하고 주님께 이런 불순종하는 제 모습 그대로를 가지고 나가 저를 부인하고 제 육체를 죽이는 것이 바로 십자가의 길입니다.

지금까지 교회에서 살아오면서, 이 길을 먼저 걸었던 가족들이 이 힘든 길을 '왜' 그리고 '어떻게' 기쁨으로 걷고 있는지 왜 궁금하지 않았는지 모르겠습니다. 막연히 그들은 하나님을 열심히 찾고, 말씀에 순종하려고 노력한다고 생각했을 뿐, 왜 그렇게 서로 함께함으로 행복하고 기뻐하는지 알고자 하지 않았습니다. 그 삶은 매우 복잡하고 멀리 있는 삶이라고 막연히 생각해왔습니다. 그러나 그 삶은 그저 우리가 눈 비비고 일어나 맞이한 이 하루 동안 눈 앞에 펼쳐지는 삶에서 하나님의 말씀에 순종하는 것이었습니다. 그리고 우리의 불순종의 행위와 하나님께서 그에 대해 말씀하신 것들을 그 삶을 함께 살아가는 교회와 나누며 주님께서 앞서가신 길을 함께 따라가는 것이었습니다.

지난주 장진한 목사님의 설교 말씀이 제 삶의 나눔과 동일한 부분이 많았습니다. 목사님께서는 가끔은 스스로 학교에서 낯설 때가 있다고 하시며, 이때 교회가 생각나고, 내 의지와 계획과는 관계없이 지금 내가 있다는 것을 보며 더 감사하다고 하셨습니다. 목사님께서는 매일의 삶에서 우리가 하나님과 나 중 하나를 선택해야 하는 기로에 설 때 나를 선택하면서도 그 선택을 하나님을 위한 것으로 포장까지 하는 것이 우리의 '실제'임을 말씀하시며, 이를 있는 그대로 마주하는 것이 우리가 살 길이라고 하셨습니다.

저의 일상에서의 경험과 깨달음과 너무나도 비슷한 나눔을 하시는 장진한 목사님, 그리고 교회 가족들을 보며, 저는 하나님께서 살아계심을 느낍니다. 그리고 교회의 비밀이 크다는 것을 느낍니다. 학교에서 아이들과 처음 대면하는 자리에서부터 본인의 마음을 나누시고, 복음을 전하신다는 장성묵 선생님의 담담한 말씀에 도전되었고 감동이 있었습니다.

우리가 있는 시간과 공간에서 하나님의 말씀대로 순종하며 살아가면 된다는 말씀에 제 마음이 깊이 화답하며 큰 기쁨이 있었습니다.

황상대 형제님의 수요 기도모임 나눔을 들으면서도 놀라웠습니다. 우리 삶의 근본적인 변화는 불순종하는 우리를 발견하는 바로 그 순간 우리를 돌이켜 하나님께서 말씀하시는 것에 복종하는 그 행동 하나를 통해서 가능하다는 것을 경험하였습니다.

동갑 친구 은석이의 청년부 나눔과 설교를 들으면서도, 말씀을 통해 자신을 분명하게 보고, 보여주신 그 말씀 앞에 매일의 삶을 고민하고 순종하기 위해 나아갈 때, 성령님께서 매우 빠르고 정확하게 역사하신다는 것을 보게 되었습니다. 앞서 수요 기도모임에 황상대 형제님께서 하셨던 창세기 나눔을 들으며 그 말씀을 더 깊이 묵상하게 되었고 본인의 모습을 볼 수 있었다는 은석이의 나눔에 교회가 한 몸이라는 것을 느꼈습니다.

교회의 비밀은 우리의 의도나 계획과 상관없이 교회의 머리되신 예수님의 이끄심에 따라 언제 어디서나 서로 다른 우리가 동일한 삶을 살아간다는 것임을 직접 눈으로 보고 손으로 만진 바 되었습니다. 내가 여기에 참여하지 않고 있었다는 것은 내가 교회와 한 몸이 아니었다는 것을 분명하게 보게 됐습니다. 저는 그동안 하나님께서 저를 창조하셨고 먹이시고 입히셨다는 것을 피조물로서 인정하지 않았던 것입니다.

교회 가족들의 문제를 이야기하실 때 사모님께서는 결국 이 모든 문제의 원인은 형제, 자매가 하나님과의 인격적인 만남과 동행하심을 경험하지 못하기 때문이라고 말씀하시는데, 그것은 단순한 원론적인 이야기가 아니었습니다. 다른 모든 노력을 해서 나를 바꾸려고 해도, 그분을 인격적으로 만나지 않는 이상 나는 절대로 바뀌지 않습니다. 그분의 말씀에 순종할 수 없기 때문입니다. 창조주이신 하나님과 관계없이 하는 내 노력은 모두 공허한 메아리이고 죄일 뿐입니다.

"우리가 다 하나님의 아들을 믿는 것과 아는 일에 하나가 되어 온전한 사람을 이루어 그리스도의 장성한 분량이 충만한 데까지 이르리니 이는 우리가 이제부터 어린 아이가 되지 아니하여 사람의 속임수와 간사한 유혹에 빠져 온갖 교훈의 풍조에 밀려 요동하지 않게 하려 함이라 오직 사랑 안에서 참된 것을 하여 범사에 그에게까지 자랄지라 그는 머리니 곧 그리스도라 그에게서 온 몸이 각 마디를 통하여 도움을 받음으로 연결되고 결합되어 각 지체의 분량대로 역사하여 그 몸을 자라게 하며 사랑 안에서 스스로 세우느니라"(에베소서 4:13-16)

저는 이 말씀이 실제로 가능하다는 것을 교회를 통해, 교회 가족들을 통해 경험하고 있습니다. 하나님의 아들을 믿는 것과 아는 일에 하나가 되어 살아가는 이것이 교회가 존재하는 이유고, 제가 존재하는 이유라는 것을 확실하게 알게 되었습니다.

저는 어린아이처럼, 세상의 풍조를 따라 요동하고 불순종하고 살았습니다. 그리고 여전히 저는 그 불순종의 삶을 고집 부리며 살고 있음을 봅니다. 하지만 하나님께서는 교회가 함께 하나님의 아들을 믿는 것과 아는 일에 하나가 될 때, 믿는 자의 믿음이 그리스도의 장성한 분량이 충만한 데까지 이른다고 하셨습니다. 제가 교회와 한 몸으로 머리 되신 주님을 따라 살아갈 때, 말씀처럼 그리스도의 장성한 분량으로 성장할 수 있을 것을 믿습니다.

4장 15절에서, "사랑 안에서 참된 것을 하여"는 영어 성경에서는 "speaking the truth in love"라고 되어있는데, 사랑 안에서 참된 것, 진리, 진실을 말한다는 것입니다.

창세기 2장 25절 말씀이 묵상이 됩니다. '발가벗었어도 부끄럽지 않은' 상태가 가능한 것은 한 몸이 된 우리가 서로 사랑하며 참된 것, 진실만을 말하기 때문입니다. 세상에서 서로 속고 속이는 관계가 아니라, 서로 진실을 나눌 수 있는 관계이기 때문입니다. 교회에서 진실이 아니라 거짓을 말하고 있다면 나는 벌거벗지 않은 자이고, 사랑 안에 있지 않은 자입니다.

"진리가 예수 안에 있는 것 같이 너희가 참으로 그에게서 듣고 또한 그 안에서 가르침을 받았을진대 너희는 유혹의 욕심을 따라 썩어져 가는 구습을 따르는 옛 사람을 벗어 버리고 오직 너희의 심령이 새롭게 되어 하나님을 따라 의와 진리의 거룩함으로 지으심을 받은 새 사람을 입으라 그런즉 거짓을 버리고 각각 그 이웃과 더불어 참된 것을 말하라 이는 우리가 서로 지체가 됨이라"(에베소서 4:21-25)

마찬가지로 에베소서 4장 25절에도, "그런즉 거짓을 버리고 각각 그 이웃과 더불어 참된 것을 말하라 이는 우리가 서로 지체가 됨이라."라고 말씀하고 계십니다. 이렇게 거짓을 거짓되다고 말하며 빛 앞에서 한 지체가 되어 살아가는 삶을 눈 앞에서 볼 수 있고 만질 수 있게 하시는 하나님께 감사드립니다.

최근에 학생부의 문제를 가지고 나누는 시간에 이 말씀을 경험했습니다. 자신의 진심과 거짓 없는 진실이 하나님의 말씀의 비추이심 앞에서 정직하게 나누어질 때 회개를 통한 믿음으로 서로가 서로를 온전히 믿고 사랑할 수 있게 된다는 것을 보았습니다. 온갖 포장과 옷으로 꽁꽁 싸매고 있던 내 죄가 하나님의 빛 앞에서 노출되는 것은 정말 부끄럽고 고통스러운 일입니다. 하지만 그 과정 없이는 서로를 진정 사랑할 수도 없고 예수님으로 하나가 될 수도 없기에 그 고통을 함께 견디고 참고 인내해야 한다는 것을 알았습니다.

나눔의 자리에 있는 몇 시간 내내 고통스러웠습니다. 아이들의 문제 때문에도 그랬지만, 내가 이렇게도 교회를 알지 못했다는 것과 교회 동생들, 가족들에 대한 마음이 전혀 없었다는 것이 숨이 막히도록 고통스러웠습니다. 각 사람이 자신의 죄를 인정하고 그 죄를 보면서 교회와 함께 산다는 것이 무엇인지 보면 볼수록, 그것이 정말 힘들다는 것을 알게 되지만, 동시에 그 삶이 아니면 어떤 나눔과 고백도 무의미하다는 것도 알게 됩니다.

사실 그날 12시까지 제출해야 하는 과제가 있었습니다. 하지만 아직 끝내지 못한 과제에 대한 생각 없이 그 시간 그 고통을 함께 하면서, 교회가 무엇인지 온몸으로 경험할 수 있었습니다.

저는 제 미래를 철저히 계획하는 사람이기에 평소의 저였다면 수차례 과제가 생각났을 것입니다. 그러나 그 자리에 교회와 함께 하시는 성령님 때문에 저는 교회를 경험할 수 있었고, 제가 항상 가지고 있었던 막연한 불안감이 사실 실체가 없는 허상이었음을 확인하게 되었습니다.

이전엔 항상 막연하게 미래에 대해 불안해했습니다. 실제로는 그 미래의 해야 할 것에 대해서 미리 하지도 않으면서 막연하게 불안해하기만 하고 불평하기만 했습니다. 하지만, 더이상 그렇지 않은 것은 그것이 허구인 것을 알게 되었기 때문입니다.

불안함은 하나님께서 주신 것이 아닙니다. 내가 하나님을 창조주로 인정하지 않기 때문에 드는 감정입니다. 그저 지금 내 앞에 하나님께서 주신 일에 최선을 다해 순종하며, 교회와 함께, 교회로 살아가는 이것만이 내 기쁨이고 소망입니다. 그렇기에 시험공부와 학점 관리가 어느 때보다 큰 스트레스로 다가오다가도, 놀랍게도 오히려 그럴수록 주님과 하나님의 말씀을 더욱 묵상하며 교회를 생각하게 되고, 불안해하기보다 주님이 하실 것을 믿고 미소 짓는 시간이 오히려 많아졌습니다. 이것은 교회가 있기에 가능하다는 것을 매일 경험하고 살아갑니다.

　제가 요즘 경계하고 있는 것은, 이처럼 하나님께서 알려주시고 깨닫게 하신 것들이 하나님의 자리를 대체하여 제가 하나님 그분 자체를 묵상하고 찾는 것을 방해하게 되는 것입니다. 하나님께서 나를 창조하셨다는 것을 정말 믿는 자라면, 깨닫게 된 사실 그 자체에 빠져드는 것이 아니라 이 모든 생각과 깨달음을 주신 하나님께 초점을 맞추고 그분께 더 깊이 나아갈 수밖에 없습니다.

　우리는 쉽게 이 진리를 망각하고 하나님이 아닌 하나님에 의해 일어난 것들에 우리의 초점을 맞춥니다. 우리가 창조주이신 하나님을 인정하고 만나는 것 외에 다른 모든 것들은 부차적인 것이고, 하나님과 올바른 관계를 맺기 위한 수단일 뿐입니다. 우리가 이 짧은 삶에서 하나님을 우리의 주인으로 만나지 못한다면 무슨 의미가 있을까요. 우리의 노력과 의지로 이뤄낸 것으로 사는 삶은 불순종의 연속일 뿐입니다. 우리는 지금 우리가 하나님을 창조주로 인정하는 피조물인가를 확인해야 합니다.

　하나님은 우리의 창조주이시고, 우리는 그분의 피조물이라는 그 사실을 마음으로 믿는다면, 우리는 고민할 것 없이 오직 피조물로서 살아가면 됩니다.

4. '내 안의 죄'와 피 흘리기까지 싸우도록 하라.

성경에서 말씀하시는 진정한 그리스도인의 삶은 일회적인 참된 회개와 거듭남으로 완성되지 않는다. 이미 공중 권세 잡은 자에게 잠시 넘긴 바 된 이 세상에서 살아가는 우리의 삶은 그리스도인이 오직 예수 그리스도와 연합된 순간에만 예수 그리스도의 인격과 삶을 반영한다. 구원의 확신과는 별개로 우리는 육체적 죽음이 임할 때까지 죄와 피 흘리기까지 싸워야 한다. 그것이 성령님 충만하게 살아가는 그리스도인의 마땅한 삶이다.

백현희 자매는 불신자의 가정에서 성장하며 기독교인들에 대한 불신의 폭이 깊었지만 믿는 남편과 결혼을 하며 교회에 출석하게 되었다. 자매는 현재 학교 행정실에서 일하며 이제는 청년이 된 두 남매의 엄마로 살고 있다. 조용한 자매이지만 그 누구보다도 복음에 관하여는 강하고 열정적이다. 오랫동안 시어머니를 모시고 살면서, 예수님을 믿지 않는 친정 가족들을 전도하여 하나님께로 인도하고 투병 중인 가족들은 거리와 상관없이 자주 찾아가 적극적으로 섬기면서 복음을 전하며 살아가고 있다.

이런 자매도 자기 안의 흑암의 죄와 끝없이 싸우며 살아가고 있음을 고백한다. 그리고 환경에서 오는 고난으로 말미암아 죄악과 싸울 수 있게 하시는 하나님께 감사드린다.

고난의 삶으로 죄와 싸우게 하시는 주님

-자매목장 백현희 / 2014. 12.

"땅이 혼돈하고 공허하며 흑암이 깊음 위에 있고 하나님의 영은 수면 위에 운행하시느니라"(창세기 1:2)

교회에서 함께 복음 전도지를 작성하며 왜 땅이 혼돈하고 공허한지 깊이 있게 고민해보라고 하셨죠.

어떤 때 혼돈되고 공허할까요?

저는 어머니에게 설명을 하면서 집안에 불을 모두 끄고 상태가 어떤지 여쭤봤습니다. 마음이 불안하다고 하셨습니다. 불을 켜고 지금은 어떠냐고 묻자 편안하다고 하셨습니다. 빛이 없는 인간의 상태도 같다고 했습니다. 어둠은 형체를 똑바로 볼 수 없게 하며 우왕좌왕하게 합니다.

영적 어둠도 이와 같습니다. 혼돈하고 공허하다는 것은 영적 상태를 반영하는 말씀입니다. 예수님과 분명한 관계가 없는 사람의 상태, 하나님과의 관계가 단절된 사람의 상태도 이와 같습니다. 어두운 상태에 머물러 있을 때 흑암(사탄)이 우리의 마음을 죄에 묶어두어 완고하게 합니다. 이때 우리의 마음을 운행하시는 하나님께 눈을 돌려야 합니다. 빛을 갈망해야 합니다.

빛과 어둠은 우리 삶의 가장 가까운 곳에 언제나 공존하고 있습니다. 빛을 선택하면 하나님의 종으로 어둠을 선택하면 죄의 종으로 살게 되는 것입니다. 선택은 스스로 하는 것입니다. 무엇을 선택하느냐에 따라 생명을 얻기도 잃어버리기도 하는 것입니다.

그런데 내가 흑암이 너무 깊은 죄 가운데 있을 때는 그것을 스스로는 인지할 수 없습니다. 성령님께서는 교회 형제, 자매들을 통해서 그 죄에서 나오라고 권하십니다. 마음을 완고하게 하지 말고 하나님의 말씀들을 통해서 보여진 내 죄를 인정하고 돌이켜 나오면 다시 빛 가운데서 살아갈 수 있도록 성령님 충만함을 부어 주십니다. 그러나 계속 고집부린다면 영원한 심판과 죽음이 우리를 기다리고 있다는 사실입니다.

저는 언제 혼돈하고 공허한지 생각해보았습니다. 욕심이 가득하고 자기사랑이 충만할 때 곧 만족이 없고 감사가 없는 상태가 되는 것을 알 수 있었습니다. 이때는 내 안에 평안이 없습니다. 원망과 미움과 불평과 감정의 요동함만 있을 뿐입니다. 이런 자신을 가지고 빛 앞으로 나아가 회개하면 참 평안이 있는 것을 알게 됩니다.

제 삶이 학교와 어머니와 가정에서 살아가는 것이 전부이기에 이것을 중심으로 나누겠습니다. 작년까지는 어머니 적응 기간도 필요하고 일을 병행하며 어머니를 감당할 자신도 없기에 가끔씩 학교 급식실 알바를 뛰며 지내게 되었습니다. 올해 2월 분당의 중학교 1개월 자리를 시작으로 집 옆 초등학교 19일 그리고 지금 고등학교까지 5개월 만에 3곳의 학교를 옮겨 다니며 일을 하게 되었습니다. 출근을 하면서 제일 염려는 어머니였습니다. 작년에 알바를 할 때 격일로 알바를 가는 날은 별일이 없었지만 1주일 내내 가는 날에는 어머니가 못 견뎌 하는 것을 보았기 때문입니다. 집을 나올 때는 어머니 마음을 지켜달라고 기도하고, 집에 들어갈 때는 제 마음을 지켜달라고 기도하며 하루하루 살아가게 되었습니다.

제가 출근을 하면서 어머니는 마음이 더 강퍅해지셨고, 여기저기 아프다는 말씀은 더 심해지기 시작했습니다. 실제 병원가서 검사를 해보면 특별한 이상이 없는 데도 말입니다. 집 가까이 학교로 와서 당분간은 안심하고 일을 할 수 있다고 생각했는데, 19일 만에 예상치 않았던 정직원 발령이 나면서 그만둬야 했습니다. 주일날 어머니가 마음에 평안이 없다고 기도 제목을 내놓은 다음 날이었습니다.

하나님이 인도하시는 대로 따라가겠노라고 결심했지만, 서원고등학교에서 원서를 내라고 연락이 왔고, 짧은 시간이었지만 갈등이 되었습니다. 하나님께서 인도하는 대로 따라간다고 했으면 원서를 내는 것이 마땅하다는 마음이 들었습니다. 사실 고등학교는 8시까지 출근해 5시에 퇴근하는데, 8시 30분 출근 4시 30분 퇴근하라는 것입니다. 업무도 제가 감당할 수 있는 범위 안에서 주어졌고 모든 환경이 최상으로 인도하셨음을 금세 알 수 있었습니다. 제가 그날 학교에서 돌아오면서 속으로 '하나님 감사합니다'를 얼마나 많이 했는지 모릅니다.

그러나 요즘 참으로 힘든 상황들을 지나가고 있습니다. 그것은 어머니와 제가 서로 원하는 사랑이 다르기 때문입니다. 교회 가족들이 알고 계시듯이 어머니와 살면서 매일이 제 마음은 전쟁이고 고통이며 아픈 시간의 연속입니다. 그것은 어머니와 서로 부딪치기도 하지만 때로는 형제와도 부딪치고 제 자아와 싸우고 있기 때문입니다. 평생을 교회 안에서 사셨고 새벽기도에 봉사에 쉼 없이 사셨지만, 아버님이 돌아가신 이후 어머니는 영을 한순간에 모두 잃어버리셨습니다. 과연 우리 어머니가 하나님을 만난 적이 있으셨나 할 정도로 말입니다.

제가 결혼할 때 어머니는 "금 똥 서말을 싸도 소용이 없다. 예수님만 잘 믿으면 된다"고 하셨는데 말입니다. 지금은 그 믿음을 찾아볼 수가 없습니다. 오히려 틈만 나면 교회 가서 사는 아들 며느리가 아이들이 못마땅하기만 합니다. 퇴근해서 오면 어머니와 시간을 보내야 하는데 밥숟가락 놓기 바쁘게 나가니 섭섭하기만 한 것이지요.

지금 어머니에게 나타나는 많은 현상들은 믿음을 잃어버림으로 말미암아 육체를 구함으로 인해 파생 된 부수적인 것들입니다. 어머니는 끊임없이 누군가의 관심과 사랑 속에 있기를 원하십니다. 그것이 채워지지 않기에 만족도 감사도 없고 사람과 상황에 따라 다르게 반응하고 기쁨이 없는 삶을 사시고 계십니다.

저도 마찬가지입니다. 처음에는 어머니를 이해하지 못해 어머니에 대한 미운 마음이 오래 지속되었습니다. 저 역시 어머니가 신앙이 있다고 생각하고 믿음의 모습을 기대했던 것입니다. 그 미움의 죄를 회개한 이후에는 어머니 자체가 미운 마음은 사라졌는데, 제 자신 때문에 힘들어지기 시작했습니다.

판단하는 마음이 생기고, 어떤 상황 속에서는 마음이 격동되는 자신 때문에 괴로웠습니다. 어떤 때는 '내가 얼마나 힘든지 사람들은 모를 거야 겪어 보지 않았으니까'라는 생각이 나를 짓눌렀습니다. 마음이 상하고, 감정이 요동하며 내 심정을 누군가 알아주었으면 하는 마음이 들 때 소리 없이 눈물이 흘렀습니다. 내가 얼마나 주님을 벗어나 살아가고 있는지 발견하게 됩니다. 내가 하는 말 생각 행위를 통해 내가 하나님과 관계가 있는지 없는지, 하나님 앞에 서 있는지 금세 알 수 있었습니다. 회개하고 돌아서고 또 넘어지고 반복된 생활이 계속되고 있습니다.

이렇게 힘든 어느 날 이것이 하나님의 나를 향한 사랑이라는 마음이 들었습니다. 육체와 정신은 힘들고 지쳐 가는데 내 마음속에서는 하나님을 향한 흔들리지 않는 마음을 갈구하고 있는 자신을 바라보게 되었습니다.

"누구든지 목마르거든 내게 와서 마셔라"(요한복음 7:35)
사마리아 여인처럼 다시 목마르지 않길 원하는가? 이 말씀을 계속해서 읽고 묵상하며 내 안에 진정 영에 목말라 하는 갈증이 있는가? 고민하게 되었습니다. 누가복음의 부자 관원의 질문을 통해 그 답을 찾게 되었습니다. 누가복음 18장 29절 부자 관원이 예수님께 "내가 무엇을 해야 영생을 얻느냐?"고 묻습니다. 예수님은 가진 것을 다 팔아 가난한 사람에게 나눠 주라고 하십니다. 버리는 것이라고 하십니다. 내가 무엇을 하려고 하기보다는 하나님께서 지금 내게 말씀하는 삶을 따라가라고 말입니다. 교회에서 말씀 하셨듯이 믿음이 어떤 돌출된 행위가 아니라 평범한 일상을 살아가는 데 있다고 하셨듯이 나 역시 지금 주어진 이 시간들을 하나님의 허용 가운데 있음을 믿고 따라가는 것입니다. 그것이 영을 갈망하는 사람의 마땅한 삶이라고 알게 해 주셨습니다.

하나님께서는 지금 어머니를 통해 나를 온유한 자로 길들이고 계시며, 내 마음 깊은 곳에 무엇이 자리하고 있는지 묻고 계십니다. 불편한 마음인지? 자아인지? 사랑인지? 정말 마음에서 감사함으로 살아가고 있는지? 말입니다.

어머니께서 마음이 더 완고해지신 것은 제가 본격적으로 출근을 하면서 심해지셨습니다. 말씀으로 기도로 권하기도 하고, 때로는 가슴 아프지만 강하게 도전도 합니다. 그러나 그 시간이 지나면 원래로 돌아가 어머니가 과거에 경험하셨던 것 같은 특별한 신앙의 체험 같은 것을 원하는 것을 알 수 있었습니다. 어머니는 가끔 저에게 몸에 손을 얹고 기도해달라고 하실 때가 있습니다. 이렇게 기도해주면 시원하다고, 그리고 지난번 목사님이 기도해주셨을 때도 시원했다고 하십니다. 문제는 다음날

이 되면 소용이 없다고 하십니다.

열왕기하 초반부에는 하나님의 기적, 이적 기사 등이 많이 나옵니다. 그런데 3장 18절에 이것들은 하나님 보시기에 작은 일에 불과하다고 하십니다. 사람이 이것에만 매이다 보면 결과는 영혼의 죽음입니다. 왜냐면 늘 그것을 구하고 자기식의 기대가 있기에 그 생각에 빠지기 때문입니다. 그전에 내가 하나님을 경험했던 것처럼 감정, 감각이 자극되지 않는다면 만족하지 못하기 때문입니다. 감정이 자극되는 신앙, 자기감정을 의지하는 신앙을 추구하기 때문입니다. 내가 추구하고 원하는 신앙 이것이 바로 교회에서 말하는 종교성이 아닐까 생각해 봅니다. 그러나 이 표적과 기사와 이적을 통한 경험이 신앙의 출발이 되어 하나님께로 더 가까이 간다면 영혼이 살 것입니다.

목사님이나 제가 기도해 줄 때 지속적으로 시원함을 느끼지 못하는 것이 오히려 어머니를 향한 하나님의 사랑이라고 말씀드렸습니다. 왜냐하면 어머니가 이것에만 머물기 때문입니다. 하나님께서는 목사님과 교회와 가족들의 기도를 통해 어머니 스스로 지속적으로 하나님께 나오시기를 원하고 계신다고. 그럼 만약에 어머니가 의지하는 그 사람들이 한순간 사라지면 그때는 어떻게 하시려고 그러시냐고 사람이 하나님이 되어서는 안 된다고. 며느리가 어머니의 하나님이 되어서도 안 된다고 말입니다. 어머니의 영성이 왜 이렇게 한 순간에 무너졌는지 잘 생각해보시라고, 아버님이 어머니의 맘속에 하나님으로 자리하고 계셨기 때문이다. 육신적으로 사랑해 주셨지만 어머니의 영혼은 구원해 주실 수 없기 때문이라고 아버님이 하나님이면 어머니의 영혼까지 구원하셨을 텐데 아니기 때문이라고 말입니다.

지금도 제가 직장을 그만두고 집에 있으면 상황이 좋아진다는 것을 어머니도 저도 알고 있습니다. 그러나 그것은 어머니와 제가 사는 길이 아니고 죽는 길이기에 그렇게 할 수가 없습니다. 어머니가 원하시는 대로 해드리는 것 그것은 저에게 쉬운 일입니다. 몸만 힘들면 되니까요. 그런데 그 반대로 살려면 내 생각을 꺾고 순종해야 하기에 정신도 힘들고 육체도 힘이 듭니다. 어머니가 싫어하고 미워할 것을 뻔히 알면서 말을 한다는 게 쉽지 않기 때문입니다. 어머니에게 회개하시지 않고 계속 고집을 부리시면 더 큰 고통이 임하는데 그때는 후회해도 늦다고 지금 하나님께로 나아오시라고 입바른 말을 합니다. 지금 어머니에게 주신 환경이 하나님께서 최상으로 인도한 환경인데 왜 감사하지 않으시냐고 말합니다. 감사하면 감사가 더해지고 원망하고 불평하면 어둠만 더해진다고 말합니다.

어머니에게 지금에 상황에 감사하시라고 말하는 제 자신은 정작 관념에서의 감사였지 실제 마음 깊은 곳에서 감사가 없었습니다. 제가 성경의 진리를 깨닫고 안다고 할지라도 사랑으로 하지 않으면 아무것도 아닙니다.

천사의 말을 하고 심오한 진리 깨닫고 전한다고 할지라도 사랑이 없으면 아무것도 아니라고 하셨듯이 어머니가 영적으로 깨어나지 못하는 책임이 저에게 있습니다. 제안에 영적인 능력이 없기 때문입니다. 사랑이 없기 때문입니다.

"한번 빛을 받고 하늘의 은사를 맛보고 성령님에 참여한 바되고 하나님의 선한 말씀과 내세의 능력을 맛보고도 타락한 자들은 다시 새롭게 하여 회개하게 할 수 없나니 이는 그들이 하나님의 아들을 다시 십자가에 못 박아 드러내 놓고 욕되게 함이라"(히브리서 6:4-6)

말씀 그대로 이 사람들은 다시 새롭게 될 수 없다고 하십니다. 어머니는 빛의 비추이심을 받고 빛을 만난 사람이 아닙니다. 어머니가 이 겸비한 자리로 가시길 기도합니다.

저희가 지금 읽고 있는 역대하에서도 계속해서 이렇게 말씀하고 있습니다. 스스로 겸비하라고 하나님께서는 스스로 겸비하여 돌이키는 자에게 죄를 정결케 하는 기회를 주십니다.

역대하에는 다윗에서부터 여호야긴에 이르기까지 21명의 유다왕들의 삶이 그려져 있습니다. 이 왕들의 삶은 3부류로 나뉩니다. 처음부터 끝까지 진실하게 믿음으로 행한 왕, 처음에는 진실되게 믿으나 나중에는 그렇지 못한 왕, 처음부터 끝까지 악을 행하는 왕입니다. 이 왕들의 삶 속에서 인간이 언제 스스로 부패하며 스스로 겸비하는지 알려 주고 계십니다.

누가복음과 함께 스스로 부패하고, 스스로 겸비하는 것에 대해 알아보았습니다. 스스로 부패하는 사람은 역대하에서는 영광을 크게 떨치고 있을 때, 사방에서 태평을 누리고 있을 때, 세력이 강성해졌을 때, 자신에게 직언을 하는 사람을 미워할 때, 곤고할 때 더욱 악을 행한다고 합니다. 이런 사람의 마음 상태는 교만입니다.

누가복음에서도 거지 나사로와 부자의 이야기를 통해 이런 사람은 하나님 것을 자기 것으로 여기며 낭비하며 다른 사람을 돌아보지도 않고 자기 배만 채운다고(눅 16장) 말합니다. 이 사람은 하나님 나라에 들어갈 수 없다고 합니다. 서기관, 바리새인, 율법학자들은 하나님을 마음으로 믿지 않고 있습니다. 종교성으로 가득 차 있습니다. 스스로 잘한다고 생각하고 겉으로 나타나는 종교적 행위, 외식을 자랑하며 자신의 실체를 보지 못합니다. 부족한 게 없으며 스스로 의인이라고 생각합니다(눅 18장). 게으르고 악한 종처럼 안주하고 있습니다. 하나님보다 사람을 두려워합니다. 인간이 가장 잘 넘어지고 마음을 두렵게 하는 열쇠가 여기 있습니다. 하나님보다 사람을 두려워하고 의식하는 데서 출발합니다. 이런 인간의 상태에 꼭 사탄이 속삭이게 되는 것을 보게 됩니다. 사람, 환경, 보여지는 것, 나타나는 현상에 초점을 맞추면 부패합니다.

스스로 겸비하는 사람의 특징은 죄에 대한 책망을 들을 때 변명이 없이 즉시로 죄를 인정합니다. 죄를 인정하고 하나님께서 주시는 벌은 어떤 벌이라도 받겠다는 태도가 있습니다. 죄를 범하면 서로 그 죄에 대해 경계하고 피차 회개합니다. 세리와 같은 마음이 있습니다. 자신의 실체를 정확히 봅니다. 삭개오처럼 예수님에 대한 끝없는 관심과 갈망이 있습니다. 사람을 의식하지 않습니다. 오직 하나님만 생각합니다. 열심히 장사한 종처럼 적극적인 삶을 삽니다. 과정에 충실합니다. 지금 내게 명령한 것에 최선을 다해 충성합니다. 극심한 환난 가운데서 하나님을 찾습니다. 하나님과 지속적인 관계와 소통을 하며 살아가기 위해 항상 깨어 있습니다. 가난한 과부가 헌금을 드리는 마음가짐으로 살아갑니다. 모든 것이 하나님 것이라는 태도가 있고 계산이 없습니다. 부분적이지만 온전함 그 자체입니다. 환경이 좋고, 물질이 많고, 시간이 많고 모든 것이 갖춰 있다고 잘 믿는 것이 아닙니다. 예수님이 제자들에게 말씀하신 것처럼 유혹에 빠지지 않게 시험에 들지 않게 늘 깨어 살기를 힘쓰며 기도합니다.

제가 두서없이 말을 하였지만, 결론적으로 말씀드리고 싶은 것은 창세기 1:2로 돌아가 생각해보면 됩니다. 빛을 선택할 것인지 어둠을 선택할 것인지? 스스로 부패하지 않고 스스로 겸비하는 길은 죄와 싸우는 것입니다.

죄와 싸우려면 자신도 알아야 하고 하나님도 알아야 합니다. 말씀을 통해 가능합니다. 군인이 전쟁터에 총 없이 싸울 수 없음 같이 우리가 사탄과 영적 전투를 하는 데 말씀 없이는 불가능합니다. 이것저것 핑계하시지 말고 말씀을 읽는 것에 순종해 보세요. 하루 3시간이든. 주어지는 본문이든 단 한 가지라도 끝까지 순종해 보세요. 그냥 읽고 또 읽어보세요. 하나님께서는 마음의 중심을 보시기에 우리가 순종하고자 하면 그 길을 분명히 열어주신다고 저는 믿습니다.

　교회에서 3시간씩 성경 읽기가 시작되면서 제 삶에도 작은 변화가 있습니다. 가사와 일을 병행하는 가족들이 공통적으로 느끼는 부담이겠지만 저 역시 출근을 하면서부터는 하루 5시간 이상 잠을 자본 날이 거의 없이 살아갑니다. 그럼에도 3시간 성경을 읽지 못하는 날이 있습니다. 출퇴근길을 걸으며 읽고 사무실에서 시간이 날 때마다 읽습니다. 그런데 내가 대단한 것을 깨달아서가 아니라 말씀을 읽고 있는 그 순간이 죄의 유혹에서 벗어나 있는 순간이라는 것을 알게 되었습니다. 그 시간에는 다른 생각을 하지 않게 되기 때문입니다. 그 외에 하나님을 의지하지 않고 행하는 것들은 모두가 죄뿐인 것들이었습니다. 심지어 영혼을 돕는다고 시작한 행위조차도 말입니다.

　저는 바로와 같이 숨을 쉴만하면, 고난이 없으면 안주하는 사람임을 하나님께서는 이미 알고 계셨습니다. 처음에는 느끼지 못했지만 지금 주어진 이 괴로움과 아픔의 시간을 진심으로 감사하게 됩니다.

　주님 제게 아픔을 주셔서 가정 안에서 교회를 보게 하심을 감사합니다.

　교회에서 아무리 말해도 돌이키지 않고 마음을 완고하게 하여 듣지 않고 있는, 영적 어둠과 고집과 완고함과 자기사랑 가득 차 있는 나의 모습이 우리 가족의 모습이 곧 교회인 것을 보게 하심을 감사합니다. 이 삶에서 회개하고 돌이켜 포기하지 않고 끝까지 경주를 할 수 있는 믿음을 더해 주시길 간구합니다. 교회 가족들의 마음에도 동일한 마음을 부어 주시길 간구합니다.

5. '그리스도의 십자가' 앞에 살도록 하라

그리스도인이 새 생명의 삶을 사는 것, 곧 인간에게 부여된 하나님의 형상이 회복되는 것은 우리가 예수 그리스도의 십자가의 죽음과 부활에 동참함으로써만 가능하다. 성경은 예수 그리스도로 말미암지 않고는 하나님께 나아갈 길이 없다고 분명하게 선언하신다. 물과 성령으로 거듭난 그리스도인은 자신 안에 살아 계신 그리스도와 연합된 자로서 자신의 죄에 대하여 죽어 주신 예수 그리스도의 십자가를 묵상하며 이제는 다시 사신 예수 그리스도의 부활의 권능에 참여하는 삶을 사는 자이다.

김규흥 형제는 자신의 직장에서 신우회를 조직하고 맡을 뿐아니라 교회에서 찬양 인도를 하는 등 열정적으로 하나님을 섬기며 살아온 형제이다. 그러나 자신이 깊은 어둠 속에서 자기의 의지와 몸에 밴 종교성으로 열과 성을 냈을 뿐, 오직 구원이 예수 그리스도의 십자가에만 있다는 사실을 최근에야 인격적으로 깨달았음을 고백하며 새 삶을 살고 있다.

형제는 자신의 생각과 판단으로 하나님을 평가하고 자신의 의지로 하나님을 섬긴다고 했지만 사실 그분을 멸시하며 살아온 이전의 모든 삶을 회개한다. 성경 말씀에 순종하는 유일한 방법이 그리스도의 십자가를 스스로도 지고 가는 것임을 고백한다.

주님의 십자가 앞으로 돌아가
- 형제목장 김규홍 / 2013. 12.

12월이 다 지나가고 있습니다. 구약의 마지막에 있는 말라기의 말씀을 나누고자 합니다. 말라기는 B.C. 430년경에 기록되었습니다. 그 이후 주님이 오시기 전까지 하나님은 선지자를 보내지 않았습니다. 그래서 이 시기를 암흑기라고도 합니다. 이스라엘 백성들은 오랜 기간 메시아를 기다리다 지친 상황이었을 것입니다. 백성들은 기다림에 지쳤고 점차 불신앙의 길로 가는 상황에서 말라기 선지자의 그러지 말라고, 돌이키라고 외치는 내용이 말라기입니다.

"여호와께서 이르시되 내가 너희를 사랑하였노라 하나 너희는 이르기를 주께서 어떻게 우리를 사랑하셨나이까 하는도다"
(말라기 1:2)

"내 이름을 멸시하는 제사장들아 나 만군의 여호와가 너희에게 이르기를 아들은 그 아버지를, 종은 그 주인을 공경하나니 내가 아버지일진대 나를 공경함이 어디 있느냐 내가 주인일진대 나를 두려워함이 어디 있느냐 하나 너희는 이르기를 우리가 어떻게 주의 이름을 멸시하였나이까 하는도다 너희가 더러운 떡을 나의 제단에 드리고도 말하기를 우리가 어떻게 주를 더럽게 하였나이까 하는도다"(말라기 1:6-7)

"너희가 말로 여호와를 괴롭게 하고도 이르기를 우리가 어떻게 여호와를 괴롭혀 드렸나이까 하는도다"(말라기 2:17)

"사람이 어찌 하나님의 것을 도둑질하겠느냐 그러나 너희는 나의 것을 도둑질하고도 말하기를 우리가 어떻게 주의 것을 도둑질하였나이까 하는도다"(말라기 3:8)

"여호와가 이르노라 너희가 완악한 말로 나를 대적하고도 이르기를 우리가 무슨 말로 주를 대적하였나이까"(말라기 3:13)

"만군의 여호와가 이르노라 너희 조상들의 날로부터 너희가 나의 규례를 떠나 지키지 아니하였도다. 그런즉 내게로 돌아오라 그리하면 나도 너희에게로 돌아가리라 하였더니 너희가 이르기를 우리가 어떻게 하여야 돌아가리이까"(말라기 3:7)

"주께서 어떻게 나를 사랑하셨나이까. 내가 어떻게 주를 멸시하였나이까. 내가 어떻게 여호와를 괴롭게 하였나이까. 내가 어떻게 주의 것을 도적질하였나이까. 내가 무슨 말로 주를 대적하였나이까. 내가 어떻게 하여야 돌아가리이까"(말라기3:8-9)

이 말씀은 약 2,400년 전 말라기 시대의 백성들이 한 말이지만 지금 저에게 하시는 말씀처럼 아주 생생합니다.

"여호와께서 이르시되 내가 너희를 사랑하였노라 하나 너희는 이르기를 주께서 어떻게 우리를 사랑하셨나이까 하는도다"
(말라기 1:2)

아주 짧은 한 문장입니다. 그런데 어쩌면 이렇게 상반되게 생각하고 있을까요? 저를 보면 하나님께서는 나를 사랑하시고 계신데 나는 그 사랑을 느끼지 못하고 있습니다. 제가 생각하는 것으로 내 중심에서 내 의지로 하다 보니 하나님과 반대였습니다. 내 생각대로 이루어지지 않으면 내 마음엔 하나님의 사랑이 전혀 느껴지지 않았습니다. 오히려 불평이 나왔습니다. 하나님의 생각과 내 생각은 완전 반대였던 게 대부분이었습니다. 그러나 나는 내 생각을 버리지 않은 채 내 판단과 내 생각을 고집하며 하나님께서 나를 사랑하셨나이까? 하며 살아왔습니다.

1:2 주께서 어떻게 우리를 사랑하셨나이까?

교회를 돌이켜 보면 한밀 숲 학교가 떠오릅니다. 학교 일이 잘 되어 힘이 나서가 아닙니다. 학교 일이 진행되는 동안 엄청난 시련이 왔습니다. 그만두고 싶은 마음이 언제나 가득했으나 혹 주님의 일이라면 하는 교회의 믿음 때문에 그 오랜 힘겨움을 견디어 왔습니다.

하나님께 원망도 했습니다. 기도도 했습니다. 오랜 시간이 지난 후에야 하나님께서는 교회 가족들에게 믿음의 뿌리를 내리게 해주시려 했음을 알게 되었습니다. 이것이 하나님의 사랑이었습니다.

한밀 숲 학교의 일은 하나님을 향한 교회 가족들의 믿음을 점차 바뀌게 하였습니다. 하나님께서는 우리가 하려는 것을 막으시고 하나님께서 행하실 때까지 인내하고 기다리게 하셨습니다. 그러는 중에 우리의 죄를 보고 회개하게 하셨습니다. 내 뜻대로 되어야 하는 탐심이 죄라는 것을 주님은 사랑으로 알려주셨습니다.

교회가 힘든 여정을 지나왔지만 목사님 말씀처럼 해마다 더 나아졌다고 올해가 최고의 해라고 고백을 할 수 있는 것도 주님이 우리를 사랑했기에 가능했습니다.

지금 교회는 주님의 사랑으로 주님을 더욱 알아가고 있으며, 우리의 욕심에 뿌리를 둔 죄를 회개하며 이 죄와 끝까지 싸우기를 소망하는 교회가 되어가고 있습니다.

교회 가정들을 보면서 주님께 감사하게 됩니다.

장진한 목사님은 기간제 교사 일을 하고 있습니다. 계약이 만료되면 다른 학교를 찾습니다. 초조하게 찾고 이력서를 내고 기다리고 하는 시간은 피를 말리는 시간입니다. 우리의 생각에 모든 것이 다 준비되고 마련되어 있어야 주님께서 사랑하시는 것입니까? 그렇지 않습니다. 이런 시간을 통해 우리의 믿음 없음과 이런 나를 하나님의 자녀로 사랑하시는 것을 알게 된다면 그 어느 것이 이보다 더 큰 사랑이겠습니까?

처음에는 장진한 목사님 또한 보통의 사람과 똑같았습니다. 그러나 이 시간 속에서 자신의 믿음 없음을 보고 점차 하나님을 신뢰하는 사람으로 변했습니다. 자신의 모습을 보고 회개하는 것은 하나님을 신뢰하는 시작점이 됩니다. 결과에 매이지 않고 그냥 주어진 환경을 믿음으로 살아가는 장진한 목사님의 하나님 앞에서 살아가는 모습을 보는 것만으로도 주님이 얼마나 우리를 사랑하고 있는지 알 수 있습니다.

우리는 욕심에 매여 있습니다. 우리가 욕심에 매이지 않으면 모든 것이 주님의 은혜이며 주님의 사랑 안에 있다는 것을 알 수 있습니다.

저는 하나님께서 어떻게 교회 가족들을 사랑하셨는지 생각해 보실 것을 간구 드립니다. 하나님께서 우리를 사랑하시면 우리는 우리가 도저히 할 수 없는 사랑을 하게 됩니다. 이것은 하나님께서 우리를 통해 행하시는 것인데 이를 통해서도 하나님께서 우리를 사랑하심이 증명됩니다.

저는 하나님께서 저를 부르신다는 생각이 들 때가 많이 있습니다. 그러나 저는 하나님을 외면하며 살았습니다. 하나님의 심정을 거부한 채 내 욕심을 좇아 살았습니다. 부르시는 하나님의 사랑을 모른 채 내 생각에 빠져 살아온 것을 회개합니다.

1:6 "우리가 어떻게 주의 이름을 멸시하였나이까 하는도다"

이 말씀을 보며 나는 주의 이름을 멸시했을까? 생각해 보았습니다. 멸시한다는 것은 무엇일까요? 무시하는 것과는 어떤 차이가 있을까요? 아마도 교만의 자리에서 행하는 것만은 똑같을 것입니다. 만약 우리가 교만의 자리에 있었다면 주님을 멸시한 것입니다.

나는 내 생각을 버리고 다른 생각을 따라 살면 견디기 힘듭니다. 내 생각이 내 삶의 전부인 것 같습니다. 그래서 슬쩍슬쩍 내 생각과 다르면 피합니다. 철저하게 내 생각을 지킵니다.

최근 직장에서 다른 사람들을 무시하는 태도가 있음을 지적받은 적이 있습니다. 나는 남들에게 무시를 당할 때 가장 견디기 힘듭니다. 그런데 내가 이런 사람인 줄 몰랐습니다. 주변은 다 아는데 나만 몰랐습니다. 내 중심적인 사람이라 나에게 일어난 것은 죽는 것처럼 민감한데 남에게 하는 것은 느끼지 못합니다. 상대방이 얼마나 힘들었을까 생각해보지도 않았으니 회개를 할 수도 없었습니다.

얼마 전 주영이가 학교 통지표를 집에 알리지 않고 자기 혼자 처리한 일이 있었습니다. 주영이는 중요한 것이 아니어서 그랬다고 얘기를 했지만 저와 자매는 무시를 당하는 기분에 빠진 적이 있습니다. 너무 기분이 나빴습니다. 주영이가 큰 잘못을 저지른 것보다 이러한 태도를 갖고 있음이 더 심각한 문제임을 알게 되었습니다. 내 생각에 빠져있어 알지도 못하고 느끼지도 못하는 것들로 주님을 멸시하고 있습니다. 주님의 심정을 모르기 때문입니다. 내 생각을 고집하며 사는 내가 주님을 멸시하는 것임을 알려주셨습니다. 이 믿음을 갖게 해 달라고 소망합니다.

1:7 "더러운 떡을 나의 제단에 드리고도 우리가 어떻게 주를 더럽게 하였나이까 하는도다"

주를 더럽게 함이 뭘까 생각해 봅니다. 주님께 드릴 때는 정결한 것을 드려야 하는데 그러지 못한 것을 지적하고 있음을 알게 하십니다. 나는 정결한 것을 드리고 있나? 주님 것을 주님께 드리는 마음이 아닌 내 것을 주님께 드리는 것 모두가 더러운 것임을 말씀하십니다.

주님을 사랑하는 마음이 없이 형식적으로 드리는 행위를 오랜 시간 해 왔습니다. 그러기에 더러운 것인지 몰랐습니다. 이 또한 내가 중심이 돼서 살아온 결과입니다. 종교심으로 하나님께 드리는 모든 것은 더러운 제물일 뿐입니다. 주님과 아무 상관이 없는 것입니다.

아벨과 가인의 제사를 늘 기억해야겠습니다. 정결하게 하나님께 드리려면 우리 마음이 정결해져야 함을 기억해야 합니다. 교회 가족들이 정결한 신부가 되어서 즐거운 마음으로 주님의 것을 주님께 드리는 기쁨의 드림이 충만하길 기도합니다.

2:17 "우리가 어떻게 여호와를 괴롭혀 드렸나이까 하는도다"

하나님을 괴롭게 하는 것이 뭘까 생각합니다. 나를 비추어 볼 때 상대의 마음을 알아주지 않을 때가 상대방을 괴롭게 한다는 것을 결혼생활을 통해 알게 되었습니다.

나는 자기애로 인해 좀처럼 나를 죽이지 않았습니다. 고집스럽게 나를 주장하고 아내의 생각과 뜻을 받아들이지 않았습니다. 이런 성향은 아내를 무시하는 뿌리 깊은 불신에서 비롯됩니다. 내가 경험한 좀 더 오랜 직장생활, 사람들과의 관계 등 내가 경험한 것이 아내가 경험한 것보다 많다는 것으로 근거하였지만 돌이켜 보면 내가 틀린 경우가 훨씬 많다는 것을 알았습니다. 나는 내가 죽지 않고 내가 하는 모든 것이 여호와를 괴롭혀 드린 것이라 생각합니다. 비록 내가 옳다고 해도 나를 드러내 자랑삼아 하는 것이라면 주님은 괴로워하실 것입니다.

지난 연구원 선교회 모임에서 평생을 약삭빠르게 살아온 저의 모습에 대하여 나눈 적이 있습니다. 뒤를 돌아보니 연구원 내에서 연구원 일이라는 대의명분을 걸어 놓고 일을 해왔지만 그 속에서 약삭빠르게 저의 이권을 찾아 내 생각대로 교묘히 살아온 저의 모습을 보고 회개하는 심정으로 나누었습니다.

저의 삶의 행태는 내 생각대로 내 탐욕이 죄인지 모른 채 죄와 결탁하며 살아왔습니다. 그러면서도 내가 주를 괴롭게 하고 있다고는 한순간도 생각지 못했습니다. 그러나 본문을 묵상하며 내가 중심이 되어 행한 모든 것이 주님을 괴롭게 하는 것이라 생각하게 되었습니다. 교회 가족들도 저처럼 죄에 속지 말고 주님을 주인 삼으셔서 주님의 뜻에 순종하며 사시는 순전한 주님의 자녀가 되길 기도합니다.

3:8 "우리가 어떻게 주의 것을 도둑질하였나이까 하는도다"

하나님의 것은 2가지 부류가 있습니다. 한 가지는 내게 주신 물질입니다. 성경은 하나님의 것 즉 십일조와 봉헌물은 하나님의 것이니 돌려 드려야 한다고 말씀하고 있습니다. 내 것과 남의 것을 구별 못 하는 사람은 도둑놈입니다. 하나님 것은 완전히 구분해 드려야 합니다.

다른 한 가지는 하나님께서 주신 내 삶입니다. 내가 살아가지만 내 삶은 하나님께서 주신 것이기에 하나님께 드려야 합니다. 하나님께 드리는 방법은 여러 가지가 있을 수 있습니다. 가장 좋은 것은 말씀을 보고 기도하며 하나님의 것을 돌려 드리는 것입니다. 만약 드리지 않는다면 도둑질하는 것입니다.

교회가 하루에 3시간씩 말씀을 보도록 가르치고 있습니다. 하루에 3시간 말씀을 보는 것은 정말 어려운 일입니다. 그렇지만 힘들어도 하나님 것을 되돌려 드린다는 생각을 하면 견딜 수 있습니다. 그러한 견딤 가운데 하나님께서 우리에게 말씀하시는 것이 들립니다. 저는 하나님의 말씀을 몰랐습니다. 하나님의 심정을 말씀을 통해 알아가야 하는데 알지 못했습니다. 저는 하나님 것을 도둑질하며 살았습니다. 하나님의 법칙은 하나님 것을 하나님께 돌릴 때 더 주십니다. 하나님의 것을 도둑질하지 않기를 기도합니다.

3:13 "너희가 완악한 말로 나를 대적하고도 우리가 무슨 말로 주를 대적하였나이까 하는도다"

본문에는 하나님을 섬기는 것이 헛되다. 그 명령을 지켜 행하는 것은 슬프며 행하는 것이 유익하지 않다. 교만한 자가 복되다. 악을 행하는 자가 번성한다. 하나님을 시험하는 자가 화를 면한다는 말씀이 있습니다. 이 모든 것은 하나님께서 행하신 것이 아니라 자기들이 욕심대로 행한 결과들입니다. 욕심에 이끌려 행하는 것 모두가 주님을 대적하는 죄입니다. 내 생각은 언제나 욕심에 이끌려 결국 죄를 짓게 되는 것을 수없이 경험하였습니다. 그래서 하나님께 함께 해달라는 기도를 하게 됩니다. 예찬이가 수능 만점을 추호라도 자신의 실력에 의한 것으로 생각힐 때는 주를 대적하는 짓입니다. 이것은 너무나 중요합니다.

제가 사모님을 모시고 살고 싶다는 고백을 드린 적이 있습니다. 사모님은 하나님께 대적하시지 않고 순종하는 분이기 때문입니다. 사모님을 모시고 살면서 나를 버리는 믿음이 생기길 간구하고 싶은 생각이 있기 때문입니다.

향기의 결혼 이야기가 오갈 때 나는 그 결혼을 반대한 사람입니다. 향기가 더 좋은 곳으로 시집가길 바라는 마음이 있었기 때문입니다. 그런데 사모님은 모든 것을 내려놓으시고 결혼을 허락하셨습니다. 그 형제를 통해 땅끝까지 복음이 전파되는 단 한 가지의 소망 때문이었습니다. 저는 감사편지에 "힘들어하지 마세요"라고 했습니다. 그 이유는 믿음을 배우며 좇아가는 형제자매들이 있으니 그것으로 위안받으시라는 말을 드렸던 기억입니다.

교회는 수없이 많은 일을 통해 주를 대적하는 것이 아니라 순종하는 길을 가고 있습니다. 죽기보다 싫은 것들을 받아들이면서 순종의 길을 가고 있습니다. 교회 가족들도 교회와 더불어 순종의 길을 가도록 기도합니다.

3:7 "우리가 어떻게 하여야 돌아가리이까 하는도다"

교회 가족 여러분 어떻게 하면 주께 돌아갈 수 있습니까?

성경에서 주께 돌아간 사람 누구를 롤모델로 삼고 계시는지요. 본문에 어떻게 하여야 돌아가리이까? 이렇게 방법을 말하는 사람 중엔 2가지 부류의 사람이 있습니다. 한사람은 이미 마음에 거부한 채 말하는 사람입니다. 난 규례를 다했는데 또 뭘 해야 하지? 이런 부류의 사람입니다. 교회 내에서 종교적 신앙인은 다 이 부류에 속합니다. 인본주의의 사람들 모두가 이 부류에 속합니다.

또 다른 부류의 사람들은 깊이 고민하는 사람들입니다. 이런 마음이 있는 사람들은 들을 준비가 되어있는 사람입니다. 무엇을 말해도 회개하고 순종하는 사람입니다. 이런 사람은 마음이 낮아져서 자기의 주장을 더이상 하지 않으려는 마음을 갖고 있는 사람입니다. 자기 포기를 시작한 사람입니다.

주님이 지금 나에게 그리고 교회 가족들에게 돌아오라고 말씀하십니다. 그 앞은 십자가 앞입니다. 십자가를 지는 것과 피하는 것이 우리 앞에 있습니다. 주님의 음성이 들리시면 자기의 십자가를 모두 지시기 바랍니다.

"내가 그리스도와 함께 십자가에 못 박혔나니 그런즉 이제는 내가 사는 것이 아니요 오직 내 안에 그리스도께서 사시는 것이라 이제 내가 육체 가운데 사는 것은 나를 사랑하사 나를 위하여 자기 자신을 버리신 하나님의 아들을 믿는 믿음 안에서 사는 것이라"(갈라디아서 2:20)

6. '마음'으로 믿고 '성령님'을 따라 살도록 하라

기독교 인성교육은 사람의 마음에 역사하시는 성령님의 역할이 절대적이다. 마음으로부터 피조성을 거부한 인간이 강퍅하고 완악하게 하나님을 거역하며 죄를 지었지만, 그 마음 안에서 끊임없이 역사하시는 성령님을 따라 생명의 빛이신 예수님의 말씀 앞에서 회개하고 오직 믿음으로 나아갈 때, 하나님께서는 우리를 통해 영광을 받으시고 그리스도인들은 교회와 더불어 그의 인격과 삶에서 예수 그리스도를 반영하며 살아갈 수 있게 된다.

장진한 형제는 25년 전, 결혼을 하기 위해 교회라는 곳에 처음으로 발을 디뎠는데, 그때가 바로 교회가 죄의 문제로 치열하게 고민하며 살기 시작하던 때였다. 우리 교회에 나오고 있는 자매와의 결혼을 앞두고 자매집에서 기독교 신앙 생활을 요구했기 때문이다.

머리는 잔뜩 바른 무스로 힘 있게 빗어 넘긴 올백에, 반짝이는 금 체인 목걸이를 한 채 검정 롱코트를 입고 등장한 형제는 교회에 매우 불만이 많은 표정이었다. 20년이 넘는 세월이 지난 현재, 그는 잘나가던 대기업을 그만두고 중학교 기간제 교사로 재직하며 그리스도의편지교회에서 부목사로 사역을 하고 있으니, 형제의 존재 자체가 죄인들의 마음에 역사하시어 새 사람을 만드시는 성령님의 사역의 살아있는 증거이다.

함께 걸어온 시간 동안, 형제의 마음속에 있었던 깊은 갈등을 돌아보며 그 마음의 죄를 끝없이 드러내고 오늘도 그 죄와 처절히 싸우는 교회가 삶의 전부가 되었다며 진솔하게 고백하는 형제의 나눔은 기독교 인성교육을 통해 추구하는 교회의 복음을 강력하게 담아낸다.

하나님의 형상-피조성 (창조주와 연결되는 곳, 마음)
– 형제목장 장진한 / 2018. 11.

흔히들 세월이 지나고 나이를 먹을수록 철학적인 사고를 하게 된다고 합니다. 나는 누구인가?, 내 삶의 궁극적 끝이 어디일까?, 나는 어디서 와서 어디로 가는 것인가?, 죽음, 그 생명이 멈추는 죽음 이후의 세계는? 수많은 사람이 고민하며 답을 찾으려 했지만 명쾌한 답을 얻지 못하고 있음을 깨닫게 된 것은 하나님께서 허락하신 믿음의 세계를 경험하고 나서부터입니다. 너무도 단순하고 간단한 삶의 진리들이 하나님의 말씀 속에 담겨있음을 교회를 통해 깊이 있게 경험하게 됩니다.

예수님의 복음을 알기 전에는 인생의 주인은 바로 나 자신이며, 이 세상에서 나를 가장 잘 아는 사람은 바로 내 자신인 줄 알았습니다. 하지만 예수님의 몸이신 교회 안에서 정반대임을 알게 된 것은 충격이었으며 시간이 지남에 따라 마음으로 인정할 수밖에 없었습니다. 얼마나 이중적인 마음을 품으며 살고 있는지, 속으로 꼭꼭 숨겨놓고 필요할 때마다 사용하는 내 자아가 얼마나 질기고 강하게 하나님을 대적하고 있는지, 어떠한 상황에서도 나의 유익을 위해 몸과 마음이 움직이고 있는지 그리고 입으로는 그렇지 않다고 하면서 조금만 자존감이 상하는 것을 감당하지 못하며 살아가는 존재인지를 알게 되었습니다. 주님을 만나고, 교회 안에서의 신앙생활을 통해 너무도 분명하고 선명하게 깨달으며 살아가고 있는 것은 기적 중의 기적이며, 주님의 은혜 중의 은혜임을 고백합니다.

23년 전 결혼을 하기 위해 다니기 시작한 교회는 지금 제 삶의 전부가 되어있습니다. 예수님, 죄, 자기 부인, 회개 등등 교회 출석 몇 년 동안 참으로 낯설고 어려운 이야기들을 주일 말씀과 목장 모임에서 숨이 막힐 정도로 듣게 되었습니다. 인생을 왜 이리도 힘들게 살라고 하는 것인지, 이는 밖에서 내 식대로 생각하며 이해했던 일반적인 교회의 모습이 아니었습니다.
죄를 마음으로 깊이 있게 인식하지도 않은 채 용서받았다고 단정해 버리는 삶에서 돌이켜야 한다는 교회의 외침은 지금까지 계속 이어지고 있으며 편지교회의 전부입니다. 말씀을 가르쳐 지키게 하는 교회의 모습 속에 예수님을 내 인생의 주인 되시고, 하나님께서 나의 모든 삶을 주관하시는 창조주이심을 마음으로 깨닫고 인정하고 고백하며 결단한 날부터 내가 누구인지를 점점 알게 되었습니다. 인생의 목적도 알게 되었으며, 나의 자아가 고무줄보다 얼마나 더 질긴지, 사람들에게 늘 인정받고 싶어 하는지 그리고 세상으로부터 배우고 익힌 것들이 언제나 내 삶의 기준이 되어서 살아가는지를 교회를 통해 알아가고 있습니다.

생각해볼수록 말이 안 되는 것입니다. 학교에서 배우고 익힌 지식들, 사회에서 배우고 익힌 경험들, 또 책을 통해 얻게 된 삶의 교훈들, 가정과 부모로부터 배운 생활의 지혜들, 친구들과 어울림 속에서 익혀진 습관들, 많은 뉴스와 신문과 역사적 사실을 통해 보게 된 세상을 바라보고 평가하는 가치관들 그 어디에도 하나님의 마음이 새겨진 것이 없음을 몰랐습니다. 많은 것들이 '나'라는 자아 덩어리와 생각의 모든 존재를 형성하게 되었다는 것을 깊이 있게 인지하지 못하였습니다. 온 세상 모든 것의 창조주이시며 주인이신 하나님의 실존과 마음을 몰랐고, 신앙으로 바르게 살고자 몸부림치는 지금 이 순간까지도 세상으로부터 받은 많은 영향의 잔재로 인해 믿음으로 살아가는 것에 여전히 걸림돌이 되는 것입니다.

23년 전부터 편지교회를 통해 전해주시는 이러한 죄로부터의 돌이킴, 그 회개의 메시지가 그래서 더욱 마음 구석구석 찔림이 되고 바른 순종의 삶을 살 것에 도전을 주고 있습니다. 겉은 포기하고 인정하는 것 같지만, 여전히 꿈틀거리는 자존감과 자아가 나의 생각을 지배하려 하고 그래서 믿음으로 순종의 삶을 살기보다는 걱정과 염려로 그리고 내 판단과 경험을 바탕으로 살려고 합니다. 그래서 교회의 비밀을 알면 알수록 예수 그리스도의 우리를 향하신 그 마음과 사랑을 알게 됩니다. 같은 믿음을 향해 씨름하며 살아가는 교회 가족들이 없었다면 절대로 알 수 없었을 그 비밀을 아픔과 힘든 여정이었지만 이렇게 알게 된 것에 감사함과 죄송스러움이 교차합니다.

요한복음 12장 25절 "자기의 생명을 사랑하는 자는 잃어버릴 것이요 이 세상에서 자기의 생명을 미워하는 자는 영생하도록 보전하리라"

하나님을 믿지 않는 것이 죄인 것은 당연한 것이고, 믿더라도 자기 생각이 삶의 기준이 되고, 순종의 기준이 되어서 살아간다면 그 또한 죄라는 것임을 조금도 타협하지 않고 지금도 전해지고 있습니다. 내 방식대로 살아가려는 사람에게 죄와 회개를 강조하는 편지교회의 복음은 너무나 부담스러웠습니다.

예수님을 믿는다는 것이 삶에서 증명되지 않는다면 그것은 문제 있는 신앙이 아닌가? 처음부터 각자의 믿음을 다시 점검하고 교회를 통해 자기 부인의 삶을 선택하라는 말씀 선포 앞에 내 의지와 결단으로 하려는 내 자신이 주님 앞에서 언제나 탐욕과 욕심으로 가득한 죄인임을 선명하게 보게 됩니다. 창조주 하나님 앞에서 나의 악함에도 불구하고 다시 관계를 맺고 싶어 하시는 주님의 마음을 교회 안에서 경험하며, 내 삶의 모든 주재권을 예수님께 있음을 고백합니다.

교회는 언제나 영과 육 사이에서 많은 중보기도와 고민과 나눔을 통해 방향이 정해집니다. 효율적이지도 못하고 경제적이지도 못하지만 저는 제 몸에 배어있는 이 세상의 가치관으로 인해 많은 갈등이 있었습니다. 하나님의 일은 효율성과 경제적인 관점이 결정의 기준이 되지 않음을 알고 있었지만 언제나 이 부분 때문에 나의 신앙에 문제가 드러납니다. 사회에서 배우고 익힌 효율성과 결과 중심으로 일을 하는 것에 익숙한 나에게 언제나 다른 방향에서 고민하며 결정하는 교회를 머리로 이해하기에는 한계가 있었습니다. 객관적으로 보면 틀림없이 내가 생각하는 것이 더 좋은 결과가 나올 것 같은데, 세상보다는 교회와 그 교회의 몸을 이루어가는 지체들의 영성이 우선이었습니다.

특히 용인시 수지구에서 교회부설교육기관인 하바어린이선교원을 운영하던 시기에 6세 교사와 기획실 업무를 담당하고 있었는데 선교원 운영에 대한 여러 가지 복잡하고 어려운 결정을 할 때 이러한 내적 갈등은 선교원 구성의 주축인 자매들과 많았으며, 특히 영성에 직접적으로 관여하시는 사모님과의 갈등이 심했습니다. 언제나 나의 생각과는 다른 결정이었습니다.

경제적으로 큰 손해가 날 것이 머리로 계산이 되던 나에게 그 결정을 받아들이는 것은 매우 힘든 일이었습니다.

10년간 회사를 다니며 경험했던 판단의 근거에서 기인한 갈등이었습니다. 자아가 깎이고 파지고 드러나면서 그 시간들이 마음으로 와닿게 되고 하나님과 세상의 두 마음 중에서 하나님을 선택하는 삶이 무엇인지 알게 되었습니다. 편지교회는 조금 손해 보고, 조금 더디고, 조금 오해를 받더라도 세상과 타협하지 않는 영적 전쟁을 하며 살아갑니다.

영과 육의 차이였음을 이제야 마음으로 받아들이게 됩니다. 내 생각과 내 판단은 교회의 결정과 많은 경우 달랐습니다. 영적인 결정 앞에 한 치도 양보 없는 교회의 모습을 보면서 답답하기까지 느껴졌습니다.

나의 이런 생각도 맞는 부분이 있는데, 왜 꼭 그렇게 결정하고 가야 하는지 받아들이기 힘들었지만 점점 예수님의 십자가 앞에서 내 자아가 무너질수록 교회의 메시지는 더욱 선명하게 다가왔으며, 세상의 가치관이 하나님의 말씀과 정반대 방향을 향해 있다는 것을 마음으로 느끼며 조금씩 주님께 더 순전하고 온전한 모습으로 순종하는 계기가 되었습니다.

예수님을 주님으로 고백한 이후에도 너무도 내 중심으로, 나의 기질과 나의 경험만을 최우선으로 생각하며 살고 있는 내 자신은 벗겨도 벗겨도 끊임없이 발견되는 나의 죄성으로 인해 수치와 부끄러움으로 교회 안에서 드러내며 살고 있습니다. 얼마나 내가 잘못 살았는지, 얼마나 내가 주님의 마음을 아프게 하며 살아가고 있는지 숨어버리고 싶을 때가 정말 많습니다. 누군가가 자존심과 자아를 건드리는 말이라도 하게 되면 겉으로는 아닌 척하지만, 속에서 주체할 수 없는 화가 생기고 그것이 오랫동안 지속되기도 합니다.

그러나 형제자매들과 함께하면서 날카롭게 밖을 향하고 있던 자아의 끝이 내 안으로 향하게 됩니다. 보면 볼수록 타인 중심이 아니라 나를 보호하는 본능적인 육에 익숙해 있지만 그것이 얼마나 큰 죄인지를 알게 되었습니다. 이렇듯 실제 삶 속에서 영적 경험을 계속해서 해나갈 수 있는 원천은 교회와 그 몸을 이루고 있는 편지 가족임을 고백할 수밖에 없습니다. 나 혼자서는 도저히 나를 정확하게 볼 수 없다는 것을 아주 구체적으로 경험하게 되면서부터 더 더욱 교회에 대한 빚을 많이 지면서 살고 있습니다.

죄의 근원은 하나님을 믿는다고 하면서도 교묘하게 내가 인식하지 못한 채 하나님을 거부하면서 사는 것입니다. 내 인생을 철저하게 주님께로 향할 수 있는 믿음, 그 믿음의 방향을 향해 살 수 있는 힘이 교회를 통해 얻게 될 수 있기에, 있는 그대로 정직한 삶을 살 수 있기를 늘 기도하게 됩니다. 내가 원하는 삶과 내가 이해한 것에만 반응을 보이는 선택적 순종이 아니라 교회를 통해 보이시고 말씀하시는 것 앞에 마음을 다해 순종하는 지체가 되기를 기도하게 됩니다.

편지교회에는 영적 도전을 주는 필독서가 몇 권 있습니다. 그중에서 몰리노스의 "영성 깊은 그리스도인", C.S.루이스의 "스크루테이프의 편지", "순전한 기독교", 죠셉 얼라인의 "회개의 참된 의미", 존 오웬의 "죄 죽임", "죄와 유혹"입니다. 성경을 가장 우선으로 삼고 있는 교회의 정신에 영성을 회복시킬 수 있는 영적 선배들의 고백이 담겨있는 책입니다. 특히 영성 깊은 그리스도인에서는 감각적인 신앙이 아니라 내면에서 느낄 수 있는, 즉 어떠한 상황에서도 하나님께로 눈을 돌리는 신앙을 몰리노스는 고백하고 있습니다.

내면의 세계에서 경험되어지는 영성을 교회가 소망하면서, 정말 하나님이 창조주 하나님으로 믿어지는 은혜 속에서 산다면 삶의 여정에서 어떠한 결과가 주어지더라도 창조주이시며 나의 주권자이신 하나님께 향하는 믿음을 마음으로 소원합니다. 예수님이 주인이 아니라 내가 주인이 되어 살아가니까 힘든 것이고, 결과에 따라 나의 신앙의 기쁨이 좌지우지되는 것임을 알게 해주셨습니다.

하나님께서는 지금 내게 주어진 시간에 충성을 다해 살아갈 것을 원하고 계십니다. 자기의 생명을 미워한다는 것은 철저하게 자기가 부인되지 않으면 불가능한 일입니다.

편지교회에서는 자기의 수치와 부끄러움을 정직하게 고백하고 그 고백에 합당한 삶을 살고자 하는 자에게 모두 마음으로 박수를 보냅니다. 자신의 모습을, 자신의 삶을 믿음이 있으면 있는 대로, 없으면 없는 대로 고백할 수 있는 교회 가족이 있다는 것은 너무도 큰 하나님의 축복이며 은혜입니다.

같은 공간에서 같은 말씀을 듣고 있지만, 자기 생각과 자기 방식의 삶을 포기하지 않고 살아가는 가족들을 보면서 때로는 답답함과 때로는 안타까움이 교차합니다. 편지교회의 실체이며 현실입니다. 주님의 교회로 세워가는 데 있어서 목사님과 사모님이 두 분의 헌신과 영적 도전이 없었다면 적당한 선에서 타협하며 모든 가족들을 안고 가셨을 수 있지만, 건강하고 바른 예수님의 몸을 이루기 위해서는 인간적인 방법으로는 한계가 있음을 아셨기에, 인간적으로 안타깝지만 한 치도 물러설 수 없는 복음의 진리를 약화시키지 않았습니다.

한 사람 한 사람. 각자가 하나님 앞에서 자기가 부인되는 삶을 살 때 예수님의 몸을 이루어갈 수 있다는 고린도전서 12장 12~31절 말씀이 생명력 있게 역사하실 수 있는 것입니다. 애써 서로 하나가 되기 위해 노력하는 것은 인간적인 방법에 불과한 것입니다. 하나님은 어떤 분이시며, 왜 그분을 믿어야 하며, 예수 그리스도를 통해 그분과 다시 관계회복이 되는 통로를 열어주셨는지, 그것에 가장 큰 걸림돌은 바로 내 자신임을 마음으로 감동 받은 사람이 교회의 기본임을 알게 되었습니다. 내가 없어져야 하나님께서 내 안에 들어와 나를 온전히 주장하실 수 있는 것이지요. 각자에게 주어진 실제 삶에서 살아져야 하며, 살아내야 합니다.

교회의 여러 모임 시간을 통해 삶에서 나타나지 않는 믿음에 대해 지적하고 다시금 영적으로 살아갈 것을 듣게 됩니다. 때로는 내게 직접 전해지는 말씀이 아니고 옆에 있는 형제나 자매에게 전해진 권면과 도전이라도, 모두들 자기의 문제로 봅니다. 왜냐하면 형태만 다를 뿐 모두에게 탐욕의 죄성이 나를 주장하려 하기 때문에 더욱 영적경계를 갖추어야 함으로 받아들입니다.

고린도전서 12장 26~27절 "만일 한 지체가 고통을 받으면 모든 지체가 함께 고통을 받고 한 지체가 영광을 얻으면 모든 지체가 함께 즐거워하느니라 너희는 그리스도의 몸이요 지체의 각 부분이라" 이 말씀의 깊이를 더욱 느끼며 살아갑니다.

학교를 준비하는 과정 중에 있어 예전에 비해 비교할 수 없을 정도로 작아진 교회 공간이지만, 함께 하는 교회 가족이 언제나 같이 있기에 주어진 현실에 감사함으로 살아갑니다. 그들은 나의 영적 전쟁의 전우이며 나의 거울입니다. 때로는 질긴 자아 때문에 서로에게 아픔과 상처가 되지만, 우리를 향한 주님의 뜻을 교회를 통해서 더욱 섬세하게 느끼며 살아갑니다. 고린도전서의 말씀이 그래서 더 묵상이 되고 내가 온전히 주님 안에서 살아갈 때 온 맘으로 느낄 수 있게 됩니다.

30대 초반 교회 출석으로 시작한 것이 지금은 교회가 삶의 전부가 되었습니다. 그러나 여전히 믿음의 눈으로 사물과 상황을 바라보는 것이 아니라 내 안에 들어있는 세상의 찌꺼기들로 인해 합리적이고 이성적인 판단에 근거하여 삶을 주장하려 합니다. 한번 형성된 생각과 자아는 조금이라도 긴장을 풀면 어느새 욕심으로 가득한 죄성이 나를 주장합니다. 하나님을 만날 수 있는 근원인 마음이 사라집니다. 교회와 함께 살아가지 않으면 그런 나를 볼 수도 없을뿐더러 인정할 수도 없습니다. 사람과 부딪히는 불편한 관계를 피하며 살아가는 것에 본능적으로 익숙해져 있고, 모든 것을 적당히 하며, 영적으로 게으르고, 마음으로 많은 사람들을 정죄하고, 대단히 감정적인 사람임을 어느 정도 알고 있었지만, 실제의 "나"는 스스로 인지하고 있는 것보다 몇십 배 몇백 배 심각한 모습이었습니다. 나만 모르고 살아온 것입니다. 인정하기 어려웠고, 힘든 시간을 보냈지만, 진짜 내 모습을 조금씩 알아가게 되면서 하나님이신 예수님의 간섭하심이 사랑과 은혜로 다가올 수 있었습니다. 주님 안에서 나를 알게 하시는 교회의 비밀을 믿음으로 받고 살 수 있기를 기도하게 됩니다.

교회에서는 예수님을 전할 때 제일 먼저 요한복음 말씀을 자연스럽게 나눕니다. 그중에서도 1장 1~5절까지의 말씀에 많은 무게를 두고 전합니다. 이 다섯 구절은 신앙의 전부이며 복음의 전부라 할 수 있습니다. 성경 66권속에 표현된 하나님의 마음이 담긴 편지가 다섯 구절에 온전히 담겨있습니다. 빛이신 예수님의 생명으로 살아갈 수 있는 유일한 길은 교회를 통해서 만이 가능합니다. 혼자서 하나님이신 예수님의 복음을 이해할 수는 있을지라도, 그 믿음에 합당한 삶을 살아가는 데에는 교회가 필요합니다. 이것이 교회의 역할이며 기능입니다. 예수님을 온전히 알고 예수님을 믿음으로 살아가는 것입니다. 나는 자주 교회로부터 가장 많은 빚을 진 사람이라고 고백합니다. 여전히 하나님의 기쁨이 되는 삶으로 온전히 살아가지는 못하지만, 내 있는 그대로의 모습을 받아주며, 예수님께 향한 나의 삶의 방향이 잘못 향해 있을 때 언제든 저에게 말씀을 전해주십니다.

교회는 함께 기도하고 함께 아파하며 교회의 머리이신 예수님께 한 몸을 이루어가는 고통을 함께 나눕니다. 언제나 소원합니다. 사람이 드러나는 교회가 아니라 예수님께서 온전하게 드러나시는 교회이길 기도합니다. 예수님 말씀에 합당한 교회로 더욱 굳건히 세워질 수 있기를 기도합니다.

믿음이 없이는 하나님을 기쁘게 할 수가 없습니다. 그 믿음은 합리적이고 논리적이며 이성적인 근거에 기인하지 않습니다. 오직 교회의 몸을 이루어가는 공동체를 통해 나의 내면에 온전히 뿌리 내리는 올곧은 믿음으로 자라날 수 있는 것입니다.

외형적인 성장이 멈춘 듯한 편지교회의 모습이지만, 그래서 가끔은 이렇게 꼭 무겁게 신앙생활을 해야 하는가 라는 생각이 교회 안에 들어오기도 하지만, 성경을 보면 볼수록 또 우리의 모습을 보면 볼수록 모두가 감당해야 할 신앙의 분깃임을 다시금 고백하게 됩니다. 이 땅에서 육신의 몸을 입고 있을 때까지 내 안에 거하는 죄의 본성을 마음을 다해 경계하고 싸우라고 그리스도의편지교회에게 원하시는 것이라 생각합니다.

청년의 시기에 접어든 편지교회는 아직도 믿음으로 죄를 다스리지 못하는 많은 이들이 있지만 먼저 된 자이든 나중 된 자이든 하나님의 형상이 새로운 관계로 회복되어지는 죄로부터 돌이키라는 회개 말씀이 더욱 강하게 전해지고 나누어지고 있습니다. 세상의 이치와 가치관이 더이상 믿음에 기준이 되지 않도록 또한 언제나 교회의 분열을 도모하는 사탄의 전략으로부터 벗어나는 길은 오직 교회 안에서 예수님만이 온전히 드러날 수 있도록 나의 자아를 주님 앞에서 굴복시키는 일에 매진해야 함을 마음으로 받습니다. 지금까지 인도하신 주님을 따라 날마다 자아를 부인하며 살아갈 수 있기를 기도합니다.

제 04 장

「교회의 본질」: 가르쳐 지키게 하는 교육

"그러므로 너희는 가서 모든 민족을 제자로 삼아 아버지와 아들과 성령의 이름으로 세례를 베풀고 내가 너희에게 분부한 모든 것을 가르쳐 지키게 하라 볼지어다 내가 세상 끝날까지 너희와 항상 함께 있으리라 하시니라"(마태복음 28장 19-20절)

"모든 통치와 권세와 능력과 주권과 이 세상뿐 아니라 오는 세상에 일컫는 모든 이름 위에 뛰어나게 하시고 또 만물을 그의 발 아래에 복종하게 하시고 그를 만물 위에 교회의 머리로 삼으셨느니라 교회는 그의 몸이니 만물 안에서 만물을 충만하게 하시는 이의 충만함이니라"(에베소서 1장 21-23절)

　　기독교 인성교육을 행하는 주체도 교회이고 그 교육이 행해지는 장도 교회이어야 한다. 예수 그리스도를 머리로 하는 몸인 교회 안에서, 몸을 이루는 각 지체 간의 사귐은 오직 그리스도를 통해서만 가능하며 이는 곧 창조주 하나님과의 관계회복을 의미하기에(요한1서 1:3) 그 사귐은 인간 안에 회복된 하나님의 형상을 더욱 풍성하게 한다. 그리스도의 몸 된 교회에서 빛과의 사귐을 통해서만 복음을 마음으로 받아 회개하여 삶의 변화로 나타날 때까지 꾸준히 지켜 행하도록 도울 수 있다. 그리스도가 머리 되신 교회가 이 교육을 행할 때에만 교회가 세상의 기준에 휘둘리지 않고, 이 세상의 빛과 소금의 역할을 온전히 감당해 나아갈 수 있다.

　　송향기 자매는 나의 큰 딸이다. 어려서는 하나님 앞에 영민함을 가진 순전한 영혼이었지만, 중고등학교를 지나며 세상을 사랑하는 자아에 인생의 주권을 내어주고 종교성만 가진 채 미국으로 유학을 가 오랜 시간 교회를 떠나 있었다. 그렇기에 그 누구보다도 지체 간에 죄를 경계하는 교회의 부재가 이성과 논리로 점철된 종교성과 합쳐질 때 얼마나 무서운 결과를 초래하는지 몸소 경험한 자매이다.

유학 중간중간, 교회를 다녀가며 모두 앞에서 나눈 자매의 고백은 교회 안에 있는 각각의 지체들이 그리스도의편지교회라는 허울 좋은 이름 뒤에 교묘히 숨어서 그리스도인의 행위를 흉내만 내고 있는 것은 아닌지 묻고 있다. 교회의 믿음이 자신의 믿음인 양 스스로 속지 않도록 경계해야 한다고 강조하며 자신이 바로 그런 사람인 것을 고백하고 온전함을 사모한다는 자매의 나눔은 교회의 중요성을 역설한다.

살았다하는 이름은 가졌으나 죽은 교회
-청년부 송향기 / 2011. 6.

"사데 교회의 사자에게 편지하라 하나님의 일곱 영과 일곱 별을 가지신 이가 이르시되 내가 네 행위를 아노니 네가 살았다 하는 이름은 가졌으나 죽은 자로다 너는 일깨어 그 남은 바 죽게 된 것을 굳건하게 하라 내 하나님 앞에 네 행위의 온전한 것을 찾지 못하였노니 그러므로 네가 어떻게 받았으며 어떻게 들었는지 생각하고 지켜 회개하라 만일 일깨지 아니하면 내가 도둑 같이 이르리니 어느 때에 네게 이를는지 네가 알지 못하리라 그러나 사데에 그 옷을 더럽히지 아니한 자 몇 명이 네게 있어 흰 옷을 입고 나와 함께 다니리니 그들은 합당한 자인 연고라 이기는 자는 이와 같이 흰 옷을 입을 것이요 내가 그 이름을 생명책에서 결코 지우지 아니하고 그 이름을 내 아버지 앞과 그의 천사들 앞에서 시인하리라"(요한계시록 3:1-6)

　지난 주 주보에도 언급되지 않았듯이 오늘 설교의 순서는 제가 아닙니다. 하지만 지난 주 아침, 설교 순서가 저로 변경되었다고 개인적으로 연락을 받았고 지금 이 자리에 서 있습니다. 저는 입이 열개라도 하나님 앞에서 그리고 교회 앞에서 드릴 말씀이 없습니다. 제 안에서 선한 것이 나올 리가 없기 때문입니다. 그러나 이번 주 금요일 출국을 앞둔 제게 하나님께서는 기회를 주신 것 같습니다. 오늘 나누는 내용은 그 누구를 향한 설교이기 이전에 제 자신을 향한 설교이며, 하나님 앞에서의 저의 결단이기 때문입니다. 다만 우리의 머리 되신 그리스도께서 오늘의 예배 가운데 교통케 하시는 역사를 행하시어, 서로가 마음으로 화답하게 하시면 잠시 후도 아니고 내일도 아닌 지금 이 시간, 우리 모두가 함께 하나님께 즉각적인 회개와 순종으로 나아갈 수 있기를 기도드립니다.

　요한계시록 3장 1절-6절 말씀은 우리가 수차례 읽으며 묵상한 일곱 교회를 향한 하나님의 메시지 가운데 사데 교회에게 주신 말씀입니다. 에베소, 서머나, 버가모, 두아디라, 사데, 빌라델비아, 라오디게아, 이 일곱 교회에 주신 메시지 중, 사데 교회를 향한 하나님의 이 메시지는 그 어느 때보다 제게 강하게 다가왔습니다. 우리는 이미 수많은 성경공부와 말씀을 통해

"교회"라는 것이 건물이 아니라 세상으로부터 불러내심을 입은, 즉 그리스도를 주인으로 믿는 그 사람들을 일컫는다고 들어왔습니다.

그렇다면 약 2,000여 년 전에 쓰인 이 편지가 성경이라는 책에 묶여 오늘 우리가 읽고 있다면, 이 편지는 당시 사데라는 장소에 있는 교회 건물에 모인 사람들에게 보내진 것에서 끝나는 것이 아니라, 사데에 살던 그리스도인들처럼 지금도 그렇게 살고 있는 나와 우리 교회 식구들에게 주신 하나님의 편지라는 것이 분명합니다.

1절. 따라서 "사데 교회의 사자에게 편지하라"는 어떤 의미에서는 곧 "송향기에게 알리라" "그리스도의편지교회에 알린다"의 의미와 같습니다. 그리고 곧장 저의 마음을 냉철하게 파고드는 구절이 이어집니다. "네가 살았다 하는 이름은 가졌으나 죽은 자로다." 이 어마어마한 구절은 어떻게든 피해 보고 싶지만 아무리 몸부림쳐도 피할 수 없었습니다. 사람들이 저에 대해 또 우리 교회에 대해서 "너는 좀 다른 것 같아," "너희 교회는/그리스도의편지교회는 뭔가 대단한 교회같아" 라고 평가하는 것을 종종 듣습니다.

하나님을 믿는 공동체로서의 우리의 모습을 사람들이 그렇게 긍정적으로 봐줄 때는 그들의 눈에 비치는 우리의 그리스도를 향한 태도나 모습이 뭔가 더 나은 것 같다고 인정되어서 이기 때문일 것입니다. 그러나 내 이름이 무엇이어서 남들이 어떻게 부르던지 오늘 본문에서는 아이러니하게도 정작 우리의 목적이신 그리스도께서는 "네가 살았다 하는 이름은 가졌으나 죽은 자이다"라고 평가하십니다. 대외적으로 불리는 이름은 생기 넘치는 "삶"인데, 막상 하나님께서는 내가 "죽음"의 상태에 있다고 하십니다. 내 안에 "생명"이 없다고 선언하신 것입니다.

그리스도인인데 생명이 없다? 이보다 더 최악의 상황은 없을 것입니다. 죄와 허물로 죽은 우리에게 그리스도께서 생명을 허락하셨고 그것이 곧 기독교의 복음인데, 실상은 내 안에 생명이 없다는 그 상황, 그것은 곧 내가 그리스도인이 아니라는 뜻이며, 내가 진정한 그리스도인으로 거듭나기 위해 기울인 모든 노력과 시간이 완전히 헛되다는 뜻이 되니까요. 내 이름이 "살았다"이기 때문에 사람들이 나에 대해 뭐라 하고 내가 스스로를 어떻게 생각하든지 전혀 의미가 없습니다. 내 존재의 최종 이유이신 하나님께서 넌 "죽었다"고 하셨으니까요.

이렇게 살았다하는 이름을 가지고도 실상은 죽어있을 수밖에 없는 경우가 대체 왜 생길까 고민을 해봅니다.

그 원인을 두 가지로 생각해 볼 수 있는 것 같습니다.

첫 번째는 조금만 생각해보아도 쉽게 떠올릴 수 있는 원인입니다. 정말 말 그대로 "살았다"는 이름은 허울일 뿐이지 내실 곧 본질이 완전히 빠져버린 경우입니다. 이 경우는 상당히 오랜 시간 우리 교회 안에 묵어진 모습의 어떤 부분에서 찾아볼 수 있는 것 같습니다.

우리 편지교회는 소위 사람들이 말하는 "센 교회"임이 분명합니다. "자기 부인"이라는 아주 본질적인 소원을 강하게 품고 그리 많지 않은 숫자의 교인이 마치 정예부대로 자라나듯이 강도 높은 훈련 속에서 그리스도의 장성한 분량까지 미치도록 열심히 달려왔습니다. 힘든 훈련을 함께 겪은 만큼 전우애도 강해서 개개인들 간에 유대감도 강하고 동지의식도 강해 더는 교회가 없이는 살 수 없다고 생각이 들 만큼 교회를 좋아하고 목사님 사모님을 좋아하며 살아왔습니다.

우리는 그렇게 살아왔을 뿐인데 주변에서 우리를 바라보는 사람들은 우리가 뭔가 다르다고, 기대가 되는 "살아있는" 교회 같다고 이야기해줍니다. 그렇지만 무서운 사실은 우리 중 어떤 이들은 이렇게 강한 훈련을 버티고 지나온 그 목적인 "그리스도"와는 아무런 상관이 없다는 사실입니다. 분명 교회의 권고가 옳다고 동의했고 교회가 나아가는 방향이 맞다고 생각해서 본인도 자기 부인을 해보기 위해 교회가 권하는 것은 열심히 하며 달려왔는데, 그래서 겉으로 드러나는 모습에서는 다른 사람들과 비슷하게 일궈냈는데, 그 모든 시간과 노력이 정작 하나님/그리스도와는 상관이 없다면? 그리스도께서는 "네가 살았다 하는 이름은 가졌으나 죽은자로다"라고 평가하실 것입니다.

목사님, 사모님께서 "자기 부인"과 "회개"를 목이 터져라 외치시고 몸이 닳아 없어지도록 직접 살아오셨는데, 정작 그 모든 것의 근본인 "그리스도"라는 본질과는 상관없이, 그 본질은 뭔가 잘 모르겠고 딱히 관심이 생기지도 않으니 일단 할 수 있는 것부터 해보자는 그 태도가 오랜 시간 지속되면서 실상은 없이 이름만 남겨진 우스운 상황이 되어버린 것입니다.

특히 교회 안에서 아직도 하나님을 나의 주인으로 고백하지도 않으면서, 그 생명 탄생의 순간이 없이, 교회와 모든 것을 함께하며 걷고 있는 그 사람들에게 하나님께서 책망하고 계시는 것은 아닐까 생각해 봅니다. 오랜 시간 함께 먹고 마시며 지내왔기에 모습은 비슷하게 나타나고 다른 사람들은 "살았다"라는 이름으로 불러주지만 마음의 중심을 보시는 하나님께서는 정작 "그리스도," 그분 자체에 관심이 없는 이들을 곧 "죽은 자"라고 선포하신 것입니다. 이러한 원인으로 하나님께로부터 죽은 자로 분리되었다면 그것은 정말 심각한 상태입니다. 심판의 날, 하나님께서 "내가 너를 도무지 알지 못한다"라고 말씀하실 것이기 때문입니다. 나더러 주여 주여 하는 자마다 다 천국에 가는 것이 아니라는 주님의 말씀을 피할 수 없기 때문입니다. 그리고 정말 무서운 것은 그 심판의 날이 오늘이지 말라는 법이 없다는 것이지요.

하지만 이러한 일차적인 경우만 하나님께서 죽은 자라고 하신 것은 아닙니다. 이미 하나님을 인생의 주인으로 고백하고 돌아온 사람들에게도 하나님은 같은 메시지를 주고 계십니다.

아니라고 아니라고, 내가 하나님을 얼마나 인정하고 사랑하는 지 보시라고. 내가 가진 "살았다"는 이름이 얼마나 화려한지 보 시라고, 얼마나 많은 사람들이 나를 인정해주고 내가 살았다 하는 이름으로 얼마나 열심히 살아왔는지 다시 한번 확인해 보 시라고… 하나님 앞에서 아무리 우겨 봐도 의미가 없습니다. 그리스도인으로 살아보려고 몸부림친 만큼 그러한 하나님의 평가는 더욱 충격적입니다. 그렇지만 하나님께서는 곧이어 왜 그러한 평가를 하셨는지 설명해 주십니다. 이것이 곧 **두 번째** 이유입니다.

2절. "하나님 앞에 네 행위의 온전한 것을 찾지 못하였다"고 말씀하십니다. 내가 교회로서 또 그리스도인으로서 "살았다" 는 자랑스러운 이름을 가지고 타인에게 인정받고 스스로도 아 무리 확신 있게 믿을지라도, 내 행위가 하나님 보시기에 그 앞 에서 온전하지 못하다면 하나님은 죽었다고 평가하십니다. 내 안에 하나님 앞에서의 온전함이 없다면 나는 아닌 겁니다. 내 가 아무리 억울해하며 아무리 나의 부분적인 순종을 우겨보아 도 소용없습니다. 더군다나 같은 몸을 이루고 살아가는 교회의 영적인 지체가 "너는 아무래도 좀 아닌 것 같아"라고 이야기를 해온다면 내게 문제가 있을 가능성이 매우 높습니다. 아무리 내가 억울하고 그 사람이 야속해도 말이지요. 오늘 본문이 그 렇게 말씀하고 계시니까요.

이 "온전함"에 대한 부담과 고민은 참으로 오랫동안 제 안에 자리 잡아 왔습니다. 저는 이 앞에 입이 열 개라도 할 말이 없는 사람입니다. 저는 매우 교묘한 사람이기 때문입니다. 정도에서 크게 벗어나지는 않지만 하나님께 온전함으로 푹 빠지지 못하고 계속해서 세상과 하나님 사이에서 끊임없이 곁눈질하고 딴 짓하며 걷고 있습니다. 나의 몸은 교회와 하나님께 온전히 속해있는 것처럼 보일지 몰라도 마음에 온전함이 없다면 나는 온전함이 없는 사람인 것입니다. 여자를 보고 음욕을 품는 사람은 이미 마음으로 간음한 사람이라고 말씀하신 성경의 원리는 여기에도 동일하게 적용되기 때문입니다.

하나님은 나의 마음의 중심을 보시는 분입니다. 내 마음의 중심에 하나님을 향한 온전함이 없다면 나는 하나님 앞에 온전한 것이 없는 사람이며 이름만 살았다는 것을 가졌을 뿐이지 죽은 자인 것입니다. 그런 우리에게 하나님께서는 회개할 것을 종용하고 계신 것입니다.

이즈음에서 저의 지난 시간을 되돌아보지 않을 수 없었습니다. 2008년 시카고에서 석사를 마치고 한국에 돌아와 만 3년가량의 시간을 보내고 2011년 다시 미국으로 들어가는 저의 지난 시간은 the Best였습니다. 그 시간 동안 하나님께서 제게 채워주신 것은 모든 것이 최선이었습니다. 무엇보다도 3년가량의 시간을 교회와 함께 먹고 마시며 더불어 살아가며 우리 교회가 선포하고 있는 메시지와 걸어가고 있는 길을 관념과 이론이 아닌 실제적인 삶속의 순종으로 경험했습니다. 내가 이해한다고 믿었던 것은 관념에 가까웠다는 것을 뼈저리게 체험하며 그 복음을 깊이 맛보고 경험했습니다. 내가 얼마나 문제가 많은 사람이며 뼛속까지 죄인인지 더 이상 부인할 수 없을 만큼 수없이 경험해가는 그 시간 동안, 내 주변의 가까운 사람들에게 많은 피해도 주었지만 그들로부터 참 많은 은혜를 입었습니다. 염치없지만 감사하게 생각합니다.

또한 한국에 와서 지내는 동안 새로운 사람들과 새로운 관계성을 맺게 하셨고, 지난날 관계를 맺었던 사람들과의 관계성은 더욱 두텁게 회복시키시어 풍성하고 생산적인 시간을 보냈습니다.

육체적으로는 20대를 마무리하며 30대의 시작을 열어가는 뜻깊은 시간들을 허락하셨습니다. 비록 결혼은 하지 못했지만 짧은 시간에 다양한 사람들을 보게 하셔서 많은 것을 속성코스로 단련시켜 주셨습니다. 그리고 진로에 있어서 미국 경제가 그렇게 어렵다는 이 상황에서도 학비와 생활비까지 지원받아 박사과정을 시작하게 하셨습니다. 그리고 저는 지난 3년을 너무도 알차게 보냈습니다. 이보다 더 좋을 수 없다고 느껴질 만큼 말입니다.

하지만 하나님께서는 성경을 통해 이런 모든 것을 바라보는 눈을 정확히 뜰 것을 종용하십니다. 착각하지 말고, 빛과 어두움을 정확히 구분하라고 말입니다. 지난 수요 기도모임 때에도 함께 읽은 본문인데, 그곳에 하나님의 두 가지 원리가 잘 나와 있습니다.

"네가 가서 그 땅을 차지함은 네 공의로 말미암음도 아니며 네 마음이 정직함으로 말미암음도 아니요 이 민족들이 악함으로 말미암아 네 하나님 여호와께서 그들을 네 앞에서 쫓아내심이라 여호와께서 이같이 하심은 네 조상 아브라함과 이삭과 야곱에게 하신 맹세를 이루려 하심이니라 그러므로 네가 알 것은 네 하나님 여호와께서 네게 이 아름다운 땅을 기업으로 주신 것이 네 공의로 말미암음이 아니니라 너는 목이 곧은 백성이니라"(신명기 9:5-6)

"여호와께서 또 내게 말씀하여 이르시되 내가 이 백성을 보았노라 보라 이는 목이 곧은 백성이니라 나를 막지 말라 내가 그들을 멸하여 그들의 이름을 천하에서 없애고 너를 그들보다 강대한 나라가 되게 하리라 하시기로 내가 돌이켜 산에서 내려오는데 산에는 불이 붙었고 언약의 두 돌판은 내 두 손에 있었느니라"(신명기 9:13-15)

위의 두 경우는 결과론적으로 볼 때는 상당히 흡사한 모습을 띠고 있습니다. 첫 번째 경우와 두 번째 경우 모두 하나님께서 대적들을 땅에서 친히 물리치시고 이스라엘 백성들에게 아름다운 땅을 기업으로 주셨습니다. 그러나 그렇게 땅을 기업으로 허락하신 동기는 너무도 다릅니다.

첫 번째는 이스라엘 백성들은 공의롭지도 않고 정직하지도 않은 목이 곧은 백성이지만, 그 땅에 살고 있는 민족들이 워낙 악해서 그들을 심판하신 것이며 보다 궁극적으로는 이스라엘 백성들의 조상인 아브라함과 이삭과 야곱에게 하신 약속을 이루기 위해서 그 땅을 기업으로 주신 것입니다.

두 번째는 백성들이 하나님의 명령을 청종하고, 여호와를 사랑하며 마음과 뜻을 다하여 섬기면 기쁜 마음으로 아름다운 땅을 기업으로 주시겠다고 약속하신 것입니다.

첫 번째는 하나님께서 약속을 지키시고 하나님의 영광을 드러내기 위함이시고 두 번째는 그 대상이 그만한 기업을 받을 만큼 공의롭고 정직함으로 여호와를 사랑했기 때문입니다.

제게 베푸신 하나님의 은혜가 크다고 해서 하나님께서 저의 행위를 용납하셨다고 볼 수 없는 확실한 근거가 이렇게 성경에 있습니다. 우리가 오늘 별문제 없이 잘 살고 있다고 해서 내가 하나님 앞에 큰 문제 없이 잘 지내고 있다고 확신할 수 없는 이유가 여기 있습니다. 나는 너무도 공의롭지 못하고 부정직하며 목이 곧은 교만한 자이지만 내게 걸린 하나님의 이름이 너무 중요해서, 또 나를 위해 기도하고 나와 연결되어 있는 사람들을 하나님께서 불쌍히 여기셔서 나를 참고 계신 것일 수 있는 것입니다. 만약에 그것이 나의 상황이라면 하나님께서는 넌 죽은 자라고 말씀하고 계실 것입니다.

내 이름은 비록 살았다고 불리고 있을지 몰라도 나 자체는 사실 죽어있는 상황일 것입니다. 그러한 상황이 처음에 짚어본 그리스도인으로서 가장 비참한 그 상황입니다. 이름과 무늬는 그리스도인인데 생명이 없어서 하나님과는 사실상 아무런 상관이 없는, 언젠가 임할 하나님의 심판을 피할 방법이 없는 그러한 비극적인 상황 말입니다. 그러나 하나님께서는 무자비하고 무책임하시게 절 그렇게 책망만 하지 않으십니다. 나로 인해 하나님의 마음이 아프신 만큼 하나님께서는 절 사랑하시기 때문에 해결책도 함께 주십니다.

"너는 일깨어 그 남은 바 죽게 된 것을 굳건하게 하라" "네가 어떻게 받았으며 어떻게 들었는지 생각하고 지켜 회개하라."

비록 우리의 지금 모습은 죽은 자의 모습으로 희망이 없지만, 내게 희미하게라도 남아있는 그 온전함의 마음을 굳건하게 하고, 내게 주어진 이 엄청난 선물인 복음을 어떻게 받았고 들었는지를 기억하고, 그 속에서 소개받은 그리스도만으로 인해서 회개하고 온전함으로 나아오라고 간절히 부르고 계십니다.

내일로 미루지 말고 지금 당장 제발 그렇게 하라고 간곡히 일러주십니다. 왜냐하면 우리가 지금 속히 그렇게 하지 않으면 "하나님께서는 도둑 같이 이르실 것"이기 때문입니다. 오늘 저녁에 도둑이 들 집에는 내일이란 없지만 그 도둑은 예고가 없다는 것이 가장 큰 문제입니다. 그렇게 하나님께서 언제 내게 찾아오실지 알 수 없다고 말씀하십니다. 내가 이렇게 죽은 상태에서 하나님을 만난다면 나의 이름은 생명책에 기록되지 못하였기에 영원한 지옥으로 가게 될 것입니다. 이것은 협박이 아니라 사랑의 표현입니다. 그것이 너무 안타까워서 성경 66권에 거쳐 하나님께서는 그토록 애타게 본인이 누구신지 또 우리는 누구인지, 원래 우리는 어떤 관계성을 가져야 하는데 나의 죄로 그것이 어떻게 파괴되어버렸는지, 그래서 어떻게 그것을 회복하고 어떻게 살아야 하는지를 반복해서 알려주고 계시는 것입니다.

그 모든 것의 결론은 "회개"입니다. 오늘의 말씀에서도 내가 이미 배우고 아는 것을 행함으로 회개하라고 하십니다. 이 회개야말로 정말 온전해야 합니다. 하나님 앞에서 온전함이 없이 이토록 어둠에 놀아나는 나의 영혼을 잠들어 있는 것처럼 표현하십니다. 그래서 일어나라고 깨우시는 것입니다. 이 잠들어 있는 상황은 마치 낮잠을 자듯 달콤하고 가벼운 휴식이 아닙니다. 죽음과 생명 사이를 왔다 갔다 하는 절체절명의 순간입니다. 그리고 주님이 언제 오실지 모르기에 이 순간은 더욱 긴박해집니다. 지금 내가 깨어 일어나지 않으면 나는 곧 죽게 될 테니까요. 내 안의 온전함이 없는 모습을 온전히 회개해야 합니다. 우리가 생명을 얻을 수 있는 마지막 기회일 수도 있습니다.

4절, 5절은 우리에게 매우 희망을 주는 말씀입니다. 사데 교회 가운데 그리고 우리 편지교회 가운데에 하나님께 합당한 자들이 있다고 하십니다. 그 흰 옷이 더럽혀지지 않아서 하나님과 함께 다닐 사람들이 있다고 하십니다. 대체로 거룩한 것도 아니고 거룩한 편에 속한 것이 아닙니다. 흰 옷이 정말 거룩한 사람들이 분명 존재하는 것입니다.

즉 마음에서 그리스도만을 온전히 구하고 그로 인한 삶이 온전함으로 이루어 지는 것이 충분히 가능하다는 것입니다. 그러한 사람들은 하나님께서 친히 함께 걸으시며 그 이름을 생명책에서 결코 지우지 않고 성부 되시는 아버지 앞에서와 그의 천사들 앞에서 그들을 인정하시고 시인하겠다고 약속하셨습니다.

　그리고 5절에서는 그와 같은 대접을 받을 이들을 "이기는 자"라고 표현하셨습니다. 즉 그러한 삶은 충분히 가능하지만, 그것은 우리가 어둠과 죄와 끝까지 싸워서 이길 때에만 주어진다는 것입니다.

　물론 우리가 우리의 힘과 의지 그리고 우리의 노력만으로는 그 행위의 온전함을 이룰 수도 없고 어둠과 싸워 이길 수 없습니다. 다만 내가 마음에서 온전히 주님을 구하고 그분을 신뢰하고 그분이 하실 것을 믿는다면 내 믿음대로 주님이 직접 그 온전함을 이루어주실 것입니다. 이것이 우리가 마땅히 걸어야 할 길이고 평생 싸우며 이루어가야 할 삶인 것입니다. 이것이 이루어지지 않는다면 나는 교회에 나와 앉아 있을 필요도 없고 그리스도인이라는 허울만 좋은 이름 속에서 속고 속이며 살아갈 필요가 없습니다. 내가 아무리 열과 성을 다해 흉내 내도 그것은 시간 낭비에 지나지 않을, 난 생명 없는 죽은 자일뿐이니까요.

　우리 편지교회 식구들이 어디서 무얼 하든지 한마음 한뜻으로 외형뿐만 아니라 그 마음의 중심에서 이 온전함을 이루어가는, 그래서 하나님의 생명이 꿈틀꿈틀 약동하는 진정한 몸으로 거듭날 수 있기를 간절히 기도합니다. 기도하시겠습니다.

살아계신 하나님 아버지 감사드립니다. 오늘 귀 있는 자는 성령님께서 교회들에게 하시는 말씀을 들으라고 말씀하셨습니다. 나의 욕심과 높은 마음으로 막힌 귀가 뚫리기 원합니다. 이 원하는 마음이 내 안에 온전하다면 그 귀는 당연히 뚫릴 것을 믿습니다. 오직 하나님, 그리스도 예수님만을 갈망하며 그 어떤 어둠과도 타협하지 않고 주님 앞에 온전함으로 거룩함을 일궈내 하나님의 생명으로 살아가길 간절히 소원합니다. 이 경주에서 또 이 싸움에서 이기는 우리 편지교회 각 가족 한 사람 한 사람 되기를 기도합니다. 우리는 주님만 필요합니다. 예수님 이름으로 기도드렸습니다. 아멘.

1. '교회'로만 가능한 주님의 지상명령 … "가르쳐 지키게하라"

예수님께서 남기신 지상명령 중 하나가 '내가 너희에게 분부한 모든 것을 가르쳐 지키게 하라'는 말씀이다(마태복음 28:20). 교회 사역 중에서 하나님의 말씀을 가르치는 것은 매우 흥미롭고 즐거운 일이다. 그러나 가르친 것을 지킬 때까지 돕는 것은 매우 하기 싫은 일이다. 그래서 성경은 일만 스승이 있으나 아비가 없다고 이야기한다.

"그리스도 안에서 일만 스승이 있으되 아버지는 많지 아니하니 그리스도 예수 안에서 내가 복음으로써 너희를 낳았음이라"(고전 4:15)

이쯤 되면 보고도 못 본 척 슬그머니 피하고 싶다. 그 결과로 예수님을 믿는다고 고백하는 그리스도인들의 인격과 삶이 세상에서 그리스도를 반영하지 못하는 것이 작금의 사회 문제로 대두되고 있음을 보게된다. 하나님의 형상이 예수 그리스도를 믿음으로 회복되어 거듭난 그리스도인은 온전히 성령님으로 살아가기에 아는 것을 행한다. 그리고 죄와 연결된 순간을 놓치지 않고 지적하는 교회의 권면을 감사하게 받는다.

조영애 자매는 교회 안에서 다년간 선교원 교사로 살다가, 지금은 집에서 유·청소년 세 자녀와 돌봄이 필요한 가정의 교회 아이들을 더 맡아서 사역자와 같은 삶을 살고 있다. 요즘 같은 시대에 열두 명이 한 집에서 북적대며 살아가는 것이 쉽지 않지만, 하나님이 주신 환경에 감사함으로 순종하는 자매가 아름답다. 글을 통해, 자매는 본인이 자신의 아이들을 어떻게 양육하고 있는지 나누었다. 자매는 기독교 인성교육을 추구하는 교회가 자신이 가르침을 받은 것들을 지킬 때까지 책임졌듯이 부모로서가 아니라 하나님의 청지기로서 자신의 아이들에게도 배운 것을 끝까지 지켜 행하도록 하는 교육을 하고 있다고 고백한다. 그 결과는 다른 사람들이 먼저 알아볼 수 있을 정도로 실로 놀랍다.

한 가지를 끝까지 지키도록 하는 교육

- 자매목장 조영애 / 2018. 11.

저는 1997년 23살에 분당교회에 왔습니다. 청년부 모임과 주일예배에 참석하며 교회생활을 시작했습니다. 그리스도의 편지교회에서 결혼을 했습니다. 교회에서 시작한 하바어린이 선교원에서 짐슐레 선생님으로 교회 가족들과의 삶이 시작됐습니다. 첫아이를 출산한 후 하바어린이선교원에서 4세 반 선생님의 삶을 시작했습니다.

그리스도의편지교회의 형제자매들이 함께하는 하바어린이 선교원은 매주 금요일 교사회의가 있었습니다. 한 주 동안 교실에서 아이들과 어떤 일들이 있었는지, 학부모님들과의 관계, 전반적인 선교원 활동 등에 관한 회의였습니다. 일반적인 업무회의가 아니라 교사와 하나님과의 관계, 교사와 아이와의 관계, 교사와 학부모님과의 관계 속에서 교사의 마음과 태도에 관한 나눔이었습니다.

하바어린이선교원은 아이들의 학습 능력을 향상시키기 위한 기관이 아니었습니다. 아이들의 인성교육이 교육의 중심을 이루고 있고 이 교육은 가르침 받은 것을 지킬 수 있도록 돕고 지켜낼 수 있도록 끝까지 인내하며 돕는 교육입니다. 이것이 인간에게 있어 하나님의 형상을 회복하는 길의 시작이라 믿었기 때문입니다.

한 가지를 지킬 수 있도록 자신을 관리하고 조절하는 능력은 그가 성장하면서 정확한 상황파악을 하며 많은 것을 관리할 수 있는 능력이 됩니다. 등원하여 혼자 신발을 벗고, 정리하고, 선생님들께 인사하고, 자기 물건을 정리하고, 선생님과 수업을 하고, 친구들과 함께 놀이를 하고, 점심을 먹고, 양치를 하고, 집에 돌아갈 준비를 하고, 인사를 하고, 신발을 신고, 자기가 타야 할 차를 타고, 엄마를 만나 인사를 하고, 선생님께 인사를 하는 것이 아이들의 매일의 삶이었습니다. 매일 반복되는 생활 속에서 아이들은 스스로를 발견해 가고, 타인을 이해하고, 배려하는 삶을 배워갔습니다.

선교원에서 아이들과 이런 삶을 살아갈 때 제 두 딸이 태어나 함께 자라갔습니다. 큰아이는 인지적 습득 능력이 뛰어났습니다. 언어구사력과 표현력이 좋았고, 발음도 정확했습니다. 자신의 생각이나 감정을 잘 표현하며, 그때 상황이 어땠는지도 정확하게 다른 사람에게 전달할 수 있었습니다. 4살 때 한글을 읽기 시작해서 5살 때 한글을 쓰는 것까지 외부의 특별한 도움 없이 잘 해낼 정도로 언어 감각이 뛰어났습니다. 반면 자신이 하고 싶은 것이 되지 않는 상황이 되면 눈을 감고 몇 시간이고 울었습니다. 언제, 어디서든 자신의 뜻을 관철하기 위해 이렇게 울었습니다.

선교원에서 어린아이의 울음소리가 들리면 제 아이의 울음소리처럼 들려왔습니다. 우리 아이가 제발 좀 안 울어 줬으면 좋겠고, 심지어 내 아이지만 그 아이가 미웠습니다. 울지 않을 수 있게 모든 것을 그 아이에게 맞추어 주고 싶었습니다.

하지만 교회는 그렇지 않았습니다. 몇 시간이고 이 아이가 자기 뜻을 꺾을 수 있도록 참고 기다렸습니다. 반복적으로 아이에게 자신의 모습을 말해주고, 왜 이것이 안 되는지를 말씀하셨습니다. 그때 저는 마음이 많이 불편했습니다. 다른 아이들도 그러는데 유독 우리 아이에게만 그러시는 것 같다는 생각도 들었습니다. 그렇게 하면 안 되는 상황이지만 아이가 원하는 것 그것 하나, 이번만 한 번 해주면 되지 하는 원망이 들었습니다. 그리고 집에서는 안 그러는데 바깥에서는 아이가 이런다고 생각했습니다. 그러면서 외부환경을 탓했습니다.

이런 아이가 작은 빗방울에 바위가 패이듯 교회에서 계속되는 말씀 속에서 다른 사람의 말을 듣게 되면서 자신의 행동을 조금씩 인지하고, 울지 않으려 노력하면서 울음이 줄어들었습니다. 눈물이 금방이라도 쏟아질 것 같지만, 선교원 선생님들의 말씀을 듣고 자기감정을 조절하는 모습을 보였습니다. 상황파악을 하고 자기를 조절하는 아이로 자랄 수 있게 되었습니다. 커가면서 학교에서 꾸준히 학급회장을 했고, 전교회장을 하며 적극적인 리더십을 보여서 선생님들께 칭찬받고, 친구들에게 인정받는 아이로 자라 즐거운 중학교 생활을 하고 있습니다.

둘째는 큰 애와 성향적으로 많이 다릅니다. 둘째여서인지 부모인 저의 마음도 큰아이 때와는 달랐습니다. 저희 선교원은 아기 엄마인 교사들이 걱정 없이 교육할 수 있도록 3세 미만의 아이들을 돌봐주시는 선생님이 계셨습니다. 저희 둘째는 그 선생님과 주방에서 많은 시간을 보냈습니다. 선교원 아이들의 모든 음식을 준비하고 정리해야 하는 주방은 할 일이 많습니다. 주방의 특징은 나를 위한 장소가 아니라 다른 사람을 위해 준비하는 곳입니다. 이곳에서 저희 아이는 많은 것을 몸으로 습득한 것 같습니다. 엄마 선생님을 따라 주방에서 접시도 닦고 필요한 것을 가져다 드리기도 하며 자연스럽게 그 삶이 아이의 몸에 밸 수 있었습니다. 초등학교 5학년인 지금 선생님과 친구들, 동생들까지 무엇이 필요한지 먼저 알고 도와줍니다. 그래서 선생님과 친구들이 좋아합니다. 집에서도 둘째를 믿고, 걱정 없이 동생을 맡기고 외출할 수 있을 정도입니다.

저희 부부는 두 아이로 만족했습니다. 하지만 주변에서는 셋째를 낳으면 어떻겠냐고 권하셨습니다. 제 생각과 생활 패턴이 더 중요했기 때문에 그 말씀을 경히 여겼습니다. 하지만 하나님께서 저희 부부에게 순종할 마음을 주셨습니다. 둘째가 7살 되던 해에 셋째 아들을 낳았습니다. 셋째는 건강하고 어른들 말씀에 순종하는 아이입니다. 그래서 교회에서도 사랑을 많이 받고 자라가고 있습니다. 하나님께 감사합니다. 6살이 되어 유치원에 다니는데 선생님과 친구들에게 사랑을 많이 받습니다.

그리스도의편지교회는 가정의 사소한 것, 부부 사이, 부모와 자식 사이, 형제자매 사이, 직장에서의 문제들, 아이들의 학교에서 모든 일이 목장에서, 교회 모임에서 나누어집니다. 결혼 전부터 들었던 것들이 아이들을 키우면서 제 삶에서 실제적인 문제로 다가왔습니다.

선교원 교사로서 학교에서 유아교육을 배웠지만, 실제적으로 엄마가 된다는 게 무엇인지 몰랐습니다. 아이를 잘 키워야겠다는 욕심은 누구에게도 뒤지지 않을 만큼 많았습니다. 다양한 책을 찾아보고, 강의를 듣고, 보육교사 수업시간에도 열심이었습니다. 그러나 실제적인 삶에서, 내 아이는 책에서 본 것과 강의를 들었던 것처럼 자라주지 않았습니다. 이론과 실제는 달랐습니다. 내 아이의 문제가 무엇인지 보이지 않았습니다. 아이를 어떻게 도와야 하는지를 교회에서 알려주셨습니다. 겉으로는 인정했지만, 실제로는 그것이 무엇인지도 몰랐습니다. 지금도 잘 모릅니다. 왜냐면 제가 하나님 앞에서 나 자신이 어떤 사람인지 정확히 모르기 때문입니다.

이런 저에게 하나님께서는 은혜를 베푸셨습니다. 내가 알 수는 없지만, 교회의 말씀이 옳다는 교회에 대한 신뢰를 제 마음에 주셨습니다. 선교원 교사로서, 엄마로서, 교회는 한 가지를 끝까지 가르쳐 지킬 수 있게 도와야 한다고 말씀하셨습니다. 그 한 가지가 고쳐질 때까지 포기하지 말고 끝까지 도와야 한다고 하셨습니다. 지켜 행하게 해야 한다고 말씀하셨습니다. 엄마로서의 생활보다 교사로서의 생활을 먼저 시작했습니다.

선교원에서는 점심시간이 중요한 시간입니다. 편식하지 않고 골고루 먹어야 균형 있는 식사를 통해 건강하게 자랄 수 있기 때문입니다. 편식하면 안 되는 더 큰 이유가 있습니다. "편식" – 어떤 특정한 음식만을 가려서 즐겨 먹음 – 골라 먹는 것, 내가 좋아하는 음식은 먹고, 내가 싫어하는 음식은 먹지 않는 식사습관. 저는 이 편식습관이 하나님 앞에서 죄인지를 몰랐습니다. 이것이 아이들의 인성에 큰 영향을 미치는지 몰랐습니다. 교회의 말씀과 교사회의 시간에 들었지만, 편식이 별로 좋지 않은 습관이라고만 생각했습니다.

그러나 하나님 앞에서 이 편식은 죄입니다. 내가 좋아하는 것은 하고, 내가 좋아하지 않은 것은 하지 않는 것. 내가 하나님 자리에서 선별하고, 내 자아가, 내 의지가 원하는 것을 하는 행동의 표출이기 때문입니다.

누구나 좋아하고 싫어하는 음식이 있습니다. 저희 아이들도 이유식을 시작하면서부터 이 성향들이 보여졌습니다. 좋아하는 음식은 더 달라고 하고, 싫어하는 음식은 뱉어내며 거부했습니다. 좋아하는 음식을 주지 않는 것보다 좋아하지 않는 음식을 먹게 하는 것이 더 힘들었습니다. 스스로 배가 고플 때까지 기다렸다가 먹게 했습니다. 지금은 중학생, 초등학생이 되어 자신의 음식에 대한 선호도 또한 뚜렷해졌지만 골고루 먹습니다. 막내도 편식하지 않는 것을 당연한 것으로 여깁니다. 어느 곳에서든지 집에서처럼 지켜야 할 것을 지켜야 한다고 이야기합니다. 아이들도 학교급식 시간에 골고루 먹고, 음식을 남기지 않은 것에 대해서 자랑스럽게 이야기하며 즐거워합니다.

저희 선교원과 교회에서는 인사를 중요하게 가르쳤습니다. 저희 집에서도 인사는 중요합니다. 그러기에 저부터 어디서 누구를 만나든 마음을 담아서 인사를 합니다. 학교에서 선생님을 만났을 때, 교회에서 어른들을 만났을 때, 길거리에서 어른들을 만났을 때. 언제 어디서든 공손히 인사를 합니다. 두 손을 배꼽 손하고, 머리를 90도로 숙여 인사하고, 머리를 들고 상대방의 눈을 바라보게 합니다. 어렸을 때는 어떤 상황이든지 인사를 하게 했습니다. 성장하면서 상황을 살필 줄 알게 됐을 때는 상황을 보고 인사를 하게 가르쳤습니다. 그 상황이 끝날 때까지 기다렸다가 인사를 합니다. "무조건 인사"라고 할 만큼 강조했습니다. 이제는 인사를 왜 해야 하는지를 스스로 알게 되었습니다. 아빠가 아이들보다 먼저 출근하실 때, 세 아이들이 현관 앞까지 나와서 잘 다녀오시라는 인사를 합니다. 등·하교 길에서 안전을 지켜주시는 녹색어머니, 경찰아저씨, 경비아저씨, 청소해주시는 아주머니. 아이들이 오고 가는 길에서 만나는 모든 분께 인사를 합니다. 저희 집 아이들은 인사 잘하는 아이들로 소문이 났습니다. 종종 인사교육을 어떻게 하느냐고 묻는 분들이 계십니다.

아이들이 학교를 다니기 시작하면서 교회에서는 다른 친구들이 하기 싫어하는 것을 내가 먼저 하라고 말씀하셨습니다. 저희 첫째는 학교 공부를 잘합니다. 책도 다양하게 많이 읽어 지식과 상식이 풍부합니다. 운동, 악기, 무엇이든지 배우는 것에 적극적이고 빨리 습득합니다. 자신감이 넘쳐 발표도 잘합니다. 이런 아이이지만 이기적이고 자기중심적입니다. 학교 상담 시간에 선생님께서는 여러 가지 좋은 점들을 말씀해주십니다. 잘 키우셨다고 말씀해주시는 분들도 계십니다.

저는 선생님께 우리 아이가 친구들이 하기 싫어하는 것을 스스로 자원해서 하는지를 질문합니다. 대부분의 선생님께서는 의외의 질문이라는 반응을 보이십니다. 저학년일 때보다 아이가 커가면서 스스로 친구들의 청소를 돕고, 아픈 친구를 도와주고, 학급에서 친구들이 꺼리는 일들을 하는 모습들이 늘어나는 것을 상담을 통해 듣습니다. 선생님께서 이렇게 말씀해주실 때 엄마인 제 마음이 기쁘고 감사했다고 아이들에게 말해주었습니다. 아이는 교회에서 배운 대로 했다고 말했습니다. 아이들에게 이런 마음을 주신 하나님께 더욱 감사합니다. 둘째는 선생님들께서 좋아하는 아이입니다. 선생님들을 잘 도와드리고, 친구들을 잘 도와줍니다. "선생님이 너를 왜 좋아하시는 것 같니?" 하고 물으면 "제가 선생님께 순종하고, 성숙해서요" 라고 말합니다. 교회에서 들은 것을 학교에서 실천하는 아이, 지켜 행하는 아이들이기에 선생님과 친구들에게 사랑을 받습니다.

저희 아이들은 아침에 6시 30분쯤에 일어나면서 하루를 시작합니다. 이불을 개고, 세수를 하고, 성경 읽기를 합니다. 한글을 읽기 시작한 6살 막내도 성경을 한 장씩 읽습니다. 아침식사를 하고, 학교에 갑니다. 학교에 다녀와 손발을 씻고 간식을 먹습니다. 간식을 먹을 때 학교에서 있었던 이런저런 일들을 돌아가며 이야기하는 이 시간이 가장 시끄러운 시간입니다. 간식을 먹은 후, 자기가 해야 할 일들을 합니다. 학교숙제, 학교공부, 책도 읽고, 막내는 유치원 독서록을 하고… 저녁 식사를 하고 자유로운 시간을 보냅니다.

매주 목요일에는 재활용품을 버립니다. 팔목이 아픈 엄마를 도와 아이들은 집 청소를 합니다. 빨래를 널고, 개고, 청소기를 돌리고, 방바닥을 닦고, 화장실을 청소하고, 자기 책상정리, 밥 먹고 난 후 식탁 정리하기, 설거지, 오고 가며 현관 신발 정리하기… 이렇게 모든 크고 작은 가정의 일들을 아이들과 함께 합니다.

그러나 이런 모든 것들이 몸에 배어서 아이들 스스로 하는 것은 아닙니다. 때때로 성경을 읽지 않고, 이불을 정리하지 않고, 책상 정리도 하지 않고, 옷도 거꾸로 벗어놓을 때가 있습니다. 다른 아이들과 다를 바가 없는 아이들의 생활입니다. 그러나 한 가지 다른 것이 있다면 부모님, 선생님, 교회에서 말씀하셨을 때 자신의 모습을 인정하고, 고치려고 노력하는 것입니다. 이 말씀들을 지켜 행할 때까지 가르치고, 또 가르칩니다.

하지만 계속 가르쳐야 하는 제가 힘들고 귀찮아서 그냥 넘어갈 때가 있습니다. 엄마인 나의 게으름. 내 몸이 힘들 때 아이들과 이런 정신적인 싸움을 하기 힘들면 더이상 가르치려 하지 않습니다. 그러면 여지없이 모든 것을 처음부터 다시 시작해야 합니다. 내 몸과 마음이 힘들어도 계속 가르쳐야 합니다.

내 아이가 다른 사람에게 괜찮은 아이로 보이기를 원하는 욕심. 내 아이와 내 자랑을 위한 욕심으로 가르치면 아이들은 바뀌지 않습니다. 내가 괜찮은 사람으로 보이고 싶어 하는, 하나님 자리에 오르고 싶어 하는 나를 회개하지 않으면 아이들은 변하지 않습니다. 내가 주님의 청지기로서가 아니라 부모됨으로 아이들을 좌지우지하면 아이들은 변하지 않습니다.

저희 아이들도 다른 아이들과 똑같이 하기 싫은 것이 있습니다. 그렇지만 이 말씀에 순종하지 않았을 때 그것에 대한 대가 지불이 항상 있다는 것을 말귀를 알아듣기 시작한 아주 어렸을 때부터 자신을 꺾어 굴복시켜 순종하게 하는 교육을 했습니다. 이상하게 생각되어졌지만, 부모인 내가 스스로 '우리 아이가 이 정도면 괜찮지' 하고 생각될 때, '잘하고 있네' 하고 생각할 때 학교에서나 부모와의 관계에서 아이들에게 문제가 발생합니다. 그럴 때면 교회에 곧바로 이 상황과 아이의 상태를 말씀드립니다. 교회는 아이의 상황을 듣고 즉시로 기도하시고 아이를 돕습니다. 엄마의 태중에서부터 교회에서 자란 아이들은 창피해하지 않습니다. 그런 자신을 인정합니다. 교회가 가족이기 때문입니다. 자신의 죄를 보고 인정할 수 있도록 끝까지 돕는, 몸으로 살아가는 교회가 있음에 감사드립니다.

내가 뭔가를 하고 있다고 생각될 때, 내 의지가 하나님보다 앞섰을 때, 내 욕심이 아이에게 작용했을 때 하나님께서는 주님을 찾을 수밖에 없는 자리로 가게 하십니다. 가장 낮은 자리 "죄"를 인정한 "죄인"의 자리에 있을 때 나의 문제가 드러나는 것이 수치스럽지 않습니다. 그래서 주님을 찾게 되고, 문제를 고치려 노력하고 도움을 청합니다.

내가 삶에서 이 믿음을 찾고 구하고 살아갈 때 내 아이들이 하나님을 찾고 구할 것입니다. 이 시간을 통해 제가 진정한 어미가 되길 기도합니다. 이 시간을 주신 하나님께 감사드립니다.

2. '교회'와 '몸'으로 살 때만 가능하다.

참된 회개를 한 그리스도인들은 이제 본격적으로 죄와 영적 전쟁을 시작한 사람들이다. 그리고 그들이 그리스도의 몸인 교회의 지체이므로 이제 그 전쟁은 개인의 싸움이 아니라 교회와 한 몸으로 임하는 싸움이다. 성령님께서 비추시는 빛 앞에 우리 안에 구석구석 숨어있는 죄가 우리의 일상에서 드러날 때, 그 죄를 숨기고 싶다면 그 순간 나는 어둠이다. 즉시 감사함으로 순종하는 그때에만 빛 앞에 살고 있는 것이다. 자신의 죄를 보도록 도와준 교회 가족의 사랑이 더 크게 느껴지는 것은 오직 교회와 몸으로 살 때에만 가능하다.

한지희 자매는 송슬기 자매의 대학 후배로서 송슬기 자매와 성경공부를 시작하면서 교회에 오게 되었다. 지희 자매의 인생 목표는 행복한 가정 꾸리기였다. 그런데 슬기 자매와 성경공부를 하게 되면서 이 목표가 차선으로 물러나고 가난한 마음으로 하나님을 찾는 계기가 되었다. 지금은 인디애나 대학교에서 교육과정 박사 과정을 이수중이다.

자매는 교회의 지체들을 통해 끝없이 보여지는 자신의 어둠이 얼마나 깊은지 나눈다. 자기 연민과 자기 교만의 상태로 끈질기게 자신을 얽매고 있는 죄의 실체를 고백한다. 오랜 시간 교회의 지적을 이해하지 못했으나, 이제 빛 앞에서 자신을 보며, 포기하지 않는 교회의 그 지적이 곧 교회의 비밀이고 사랑임을 고백한다.

교회의 비밀
– 청년부 한지희 / 2018. 7.

하나님, 저는 지금 깜깜한 암흑 속에 있으면서도 이 어둠이 너무나 익숙해서 어둠인지조차 알지 못하는 깊은 어둠 그 자체가 되어 살아가고 있습니다. 제 안에 빛이 없어서 제 자신의 어둠조차 볼 수 없는 완전한 어둠 가운데서 살아가는 저이기에, 입을 열어 빛이신 하나님의 말씀을 나눌 수도 없고 또 두렵습니다.

저에게서 나오는 모든 것은 악독과 교만, 시기와 질투, 욕심과 무지, 그 모든 어둠이 낳은 죄의 열매일 뿐입니다. 그러나 하나님께서 오늘 이 자리를 허락하신 것은, 어둠을 어둠인 줄 알지 못하는 제 자신의 모습을 있는 그대로 교회와 나누고 말씀이신 하나님을 이 시간 선포하기를 원하시는 줄로 믿습니다. 온전한 어둠이기에 아는 것도 없고 지혜도 없는 제 자신의 실체가 있는 그대로 드러나고 그 어둠을 밝히신 하나님의 빛 되심이, 이 시간 드러나기를 간절히 소망하며 온전히 성령님을 의지하기를 원합니다. 예수님 이름으로 기도드립니다. 아멘.

"여호와께서 성읍을 향하여 외쳐 부르시나니 지혜는 주의 이름을 경외함이니라 너희는 매가 예비되었나니 그것을 정하신 이가 누구인지 들을지니라 악인의 집에 아직도 불의한 재물이 있느냐 축소시킨 가증한 에바가 있느냐 내가 만일 부정한 저울을 썼거나 주머니에 거짓 저울추를 두었으면 깨끗하겠느냐 그 부자들은 강포가 가득하였고 그 주민들은 거짓을 말하니 그 혀가 입에서 거짓되도다 그러므로 나도 너를 쳐서 병들게 하였으며 네 죄로 말미암아 너를 황폐하게 하였나니 네가 먹어도 배부르지 못하고 항상 속이 빌 것이며 네가 감추어도 보존되지 못하겠고 보존된 것은 내가 칼에 붙일 것이며 네가 씨를 뿌려도 추수하지 못할 것이며 감람 열매를 밟아도 기름을 네 몸에 바르지 못할 것이며 포도를 밟아도 술을 마시지 못하리라 너희가 오므리의 율례와 아합 집의 모든 예법을 지키고 그들의 전통을 따르니 내가 너희를 황폐하게 하며 그의 주민을 사람의

조소 거리로 만들리라 너희가 내 백성의 수욕을 담당하리라"(미가서 6:9-16)

저는 교회의 머리 되시는 예수님과 예수님의 지체로 살아가는 교회 앞에서 저의 영적인 실체를 고백하고 그 죄를 회개하고자 합니다.

저는 빛이신 예수님을 알지 못했고 교회를 알지 못했던 사람입니다. 그러면서도 나는 예수님을 안다고, 나는 내가 어떤 사람인지 안다고 착각하며 거짓과 교만 속에서 살아온 사람입니다. 나는 죄인이라고 말했던 그 숱한 고백들도 돌이켜보면 관념 속에서 이해한 정도였거나 아니면 하나님께서 비춰 주신 빛 앞에 잠깐씩 깨닫고 느낀 것들을 그럴듯하게 말로 포장해서 살았습니다. 그 빛에 비추인 저의 어둠을 마음에 새기고 더 끈질기게 제 자신의 모습을 보기보다는 '그래 나는 죄인이지'라는 얕은 인정으로 사실상 저의 어둠은 한 치도 보지 못한 채 제 자신이 편하기 위한 안정된 상태를 끝없이 유지해 왔습니다.

저는 제가 어떤 사람인지 얼마나 심각한 죄인이며 어둠인지 전혀 알지 못했습니다. 그러면서도 그것은 내 책임이 아니며 나는 언제나 하나님 앞에 최선을 다하는 자라고 자부하며 더더욱 무서운 죄를 머리에 쌓고 살았습니다.

우리는 자기연민이 아니면 자기교만이라는 상태에 머문다는 이은식 목사님의 말씀을 듣고 이 심각한 어둠에 있는 저에게도 마음의 찔림이 있었습니다. 슬기언니에게 복음을 들었던 사 년 전 그때부터 집을 나와 유학을 갔던 제 삶의 여정 속에서 저는 늘 제 스스로에 대한 연민 속에서 그것이 주는 달콤한 고통을 즐기거나 혹은 나는 하나님의 말씀 앞에 살아간다는 높은 교만과 종교적인 의의 충만함 속에서 나를 정당화하고 타인을 무시하며 살았습니다. 그러면서도 그것이 죄인 줄 알지 못하고 살았고, 제가 제 죄를 알지 못하는 것이 저의 탓이 아니라는 생각 속에서 살았습니다.

돌이켜보면 하나님께서는 늘 저에게 많은 방식으로 말씀하셨습니다. 때로는 제 마음의 양심에, 때로는 교회의 식구들로부터, 때로는 세상에서 만나는 많은 사람들의 말들로부터, 늘 제게 빛을 비추어주셨지만, 저는 너무도 견고한 여러 겹겹의 거짓 속에서 제 자신이 거짓되다는 것을 알지 못한 채 제 자신을 사랑하고 연민하며 살았습니다. 제 자신을 긍정했기에 모든 건 다 남 탓이었습니다. 그건 곧 하나님을 탓한 것이었습니다.

저는 저를 지으신 하나님을 끝없이 탓하면서 제 자신이라는 우상을 섬기고 상처받지 않게 보듬으며 엄청난 마음의 바벨탑을 쌓고 살았습니다. 그런 저였기에, 한 번도 하나님의 빛 앞에 제 자신을 온전히 회개하지 않은 채, 내가 누구인지도 알지 못하면서 입으로는 하나님을 찾고 부르는 거짓만 점점 커졌습니다.

이르시기를 내 백성아 내가 무엇을 네게 행하였으며 무슨 일로 너를 괴롭게 하였느냐 너는 내게 증언하라 내가 너를 애굽 땅에서 인도해 내어 종 노릇 하는 집에서 속량하였고 모세와 아론과 미리암을 네 앞에 보냈느니라 내 백성아 너는 모압 왕 발락이 꾀한 것과 브올의 아들 발람이 그에게 대답한 것을 기억하며 싯딤에서부터 길갈까지의 일을 기억하라 그리하면 나 여호와가 공의롭게 행한 일을 알리라 하실 것이니라 (미가서 6:3-5)

사실 제게 하나님은 제가 삶의 이유를 잃고 사람에게 버림받았을 때 저를 그 허무와 비참함 가운데서 구해주신 분입니다. 남자친구와 헤어지고 가족들과 소통할 수 없을 때 하나님은 교회를 통해 저를 그 고통에서 건져내셨고, 제가 살아온 그 좁고 편협한 삶으로부터 벗어나 새로운 세계를 경험하고 지경을 넓힐 수 있도록 해주셨습니다.

그런데 저는 늘 하나님 앞에서 자기 연민의 태도를 갖고 살았습니다. 제가 살고 싶은 삶이 있었고 그 삶에 대한 욕심이 늘 마음 한 켠에 있었기 때문에, 그리고 그것이 죄라는 사실을 머리가 아닌 마음으로 분명히 인정하고 회개한 적이 없기 때문에, 하나님께서 허락해주시는 삶이 저에게는 언제나 의지적으로 노력해서 나의 욕심을 억눌러야만 살 수 있는 삶이었습니다. 그렇게 살다 보니 제 안의 종교적 의는 날이 갈수록 높아졌고 저는 제 욕심을 계속 숨기면서 거짓된 말과 행동으로 살아왔습니다.

"악인의 집에 아직도 불의한 재물이 있느냐 축소시킨 가증한 에바가 있느냐"라는 말씀처럼 저는 저의 온 자아를 축소시켜 우상을 만들어 제 안에 두고 그것이 우상인 줄도 알지 못하는 완전한 어둠 속에서 살았습니다. 제 죄를 모르고 사는 사람이 었기에 저에게는 빛이 없었습니다. 예수님을 알지 못하는 자입니다. 집을 나온 후로 교회와 함께 살았기에 그런 저의 믿음 없음이 밝히 드러나지 않았습니다. 겉으로는 제가 누려왔던 많은 것들을 포기하고 제가 가기 싫었던 길로 걸어갔기에 그것이 믿음인냥 보였고 저 또한 그렇게 알고 살았습니다. 그래서 크리스찬이라고 생각하며 살았던 삶이 제게는 사실, 제 자신에 대한 연민 그 이상도 이하도 아니었습니다.

제 자신의 죄를 계속 보고 회개하고 경계하며 깨어 살아가는 데 제 자유의지를 쓴 것이 아니라, 제 자신에 대한 연민과 사랑을 억누르고 하나님이 원하신다고 생각했던 길을 걸어가는 데 저의 온 자유의지를 써서 살았습니다. 저는 교회가 말하는 믿음의 삶과는 완전히 반대되는 삶을 살면서도 그것을 알지 못하고 교만과 무지 속에서 살았습니다. 저에게는 빛이 없었고 예수님이 없었고 그렇기에 교회를 알지 못했습니다. 그저 눈치와 감각으로 교회에서 보여지는 것들을 따라하면서 살았을 뿐입니다.

눈치가 빨라서 웬만큼 티 나지 않게 제 자신을 잘 숨겼지만, 모든 것을 알고 계시는 하나님 앞에, 그리고 그 하나님의 영으로 살아가는 교회 앞에 그것을 숨길 수는 없었습니다. 아마 교회 식구들 모두가 저의 삶에서 느껴지는 제 자아로 인해서 그 죄의 열매로 인해서 혼란하고 힘드셨을 것 같아서 정말 죄송한 마음입니다. 교회와 함께 살아가는 삶이 아니었다면 저는 저의 어둠을 한 치도 볼 수 없었을 거라고 확신합니다.

처음에 교회로부터 제 믿음에 대한 문제를 지적 받기 시작할 때 저는 사실 교회의 말이 하나도 이해되지 않았습니다. 제 자신의 죄를 전혀 보지 못했기에 그것은 사실 당연한 일이었습니다. 그런데 저는 제 죄를 본다고 생각했고 안다고 생각했기에 전혀 갈피를 잡지 못하고 헤매고 혼란스러워하는 제 스스로를 보는 것 또한 저에게는 혼란스러운 일이었습니다. 제 자신의 죄와 거짓과 교만을 알지 못했던 저는 하나님을 속이는 자로 만들고 제 자신을 계속해서 지켜나갔습니다.
그러면서 제 마음은 점점 더 황폐해져 갔습니다. 저는 제 죄로 인해서 황폐해졌습니다. 먹어도 배부르지 못하고 감추어도 보존되지 못하고 씨를 뿌려도 추수하지 못하는 것처럼 제가 무엇을 해도 제 자신을 채울 수가 없었습니다.

뭐가 뭔지 전혀 모르겠는 깊은 어둠과 흑암 가운데 살았던 지난 1년의 미국 생활은 영적으로 완전한 흑암 가운데 있었던 제 자신을 그대로 드러냈습니다. 제 자신을 보는 게 힘들어서 공부를 핑계로 피하고 숨어서 살았고 언제나 마음 깊은 곳에 두려움과 혼란이 있어서 단 한 순간도 마음 편히 지내지 못했습니다. 그러면서도 끝까지 하나님을 피하고 하나님의 말씀 앞에 나아가지 않고 버텼습니다.

그렇게 어둠의 자리에 웅크리고 앉아서 버틸 수 있을 때까지 버티다가 제 마음은 완전히 황폐해졌고, 이제는 빛에 대한 조금의 감각도 없이 무뎌졌을 때쯤, 이 삶이 도저히 버티기 힘들어 지고 제가 계획했던 모든 것들이 어긋나고 제 일상이 뒤틀리면서 저는 피하고 있던 제 자신의 실체를 조금씩 마주하기 시작했습니다.

그렇게 본 제 자신의 모습은 완전히 거짓 그 자체였습니다. 저는 하나님을 제 마음에 두기를 정말로 싫어하는 사람이었습니다. 그런데 하나님을 싫어한다고 스스로 인정하면 안 된다고 생각하는 종교적인 관념이 있으니까 그런 제 자신의 실체를 정직하게 인정하지 않았고 이러한 거짓과 속임으로 인해서 저는 더더욱 제 자신이 어떤 사람인지를 보지 못하고 사는 사람이었습니다.

말로는 하나님을 구한다고 하지만 저는 하나님 없이 제가 주인 되어 살아가는 이 삶을 너무나 사랑하는 사람이었습니다. 그 삶이 너무나 좋아서, 마음 깊은 곳에 있는 공허함과 두려움과 혼란은 그저 내버려 둔 채로 살아가는 사람이었습니다. 매 순간 제게 말씀하시는 하나님의 부르심을, 성령님의 음성을 무시하고 저의 욕심에 따라 살아가면서 주님을 십자가에 못 박는 사람이었습니다. 그러면서도 이러한 제 자신을 정직하게 인정하지 못하는 거짓된 종교의 옷을 입은 추악한 바리새인이었습니다.

"여호와께서 성읍을 향하여 외쳐 부르시나니 지혜는 주의 이름을 경외함이니라 너희는 매가 예비되었나니 그것을 정하신 이가 누구인지 들을지니라"(미가서 6:9)

저의 어둠을 겹겹이 가린 채 거짓으로 살아가는 저에게 주님은 없었고 그러하기에 제게서 나오는 모든 것들은 지혜가 아닌 어둠의 열매일 뿐이었습니다. 지혜는 주의 이름을 경외함이니라는 하나님의 말씀대로 주의 이름을 경외함이 없는 제 삶은 아무 것도 분별하지 못한 채 살아가는 답답함과 혼란뿐이었습니다.

빛이 제 안에 없으니 빛과 어둠을 구분하지 못했습니다. 그렇게 어둠 속에서 저는 제 자신이 평소에 가지고 있다고 믿었던 지혜와 지식 또한 아무것도 아닌 허상이라는 것을 보게 되었습니다. '나는 그래도 이 정도는 알지, 나는 그래도 이 정도는 구분할 수 있지'라고 생각했던 모든 것들이 무너져 가면서, 도대체 나라는 사람이 가지고 있는 것이 아무것도 없다는 것을 인정할 수밖에 없었습니다.

제 스스로 생각하는 모든 것들은 언제나 틀렸고 제 나름대로 올바른 판단이라고 행했던 것들은 모두 다 잘못된 결정이었습니다. 어릴 때부터 머리가 그렇게까지 똑똑하지는 않다는 걸 제 스스로도 알고 있었고 서울대에 들어가서 똑똑한 아이들을 많이 만나 보면서 제 머리가 지극히 평범하다는 걸 알게 되었습니다. 그렇지만 제 안에는 언제나 제 자신에 대한 자신감이 차 있었습니다.

어느 교수님께서 지나가는 말로 저에게 너는 어떻게 그렇게 자신감이 넘치냐고 물어보셨던 게 기억납니다. 그 당시 저는 제 자신에 대해 자신감이 있다는 걸 전혀 몰랐고 저는 늘 별로 똑똑하다고 생각하지 않는데 왜 교수님이 저런 말씀을 하시는지 정말로 이해할 수 없었습니다.

돌이켜보면 저는 제 자신이 제 스스로를 통제할 수 있다고 믿었고 실제로 어느 정도 그렇게 살아왔으며 내가 컨트롤 하는 대로 이루어지는 세상이 참 만만했던 것 같습니다. 제 능력의 정도만큼 경계를 지어 놓고 그 경계를 넓히려고 노력하지 않으며 그 안에서 저만의 아방궁을 쌓아 살아가려고 했습니다. 내 모든 삶의 주권을 내가 쥐고 그 어떤 것도 그 주권에 영향을 미치지 않도록 나를 꽁꽁 싸매고 귀를 닫고 눈을 감고 모든 것을 쳐내며 살아왔던 저이기에 제 마음 속 교만과 자신감, 스스로에 대한 자긍심은 하늘을 치솟게 높았습니다.

그런데 막상 드러나는 제 자신의 실체는 제가 그렇다고 믿었던 것과는 정반대로 정말 아무것도 없는 허상뿐인 사람이었습니다. 사고의 깊이도 마음의 깊이도 전혀 없는 정말 얕고 가벼운 사람이었습니다. 그렇기에 사람의 마음이 읽히지도 않고 상황을 객관적으로 판단하지도 못하는 사람이었습니다.

제가 살아가는 세상에는 온전히 저라는 사람만 있었기에, 제 자신을 끝없이 정당화하고 사랑하는 삶 외의 다른 삶을 저는 살아보지 못한 사람입니다. 이 사실을 온전히 인정하기가 참 힘들었고 그래서 오랫동안 거부했던 것 같습니다. 제가 이렇게까지 아무것도 아닌 사람이라는 것을, 이렇게까지 가볍고 무지하고 이기적인 사람이라는 것을, 이렇게까지 더럽고 거짓된 사람이라는 것을 온전히 인정하기가 참 싫었습니다. 이렇게까지는 아니라고 변명하고 싶었습니다. 그러나 변명하면 할수록 제 바닥이 드러났습니다. 벌거벗은 채로 서 있는 것 같았습니다. 죄를 이야기할 때 왜 부끄러움과 수치심, 비웃음을 이야기하는지 알 것 같았습니다. 저의 죄를 볼 때마다 너무나 부끄러웠습니다. 감추고 싶었습니다. 피하고 싶었습니다.

　저는 죄와의 싸움을 시작도 못 한 사람입니다. 제 죄를 보는 것조차 낯설고 부끄러운 사람입니다. 빛의 비추심을 받고도 그 빛 앞에 제 어둠을 보지 못한 사람입니다. 나의 죄의 실체와 그 깊이를 보고 그것을 회개하며 가장 낮은 자리에서 하나님의 긍휼을 구해본 적이 없는 사람입니다.

　그런 저의 어둠을 보게 하시고 알게 하시는 이 시간들이, 이 말씀들이 교회가 아니었다면 결코 알지 못하고 보지 못했을 것이기에 교회 앞에 참 부끄럽고 참 감사합니다. 교만하고 어리석음에도 그것을 한 치도 알지 못했던 제 모습을 보면서도 함께 살아주셔서 감사합니다. 참 함께하기 싫은 사람이고 기분 나쁜 사람인데 그래도 언제나 이해하려 노력해 주셨던 교회 가족들께 죄송한 마음입니다. 교회와 함께 살면서도 교회를 전혀 모르고 살았습니다. 교회의 비밀을 몰랐고 교회가 주시는 사랑이 무엇인지 몰랐습니다. 사랑받을 자격이 전혀 없는 저인데, 저는 제 자신이 사랑받을 만하다고 착각하고 살았습니다.

미국에 들어가기 전에 잠시 사택에서 지내는 보름여 간의 시간이 참 감사합니다. 제가 얼마나 교회를 몰랐고 제가 얼마나 거짓되게 제 자신을 숨기면서 사는 사람인지를 보는 시간입니다. 제가 얼마나 제 마음에 하나님 두기를 싫어하고 매 순간 나의 생각과 본능으로 살아가는 사람인지를 보는 시간들입니다. 저는 주님과 동행하는 삶이 무엇인지에 대해서는 한 치도 알지 못하는 하나님과 상관없는 자라는 것을 보는 시간들입니다.

너무도 깊은 암흑 속에서 오랜 시간 살아왔기에 훨씬 더 강하게 제 육체를 쳐야 교회와 함께 살아갈 수 있는 제 자신을 보는 모습이 아프지만 감사합니다. 이제는 더이상 얕은 감각으로 교회를 보고 따라하는 삶을 살 수조차 없는 어둠이기에 그런 제 자신의 어둠이 그대로 드러나는 시간들에 감사합니다. 매 순간 제 어둠으로 들어가고 싶은 죄의 속성이 저를 지배하려 들지만 그 죄에 저를 내어줄 수 없는 교회와 함께하는 물리적인 환경이 감사합니다. 제 스스로는 단 한순간도 주님을 바라보는 선택을 할 수 없는 존재라는 것을 알기에 교회와 함께하는 이 시간이 참 감사하고 그것에 감사할 수 있음에 또한 감사합니다.

사모님과 슬기언니와 함께 이케아에 물건을 사러 갔다가 서로 길이 엇갈려 흩어지게 되었습니다. 저는 사모님과 함께 있었고 슬기언니는 혼자 있었는데, 서로 핸드폰이 안 되어서 연락을 할 수 없는 상황이었습니다. 서로를 찾아 한참을 헤매다가 각자가 서로를 찾는 방송을 요청했고, 결국, 분당에서 오신 송슬기씨가 조순애씨를 찾고 있다는 방송을 통해 다시 만나게 되었습니다. 그렇게 다시 만난 이후로는 서로에게 잠시도 눈을 떼지 않았습니다. 찾을 물건이 있어서 뭔가를 보는 중에도 늘 서로의 동선을 확인했습니다. 생각보다 쉽지 않은 일이었습니다. 어떤 물건을 보고 그것을 보려고 잠시라도 집중을 하다 보면 바로 서로의 위치를 놓쳐 버렸기 때문에 뭔가를 볼 때도 늘 서로의 위치에 대한 감을 가지고 끝없이 확인하면서 물건을 찾고 구경할 수밖에 없었습니다. 잠시도 내 생각에 집중할 수 없고 늘 거기서 빠져나와 서로를 확인해야만 했습니다. 그렇게 보낸 하루가 몸은 참 피곤했지만 마음이 정말로 편안했습니다. 내가 내 생각에 들어갈 수 없고 계속해서 서로에게 시선을 집중하면서 보냈던 그 시간들이 어쩌면 교회와 함께 살아가는 크리스천의 삶이 아닐까 하는 생각이 들었습니다.

　　사람이 많이 분주하고 복잡한 이케아에서 사모님과 슬기언니에게만 나의 시선을 맞추고 온 신경을 그곳에 집중하며 물건을 구경하고 일을 처리하며 보낸 그 시간들이 어쩌면 주님과 동행하는 삶이 아닐까 생각했습니다.

어지러운 세상 속에서, 나를 유혹하는 것들이 차고도 넘치고 내 마음은 이미 그 유혹에 넘어가고 싶은 죄로 가득한 상태에서, 그 죄가 부인된 크리스천으로 살아갈 수 있는 유일한 길은 주님의 몸인 교회에서 나보다 앞서 있는 지체들에게 나의 모든 것을 집중한 채로 살아가는 그 순간뿐이라는 생각이 들었습니다. 늘 내가 나의 생각대로 나의 욕심대로 살면서 나에게 집중하고 싶은 죄의 강한 본성을 이길 수 있는 유일한 길은 이 땅에 하나님께서 허락하신 교회를 통해서 가능하다고 끊임없이 들었던 그 말씀을 나는 참 그동안 하나도 알아듣지 못했구나 싶었습니다. 주님을 알지 못했기에 교회를 알지 못했습니다. 알지 못한다고 전혀 생각하지 않았던 저는 이 교회에서 가장 무지한 자입니다. 지혜는 주의 이름을 경외함입니다. 저는 교만했기에 가장 지혜가 없고 무지한 자였습니다.

미국으로 돌아가서 다시 살아갈 날은 생각하면 할수록 너무나 깜깜하기만 해서 이제는 생각을 잘 안 하려고 합니다. 저의 어둠을 보면 볼수록 제가 혼자서 살아갈 삶은 뻔해 보입니다. 그저 하나님의 불쌍히 여기심만을 구합니다. 저의 내면에 찾아오는 고독과 공허를 다른 것들로 채우지 않고 하나님의 말씀을 붙잡고 살아가기를 소망합니다. 어둠 속으로 피해버리지 않고 정직하게 하나님께 저의 내면의 어둠을 고백하며 살아가기를 소망합니다. 부끄럽고 죄송하지만 교회의 기도만을 구합니다.

3. '성령님'을 '온전히' 따라 살 때만 가능하다.

성경에서 말하는 기독교 인성교육은 우리의 열과 성으로 이루어낼 수 없다. 즉, 참된 회개로 하나님의 형상을 회복하는 것은 오직 성령님의 은혜로만 가능하다. 물론 내게 주신 인격성으로 나의 결단과 의지가 요구되나, 성경이 우리에게 명하신 그 온전함을(마태복음 5:48), 우리는 절대로 이룰 수 없다. 모든 것을 아시는 하나님께서 이미 성령님을 보내셔서 우리가 성령님을 의지할 때 그것이 가능하게 하셨다. 회개케 하시는 성령님께 순종할 때에만 성령님으로 살 수 있다.

최보화 자매는 신학교를 졸업했지만, 우리 교회에 온 이후 전임 사역자가 아닌 선교원 교사로 함께 했다. 현재는 중고등학생 두 딸의 어머니로 살아가며, 하나님께서 아이들을 통해 보여주시는 자신의 죄를 보며 괴로운 시간을 지나고 있다.

하나님께서는 많은 경우 나의 거울과 같은 자녀의 모습을 통해 내 죄를 드러내신다. 그리고 자녀들 안에 보여지는 문제가 지적될 때, 우리는 가장 견디기 힘들어 한다. 자녀는 곧 나의 분신이기 때문이다. 자매 역시 그 부분을 고백하고 있다. 그 시간이 매우 괴로웠지만, 괴로운 만큼 말씀을 찾았고, 말씀을 통해 임재하시는 성령님의 빛 앞에 비로소 자신의 죄를 정확히 보고 심히 거짓된 자신을 적나라하게 인정했을 때, 참된 자유와 평안이 임하였음을 고백한다.

성령님의 임재로 예수 그리스도의 증인이 된 순간

- 자매목장 최보화 / 2018. 1.

"태초에 하나님이 천지를 창조하시니라"(창세기 1:1)

제 모든 삶은 거짓이고 제 모든 신앙의 형식도 모두 거짓입니다. 하나님을 창조주로 인정하고 사는 피조물의 위치에서 살아본 적이 없는 사람입니다. 창세기 1장 1절의 말씀이 저를 비추셨고 성령님께서 이 죄를 밝히 보여주셔서 저의 죄를 인정하고 회개하도록 인도하셨습니다.

저는 오랜 시간 교회 생활을 했습니다. 이제 2018년이 되었으니 저의 교회 생활은 42년 우리 교회를 만난 지 18년입니다. 부모님과 교회를 나가기 시작한 이후로 주일날 교회를 빠진 적이 거의 없다시피 합니다. 그런 저에게 창세기 1장 1절은 어려서부터 찬양으로도 외웠고, 너무나 익숙하고 잘 아는 본문이었습니다. 그렇게 하나님을 배워갔고 들었고 알고 있다고 생각했고 그런 환경 속에 살다가 남편과 결혼함으로 편지교회를 만났습니다.

편지교회를 만나고 선교원에서 교회와 함께 살면서 제 삶에 주님이 느껴지지 않음에 많은 문제가 생겼습니다. 이로 인해 정말 하나님을 만난 적이 있는지, 하나님을 아는 사람이 맞는지 그리고 얼마나 이기적인지에 대해 교회의 권면을 받았습니다. 그럼에도 그런 제 모습에 변함이 없음으로 모양이 바뀔 뿐

없어진 듯하다가 다시 문제가 생겨났습니다. 그렇게 선교원에서의 10여 년의 시간 동안 서로 부대끼며 아프지만 제 문제들이 보이기 시작했고 하나님 앞에서 인정되어졌으며 회개하는 시간들이 있었습니다. 드러나는 행동의 변화들이 조금씩 생기기 시작했고, 내 생각대로 살지 않으려 하나님 앞에서 묻고 기도하고 회개하며 고민도 했습니다.

그러다 류마티스 진단을 받았고, 제 힘으로 할 수 있는 게 아무것도 없었습니다. 사랑을 주는 것도 안 되지만 그것보다 받는 것이 더 어색하고 부담스럽고 힘든 제게 그저 주시는 사랑을 받기만 해야 하는 모든 상황이 미치도록 힘들고 싫었습니다. 하지만 교회 안에 있어야 했고 결국은 교회를 통한 하나님의 사랑에 굳게 닫혀있던 제 마음에 살짝 금이 가기 시작했습니다.

그동안 하나님과 교회와 상관없이 이기적으로 살아가는 제 모습이 죄로 더 크게 보여졌고, 회개되어지면서 이전과는 다른 삶을 살게 되었습니다. 제 모든 초점은 교회였고 민감해졌으며 다른 사람을 알아서 더 배려하고, 상대가 미안함을 느끼지 않을 수 있도록 애썼고 다른 사람보다 몸을 빨리 또는 더 움직여서 살았습니다. 그 속에서 내 모습이 보이면 하나님 앞에 몸부림도 쳤고 내가 경험한 하나님을 이야기하며 살았습니다. 하나님 앞에 수없이 기도했고, 말씀을 읽었으며, 정말 하나님을 만난 사람이 맞는지 반문하며 아파했고, 순종해서 살아보려 했습니다.

여기까지 보면 저는 하나님을 떠나 산 적이 없는 나름 하나님을 찾고 구하며 살아온 것처럼 보일 수 있습니다. 그런데 착각이었습니다. 하나님께서 제 자신을 덮어두었던 보자기를 벗기시는 순간 모든 것이 무너져 버렸습니다.

몇 년 전 동생이 우리 교회에 출석한 지 얼마 되지 않았던 설날 교회와 함께 여행을 가기 위해 난생처음 지방에서 빨리 올라와야 하는 상황이 되었습니다. 주변 가족들께 사실대로 이야기하기가 두려워서, 어찌해야 할지 고민했습니다. 마치 나는 믿음이라 생각하고 동생을 위해 총대를 메고 책임을 지려 했는데, 한 번도 생각한 적이 없는 상황이 생겼습니다. 주변 가족들이 그동안 쌓아두었던 저를 향한 원망과 서운함 등이 쏟아져 나왔고 결국엔 큰 다툼으로 이어졌습니다. 그때 제 태도는 교회에서 듣고 배운 대로 제 문제로 인정하려 했고 실제 그 태도를 취했습니다. 그러나 제 마음은 그 상황과 저를 향해 쏟아지는 주변의 말들을 받아들일 수 없었고 혼란스러웠습니다. 그렇게 주변과의 관계가 멀어졌습니다.

이와 맞물려 교회에서는 두 아이들의 문제가 드러나기 시작했고, 드러난 한 가지 문제가 해결된 듯 보이면 어느새 또 다른 문제들이 수면으로 올라왔습니다. 쳇바퀴를 도는 것 같았습니다. 아이들의 문제가 내 문제라고 수년간 수없이 인정했고 아파하며 받아들이고 있다고 생각했습니다. 아니었습니다. 아이들의 문제에 대해 권면하는 자매들을 원망도 했습니다.

그 속에서 뇌리를 강하게 스치듯 떠나지 않는 나의 한 가지 생각은 하나님께서 나를 치셨다는 것이었습니다. "하나님께서 나를 치셨다 나를 치셨다"라는 말만 되뇔 뿐 도무지 알 수 없었고 혼란스러웠습니다. "왜 내게"라는 하나님을 향한 반문도 하고, 생각나는 모든 것을 회개하기도 했지만, 돌아오는 건 막막함과 답답함뿐이었습니다. 이런 상태에 있다 보니 늘 마음을 이야기하고 나누었던 한 몸 같았던 자매들이 나와는 다르게 느껴졌습니다. 그런 나를 위해 지적을 해주든, 따뜻한 말을 건네든 그 모든 마음들이 나의 답답함과 혼란스러움으로 인해 받아들여지지 않았습니다. 꽉 막혀있는 듯했습니다. 사방이 막혔고, 모든 관계가 무너졌습니다. 지난 몇 년간 하나님께서 제게 일하심입니다.

그 답답함과 막막함 속에 내가 누구인지를 모르고 있음을 알게 되었습니다. 도대체 내가 누구인가를 계속해서 반문하고 되묻게 되었습니다. 내가 나라고 생각하는 것은, 살아오면서 살아남기 위해 또는 교회 안에서 듣고 배운 것들을 통해 내가 되고 싶고, 그렇게 생각하고 있는 나를 나라고 착각하며 그 속임에서 살아왔습니다. 하나님을 떠나 깨어져 있고 비틀어져 있다는 것을 보려고 하지도 않았고, 의식적으로는 안다고 했지만 알지도 못했습니다.

하나님께서는 그런 저를 교회를 통해서 지속적으로 말씀하셨습니다. 어느 날은 점같이 아주 작은 구름이 떠오르듯 '하나님 이거예요'하고 보이는 듯하다가 순식간에 사라져 버리고 다시 나락으로 떨어져 버려 미치도록 돌아오는 건 답답함이었습니다. 왜냐하면 마음 깊숙한 곳에서 흐르는 것은 나는 하나님을 믿고 있었고, 또 어느 정도는 살고 있었다고 하나님과 관계가 있었다고 확신하는 믿음이 있었기 때문입니다. 그렇게 지칠대로 지친 상태에서 아무런 기대도 소망도 없이 성경 읽기를 하게 되었습니다.

그런데 성경 읽기는 굳어진 제 마음을 흔들기 시작했습니다. 너무나 익숙하고 잘 안다고 생각한 창세기 1장 1절 "태초에 하나님이 천지를 창조하시니라"는 말씀이 떠나질 않았습니다. 계속 되뇌고, 묵상했습니다.

창세기 3장을 읽으며 모든 죄의 본질은 하나님과 같이 되어 선악을 알려하는 것에서 시작했고 그것이 죄의 전부임이 분명하게 보였습니다. 모든 죄는 그 본질 위에 욕심과 짝하여 일어나고 있음이 그려졌습니다. 하나님과 같이 되는 것! 안다고 생각했지만 모르고 있었습니다. 모르면서 참 많이 말하고 떠벌리며 살았음을 보게 되었습니다. 그렇게 하루하루 어떤 본문을 보든 창세기 1장 1절이 떠나질 않았고 계속 되뇌며 살았습니다.

창세기 11장 바벨탑 사건을 읽고 묵상하며, 무슨 말씀일까 이런저런 생각을 모든 지식과 경험을 동원하여 구하던 중, 그 순간에는 그렇게 하고 있다는 생각도 못 했지만, 내가 지금 생각하는 것이 과연 하나님이 말씀하시고자 하는 것일까? 내 생각이 어떻게 하나님을 알 수 있지? 라는 반문이 들었습니다.

하나님을 내 생각과 경험의 틀에서 하나님을 제한하고 맞추고 깨닫고 이해하려고 하는 것은 아닐까? 라는 반문이 들면서 내가 성경을 완전히 잘못 보고 있을 수 있겠다는 마음이 들었습니다. 막막한 심정으로 하나님께 제가 틀린 것 같다고, 나의 어리석고 멍청한 생각의 틀을 가지고 말씀을 보지 않게 해 달라고 기도했습니다.

다음날 신명기의 말씀을 읽고 나누게 되었습니다. 저희 팀은 신명기 15장이었습니다. 1절 "매 칠 년 끝에는 면제하라"로 시작해서 "종을 일곱째 해에 자유롭게 놓아주고, 처음 난 수컷은 구별해서 하나님께 드리라 그리하면 네 하나님 여호와께서 복을 주시리라"는 내용입니다.

처음 이 말씀을 읽고 나서, 하나님께서 이렇게 살라고 하신 건데, 왜 15장을 읽으라고 하셨을까? 이 말씀이 창세기 1장 1절과 무슨 상관이 있을까? 하며 천천히 다시 보았습니다. 그런데 15장에서 창세기 1장 1절이 보이고 느껴졌습니다. 하나님이 네게 기업으로 주신 땅에서, 네게 허락하신 땅에서 즉, 처음부터 내 것은 아무것도 없었습니다. 모든 소유가 하나님의 것입니다. 그런데 말은 하나님 것이라고 이야기하고 인정하는 것 같지만, 실상은 다 내 것입니다. 내가 수고하고 내가 얻었기 때문에 6절에서 하나님께서 주시겠다고 하는 복을 내 식으로 짜깁기해서 믿고 싶어 합니다. 모든 관심은 나의 배를 채우는데 있습니다. 실제 내가 원하는 것은 내 것을 더 채우고 물질을 누리고, 더 안정되게 살고 싶고 여러 나라를 통치하고 싶은 것이

제 마음인 것입니다.

하지만 하나님께서 말씀하시는 복은 달랐습니다. 모든 것이 하나님의 소유이고 하나님이 기업이 되십니다. 창조주이신 하나님께서 피조물인 제게 허락해주신 그곳에서 날마다 주신대로 수고하고 누리고 그 주심으로 인해 감사하며 하나님 앞에서 교회와 함께 즐거워하고 감사하며 매일 매일을 살아가는 것이 복이었습니다. 창조주이신 하나님으로 살아가는 것 자체가 복이었습니다.

이 말씀 앞에 나를 보니 하나님과 세상을 겸하여 섬기려 한 적도 없는 나는 세상 그 자체였습니다. 제 안엔 창세기 1장 1절이 아예 시작도 하지 않았음을 봅니다. 창조주이신 하나님을 마음으로 믿지 않았고, 피조물인 저를 거부했습니다. 그랬기에 성경의 어느 한 구절도 제대로 볼 수도 없고, 알 수도 없음을 분명하게 알게 하셨습니다. 내 생각에서 견고하게 만들어진 종교의 틀에 불과했습니다. 내가 선악을 분별하여 옳다고 생각하는 나의 사고의 틀로 "저렇게 해야 할까?" "이렇게 하면 안 되나?" "이걸 정말 원하실까?" 등 마치 믿음으로 무엇을 생각하고 보는 것처럼 그리고 뜻을 구하는 것처럼 했습니다. 하나님과 전혀 상관이 없었습니다.

신명기 12장 30절에서처럼 이스라엘 백성들에게 그 땅에 들어가서 쫓아낼 민족들이 섬기는 신을 탐구해서 그와 같이 하겠다 하지 말라하셨는데 창조주이신 하나님을 탐구해서 유익을 얻으려 했습니다. 내가 주권을 가지고 판단하고 결정해서 스스로 다 가리고 덮으며 종교의 이름으로 내 식으로 살아왔습니다.

창세기 1장 1절을 마음으로 믿지 않는 상태에서 하나님의 이름을 말하고 누군가를 돕고, 말씀을 나누고 기도하고 찬양하고 하는 모든 것은 다 거짓입니다. 무엇을 하건 다 거짓입니다. 거짓된 제가 이 모든 것을 그대로 다 내 거라고 소유하면서 입으로는 하나님께 나가고 싶다고 했습니다. 그러니 하나님께서는 나에게 안 된다고 하셨고 무너뜨리셨고, 흩어버리셨습니다. 이것이 저를 향한 하나님의 사랑이셨습니다. 그것이 느껴져서 먹먹하고 아픕니다. 그 속에 태초에 천지를 창조하신 하나님의 마음이 그냥 느껴지게 되었습니다. 그러고 보니 내 모습이 분명해집니다.

목요일 성경 읽기 본문이 창세기 4장이었습니다. 3장 23절 여호와 하나님이 에덴동산에서 그를 내보내어 그의 근원이 된 땅을 갈게 하십니다. 그리고 4장 하나님과 관계가 끊어진 상태에서 하와가 가인을 낳고 여호와로 인해 득남하였다고 합니다. 가인은 농사하는 자였고, 아벨은 양치는 자였습니다. 세월이 지난 후에 가인은 땅의 소산으로 제물을 삼아 여호와께 드렸는데, 아벨의 제물은 받으시고 가인과 그의 제물은 받지 아니하십니다. 이에 대해 가인이 몹시 분하여 안색이 변합니다. 이에 대해 하나님께서 경계하셨음에도 아우 아벨을 죽입니다. 유난히 가인이 몹시 분하여 안색이 변하니 하는 부분이 계속 되뇌어졌습니다.

생각해보면 기가 막힙니다. 하나님께서 창조하신 첫 사람이 불순종하여 창조주 하나님을 거부하고 그 죄로 벌을 받고 에던 동산에서 쫓겨나게 되었는데, 그 첫 번째 아들이 동일한 죄를 짓게 됨을 봅니다. 하나님께서 갈게 하신 땅에서 나온 소산을 가인이 드렸는데 받지 않으셨습니다. 이에 가인의 마음이 몹시 분했다고 했습니다. 히브리서의 말씀에 따르면 가인과 아벨의 다름은 아벨은 믿음으로 제물을 드렸다고 말씀하셨습니다.

이 믿음은 창세기 1장 1절입니다. 창조주 하나님이심을 마음으로 믿고 피조물로서 그분께 복종하며 불순종의 죄로 끊어진 나를 위해 아들 하나님이신 예수님을 보내심으로 그분이 창조주이시고 진정한 주인이심을 날마다 순간마다 인정하며 나의 죄를 복종하며 사는 것입니다. 창조주 하나님께서 내 안에 살아 숨 쉬는 삶을 살아가는 것입니다. 확신이 아니라 관념이나 개념이 아니라 살아있는 삶입니다.

내가 자기를 부인하려 애쓰는 삶이 아닙니다. 믿음으로 살아보려 애쓰는 삶도 아닙니다. 그냥 내가 부인될 수밖에 없는 삶입니다. 창세기 1장 1절을 마음으로 믿을 때에만 가능한 삶입니다. 그 반대의 삶은 하나님과 같이 되는 것, 하나님의 자리에 있으려는 것입니다. 가인이 그랬습니다. 모든 것이 가인의 것이었습니다. 내가 수고했고 내가 노력했고 내가 하나님께 제물을 드렸습니다. 모든 것이 '내 것'이었습니다. 내가 내 것의 일부를 하나님께 드렸기에 초점 자체가 틀렸습니다. 그리고 결국엔 아벨을 죽입니다.

그럼에도 가인을 창조하신 하나님께서는 기회를 주시는데, 가인은 거부합니다. 그에 대한 결과로 하나님께서 갈게 하신 땅을 떠나 유리하는 자가 되리라고 합니다. 회개하기는커녕 가인은 마치 주의 낯을 뵈옵지 못하는 것을 내세우며, 하나님을 구하는 것처럼 하지만 그것이 아니라 자신의 안위를 위해 하나님을 구했고 하나님께서는 표를 주사 죽임을 면하게 해주셨습니다. 그럼에도 그에게 회개는 찾을 수 없습니다. 라멕은 가인보다 더합니다. 사람을 죽였음에도 자신을 죽이는 자에게는 벌이 77배라고 합니다.

제 삶이 가인 같고 라멕 같습니다. 말로 표현할 수 없을 정도로 모든 것이 나입니다. 모든 것이 내 것인 인생을 살았습니다. 마태복음 4장 1~11절 말씀은 예수님께서 광야에서 마귀에게 시험을 받으시는 이야기입니다. 이 말씀을 보며 사탄이 우리를 유혹하는 욕심이 육체의 정욕, 안목의 정욕, 이생의 자랑이라고 나누었습니다.

창세기 4장 가인의 이야기를 읽으며 이 본문이 좀 다르게 느껴졌습니다. 사탄의 시험은 "결국 다 네 것이 될 수 있어"입니다. 내 것은 없는데 말입니다. 모든 것이 하나님의 것인데 창조주이신 하나님을 거부하기에 내 것이 될 수 있다고 생각합니다. 내 것이 될 수 있다고 생각하는 것은 결국 주인이 나라는 이야기입니다. 그런데 어떻게 하나님을 믿고 있다고 확신을 하고 살았는지, 저는 어둠 그 자체입니다.

사탄이 진실로 원하는 것은 육체의 정욕과 안목의 정욕과 이생의 자랑을 채우게 하는 것이 목적이 아니라 마음의 중심에서 창조주 하나님을 거부하고 내가 하나님같이 되어 내 이름을 내기 위해 오직 나만 채우며 살게 하는 것입니다. 그것이 거짓인지도 모른 채… 저는 머리부터 발끝까지 흘러내리는 모든 것은 내 이름, 내 유익을 위해 살았습니다. 그냥 내가 죄입니다. 이유가 필요 없습니다. 그게 너무 크게 느껴져서 가슴이 꽉 막히는 것처럼 쓰리고 아파서 어떻게 할 수가 없었습니다. 아닌 척 가만히 들어와 예수 그리스도를 섬기지 아니하고 오직 내 이름을 내기 위해, 내 유익을 채우기 위해 창조주이신 하나님을 거부하고 하나님의 자리를 탐하며 살아온 것이 저임이 분명히 보였고 인정되었습니다.

아이들이 믿음 안에서 하나님을 찾고 바라며 살기를 기도했던 것, 내 모습을 본다고 생각하고 회개하고 살아갔던 것, 일일이 열거할 수도 없지만 모든 것이 거짓입니다.

말씀의 비추이심 앞에 제 모든 삶과 제 모든 믿음의 모양이 다 거짓임을 인정할 수밖에 없습니다. 말씀은 교회를 통해, 성령님을 통해 나에게 피할 수 없도록 분명하게 보여주셨습니다. 말씀을 어디를 펼치든 오직 창조주이신 하나님과 그 하나님이 예수 그리스도이심을 나타내고 있습니다. 이 사실을 믿음으로 받고 창조주 하나님께 순종하며 사는 자들과, 불순종하는 자들에게 창세기 1장 1절로 말씀하셨습니다. 그렇게 분명하게 보여진 복음 앞에 성령님은 저를 비추시며 너는 어디에 있느냐고 물으시고 이제 선택하라고 하셨습니다. 이 성령님의 저를 향한 간구하심과 촉구하심으로 그 누구보다 교만하고 오만하며 마음이 지저분하고 완악하고 고집스러운 마음을 가진 제게 창세기 1장 1절의 말씀이 그냥 믿어지게 되었습니다, 그리고 창조주이신 하나님께 복종하며 살고 싶은 피조물의 마음이 생겨났습니다.

지난 목요일 어머니께서 올라오셨습니다. 이사한 아들 방도 보시고 저희들이 보고 싶어 올라오셨습니다. 2박 3일을 엄마와 지내게 되었습니다. 이번엔 내가 무언가를 하려 하거나 잘해서 무언가 좋은 결과를 얻고 싶은 것 등 어떠한 것도 하지 않게 되었습니다. 상황에 따라 지내게 되었습니다. 토요일 날 아침 일찍부터 움직여야 할 것 같아 금요일 밤늦게 아들 방을 보러 가게 되었습니다.

방의 이모저모 다 마음에 들어 하셨습니다. 그리고 식탁에 앉아 엄마의 속 이야기를 하셨습니다. 엄마는 아들에게 크게 잘못한 것이 없는 것 같은데 아들이 엄마에게 매우 섭섭하게 말하고 행동한다는 서운함을 말씀하셨습니다.

늘 시작은 좋지만 이야기를 해가다 보면 결국 저는 엄마의 마음을 몰라주는 서운한 딸이 되고 맙니다. 저는 엄마가 내 이야기를 듣지 않는다고 생각했습니다. 대화를 마치고 집으로 돌아와서 예전처럼 엄마는 내 이야기를 듣지 않는 분이라고 생각이 정리되지 않고 그냥 마음이 아팠습니다. 엄마가 내 마음을 몰라주어서 아픈 것이 아니라 제 자신으로 인해 마음이 아팠습니다. 밤이 늦도록 잠을 이루지 못하고 이 마음이 무엇인지 하나님께 구했습니다. 하나님은 제게 말씀하셨습니다. 네가 하나님이냐고? 왜 엄마를 네가 판단하냐고 말씀하셨습니다. 저는 그런 사람이었습니다. 엄마의 마음은 중요하지 않았습니다. 내 마음이 중요했습니다. 엄마의 영혼 때문에 아파하는지 알았는데 아프지 않았습니다. 나에게만 관심이 있었습니다. 간교했습니다. 그 밤에 묻는 내게 보여주셔서 하나님께 엎드려 한없이 울었습니다.

다음 날 엄마를 바라보고 대하는 마음에 설명할 수 없는 다름이 일어났습니다. 있는 모습 그대로 이야기하게 되고 엄마의 평가에 신경이 전혀 쓰이지 않았습니다. 엄마가 바닥에 먼지들을 보며 금세 청소하고 나도 먼지가 금방 생긴다며 하나님 앞에 내 죄가 그렇지 하는 엄마가 판단되어지는 것이 아니라 그냥 아픔으로 느껴졌습니다. 그렇게 서울 이곳저곳을 돌아다니고 엄마를 기차역에 모셔다드리고 오는 어두운 차 안에서 하염없이 눈물이 났습니다. 이 모든 것이 내 문제였습니다. "내가 죽일 년입니다"라는 말이 그냥 고백되어졌습니다. 저는 저로 인해 괴로웠는데, 엄마는 지금껏 왔던 어떤 때보다 평안했노라고 고맙다고 하십니다.

이렇듯 저의 모든 삶 중심에는 저밖에 없었습니다. 그동안 늘 내 문제로 보지 못하고 주변 사람들과 환경이 문제라고 생각하며 어둠 그 자체로 살았는데, 말씀과 성령님을 통해 모든 것이 제 거짓된 마음과 거짓된 신앙 때문임을 보여주셨습니다. 그래서 아무 말도 못 하고 괴로워 눈물만 흘리고 있을 때 죄와 의와 심판에 대하여 알게 하시는 성령님의 권능이 제 죄를 보게 하고 마음으로 회개하게 하셨습니다. 그리고 나의 가장 가까운 예루살렘인 어머니를 통해 성령님은 내 삶의 주인이신 예수 그리스도의 증거를 보여주셨습니다.

제 모든 삶이 거짓임을 알게 해주신 하나님께 감사드립니다.

이제 하나님께 회개하고 돌아서서 어떤 결과에도 두려워하지 않는 마음을 주셔서 감사합니다. 내가 돌아갈 곳이 창조주 하나님뿐이심을 분명하게 알게 하신 하나님 앞에 피조물로 교회와 더불어 살아가길 기도합니다.

제4부

「기독교 인성교육」의 근거

"내가 율법으로 말미암아 율법에 대하여 죽었나니 이는 하나님에 대하여 살려 함이라 내가 그리스도와 함께 십자가에 못 박혔나니 그런즉 이제는 내가 사는 것이 아니요 오직 내 안에 그리스도께서 사시는 것이라 이제 내가 육체 가운데 사는 것은 나를 사랑하사 나를 위하여 자기 자신을 버리신 하나님의 아들을 믿는 믿음 안에서 사는 것이라"(갈라디아서 2장 19~20절)

박사학위논문

『참된 회개와 하나님의 형상 회복』

: 참된 회개와 하나님의 형상 회복에 초점을 맞춘

기독교 인성교육 제안

지도교수 김인허

2019년 3월

사우스웨스턴신학대학원

목회학전공

조 순 애

요약

본 논문은『참된 회개와 하나님의 형상 회복(부제: 그리스도의편지교회 기독교 인성교육 이야기)』의 중요성 및 독특성을 드러내고, 책의 주제인 기독교 인성교육의 성경적·신학적 배경을 밝힘으로써 그 의미와 성격을 제시하는 것을 목적으로 한다.

본 논문은 총 다섯 장으로 구성된다.[*]

1장에서는 논문의 문제의식과 진단, 연구문제 등을 밝힌다. 오늘날 예수 그리스도를 구세주와 주님으로 믿는다고 고백하는 그리스도인 중 상당한 이들이 그와 같은 고백에도 불구하고 실제로 그리스도를 전인격적으로 반영하는 삶을 살지 못하고 있다. 이런 그들의 삶이 세상에서 빛과 소금의 역할을 하지 못하고 소망의 이유를 증거하지 못하기에, 이는 한 개인의 문제를 넘어 사회의 문제로 확장된다. 따라서 그리스도인이 전인격적으로 변화되어 예수 그리스도를 반영하는 삶을 살아갈 수 있도록 돕는 기독교 인성교육이 요청된다. 본 논문은 교회교육과 기독교 교육의 본질로 기독교 인성교육을 제시하고, 교회가 기독교 인성교육의 장(場)으로서의 역할을 감당해줄 것을 요청한다.

---

[*] 이 책에는 이 중 기독교 인성교육의 성경적·신학적 토대를 제시하는 2장과 3장이 수록되어 있다.

2장에서는 기독교 인성교육에 관한 기존의 연구들을 검토한다. 기독교 인성교육에 관한 많은 연구들이 덕목 중심적인 교육을 그 형태로 제시한다. 성경에서 제시되는 선한 성품들을 함양시키는 교육을 기독교 인성교육으로 보는 것이다. 그러나 본 논문은 이러한 접근을 지양하며, 기독교 인성교육은 피교육자가 회심과 중생, 성화의 과정을 성경적으로 경험하도록 돕는 교육임을 제시한다. 특히, 올바른 기독교 인성교육이 이루어지지 못하는 이유가 성경에서 말하는 참된 회개의 부재와 끝까지 가르쳐 지키게 하는 교육자의 역할을 감당하지 못하는 교회에 있음을 지적하고, '참된 회개를 통한 하나님의 형상 회복을 추구하는 교육'으로서 기독교 인성교육을 제시한다. '회개'에 초점을 맞춘 기독교 인성교육 논의는 기존 연구물에서 찾아보기 어려운 본 논문만의 독특성이라고 할 수 있다.

3장에서는 기독교 인성교육 개념의 이론적 배경이 되는 성경적 인성과 성경적 인성교육의 성격 및 교회가 기독교 인성교육을 담당하는 것의 의미 등을 성경적·신학적으로 검토한다.

하나님의 형상을 따라 지음 받은 인간의 인성은 하나님의 형상과의 연관성 속에서 설명된다. 인간의 인성이 하나님의 형상의 완벽한 예시인 예수님의 인성과 같아지게 돕는 기독교 인성교육은 피조성을 거부하고 스스로 자신의 주인이 되고자 하나님을 반역한 인간이 성령님의 인도하심에 순종함으로써 참된 회개를 경험하도록 돕는 교육이다. 나아가 이를 통해 예수 그리스도를 믿음으로 하나님께서 인간에게 부여하신 하나님의 형상을 회복하며 지속적인 성령님 충만의 상태에서 그것이 전인격적으로 반영되는 삶을 살도록 하는 것이다. 따라서 기독교 인성교육은 참된 회개를 통한 믿음으로 하나님의 형상 회복을 추구하는 교육이며, 교회는 가르쳐 지키게 하라는 예수님의 말씀에 순종하여 이 교육의 장(場)으로 살아가야 한다.

　　4장에서는 『참된 회개와 하나님의 형상 회복(부제: 그리스도의 편지교회 기독교 인성교육 이야기)』의 출판계획, 잠정적 목차, 가 장의 간략한 내용 등을 제시하며 책의 성격 및 구성을 더욱 구체적으로 밝힌다. 『참된 회개와 하나님의 형상 회복(부제: 그리스도의편지교회 기독교 인성교육 이야기)』은 총 2부로 구성되며, 그중 후반부에 해당하는 '기독교 인성교육의 실제' 부분이 본 논문의 **5장에** 책의 표본으로 수록된다.

　　1992년 그리스도의편지교회(구, 기독교한국침례회 분당교회)가 개척된 이후 27년간의 목회 경험을 토대로, 저자는 기독교 인성교육이 교회 안에서 어떻게 실재하는지를 보이고자 한다. 수록된 표본은 그리스도의편지교회 교인들이 교회 안에서 자신들의 삶을 나눈 글을 예시로 들어 그 양상을 묘사한다. 이를 통해 본 논문에서 교회교육의 본질로 제시하는 기독교 인성교육이 더욱 선명히 드러나길 기대한다.

제 01 장

II. 문헌연구

본 장은 기독교 인성교육에 관한 기존의 연구, 특히 교회교육 혹은 목회의 관점에서 기독교 인성교육을 주제로 논의하는 선행 연구물에 대한 검토를 목적으로 한다. 아쉽게도 현재 출판된 연구물 중 기독교 인성교육에 목회적 관점으로 접근하는 연구를 찾아보기가 쉽지 않다.[1] 단행본의 경우에는 더욱 그렇다. 따라서 우선 기독교 인성교육 전반에 관하여 논의하는 단행본을 먼저 살펴보고, 이후 목회적 관점에서 인성교육에 접근하는 단행본을 몇 권 더 소개하고자 한다. 나아가, 해당 분야에 관하여 상대적으로 활발한 논의가 개진되어온 국내 학술지 논문들을 분석함으로써 선행연구 검토를 마치고자 한다.

1. 단행본: 기독교 인성교육

잭 세이모어(Jack Seymour)는 그의 저서 『예수님이 직접 가르쳐

---

1) 구병옥, "인성회복을 이끄는 목회: 우리들교회를 중심으로," 『신학과 실천』, 58 (2018): 527.

준 교육학』에서 오늘날 기독교 교육이 예수님의 가르침에서 벗어나 있음을 지적하며, 기독교 교육이란 예수님의 길을 가르치고 그 길을 따라 살도록 돕는 교육이어야 하고 개인과 세상을 구원하는 교육이어야 함을 주장한다. 그에 따르면, 예수님의 길은 세상의 지배적인 문화에 저항하는 길이며, 분열과 가난에 참여하는 길이고, 그 과정에서 영원한 나라의 양식을 추구하며 사람들을 회복시키는 길이다.[2]

저자는 이 삶을 실현시키는 교육의 핵심으로 피교육자의 신학적 사고력에 주목한다. 그는 이 삶은 단순한 실천이 아닌 삶에 대한 '지적인 이해'가 선행될 때 가능함을 강조한다.[3] 공동체적 삶과 기도, 봉사 등의 모든 실천은 지적인 이해를 기반으로 이루어질 때 실제적인 삶의 변화를 동반한다고 보기 때문이다. 그는 그리스도인들의 이와 같은 삶을 통해 사회가 재건된다고 주장한다.[4]

이 책은 오늘날 기독교가 당면한 그리스도인들의 신앙과 삶의 괴리 문제를 지적하고, 이를 극복하기 위한 기독교 교육의 목적(예수님) 및 목적을 향해 나아가는 방법을 구체적으로 제시한다는 점에서 의미가 있다. 그러나 그가 예수님의 삶을 근거로 그리스도인의 삶의 이상에 대한 자신의 주장을 정당화하는

---

2) Jack Seymour, 『예수님이 직접 가르쳐준 교육학』, 오성춘 역 (서울: 신앙과지성사, 2015), 34-5.
3) Ibid., 26, 117.
4) Ibid., 24.

과정이 과연 성경적인지 검토할 필요가 있다. 그는 예수님을 따르는 유일한 길로 성경이 제시하는 회개와 믿음과 순종에 관해 언급하지 않는다. 반면 그는 기독교 신앙에 대한 신학적·성경적·교육학적 연구, 즉 지적 이해의 중요성을 강조하는데, 그것을 건강한 그리스도인의 삶의 판단 기준으로 삼는 것은 다소 위험해 보인다. 성경적 가치관 속에서 인간의 연구는 어디까지나 성령님의 목소리를 듣는 데에 도움이 될 때만 의미가 있기 때문이다.

알버트 그린(Albert E. Green)의 『(알버트 그린 박사의) 기독교 세계관으로 가르치기』는 교육의 핵심을 성령님의 역사, 즉, 하나님의 사역으로 설명한다는 점에서 세이모어의 주장과 구별된다. 그는 기독교 교육이 세속적 교육과 어떻게 달라야 하는지 답하고자 한다. 그는 가르침은 궁극적으로 하나님의 일이며, 배움은 하나님께서 인간에게 허락하신 은혜로운 은사이기에, 모든 학습은 하나님에 의해서만 가능하며 학습의 결과 인간이 하나님을 알게 됨을 강조한다.[5] 특히 기독교 학교 교육에 관하여, 그는 하나님의 창조세계에 대한 공부는 학생이 하나님의 세계를 만나는 방법이며, 따라서 공부하는 과정 자체가 곧 예배와 찬양과 봉사의 과정이고 그 결과 학생은 하나님과 더 깊은 관계를

---

5) Albert E. Green, 『(알버트 그린 박사의) 기독교 세계관으로 가르치기』, 현은자 외 2인 역 (서울: CUP, 2000), 65-7.

맺는다고 주장한다.[6] 결국, 지적인 탐구 활동은 '그리스도인의 삶'에 대한 신학적 이해가 아닌 창조주 하나님과의 만남의 장으로서 역할하며,[7] 지식의 습득이 아닌 하나님을 경외하는 학생의 변화된 삶을 결과로 얻을 때 유의미한 활동이 된다는 것이다.[8]

이 책은 기독교 교육이 어떠한 경우에도 하나님과의 관계를 배제한 채 이루어질 수 없으며, 나아가 기독교 교육의 핵심이 하나님을 알아가고 하나님과의 관계를 더욱 깊게 하여 궁극적으로 삶의 변화를 이끌어내는 데에 있어야 함을 드러낸다는 점에서 의의가 있다. 저자는 방대한 철학사를 탐색함으로써 현재 이런 교육이 부재한 이유(시대정신에 매몰된 기독교 교육)를 진단하고, 그것을 그리스도인의 삶과 신앙이 분리되는 근본 원인으로 지목하며, 기독교 교육이 나아가야 하는 방향을 명확히 제시한다. 다만, 저자가 주장하는 교육이 구체적으로 어떻게 가능한지에 관한 논의가 상대적으로 부족하다. 예를 들어, 저자는 하나님의 계시에 대한 배움이 어떻게 하나님과의 인격적인 만남과 회개로 이어질 수 있는지 등에 관하여 구체적으로 서술하지 않는다.

6) Ibid., 69, 87, 225.
7) Ibid., 191.
8) Ibid., 344.

이와 반대로, 존 예이츠(John Yates)와 수잔 예이츠(Susan Yates)가 저술한『성품이 자녀의 인생을 결정한다』[9]는 매우 구체적인 사례를 들어 기독교적 성품을 함양시키는 교육에 관해 논의한다. 예이츠 부부는 자신의 다섯 자녀를 양육한 경험을 토대로 그리스도인이 개발해야 하는 성품을 훈련하는 구체적인 방법을 제시한다. 따라서 이 책은 기독교 인성교육의 구체적인 지침서로 기능할 가능성을 가지고 있다. 다만, 서술된 가르침의 내용과 방식이 성경적이라고 볼 수 있는 근거가 명확하지 않다. 대부분의 예시에서 그들은 '믿는 자로 사는 삶'을 전제로 아이들을 양육하지만, 그들이 제시하는 훈육방법은 세속적 성품ㆍ도덕 교육의 방식과 크게 다르지 않다. 아무리 성숙한 성품을 지녔다 하더라도 그 성품이 예수님에 대한 믿음에서 기인하고, 성령님의 은혜에 따라 함양된 것이 아니라면 그는 '잘 훈련된 사람' 그 이상도 이하도 아니다.

이와 같은 지침서의 일종으로 한국성품훈련원은 그리스도인이 함양해야 하는 11개의 성품[10]을 성경을 토대로 도출하여 각각의 내용을 가르칠 수 있는 얇은 교재 형태의 소책자 시리즈『성경에 기초한 성품교육과정』을 출판하였다.[11] 이 책은 생활 속의 다양한 이야기들을 통해 학생이 특정 성품의 개념을 탐구할 수 있도록 안내하며, 각각의 성품에 대한 성경적 원리를 학

9) John Yates and Susan Yates,『성품이 자녀의 인생을 결정한다』, 박혜경 역(서울: 국민일보, 2004).

10) 과단성, 용서, 분별력, 믿음, 덕성, 자원력, 정돈, 설득력, 정의, 감사, 신실

11) 한국성품훈련원,『성경에 기초한 성품교육과정』(서울: IBLP-Korea, 2011).

생의 삶에 적용할 수 있도록 돕는 질문을 담고 있다. 이 책은 제목 그대로 하나의 프로그램 혹은 교육과정으로 활용할 수 있는 학습지 혹은 지침서의 역할에 충실하게 구성되어 있기에, 기독교 인성교육에 관한 깊이 있는 논의를 담은 단행본으로 보기에는 어려움이 있다.

2. 단행본: 기독교 인성교육에 대한 목회적 접근

장재훈은 그의 저서 『교회 인성교육 이렇게 하라』에서 인성교육의 부재로 그리스도인들이 비그리스도인들과 구분되지 않는 삶을 살아가고 있다는 점을 지적하며,[12] 105가지의 삶의 일상적인 장면에서 그리스도인이 비그리스도인들과 구분되어 살아가기 위해 따라야 하는 지침을 제시한다. 이는 일상에서의 딜레마적 상황에 처한 기독교인이 취할 수 있는 한 가지의 기독교적 처방을 구체적으로 제시한다는 점에서 의미가 있으나, 이러한 처방이 인간의 전인격적인 변화와 어떻게 관련될 수 있는지는 논의되지 않는다.

멘토링 전문가 류재석이 저술한 『희망 한국교회 멘토링 프로젝트』 또한 기독교 인성교육에 대한 목회적 접근을 일부 포

---

12) 장재훈, 『교회 인성교육 이렇게 하라』(군산: 내흥교회부설 인성교육연구소, 2009), 11-2.

함한다. 이 책은 기본적으로 한국교회가 처한 위기를 극복하기 위한 여섯 가지의 행동강령(agenda)을 제공하는 것을 목적으로 하는데, 그중 한 가지로 인성교육을 제시한다.[13] 인성 개념에 대한 정의부터 인성계발 프로그램의 제시까지 종합적이고 폭넓은 논의를 제공하고 있지만, 주장에 대한 성경적·신학적 근거 제시와 논의가 부족하다는 점에서 성경적 기독교 인성교육에 대한 충분한 고찰이 이루어지지 못했다는 한계를 갖는다.

3. 국내 학술지 논문

앞서 언급한 바와 같이, 기독교 인성교육에 관한 목회적 관점의 논의를 담은 단행본은 매우 소수에 불과하며, 그마저도 성경적·신학적·실천적 차원에서의 심도 있는 논의가 이루어졌다고 보기에는 어려움이 있다. 오히려 이러한 논의는 학술적인 연구를 통해 조금 더 활발히 전개되어왔다. 한상진(2014)은 "교회교육을 위한 인성교육의 중요성"에서, 기독교 인성교육에 관한 의미 있는 고찰을 보여준다. 그는 성경 지식에 치중한 기존 교회교육이 그리스도인의 실천적 삶을 경시해왔고, 그 결과 교회가 사회로부터 외면당하는 한국교회 전반의 위기가 초래되었음을 지적한다.[14]

---

13) 류재석, 『희망 한국교회 멘토링 프로젝트』(파주: 이담북스, 2016), 217-23.
14) 한상진, "교회교육을 위한 인성교육의 중요성," 『기독교교육논총』, 40권(2014): 178-9.

그는 이에 대한 대안으로 하나님의 형상을 따라 지어진, 그러나 죄로 인해 타락한 도덕적·인격적 존재로서의 인간이 자신의 문제를 대면하고, 그것을 반성하여 변화함으로써 과거를 회복하고 더 나은 미래를 향해 나아가도록 돕는 기독교적 인간성 교육이 이 문제에 대한 대안이 될 수 있다고 본다.[15] 그는 칼뱅의 견해에 기대어 교회가 각성과 회개를 기반으로 영혼의 변화를 불러일으키는 기독교적 인간성 교육을 담당하는 도구의 역할을 담당해야 한다고 주장한다.[16] 그의 논의는 기독교 인성교육에 관한 의미 있는 성경적·신학적 고찰을 담고 있다. 다만, 영혼의 변화를 불러오는 것은 각성과 회개를 통해서만 가능함을 지적하면서도 그것이 어떠한 것인지 면밀히 탐색하지 않는다는 한계를 갖는다. 오히려 이에 대한 모호한 언급 과정에서 각성과 회개를 일종의 '반성적 사고'의 일환으로 이해하는 듯한 모습을 보이기도 한다.[17] 인간의 전인격적 존재론적 변화를 동반하는 회개와 도덕적·윤리적·종교적 반성을 명확히 구분하지 않는 것이 성경적·신학적으로 타당한가에 대한 의문이 남는다. 이는 각성과 회개에 대한 논의가 충분히 이루어지지 않았기에 야기되는 문제로 보인다.

한만오(2018)는 "한국교회 교인들의 기독교인성에 관한 연구"에서 신학적 논증이 아닌 수치화된 연구방법으로 동일한 문제

---

15) Ibid., 184-5.
16) Ibid., 170-4, 193.
17) Ibid., 91.

를 탐색한다.[18] 그는 기독교 인성의 덕목들을 성경에서 추출하고 각 덕목을 수량화할 수 있는 측정지표를 기존 연구물로부터 선정하여 개인의 신앙적 요소가 기독교 인성과 맺는 관계를 객관적인 수치로 드러낸다. 그는 자신이 개발한 한국형 기독교 인성 측정 설문지로 교인들과의 일대일 면접을 진행하고,[19] 그 결과를 통계적으로 분석한다. 그 결과, 성도들의 성경읽기시간, 기도시간, 신앙수준, 전도경험 등이 기독교 인성에 큰 영향을 미치는 것이 확인되었다. 그는 해당 요인들을 강화함으로써 기독교 인성을 보다 효과적으로 개발할 수 있으며, 궁극적으로 이러한 인성의 함양은 기독교에 대한 긍정적인 인식을 확장하는 데에 도움이 되리라 주장한다.

그러나 저자가 제시하는 덕목의 측정지표는 기독교 인성을 측정하기에 부족한 면이 있다. 기독교 인성의 덕목은 도덕적 덕목과 그 이름이 같더라도 근본적으로 다르다. 전자는 성경적 세계관 속에서의 덕목이고, 후자는 세속적 세계관 속에서의 덕목이기 때문이다. 그러나 저자가 제시하는 덕목의 측정지표로는 두 가지 덕목의 특성을 명확히 구분할 수 없다. 보다 근본적으로, 신앙의 성숙도를 수치로 측정할 수 있는지에 대해서도 논쟁의 여지가 있다. 그가 제시하는 응답자의 신앙요인은 신앙

---

18) 한만오, "한국교회 교인들의 기독교인성에 관한 연구: 신앙요인 중심으로," 『복음과 실천신학』, 47권 (2018): 183.
19) Ibid., 186-90.

년수, 성경읽기시간, 기도시간, 전도경험, 성령님체험, 구원확신여부, 신앙수준(본인 기준), 출석교회만족도 등인데, 이는 한 개인의 신앙생활의 모습을 묘사하는 데에는 도움이 될 수 있을지 모르지만, 이를 근거로 개인의 신앙 성숙도를 파악하는 것은 다소 무리가 있어 보인다. 성경은 인간이 마음으로 믿어 의에 이른다는 점을 명확히 선언하기에(롬 10:10), 신앙의 성숙도를 표면적으로 드러난 행위에 따라 수치화하는 것은 다소 부적절하고 위험한 판단일 수 있다.

한상진(2017)은 그의 연구 "인성에 대한 교육적 의미"에서 신앙뿐만 아니라 인성을 객관화하고 수치화하는 것 역시 인간의 본질에 관한 심오한 질문을 간과하게 만들기 때문에 지양해야 함을 주장한다.[20] 그는 인성교육에 대한 사회적 요청에 따라 제정된 인성교육진흥법이 인성을 객관화하여 논의한다는 점에서 학생의 실제적인 인간성 형성에 영향을 미치기 어려움을 지적하고, 인간존재의 진정한 변화는 기독교적 인간 이해에 기반한 인성교육으로만 가능하다고 주장한다. 그의 논의는 인성교육진흥법으로 대표되는 일반 인성교육 담론을 설득력 있게 비판하며, 선행연구에 대한 학술적 검토를 기반으로 현실을 진단하고, 기독교 인성교육을 그에 대한 실질적인 대안으로 제시하여 그 가능성을 논증한다는 점에서 의의가 있다.

---

20) 한상진, "인성에 대한 교육적 의미," 422.

기독교 인성교육의 개념 및 주장에 대한 성경적 근거를 구체적으로 제시한다는 점도 한상진의 논의가 갖는 강점이다. 그러나 일반 인성교육에 대한 논의까지도 성경적 가치관에 근거하여 전개하는 그의 논의 방식은,[21] 두 가지 인성교육의 구분을 모호하게 하는 경향이 있다. 또한, 기독교 인성교육을 담당하는 교회의 역할에 관한 논의가 추상적인 수준에 머무름으로써 일반 인성교육에 관한 진단 및 분석이 기독교 인성교육 논의보다 더 구체적인 양상을 보인다. 이는 일반 인성교육의 대안으로서 기독교 인성교육을 제시하는 그의 연구에는 한계점으로 작용한다.

장화선(2014)의 연구 "개혁주의 기독교교육 관점에서의 인성교육"도 이와 비슷한 문제를 안고 있다. 그는 오늘날 한국 사회가 당면한 '인성교육의 부재'라는 문제에서 연구의 필요성을 도출한다.[22] 물론 사회가 당면한 문제에 대한 그리스도인과 교회의 책임에 관한 언급은 충분히 의미 있지만, 그가 세속적 인성교육과 기독교 인성교육의 관계를 명확하게 서술하지 않기 때문에 기독교 인성교육이 추구하는 '하나님의 형상을 따라 지음 받은 인간의 성품'으로서의 합리성, 책임감, 사회성 등의 덕목이[23] 세속적 세계관 속에서의 그것들과 구분되지 않는다는

---

21) Ibid., 421-2.
22) 장화선, "개혁주의 기독교 관점에서의 인성교육," 『기독교 교육논총』, 40권(2014): 48-9.
23) Ibid., 68-9.

문제가 있다. 그럼에도 불구하고, 그의 연구는 기독교 인성교육의 모습을 구체적인 덕목으로 제시하며, 그 덕목을 추구하는 방법을 성경적으로 서술한다는 점에서 차별성을 갖는다.

반면, 신승범(2017)의 연구 "기독교 인성교육에서 인성개념 도출과 인성교육 방향을 위한 제언"은 일반 인성교육과 기독교 인성교육의 관계를 선명하게 드러냄으로써 기독교 인성교육의 모습과 특성을 보다 명확하게 제시한다. 그는 기독교 인성교육을 "중생한 성도를 대상으로 하고, 모든 성도가 그리스도를 닮아가는 것을 목표로 하며, 성령님이 교육의 주체가 되어 인간교사와 동역함으로써 이루어지는 교육"으로 정의한다.[24] 즉, 기독교 인성교육은 인간이 하나님의 형상을 회복하여 그리스도를 닮아가도록 하는 것이며, 그것은 인간의 '성취'가 아닌 성령님의 '은혜'로서 가능한 "행동이 아닌 존재를 바꾸는 교육"이라는 것이다.[25] 그는 기독교 인성의 구체적인 덕목으로 성령님의 9가지 열매와 산상수훈의 제자의 덕목을 제시하며,[26] 이를 습득하는 데에 도움이 될 조언을 덧붙인다.[27] 그의 연구는 논문의 구성과 논의의 전개 측면에서 학문적 엄밀성을 갖추고 있다. 선행연구에 대한 충실한 검토를 바탕으로 다소 복잡한 인

---

24) 신승범, "기독교 인성교육에서 인성개념 도출과 인성교육 방향을 위한 제언," 『신학과 실천』, 56권 (2017): 530-31.

25) Ibid., 534.

26) Ibid., 532-5.

27) Ibid., 536-8.

성 개념을 분석해냄으로써 논의의 출발점을 명확하게 드러낸다. 또한, 성경적·신학적 고찰을 토대로 사회·문화와 연관된 일반 인성교육의 덕목과 하나님 나라와 연관된 기독교 인성교육 덕목의 근본적인 차이를 명시하여 기독교 인성교육이 갖는 특성을 분명히 드러낸다.

뿐만 아니라 기독교 인성교육의 현장, 즉 하나님 나라의 질서가 구현되는 공간으로서의 교회의 역할을 강조한다는 점에서도 차별성을 갖는다. 다만, 이 논의에는 기독교 인성교육이 부재한 이유에 대한 진단이 결여되어 있다. 저자는 사변적 신앙 교육이 아닌 인성교육이 필요하다고 주장하지만,[28] 구체적으로 그 차이가 어디에서 발생하는지에 대해 논하지 않는다. 오늘날 많은 교회는 어떻게 살아야 하는지에 관해 설교한다. 그럼에도 불구하고 기독교 인성교육이 부재한다면, 그 이유에 대한 정확한 진단이 요구된다. 신승범의 연구는 이에 대한 구체적인 논의를 제공하지 못한다.

이원일(2017)이 기독교 교육학자이자 목회자인 호레스 부쉬넬(Horace Bushnell)의 기독교 인성교육 사상을 소개하는 "칼뱅주의에서 기독교 인성교육 – 호레스 부쉬넬을 중심으로"는 신승범의 연구가 간과한 부분을 강조한다. 그는 "회심의 과정에 따

---

28) Ibid., 530.

른 변화는 바로 인성의 변화"[29]라는 부쉬넬의 관점을 소개한다. 부쉬넬은 논의를 '인성교육'의 틀에 국한하지 않고 기독교적 회심이 자연스레 인성의 변화를 동반한다고 주장한다. 이원일은 부쉬넬의 기독교 인성교육은 무분별하게 행해지는 인본주의 인성교육과 완전히 다른 차원이며, 그에 대한 대안이 될 수 있음을 주장한다.[30] 이는 회심과 중생, 성화의 과정을 거쳐 이루어지는데, 인성이 변화된 삶은 크게 '하나님과의 관계성을 거부하는 죄에 대한 회심'과 '죄로부터 자유롭게 되어 이웃사랑을 실천하는 삶'으로 나뉘어 설명될 수 있다.[31]

기독교 인성교육에 관한 다수의 연구가 인성을 특정한 덕목으로 제시하려는 데에 반해 부쉬넬의 사상을 소개하는 이원일의 연구는 '회심'에 초점을 맞추고 있다는 점에서 독창적이고 철저히 성경적이라는 특성을 갖는다. 덕목에 관한 논의 역시 성경에 기반을 두지만, 덕목의 선정과 덕목을 함양하는 방식에 대한 논의가 연구자의 해석에 따라 다양하게 제시되는 데에 반해서 회심과 중생, 성화로 설명되는 부쉬넬의 논의는 기독교 인성교육에 관한 보다 근본적인 논의라고 할 수 있다. 그뿐만 아니라, 기독교 인성이 갈등을 통해 성장한다는 부쉬넬의 주장

---

29) 이원일, "칼뱅주의에서 기독교 인성교육 – 호레스 부쉬넬을 중심으로," 『장신논단』, 49권 2호(2017): 361.
30) Ibid., 350.
31) Ibid., 356-60.

^{32}은 성경에 분명히 언급되지만 기존의 기독교 인성교육 논의에서 배제되어온 부분에 대한 언급이라는 점에서 더욱 의미가 크다. 이 외에도, 신앙의 일상성을 강조하는 그의 주장은 신앙과 삶의 분리를 허용하지 않는 기독교 신앙의 핵심적인 요소에 대한 통찰로 보인다.^{33}

기독교 인성교육에 관한 부쉬넬의 관점 및 분석은 필자가 본 논문을 통해 그려내고자 하는 교회교육으로서의 기독교 인성교육과 상당 부분 닮아 있다. 기독교적 인성을 특정 덕목의 함양이 아닌 성경적 회심의 자연스러운 결과로 보는 것이 가장 핵심적인 공통점이며, 갈등과 일상성에 관한 주목 역시 공유되는 속성이다. 다만, 이원일의 논문은 부쉬넬이 회심의 과정을 곧 인성의 변화로 보았다는 점을 언급하는 데에 머무른다. 그 주장에 근거할 때, 인성의 변화가 동반되지 않는다면 회심의 과정이 명확하지 않기 때문이라는 진단이 필연적으로 따라오며, 그에 대한 논의가 더 깊어져야 할 필요가 있다. 필자는 본 논문에서 이 부분을 드러내는 데에 집중하고자 한다.

우리들교회를 연구대상으로 삼은 구병옥(2018)의 사례연구 "인성회복을 이끄는 목회: 우리들교회를 중심으로"는 회심이 교회 현장에서 다루어지는 한 가지 가능한 방법에 대한 탐색

---

32) Ibid., 367-8.
33) Ibid., 370-1.

이다. 그는 성경적 인성회복을 가져오는 목회적 요소가 무엇인지 밝히고자 문헌고찰, 참여관찰, 사례연구의 방법론을 채택하여 우리들교회를 연구하였다. 그가 분석한 우리들교회 목회의 핵심요소는 반기복적 메시지, 사랑과 나눔의 목장(소그룹), 공개적인 죄고백, 양육훈련, 치리(권징)이다.[34] 이상의 요소들은 서로 유기적으로 연관되어 있으며, 특히 죄에 대한 강조와 죄고백을 중심으로 이루어진다. 이는 부쉬넬의 논의와 마찬가지로 회심이 곧 인성의 변화를 동반한다는 성경 이해에 기초한다.

우리들교회의 사례는 특정 프로그램이 아닌 설교 메시지와 소그룹 나눔 등 교회의 가장 기본적인 요소를 충실히 하는 데에 초점을 맞춘다는 점에서 매우 긍정적이다. 따라서 구병옥의 연구는 기독교 인성교육에서 '죄'에 대한 분명한 자각과 고백을 가능하게 하는 것이 얼마나 중요한 위치를 차지하는지를 보여준다는 점에서 의미 있는 역할을 한다. 다만, 그 모든 과정이 어떤 점에서 '인성회복'과 연관되는지에 대한 서술이 다소 부족하다.

죄를 고백함으로써 자유함을 얻고 치유되는 경험을 하게 되는 과정은 잘 드러나고 있지만, 한 개인의 일회적인 경험만을 서술하고 있기에 그 이후 지속적으로 어떠한 삶을 살고 있는

---

34) 구병옥, "인성회복을 이끄는 목회: 우리들교회를 중심으로," 532-42.

지는 드러나지 않는다. 또한, 구병옥이 주목하는 우리들교회의 '열매'는 '알코올중독, 게임중독, 마약중독, 인터넷중독, 가정폭력' 등 특별한 문제 상황에 한정되어 있다. 그것은 이 사례를 더욱 특별하고 선명하게 드러내는 방법이지만, 죄인인 상태의 비참하고 타락한 인간의 인성은 '비윤리적인 인성 타락의 상태'에만 해당하는 것이 아니기에 이는 결국 사례를 제한적으로 소개하는 결과를 불러온다. 타락한 인성은 도덕적 결함이 있는 특정인이 아닌 보편적 인류의 본질적 특성이며, 결국 인성의 회복은 그 모든 인류에게 해당하는 과제임을 고려할 때 아쉬움이 남는 대목이다. 부쉬넬이 언급한 일상성에 대한 고려가 결여되어 있는 것이다.

이 외에 주목할 만한 또 하나의 연구는 강용원(2015)의 "기독교 인성교육의 성경적 기초"이다. 강용원은 마태복음 5:3-11, 갈라디아서 5:22-23, 베드로후서 1:5-7을 중심으로(거듭난 사람들의 성품에 관련된 본문) 기독교 인성교육에 대한 성경적 기초를 밝힌다. 이는 흔히 기독교 인성교육 논의에서 '덕목'으로 제시되는 요소들의 성격적 근거가 되는 본문이다. 그는 이 연구에서 그와 같은 덕목에 대한 기존의 논의와 접근들이 과연 성경적인가에 대한 근본적인 질문을 던진다. 저자 스스로 신약 논문에 가깝다고 표현할 만큼 각각의 본문을 매우 세밀하게 분석하며 논의한 결과, 그는 파편화된 덕목 중심적 접근이 다소 성경적이지 못할 수 있다는 가능성을 제기한다.[35] 각각의 본문에서 제시되는 덕목은 서로 독립적으로 존재하는 것이 아니라 일종의 통일성 속에서 '모두'로서 존재하기 때문이다.[36] 즉, 어느 한 덕목을 따로 갖출 수 있는 것이 아니라, 모든 덕목이 서로 연관성 속에서 존재하기에 덕목을 서로 분리하여 각각을 개별적으로 함양시키고자 하는 방식으로는 기독교 인성교육이 이루어지기 어렵다는 것이다.

나아가, 저자는 기독교 인성교육을 주제로 논의하는 많은 논문이 성경이 분명히 제시하는 '천국백성'의 '역행적 특성(가난한 심령, 애통, 박해 등)'에 관해 언급하지 않는다는 점을 지적한다.[37] 덕목들이 '하나'로 이해되어야 한다면, 이와 같은 일부에 대한 외면은 전체를 왜곡하는 결과를 불러일으키게 된다. 이런 맥락에서 저자는 성령님의 9가지 열매만을 덕성으로 제시하는 것에는 부족함이 있다고 지적한다. 역행적 특성이 포함되어 있지 않기 때문이다.

더욱 본질적으로, 그는 기독교 인성교육이 기독교 교육과 별개로 존재하는가에 관한 질문을 던진다.[38] 이는 기독교 교육과 구별된 기독교 인성교육이라는 주제 아래 덕목들이 인위적으

---

35) 강용원, "기독교 인성교육의 성경적 기초," 『기독교 교육정보』, 47(2015): 374.

36) Ibid., 366-7.

37) Ibid., 374.

38) Ibid.

로 나뉘고 개별적으로 추구되며 본래의 모습을 잃어버리는 양상을 보이는데, 이것이 과연 타당한가에 대한 근본적인 질문이다. 이 연구는 덕목 중심적인 시각으로 인성교육에 접근하는 많은 연구물에 대한 통찰력 있는 비판을 해낸다는 점에서 그 의미가 크다. 단순히 기존의 접근이 틀렸음을 지적하는 것이 아니라, 그와 같은 방식으로 추구하는 인성교육의 인간상은 성경적이지 않다는 것을 드러낸다는 점이 이 논문의 매우 본질적인 연구성과라고 할 수 있다.

  필자는 강용원의 지적에 공감하며, 본 논문을 통해 기독교 인성교육은 덕목에 대한 제시가 아닌 회심과 중생, 성화의 과정을 성경적으로 경험하는 것을 통해 실현될 수 있음을 주장하고자 한다. 다만, 강용원과 부쉬넬의 논의에 더해, 기독교 인성교육이 이루어지지 못하는 이유가 성경적 참된 회심의 부재와 하나님의 형상 회복을 위해 끝까지 가르쳐 지키게 하는 교육을 담당해야 할 교회가 그 역할을 충분히 해내지 못하는 데에 있음을 명확히 진단하여 드러내고자 한다. 나아가, 참된 회개에 기반하여 하나님의 형상을 회복하는 그리스도의 몸 된 교회의 기독교 인성교육의 모습을 사례를 통해 제시하고 묘사하는 데까지 논의를 발전시키고자 한다.

제 02장

III. 성경적 신학적 토대

세속적 인성교육에 관한 논의에서 전제하는 '인성'의 개념이 시대와 공간에 따라 변화해왔으며 여전히 변화하고 있다는 사실은 인성에 대한 기존의 논의가 인성의 본질보다 그것의 기능적 역할에 초점을 두고 전개되어 왔음을 보여준다. 보다 근본적으로, 이는 인간이 스스로 '인간'이 어떠한 존재인지 그리고 그 인간의 성품인 '인성'이 무엇인지를 명확히 정의하기는 어렵다는 한계성에 기인한다. 이는 인간을 창조한 창조주의 관점에서 인간을 규정할 때에만 극복될 수 있다. 성경은 매우 분명하게 인간을 만든 창조주의 관점에서 서술된 유일한 책이기에 기독교 인성교육이 전제하는 인성의 개념은 오로지 성경을 토대로 도출되어야 한다. 하나님께서는 인간을 하나님께서 정한 특별한 목적에 따라 특별한 형식으로 창조하셨으며, 죄로 인해 타락한 인간의 인성 또한 하나님의 관점과 목적에 따라 회복시키시기를 원하시기 때문이다.

본 장에서는 성경에 근거하여 '인성'의 개념을 정의하고, 하나님의 관점에서 약속하시고 성취하시는 인성의 회복은 예수님을 믿기 이전의 자기중심적인 삶에서 돌이켜 그리스도 중심적인 삶으로의 전인격적 전향을 의미하는 '죄에 대한 참된 회개'에 근거한 하나님의 형상 회복에 달려있으며 이것이 바로 기독교 인성교육의 핵심이라는 본 논문의 논지를 뒷받침할 성경적·신학적 토대를 제시하고자 한다.

1. 성경적 '인성'

"하나님이 이르시되 우리의 형상을 따라 우리의 모양대로 우리가 사람을 만들고 그들로 바다의 물고기와 하늘의 새와 가축과 온 땅과 땅에 기는 모든 것을 다스리게 하자 하시고 하나님이 자기 형상 곧 하나님의 형상대로 사람을 창조하시되 남자와 여자를 창조하시고"(창 1:26-27)[1]

성경은 인간이 '하나님의 형상을 따라 하나님의 모양대로 지음 받은 존재'임을 명시한다. 일반적으로 인성은 인간의 성품, 즉 인간을 인간으로 구분 짓는 가장 고유한 성질을 의미하기에 성경적 인성은 성경이 규정한 인간의 고유한 성품이라고 할 수 있다. 따라서 성경적 인성을 이해하기 위해서는 성경적 인간 이해의 핵심이 되는 '하나님의 형상'에 대한 선행적 이해가 필

---

1) 본 연구에서 인용된 성경 구절은 모두 『성경전서(개역개정판)』(대한성서공회, 2001)를 기준으로 한다.

수적으로 요청된다. '하나님의 형상'의 관점에서 보는 '인성'은 다음의 세 가지 측면으로 나뉘어 설명될 수 있으며, '인성' 개념에 대한 성경적 이해는 이 세 가지 측면에 대한 종합적인 이해를 요구한다. 그 각각을 요약하면 '본래적 인성: 하나님의 형상을 부여받은 인간', '왜곡된 인성: 파괴된 하나님의 형상', '회복된 인성: 예수 그리스도 안에서 회복된 하나님의 형상'으로 표현될 수 있다.

(1) 본래적 인성: 하나님의 형상을 부여받은 인간

인간은 하나님의 형상을 따라 창조된 유일한 피조물이다. 창세기 1장 26절의 "우리의 형상을 따라 우리의 모양대로"에서 사용된 히브리 원어는 '첼렘(형상)'과 '데무트(모양)'다.[2] '첼렘'은 '조각하다' 또는 '자르다'라는 뜻을 가진 동사에서 파생된 용어이며 '데무트'는 '~와 비슷하다'라는 뜻을 지닌 동사에서 파생된 용어다. 따라서 이 단어가 창세기 1장에서 인간의 창조에 적용된 것은 인간이 하나님의 모습과 비슷하게 조각되었음을 의미한다고 볼 수 있다. 즉, 인간이 하나님의 형상을 따라 지음 받았다는 것은 인간이 하나님을 반영하는 존재이며 특정한 측면에서 하나님을 닮은 하나님의 표상임을 의미한다고 할 수 있

---

2) 미국의 조직신학자 밀라드 에릭슨(Millard J. Erickson)은 루터의 해석에 기반하여 '형상'과 '모양'이 반복적으로 나타난 것은 이들이 서로 다른 의미가 있기 때문이 아니라 히브리어에 나타나는 흔한 병행어법의 한 가지 예시일 뿐이라고 설명한다(Millard J. Erickson, 『복음주의 조직신학 (中)』, 신경수 역(서울: 크리스챤다이제스트, 1995), 67-8.).

다.[3] 구약의 관점에서(창 5:1-2; 9:6-7), 인간으로 존재한다는 것은 곧 하나님의 형상을 지니고 있다는 것을 의미한다. 따라서 인간은 하나님의 형상을 지니고 있을 뿐만 아니라 곧 하나님의 형상인 것이다.[4]

신약은 하나님의 형상으로서의 인간의 완벽한 모범을 예수 그리스도로 제시한다(약 3:9; 고후 4:4; 골 1:15; 요 14:8-9; 히 1:3; 4:15). 고린도후서 4장 4절에서 바울은 "그리스도는 하나님의 형상이니라"라고 명확히 선언한다. 여기에서 '형상'은 헬라어 '카라크테르'의 번역어로서 '동전이나 인에 있는 것과 같은 찍은 자국 또는 흔적'을 의미한다. 이는 동전을 보고 그 동전을 찍어낸 원래의 주형의 모양을 알 수 있듯이 성자이신 예수 그리스도를 봄으로써 성부 하나님이 어떤 분이신지를 정확히 알 수 있다는 것을 의미한다. 이처럼 예수 그리스도는 성부 하나님의 완벽한 재현이시기에 성부에게서 발견되는 모든 특징, 특성, 성품이 성부의 정확한 재현이신 성자에게서도 발견된다고 할 수 있다.[5]

성자의 '성부 닮음'과 인간의 '하나님 닮음'이 정확히 무엇으로 이루어졌는지에 대해 성경은 명시적으로 서술하지 않는다. 따라서 닮음의 본질, 즉 인간이 부여받은 '하나님의 형상'이 무엇을 의미하는지에 대해 신학자들은 오랜 시간 논의해왔고, 밀

3) Anthony A. Hoekema, 『개혁주의 인간론』, 이용중 역(서울: 부흥과 개혁사, 2012), 28-9.
4) Ibid., 35.
5) Ibid., 38-40.

라드 에릭슨(Milard J. Erickson)에 따르면 그들의 견해는 크게 세 가지로 나뉜다.

첫째는 하나님의 형상을 "인간의 구조 안에 있는 어떤 제한된 특성이나 자질"로 규정하는 '실재적(substantive) 견해'다. 이때의 특성은 신체적, 심리적, 영적 특성을 망라하여 논의되어 왔다. 어떤 사람들은 인간의 특정한 신체적 특성이 하나님의 형상과 닮았다고 보기도 하며, 다른 사람들은 인간의 이성이나 의지 등을 하나님의 형상이 반영된 결과물로 해석하기도 한다. 그 특성을 무엇으로 제시하든 그들 모두가 공통적으로 동의하는 것은 '형상의 자리'다. 그 자리가 인간 안에 위치한다는 것이다. 그들 모두에게 하나님의 형상은 인간의 본성 안에 자리한 특정한 자질이나 능력을 의미한다. 특히, 그들은 이 형상이 신자와 비신자의 구분 없이 모든 인간의 본성에 보편적으로 내재한다고 주장한다.[6]

둘째는 에밀 브룬너(Emil Brunner)와 칼 바르트(Karl Barth)로 대표되는 '관계적(relational) 견해'로서 이를 지지하는 신학자들은 형상을 "관계의 경험"으로 이해한다. 이 관점에서 하나님의 형상은 '관계'로서 현존한다. 하나님의 형상은 인간이 소유할 수 있는 정적 대상이 아니라 인간이 경험할 수 있는 어떤 동적인

---

6) Erickson, 『복음주의 조직신학 (中)』, 64-9.

것이다. 따라서 인간은 하나님 혹은 다른 인간과의 특별한 관계(여자와 남자, 사회 등) 안에 있을 때 그 형상을 드러내거나 형상 안에 거하게 된다. 실재적 견해와 마찬가지로, 이 형상은 모든 인간에게서 보편적으로 발견된다.[7]

마지막으로 하나님의 형상을 인간의 행위 안에서 규정하고자 하는 '기능적(functional) 견해'가 있다. 이와 같은 관점을 가진 신학자들이 특히 주목하는 행위는 '피조물에 대한 지배' 행위다. 하나님께서 모든 피조물의 주(主)이시기에 하나님의 형상을 닮은 인간은 하나님의 명령(창 1:28)에 따라 다른 피조물에 대한 지배권을 행사함으로써 그 형상을 반영한다는 것이다.[8]

이 중 어느 한 가지의 견해만으로 하나님의 형상을 이해하는 데에는 다소 무리가 있어 보인다. 우선, '실재적 견해'의 경우에는 신학자들이 제시하는 '형상의 실체'로서의 특정한 신체적 성질이나 인간의 이성, 의지 등이 어떠한 성경 구절로도 뒷받침되지 않는다는 한계를 갖는다. 성경 본문 어디에서도 인간의 특정한 자질을 하나님의 형상과 연관시킨 구절을 찾을 수 없다. '기능적 견해' 역시 하나님의 형상을 '지배의 실행'과 동일한 것으로 볼 수 있는 분명한 성경적 근거를 제시하지 못한다. 또한 '관계적 견해'는 '관계'의 성격과 무관하게 '관계' 그 자체를 하나님의 형상과 동일시하기에 하나님과 적대적인 관계에

---

7) Ibid., 69-75.
8) Ibid., 76-8.

있는 이들까지도 하나님의 형상을 반영하는 존재로 간주할 수밖에 없게 된다는 한계를 갖는다.[9]

그럼에도 불구하고, 에릭슨은 '하나님의 형상'에 관한 몇 가지 신학적 이해를 합리적으로 추론해낼 수 있다고 주장한다. 이는 인간이 하나님의 형상을 따라 지음 받았다는 성경에 근거하여 하나님의 형상이 모든 인류에게 보편적으로 있다는 점, 하나님의 형상은 인간의 특정한 현존(육체적·심리적·영적 특성, 관계 경험, 지배 행위 등)에 의존하는 것이 아니라 인간이 창조된 방식 안에 있는 어떤 것으로서 인간의 본성과 존재 그 자체 안에 있는 것이라는 점, 인간은 '하나님의 형상'으로 인해 하나님과 같이 인격성이 지닌 능력을 발휘할 수 있다는 점, 인간은 '하나님의 형상'으로 인해 하나님을 알고 사랑하고 하나님께 순종할 수 있다는 점 등을 포함한다.[10]

결론적으로, 그는 관계적 견해와 기능적 견해를 반박하며 하나님의 형상을 인간의 구조 안에 있는 어떤 실체적인 속성들(qualities)로 규정한다는 점에서 실재적 견해를 지지한다고 볼 수 있다. 좀 더 구체적으로, 그에게 형상이란 인간의 인격성이 지닌 능력으로써 인간이 타인과 교류하고, 생각하고 반성하며, 자유의지를 가질 수 있는 존재로 만들어주는 모종의 속성들

---

9) Ibid., 79-80.
10) Ibid., 81-3.

(qualities)을 의미한다.[11] 에릭슨은 인간이 이 속성들로 하나님을 예배하고 섬길 때 비로소 하나님의 인간 창조의 의도를 완벽히 실행할 수 있게 됨을 명확하게 선언하지만,[12] 그럼에도 불구하고 하나님의 형상을 인간이 지닌 인격성의 능력으로 보는 그의 견해는 하나님께부터 분리된 인간의 단독적인 존재 가능성을 열어둔다는 점에서 치명적인 문제점을 내포한다.

웨인 그루뎀(Wayne Grudem)은 이상의 견해들이 하나님의 형상이 갖는 "하나의 의미를 지나치게 구체화시키거나 너무 편협하게 이해"하려는 시도들의 결론이며, 이러한 노력이 오히려 하나님의 형상의 의미에 대한 논란을 심화시킨다고 지적한다.[13] 그는 "우리의 형상을 따라 우리의 모양대로 사람을 만들자"(창 1:26)라는 본문의 '첼렘(형상)'과 '데무트(모양)'라는 표현이 당대의 독자들에게 "우리를 닮은 우리를 대표하는 사람을 만들자"라는 의미를 매우 분명하고 단순하게 전달하였기에, 성경은 신학자들이 제시하는 것과 같이 하나님의 형상이 인간에게서 어떤 형태로 존재하는지를 구체적으로 설명하고 열거할 필요가 없었음을 주장한다. 나아가, 그는 그와 같은 부연설명이 불필요할 뿐만 아니라 하나님의 형상에 대한 부적절한 설명이 될 수 있음을 지적한다.

---

11) Ibid., 82; Milard J. Erickson, 『인죄론』, 나용화, 박성민 공역 (서울: 기독교문서선교회, 1993), 112.
12) Erickson, 『복음주의 조직신학 (中)』, 86.
13) Wayne Grudem, 『웨인 그루뎀의 조직신학 (상)』, 노진준 역 (서울: 은성, 2009), 669.

그루뎀에 따르면, 우리는 그러한 신학적 연구가 아니라 성경의 다른 부분들을 읽어 하나님의 인격과 행위에 대한 보다 깊은 이해에 도달함으로써 '하나님을 닮는 것'의 의미를 더욱 온전히 알게 된다. 하나님과 인간에 대해 더 깊이 이해할수록 둘 사이의 유사성에 대한 앎도 풍성해질 수 있기 때문이다.[14] 그 유사성에 관해 더욱 구체적으로 논의할 수도 있으나,[15] 더욱 중요한 것은 태초에 창조된 인간이 모든 면에서 하나님을 닮은 하나님의 한 부분이라는 점이다.[16] 따라서, 그루뎀은 하나님의 형상에 관한 연구가 성경에 기반을 둔 하나님과 인간에 대한 보다 깊고 온전한 이해를 통해 이루어져야 함을 강조한다.

앤서니 후크마(Anthony A. Hoekema) 또한 하나님의 형상에 대한 기존 신학자들의 논의에 대해 비판적인 태도를 보인다. 그는 특히 여타의 동물들과 구별된 인간만의 고유한 특성에서 하나님의 형상을 규정해내고자 하는 신학자들의 접근방식이 옳지 못함을 지적한다.[17] 그는 하나님의 형상의 완벽한 본보기인 예수 그리스도를 보는 것이 인간에게 있어서 하나님의 형상을 보는 최선의 방법임을 주장한다. 이는 단지 예수님께서 완벽한 예시이시기 때문만이 아니라 그분을 통해 인간이 하나님의 형

---

14) Ibid., 670.
15) 그루뎀은 이를 도덕적 · 영적 · 정신적 · 관계적 · 육체적 측면에서 부분적으로 고찰하지만, 그 어느 것도 단독적으로 하나님의 형상에 관한 답이 될 수 없음을 강조한다(Ibid., 673-9).
16) Ibid. 670.
17) Hoekema, 『개혁주의 인간론』, 40.

상을 보고 듣는 것이 하나님의 의도에 부합하기 때문이다. 따라서 그가 제시하는 인간에게 있는 하나님의 형상의 핵심은 인간의 이성적 능력 등과 같은 특성이 아니라 예수 그리스도의 핵심인 "하나님을 향한 사랑과 인간을 향한 사랑"이다.[18] 인간은 하나님과 인간을 사랑하는 존재로서 살아감으로써 하나님의 형상을 온전히 반영하는 존재가 될 수 있다는 것이다.

종합적으로, 하나님의 형상에 상이한 이해에도 불구하고 모든 견해가 궁극적으로 동의하는 바는 하나님의 형상을 따라 지음 받은 모든 인간은 이 본래적 인성을 삶에서 실현해낼 때 '가장 인간다운 인간'이 될 수 있다는 것이다. 다시 말해, 그 삶은 오직 '창조주 하나님의 창조 의도'에 전적으로 순종하는 삶이다. 예수 그리스도는 바로 그와 같은 삶을 살아내신 유일하고 완전한 인간이시기에 인간이 '진정한 인간'으로 살아가는 것은 예수 그리스도와 같은 삶을 살아갈 때만 가능해진다(고후 4:4; 요 5:19; 롬 6:5-7).

(2) 왜곡된 인성: 파괴된 하나님의 형상

인간은 그 삶을 자신의 힘으로 살아낼 수 없다. 인간에게 부여된 하나님의 형상이 인간의 죄로 인해 파괴되었기 때문이다. 창세기 2-3장은 인간에게 있어 하나님의 형상을 파괴한 '죄'가

---

18) Ibid.

무엇을 의미하는지를 보여준다. 창조주 하나님의 형상을 따라 지음 받은 피조물인 인간은 하나님처럼 되고자 하는 마음에(창 3:4-6) 선악을 알게 하는 나무의 열매를 먹지 말라는 하나님의 명령(창 2:15-17)을 거역하였다. 그 결과, 인간은 하나님과 함께 거닐던 에덴동산에서 쫓겨나 더이상 하나님과 '함께 할 수 없는 관계의 단절'을 직면하게 되었다(창 3:22-24). 창조주 하나님의 통치 아래에 있지 않고 스스로 자신의 주인이 되기를 갈망하며 하나님과 같이 되고 싶어 했던 인간은 결국 그 삶을 스스로 선택함으로써 죄를 범하게 되었다. 성경이 말하는 '죄'는 피조물인 인간이 창조주 하나님께 전적으로 의존하기를 거부하고 스스로 자신의 주인이 되기를 원하는 것이다. 이는 그 자체로 하나님의 형상에 어긋난 선택이자 삶의 형태이다.[19]

'하나님의 형상'은 이와 같은 인간의 선택으로 인해 심각하게 훼손되었다. 범죄한 인간은 더이상 창조의 목적에 따른 삶을 추구하지 않는다. 성경은 이처럼 범죄한 인간이 '하나님을 마음에 두기 싫어하는 자(롬 1:28)'이며, 선악을 알게 하는 나무의 열매를 먹는 날에는 "반드시 죽으리라(창 2:17)" 하셨던 하나님의 말씀에 따라 '사망에 이른 자(롬 5:12)'라고 명백히 선언한다. 그리고 범죄한 인간의 삶을 여러 양상으로 기술한다(렘 17:9; 막 7:21-23; 요 5:42; 롬 1:18-32; 7:18; 8:7-8; 엡 4:17-19; 딛 1:15-16). 범죄함

---

19) 김인허, "인간론," 조동선 외 3인, 『침례교 신학총서』(서울: 요단출판사, 2016), 196-7.

으로써 타락한 인간의 상태는 하나님의 창조 의도에서 벗어난 상태이고, 하나님과 관계가 단절된 상태이고, 따라서 하나님을 상실한 상태이고, 타인과의 관계가 파괴된 상태이고, 자신을 세상의 중심에 둔 상태이고, 즉 자신이 모든 해석의 주체가 된 상태이다.[20]

여기에서 주의해야 할 점은 인간의 타락이 하나님의 형상의 전적인 상실을 의미하지 않는다는 것이다.[21] 하나님의 형상은 인간이 지음 받은 존재의 양태이기 때문에, 인간이 존재하는 한 그의 특정한 행위로 인해 전적으로 상실되지 않는다. 그러나 인간의 범죄함으로 인해 인간의 피조성, 인격성, 그리고 부여받은 하나님의 형상이 모두 심대하게 훼손되었다는 것이 성경의 기술이다.[22] 인간 안에 있는 하나님의 형상은 타락 이후에 파괴되었다. 파괴된 하나님의 형상은 더는 제대로 작동하지 않지만, 여전히 존재한다. 후크마는 인간의 죄의 거대함은 인간이 여전히 하나님의 형상을 지닌 존재라는 사실에 있다고 주장한다. 죄를 그토록 극악한 것으로 만드는 요인은 인간이 하나님께 부여받은 영광스러운 재능을 더럽히고 있다는 점이라는 것이다. 타락한 인간은 하나님의 형상을 드러내는 재능을 가지고 죄를 짓는다. 그는 자신의 이성을 하나님을 기쁘시게 하기

---

20) Ibid., 165.
21) Grudem, 『웨인 그루뎀의 조직신학 (상)』, 671; Hoekema, 『개혁주의 인간론』, 31, 36, 52, 109.
22) 김인허, "인간론", 196-7.

위한 수단으로 사용하는 대신 자기 자신이나 인간적 업적을 찬양하기 위한 수단으로 사용한다. 인간은 자신이 부여받은 도덕적 의식을 왜곡된 방식으로 사용하여 잘못된 것을 옳다고 하고 옳은 것을 잘못되었다고 한다. 범죄함으로 타락한 인간은 하나님께 순종하는 대신 하나님과 하나님의 법에 도전하며 사는 '반역하는 인간'이다.[23]

성경에 따르면 생명의 가장 심오한 의미는 하나님과의 교제이므로 죽음의 가장 심오한 의미는 인간의 타락 이전에 누리던 하나님과의 교제의 단절임이 분명하며 이러한 단절은 영적인 죽음이라고 할 수 있다. 이런 의미에서, 최초의 죄가 발생한 즉시 인간의 첫 조상은 죽었다고 말해도 무방하다. 타락 이후로 모든 인간은 영적인 죽음의 상태를 전제로 태어난다.[24]

하나님의 형상이 파괴됨에 따라 하나님의 형상과의 밀접한 관련성 속에 존재하는 인간의 본래적 인성 또한 왜곡될 수밖에 없다. 왜곡된 인성은 더이상 하나님의 형상을 반영하는 삶의 기제로 작용하지 않는다. 죄인 된 인간의 성질인 왜곡된 인성은 하나님을 거부하고 대적하는 원동력이 된다. 하나님을 마음에 두기 싫어하는 죄인 된 인간의 성품(롬 1:28)은 이러한 왜곡된 인성의 가장 대표적인 모습이라고 볼 수 있다.

---

23) Hoekema, 『개혁주의 인간론』, 125-6.
24) Ibid., 196. 그루뎀은 이를 '유전된 부패(inherited corruption)'라는 용어로 지칭한다(Grudem, 『웨인 그루뎀의 조직신학 (상)』, 749).

(3) 회복된 인성: 예수 그리스도 안에서 회복된 하나님의 형상

김인허는 창세기 1장 26-28절에 근거하여 인간은 하나님의 형상에 따라 지음 받은 존재이기에 그의 존재론적 목적이 하나님을 반영하는 데에 있다고 주장한다.[25] 반대로, 죄는 하나님과 인간의 관계를 파괴함으로써 인간이 부여받은 하나님의 형상이 일그러져 인간이 하나님의 형상을 온전히 반영하지 못하게 하는 데에 그 목적을 둔다. 인간의 범죄함은 결국 인간의 존재론적 가치를 상실하게 한다. 따라서 죄로 인해 하나님을 대적하는 왜곡된 인성을 갖게 된 인간이 그의 본래적 인성을 회복하여 하나님을 반영하는 그의 존재론적 목적에 부합한 삶을 살아갈 수 있는 유일한 방법은 창조주 하나님과 피조물 인간의 관계를 회복하는 것뿐이다.

성경은 그 관계를 회복하는 유일한 길로 예수 그리스도를 제시한다. 요한복음 14장 6절은 "길이요 진리요 생명"이신 예수 그리스도로 말미암지 않고는 하나님께 나아갈 길이 없다고 단언한다. 하나님께서는 세상을 너무나도 사랑하셔서 자신의 독생자 예수 그리스도를 세상에 보내셔서 인간의 죄에 대한 대속 제물로 삼으셨고, 예수 그리스도를 믿는 모든 인간에게 멸망으로부터 구원받을 수 있는 은혜를 베푸셨다(요 3:16-18). 그러나 전적으로 타락한 인간은 자기 자신의 힘으로 이 믿음의 길을

---

25) 김인허, "인간론," 165.

분별할 수도, 선택할 수도, 걸어갈 수도 없다(롬 5:12; 엡 2:1-3). 예수 그리스도를 믿음으로 죽음에서 영생으로 거듭나는 인간에 대한 하나님의 구원 사역은 성령님의 능력에 의해 이루어진다(요 3:5-8). 인간이 그리스도를 통해 하나님께 나아가도록 하고, 그리스도의 삶을 따라 살아가도록 가르치고 그 삶으로 안내하는 것, 그리고 그리스도가 인간 안에 실재하시게 하여 인간이 그리스도를 반영하는 삶을 살아가도록 하는 것은 전적으로 성령님의 영역인 것이다.[26] 이 모든 과정이 성령님의 주권 아래에서만 실현될 수 있는 성령님의 역사이기에[27] 인간은 오직 이 과정을 주관하시며 인도하시는 성령님(요 14:26)을 전적으로 신뢰하고 그분께 순종할 때에만 예수 그리스도를 통한 하나님의 구원의 은혜를 경험하게 된다.

이사야 53장 4-6절은 인간의 죄를 근본적으로 해결할 수 있는 유일한 길인 예수 그리스도에 대한 예표이다. 예수님께서는 죽음과 부활로 인류의 하나님에 대한 관계회복을 성취하였다(롬 4:25; 5:6-8; 엡 2:1). 그렇기에 인간이 하나님과의 관계가 회복된 존재로서 하나님의 형상을 그리스도의 형상에 따라 회복시켜 나아가고, 그로 인해 하나님을 반영하는 인간에 대한 하나님의 본래의 목적을 회복하는 삶을 살아가는 유일한 길은 성령님의 인도하심에 따라 예수 그리스도의 죽음과 부활에 동참

26) 조동선, "성령님론," 조동선 외 3인, 『침례교 신학총서』(서울: 요단출판사, 2016), 288-9.
27) Ibid., 286-8, 290-1.

하는 것이다. 그리스도의 죽음과 부활에 동참한다는 것은 인간이 "내가 그리스도와 함께 십자가에 못 박혔나니 그런즉 이제는 내가 사는 것이 아니요 오직 내 안에 그리스도께서 사시는 것이라 이제 내가 육체 가운데 사는 것은 나를 사랑하사 나를 위하여 자기 자신을 버리신 하나님의 아들을 믿는 믿음 안에서 사는 것이라"(갈 2:20)라는 고백과 함께 실제 그 삶을 살아가는 것을 의미한다. 이 삶은 '십자가에 못 박히는 죽음'과 '그리스도의 부활에 참여하는 것' 모두를 요구한다. 다시 말해, 예수 그리스도의 죽음에 동참하는 그리스도인은 하나님을 마음에 두기 싫어하며 스스로 삶의 주인이 되고자 하나님의 주권을 거부하고 그분의 명령에 불순종했던 지난 삶이 모두 죄임을 인정하고, 죄의 종으로 살아온 옛 사람을 십자가에 못 박아야 한다. 그리고 다시 사신 예수 그리스도의 부활에 연합되어 죄에 대하여는 죽은 자로 하나님께 대하여는 산 자로 하나님의 뜻에 완전히 따르는 순종의 삶을 살아가야 한다(롬 6:11).

성경은 "회개하고 복음을 믿으라"라고 선포한다(막 1:15). 즉, 이 회개와 순종의 삶은 복음이신 예수 그리스도를 '믿음'으로써만 가능해진다. 그분은 하나님께서 인간에게 허락하신 유일한 구원자이시기 때문이다(행 4:12).

그리스도께서는 완전하신 하나님의 형상을 온전하게 반영한 유일한 인간이시기에(히 1:10; 빌 2:6; 요 1:18)[28] 그분은 인간이 하나님과 화해할 수 있는 단 하나의 길이자, 하나님의 형상을 반영하는 인간의 삶의 원형을 보여주는 유일하고 온전한 본보기가 되신다. 인간은 하나님의 형상 그 자체이신 예수 그리스도 안에서 그리스도께 온전히 순복하는 삶을 살아갈 때만 하나님의 형상을 반영하는 삶을 살아간다고 할 수 있으며, 창조주 하나님과의 관계가 회복된 본래적 피조물로서의 인간의 가치를 회복했다고 할 수 있다. 즉, 하나님의 형상 회복은 하나님과의 관계의 회복이다. 이는 성령님의 가르치심에 마음을 열어 귀를 기울이고 성령님을 신뢰하며 그분의 가르침에 순종함으로써 유일한 길이요 진리이신 예수 그리스도를 믿고 그분을 닮아갈 때만 비로소 가능해진다. 후크마는 하나님의 형상과 관련된 성경 본문을 토대로 하나님의 형상에 관한 성경의 가르침을[29] 크게 두 가지로 제시한다. 첫째, 하나님의 형상은 인간이 인간으로 존재하는 한 결코 상실될 수 없는 인간의 본질과 존재의 일부이다. 둘째, 인간의 죄로 인해 하나님의 형상은 뒤틀렸고, 이는 성화의 과정을 통해 새롭게 하나님을 닮아감으로써 회복될 수 있다.[30]

---

28) Erickson, 『복음주의 조직신학 (中)』, 84.

29) 그가 제시한 성경 본문들은 다음과 같다: 창 1:26-28; 5:1-3; 9:6; 시 8; 요 1:18; 14:8-9; 롬 8:29; 고전 11:1; 15:49; 고후 3:18; 엡 4:22-24; 4:32-5:2; 빌 2:5-11; 골 1:15; 3:9-10; 히 1:3; 약 3:9-12; 요일 3:1-2 등등.

30) Hoekema, 『개혁주의 인간론』, 52-3.

이처럼 성경적 인성 개념의 고유성은 성경적 인간관에 그 뿌리를 둔다. 인간의 존재론적 의미와 고유한 성품, 인간적 가치 등은 철저히 창조주 하나님의 의도에 따라 하나님과의 관계 안에서만 정의되고 서술된다.[31] 성경이 제시하는 '인성'을 온전하게 갖추고 실현한 유일한 인간존재는 예수 그리스도이시다. 따라서 기독교적 인성이란 예수 그리스도의 성품이며, 이는 '하나님의 형상'을 반영하는 인간만이 가질 수 있는 성품을 의미하고, 오직 예수 그리스도를 통한 하나님의 형상 회복을 통해서만 가질 수 있는 성품이다. 인간은 오직 예수 그리스도만을 증언하시는 성령님의 가르침에 순종함으로써 이 성품을 가질 수 있게 된다(요 16:13-14). 그렇기에 성경은 모든 인간에게 "자기를 부인하고 자기 십자가를 지고" 예수 그리스도를 따라오라고 (마 16:24; 막 8:34; 눅 9:23) 요구한다.

2. 성경적 인성교육

인간의 피조성을 전제하지 않는 세속적 인성교육은 인간의 전인적 성장과 성숙을 통한 자기실현에 교육의 초점을 두고 이상적인 인간상에 관한 시대적 요청에 응답하여 시대가 요구하는 인재를 길러내는 데에 교육적 가치와 목표를 둔다.[32] 반면,

---

31) 김인허, "인간론," 164-6.
32) 김하연은 오늘날 학교 교육을 통해 이루어지는 인성교육은 학생들이 인간다운 성품을 함양하여 (사회

성경적 인성교육은 전술한 대로 예수 그리스도를 통해 회복된 인간의 본래적 인성으로 하나님의 형상을 반영하는 삶을 살아가는 인간을 양육하고자 한다. 그 결과, 성경적 인성교육은 파괴된 하나님의 형상 회복 및 회복된 형상이 인간의 삶에 전인 격적으로 반영되는 과정과 매우 밀접하게 연관된다. 성경적 인성교육은 하나님께서 자신의 형상을 따라 창조하신 인간에게 주신 피조성과 인격성에 부합하는 삶을 인간이 살아가도록 양육하는 데에 그 목적을 두며, 보다 구체적으로는 피조성에 부합하는 인격성을 함양하도록 돕는 깃을 목표로 한다. 그렇기에 성경적 인성교육은 성령님의 가르침과 인도하심에 순종함으로써 경험되는 참된 회개와 믿음, 하나님의 형상을 회복하는 중생과 성화의 과정이 피교육자의 삶에 전인격적으로 반영되도록 끝까지 가르쳐 지키게 하는 교육이 되어야 할 것이다.

(1) 피조성이 인격성에 우선하는 교육

인류에게 제시된 유일하고 온전한 성경적 인간이신 예수 그

가 합의한) 바람직한 가치를 추구하고 사회적으로 원만한 관계를 맺으며 살아갈 수 있는 능력을 기르도록 돕는 데에 그 목표를 둔다고 분석한다. 이때의 인간다운 성품이란 인간에게 요구되는 가치와 덕목, 역량 등을 포괄하는 개념이다(김하연, "교사의 인성교육 전문성에 관한 연구"(박사학위논문, 서울대학교 대학원, 2017), 33-34). 김상철에 의하면, 덕목으로서의 인성은 자신 및 타인과의 관계에서 요구되는 도덕적인 덕과 공동체의 일원으로서 책임과 의무를 다하는 데 필요한 시민적인 덕, 그리고 이 두 가지의 덕을 실천하기 위한 지적인 덕으로 이루어진다. 인간은 각각에 해당하는 좋은 성품을 갖춤으로써 덕성을 함양할 수 있게 된다. 또한, 역량은 미래 사회가 사회 구성원에게 요구하는 기본적인 자질들로서 덕성을 실천하는 원동력이 된다. 이에 그는 학교 교육을 통해 이루어지는 인성교육은 덕성뿐만 아니라 역량의 함양도 포괄할 수 있어야 한다고 주장한다(김상철, "한국의 인성교육정책 변동과정 분석: 다차원 교육정책분석 모형을 중심으로", 박사학위논문, 고려대학교 대학원, 2018), 7-8). 그러므로 인간의 개인적·사회적 덕목 및 덕목의 실천을 위한 역량의 함양을 추구하는 세속적 인성교육은 인간이 한 개인으로, 그리고 사회의 한 구성원으로 자신의 능력을 충분히 실현하고 타인과 공존하며 사회의 발전에 일조할 수 있도록 돕는 교육이라고 할 수 있다.

리스도의 삶은 다양한 관점과 방식으로 분석되고 특징지어져 왔다. 그중 한 가지 접근은 성경적 인간의 특성인 피조성과 인격성을 기준으로 그분의 삶을 이해하는 것이며, 이는 특정한 행동적 특성을 토대로 예수 그리스도의 삶을 규정하는 것보다 더 근본적인 접근 방법이다. '하나님의 형상을 따라 창조주 하나님께서 인간을 창조하셨다'라는 성경적 사실은 인간의 가장 근본적인 특성으로 피조성과 인격성을 전제하기 때문이다. 후크마는 이와 같은 인간의 근본적 특성에 근거하여 인간을 "창조된 인격"을 가진 존재로 명명한다.[33] 우선, 창조물로서의 피조성을 갖는 모든 것은 전적으로 창조주에 의존한다. 따라서 인간이 하나님의 창조물로서 피조성을 갖는다는 것은 인간이 전적으로 하나님께 의존하는 존재임을 의미한다(요 1:3; 느 9:6; 행 17:25).[34] 인간의 존재 의미는 하나님의 창조 의도에 달려있으며,[35] 피조성을 가진 인간이 인간답게 살아가는 길은 그 의도에 맞는 삶을 사는 것이다. 동시에 인간은 인격성을 가진 존재이기에 그 삶을 자신이 직접 선택하며 살아갈 자유를 갖는다.[36] 인간은 하나님을 알고 사랑하고 하나님께 순종하는 존재로 창조되었지만,[37] 하나님께서는 인간이 기계적 반응이 아니라 인격적 선택으로 그 삶을 살아가기를 원하시기에 인간에게 자신의

---

33) Hoekema, 『개혁주의 인간론』, 18.

34) Ibid., 17-8.

35) Erickson, 『복음주의 조직신학 (中)』, 82, 86.

36) 김인회, "인간론," 176.

37) Erickson, 『복음주의 조직신학 (中)』, 82.

형상을 따라 인격성을 부여하셨다.[38]

　김인허는 아담을 예시로 들어 하나님께 대한 절대적 의존성인 피조성보다 선택의 자유를 행사하는 인격성이 우선할 경우 인간의 자기 우상화가 초래된다는 점을 지적한다. 예수 그리스도의 삶은 그와 반대된다. 그리스도께서는 피조성이 인격성에 우선하는 삶을 사셨다(빌 2:5-6). 피조성이 인격성에 우선하는 삶은 모든 선택권을 하나님의 의도와 목적에 맞게 행사하는 삶을 의미한다. 이것이 바로 영성이며, 제지도이고, 하나님의 형상 회복이며, 성화이자 그리스도를 따라 살아가는 그리스도인의 삶인 것이다.[39] 성경적 인성교육은 바로 이와 같은 그리스도인의 삶을 통해 실현되고 증명된다.

(2) 전인격적 변화를 동반하는 교육: 회심, 중생, 성화

　아담 이후 모든 인간이 영적인 죽음을 전제로 태어나기에 인간은 왜곡된 인성을 회복시킴으로써만 가치와 존엄을 가진 존재로서 '인간답게' 살아갈 수 있다. 그 회복은 오직 예수 그리스도를 통해서만, 그리고 그분 안에서 그분과 같이 살아감으로써만 가능하다. 그 삶은 '순종'으로 가능해지고, 또 순종으로 증명되는 '회개'와 '믿음'의 삶이다. 이는 '회심'과 '중생', 그리고 '성화'의 과정으로 설명될 수 있다.

---

38) 김인허, "인간론," 176-7.
39) Ibid., 177.

회심이란 "죄로부터 돌이켜 그리스도께로 향하는 것(롬 6:11; 골 3:3; 행 3:26; 11:21)"이다.[40] 조동선에 따르면, 회심은 '회개'와 '믿음'의 두 가지 측면으로 구성된다.[41] 회개는 "성경에서 말하는 '죄'에 대한 지적인 깨달음과 인정(롬 3:20; 눅 15:17)", "죄에 대한 탄식과 죄 용서에 대한 갈망(시 31:1; 고후 7:9)", "내적인 전환"이라는 지·정·의 세 요소를 가진 전인격적 경험이다.[42] 이때 '전환'이라 함은 이전의 삶과 전혀 다른 삶의 방향으로의 전환을 의미하기에 회개는 실제적인 행동의 변화를 반드시 동반해야 한다(대하 7:14; 마 21:29).[43] 실질적인 삶의 변화를 동반하지 않는 단순한 감정적 후회는 결코 회개가 될 수 없기에,[44] 본 논문은 마지막 요소인 "내적인 전환"을 "내적인 전환"과 "변화된 삶"의 두 가지 요소로 나누어 실제적인 삶의 변화를 더욱 강조해야 할 필요가 있음을 주장한다. 왜냐하면 "내적"이라는 용어만이 부각됨에 따라 내적인 전환에 반드시 따르는 외적인 행동의 변화가 갖는 중요성이 간과될 가능성이 있기 때문이다. 전자가 죄에 대한 애통함으로 죄로부터 돌이켜 그리스도를 향하는 삶의 방향성의 전환이라면, 후자는 그 전환의 결과 행동으로 드러나는 실제적인 삶의 변화를 의미한다고 볼 수 있다. 죄에 대한 진

---

40) 조동선, "구원론," 조동선 외 3인, 『침례교 신학총서』(서울: 요단출판사, 2016), 332.

41) Ibid., 334-5.

42) Ibid., 334.

43) Ibid.

44) Ibid.; 그루뎀은 인간이 자신의 죄 된 행동에 대한 슬픔 혹은 극심한 양심의 가책을 느낀다고 하더라도 죄로부터 돌아서는 결단과 헌신이 없다면 그것은 참된 회개가 될 수 없으며, 참된 회개에는 즉각적인 삶의 변화가 뒤따른다고 주장한다(Wayne Grudem, 『웨인 그루뎀의 조직신학 (중)』, 339).

정한 회개에는 반드시 삶의 변화가 동반된다. 그루뎀은 이를 "회개의 열매"라고 지칭한다.[45] 진정한 회개에는 반드시 그에 합당한 열매가 뒤따른다.

회개와 동시적으로 발생하는 믿음에도 지·정·의 세 가지의 측면이 있다. "구원자이자 주님 되시는 그리스도의 정체성과 그분의 대속적 죽음 및 부활에 대한 지적 이해와 동의(요 17:3; 롬 10:9; 고전 15:3-4; 살전 4:14; 살후 2:13)", "진리에 대한 기쁜 감정적 반응(시 106:12; 마 13:20; 요 5:35)", 그리고 "그리스도에 대한 의지적이며 인격적인 신뢰(마 11:28-30; 요 1:12; 8:12; 롬 1:5)"가 이에 해당한다.[46] 조동선은 이 중 특히 셋째 측면의 중요성에 주목한다. 인간은 바로 이 신뢰에 근거하여 하나님께 자신을 완전히 의탁할 수 있게 되며, 예수 그리스도와 영적으로 연합하는 의지적 행위와 예수 그리스도께 온전히 순복하는 헌신으로 나아갈 수 있게 되기 때문이다.[47]

여기에서 주목할 필요가 있는 한 가지는 회개와 믿음 모두가

---

45) "회개의 열매"가 "참된 회개에 대한 증명 혹은 조건"이 되는 것은 아님을 주의할 필요가 있다. 참된 회개에는 반드시 변화된 삶이 뒤따르지만, '일정 기간의 변화된 행동'이 참된 회개에 대한 증명이자 확신의 근거가 될 수는 없다는 것이다(Grudem, 『웨인 그루뎀의 조직신학 (중)』, 339). 전자는 회개 그 자체에 초점을 맞추지만, 후자는 회개의 진정성을 증명함으로써 죄 사함 여부를 예측하는 데에 관심을 두게 할 가능성이 있다. 이 경우, 회개는 성경이 인간에게 명령하는 죄인 된 인간의 책임이자 의무가 아닌 인간의 죄 사함을 위한 수단으로 전락하게 된다. 그뿐만 아니라 행위 자체는 결코 죄 사함의 근거가 될 수 없다. 따라서 열매가 없는 회개의 진정성을 의심해보고 점검해보는 것을 넘어 행위로써 회개의 진정성을 증명해내고자 하는 태도는 회개에 대한 비성경적 이해라고 할 수 있다.

46) 조동선, "구원론", 335; 『웨인 그루뎀의 조직신학 (중)』은 세 측면에 대한 보다 상세한 설명을 제공한다(Grudem, 『웨인 그루뎀의 조직신학 (중)』, 332-7).

47) 조동선, "구원론", 335.

인간의 자발적인 의지를 요구한다는 점이다. 죄에 대한 회개에 자연스레 뒤따르는 행동의 변화, 예수 그리스도에 대한 신뢰와 그 신뢰에 기반한 헌신은 모두 일정 부분 인간의 영역에 속한다. 즉, 회심은 인간의 능동적 태도를 요청한다(사 55:7; 겔 33:11; 행 2:38; 17:30).[48] 피조물성을 거부하고 스스로 자신의 주인이 되고자 하는 죄로부터 돌이켜 회개하고 예수 그리스도를 구세주와 주님으로 믿는 회심은 인간에 대한 성경의 명령이다. 성경은 "회개하라", "믿으라"라고 명령한다(막 1:15). 회심은 결코 인간이 스스로 이루어낼 수 있는 것이 아님에도 불구하고(행 5:31; 11:18; 고전 2:4-5; 벧후 1:1),[49] 성경은 인간에게 회개하고 믿을 것을 명령하며 인간이 본인의 의지로 이 길을 선택하기를 촉구한다. 구속의 과정은 전적으로 성령님의 주관 아래 진행되지만, 성경은 동시에 인간의 의지적 결단을 요구한다.[50]

회심한 인간은 영적으로 거듭나는 '중생'을 경험한다.[51] 중생한 인간은 "새 생명을 얻은 자(요 3:5-7; 요일 5:11-12)"이며 "새 본성에 참여한 자(벧후 1:4)"이고 "마음의 할례를 통해 새 마음을 받은 자(렘 24:7; 겔 11:19, 36:26)"이며 "새로운 순결함을 경험하는 자

---

48) Ibid., 333; Grudem, 『웨인 그루뎀의 조직신학 (중)』, 313.

49) 조동선, "구원론", 333.

50) Hoekema, 『개혁주의 인간론』, 48.

51) 회심과 중생은 모두 근본적으로 성령님의 사역이며 하나님의 은혜와 주권 아래 이루어지지만, 하나님께서는 인간이 스스로 하나님을 선택하기 원하시고 하나님의 먼저 사랑하심에 대해 하나님을 사랑함으로써 능동적으로 응답하기를 원하시기에 인간의 죄에 대한 회개와 예수 그리스도에 대한 믿음을 기다리신다. 회심과 중생의 시간적·논리적 순서는 신학적으로 논쟁적인 주제이다. 본 논문은 성경적 근거(요 1:12-13; 행 2:38; 16:31; 요일 5:1)에 따라 '회심→중생'의 논리적 순서를 제시하는 조동선의 입장을 지지한다(조동선, "구원론", 333).

(고전 6:11; 딛 3:5)"이다. 조동선에 따르면, 인간이 죄와 허물로 죽었다(엡 2:1)는 것은 인간의 영뿐만 아니라 인간성 전체가 죄로 인해 죽었다는 것을 의미하며, 중생을 통해 인간이 그리스도 안에서 새 피조물로 거듭날 때 인간은 '인간' 그 자체로서 살아난다. 다시 말해, 중생으로 죄로 인해 일그러진 하나님의 형상이 회복된다.[52]

회심과 중생의 순간을 경험한 인간은 이제 비로소 '그리스도를 닮아가는 삶'을 살아갈 준비를 마치게 된다. 이제 그가 걸어갈 길을 '성화'의 과정이라고 지칭하며, 성화는 "중생에서 시작되어 그리스도인들의 신앙 여정 내내 계속되는 성령님의 거룩하게 하시는 역사(살후 2:13; 롬 8:13, 15:16)"를 의미한다.[53] 신학자들은 성화에 세 가지 측면이 있으며, 세 가지 측면의 균형이 성경적 성화를 이해하는 데에 중요한 역할을 수행한다고 주장한다.[54] 첫째는 중생과 함께 발생하는 성화의 시작인 "위치적 성화"로 이는 '우리를 흑암의 권세에서 건져내사 그의 사랑의 아들의 나라로 옮기(골 1:13)'신 하나님의 역사를 뜻한다. 위치적 성화는 성화의 시작이며, 완성이 아니다. 따라서 이어 "점진적 성화"의 과정이 이어진다. 이 과정에서 신자는 끊임없이 자기를 부인하고, 죄 된 행실을 죽이며, 예수 그리스도를 닮아가기

---

52) Ibid., 337-8.
53) Ibid., 351.
54) Ibid., 351-3; Grudem, 『웨인 그루뎀의 조직신학 (중)』, 395-400.

위해 헌신한다(롬 6:12-13, 8:13; 고후 3:18; 골 3:10). 신약의 서신서에
나오는 교회와 신자들을 향한 권면들은 중생 이후 육체적 죽음
이전의 신자가 이 땅에서 경험하고 이루어가는 점진적 성화의
범주에 속한다고 볼 수 있다.[55] 이는 "그리스도의 재림과 그리
스도인의 부활이 일어나는 종말"에 "완전한 성화"로 완성될 것
이다(빌 3:21; 고전 15:49).[56]

  '회심', '중생', '성화'의 핵심은 "하나님의 주님 되심을 거부하
는 죄에서 돌이켜 하나님의 뜻에 따라 살아가는 삶으로의 분명
한 전환"과 "끊임없이 예수 그리스도를 닮아가는 점진적인 성
장"에 있다고 할 수 있다. 이 모든 과정은 '하나님의 창조의 목
적과 의도, 명령'에 따르는 방향으로 이루어지며, 회심과 성화
의 과정에서 성경은 그 방향을 향한 인간의 마음과 노력과 선
택과 의지를 요청한다. 회심은 분명 하나님의 역사이지만 인
간은 그 하나님의 역사에 '회개'와 '믿음'으로 반응할 것을 요청
받는다. 또한, 성화 역시 성령님의 역사이지만 성경은 인간에
게 죄와 피 흘리기까지 싸우며(히 12:4) 거룩한 삶을 위해 적극적
이고 완전한 순종을 할 것을 명령한다.[57] 후크마는 모든 그리스
도인은 이 순종을 통해 하나님의 완벽한 형상이신 예수 그리스
도를 더욱 닮아가야 하는 임무를 부여받았으며, 그 임무에 순

---

55) Grudem, 『웨인 그루뎀의 조직신학 (중)』, 398.
56) Ibid., 399; 조동선, "구원론", 352.
57) Ibid., 353; Grudem, 『웨인 그루뎀의 조직신학 (중)』, 408-9.

복하는 것이 곧 자신의 책임을 다하는 길임을 강조한다(엡 4:32-5:2; 고전 11:1; 빌 2:5-11; 요 13:14-15). 그는 하나님께서 우리로 하여금 그렇게 행할 수 있도록 하실 때만 우리가 이 책임을 다할 수 있지만, 그럼에도 불구하고 이것은 분명 우리의 책임임을 강조한다.[58]

그리스도인들에게 '완성된 삶'은 존재하지 않는다. 오직 예수 그리스도 한 분만이 완전하시다. 모든 그리스도인은 오직 그리스도와 연합된 순간에만 그분의 온전하심에 연합됨으로 그분의 거룩한 삶에 동참할 수 있을 뿐이다. 따라서 그리스도인들에게 성화의 과정은 심판의 그 날까지 언제나 진행형이다. 여기에는 타협도, 중지도 없어야만 한다. 그저 성경의 명령대로 성령님의 인도하심에 따라 피 흘리기까지, 죽기까지 순종할 뿐이다. 이것이 인간을 향한 성경의 명령이며, 피조물로서의 인간은 그 명령에 순복함으로 응답해야 할 의무가 있다. 이는 결국 인간을 하나님께 부여받은 '피조성'과 '인격성'에 부합하는 존재로 살아가게 하는 과정이라고 할 수 있으며, 무엇보다도 피조성을 우선하여 그에 합한 방식으로 인격성을 활용해내도록 하는 과정이라고 볼 수 있다. 이것이 바로 성경적 인성교육이 지향하는 바이다.

이처럼 성경적 인성교육은 분명한 전인격적 변화를 요청하

---

58) Hoekema, 『개혁주의 인간론』, 50.

며, 그 변화를 동반함으로써 비로소 실현된다. 성경적 인성교육은 삶의 주체이자 주인이 '자기 자신'에서 '하나님'으로, 삶의 목적이 '나의 완성'에서 '예수 그리스도'로 변화하고, 삶의 매 순간 피조성과 인격성을 가진 존재로 살아가고자 성령님께 의존하여 죄와 싸우며 중생과 성화로 예수 그리스도의 장성한 분량까지 성장해 가는 피교육자의 삶을 목표로 한다.

(3) 가르쳐 지키게 하는 교육

성경적 인성교육은 피교육자의 전인격적으로 변화된 '삶'을 목적으로 한다. 인간의 피조성과 인격성에 대한 아무리 분명한 지적 깨달음과 이해가 있다 하더라도, 그것이 성령님의 가르침에 따라 하나님의 뜻에 순종하는 삶으로 증명되지 않는다면 이러한 성경적 인성교육은 야고보서가 말하는 '죽은 믿음'과 다를 바 없다(약 2:26). 마태복음 28장 19-20절에서 예수님께서는 "그러므로 너희는 가서 모든 민족을 제자로 삼아 아버지와 아들과 성령님의 이름으로 침례를 베풀고 내가 너희에게 분부한 모든 것을 가르쳐 지키게 하라 볼지어다 내가 세상 끝날까지 너희와 항상 함께 있으리라 하시니라"라고 명령하신다. 여기에서 주목해야 할 점은 "가르쳐 지키게 하라"는 말씀이다. 흔히들 교육을 '가르치는 것'으로 이해한다. 지식 교육뿐만 아니라 인성교육 역시 잘 가르치면 피교육자들이 그것을 살아낼 수 있을 것이라고 기대하기에 많은 교육자는 어떻게 하면 더 잘 가르칠 수 있을지 고민한다. 그러나 성경은 알기만 하고 행하지 않는 것은 결국 하나님을 거역하는 것이기에 행함으로 순종할 것을 명령한다(삼상 15:22). 즉, 피교육자가 그 가르침에 순종하여 지켜내도록 하는 것까지가 교육자의 역할이며 책임임을 강조하는 것이다. 지키게 하지 않는, 오직 가르치기만 하는 교육이 기독교적 맥락에서 수행되는 것은 매우 위험한 결과를 불러온다. 성경은 행함이 없는 믿음은 헛것이며(약 2:20), 죽은 것(약 2:26)이라고 선언한다. 따라서 성경적 인성교육의 실체는 피교육자의 삶으로 증명되어야 한다.

성경은 가르침의 주체가 성령님이심을 명시하기에(요 14:26), 지키는 것은 성령님의 가르침에 순종하는 것을 의미한다. 결국, 성경적 인성교육은 인간을 변화시키시는 성령님의 고유한 사역에 인간이 순종함으로 동참할 때에만 실현될 수 있다. 성령님의 사역에 순종함으로 동참한다는 것은 성령님께서 이끄시는 대로 살아가는 것이다. 다른 말로 표현하자면, 성령님 충만한 삶을 살아가는 것이다. 조동선에 따르면, 성령님 충만은 그리스도인을 그리스도인으로서 담대하게 살아가게 하는 "지속적인 인격적 특징"이기에(행 6:3; 11:24) 성령님으로 충만한 그리스도인의 인격적 성숙에 의해 성령님 충만이 증거될 수 있으며, 이는 성령님을 소유하는 것이 아니라 그리스도인의 삶이 성령님께 지배되고 순종하는 상태에 머무르는 것을 의미한다.[59] 따라서 그리스도인이 그리스도로 인해 살아가기 위해서는 반드시 지속적인 성령님 충만의 상태에 거해야 한다(행 4:8, 31).[60] 이때, "인격적 특징"이라는 표현에 주목할 필요가 있다. 성령님 충만이 인격적 특징이라는 것은 한 인간에게 충만하게 임하시는 성령님은 특정한 은사의 형태가 아니라 한 인간의 일상적 삶의 순간마다 드러나며 반영되는 흔적으로 그 존재를 나타낸다는 것을 의미한다. 성령님께서는 전적으로 예수 그리스도를 반영하시기에(요 16:13), 성령님 충만의 상태에 지속적으로 거하는 그리스도인의 삶은 예수 그리스도를 반영하는 삶이 되어야만 한다. 그러므로 성경적 인성교육은 가르쳐 지키게 하는 교육이며, 성령님의 사역에 인간이 순종함으로 동참하게 하는 교육이고, 성령님 충만의 상태에 지속적으로 거하게 함으로써 그리스도인의 삶에 예수 그리스도가 반영되도록 하는 교육이다.

마태복음 5장 13절에서 예수님께서는 "너희는 세상의 소금이니 소금이 만일 그 맛을 잃으면 무엇으로 짜게 하리요 후에는 아무 쓸 데 없어 다만 밖에 버려져 사람에게 밟힐 뿐이니라"라고 말씀하신다. 아무리 그럴듯한 소금의 형태를 하고 있더라도, 맛을 잃은 소금은 소금이라 할 수 없다. 소금이 소금으로서 자신의 고유한 맛을 내게 하고 그 맛을 점차 풍부하고 깊이

---

59) 조동선, "성령님론," 294-5.
60) Ibid.

있게 숙성시켜 갈 때 소금의 본래적 목적을 성취하며 좋은 소금으로 인정받을 수 있듯이, 성경적 인성교육은 인간이 성령님의 가르침과 인도하심에 순종함으로써 그 본래적 창조의 목적에 부합하는 그리스도인의 삶을 살아가도록 하고, 나아가 하나님의 형상을 지속적으로 회복하여 성숙한 인성을 가진 사람이 되게 하는 것을 목적으로 삼는다. 이는 하나님의 피조물로서의 인간을 가장 인간답게, 그리고 그들이 예수 그리스도의 삶을 따라 그분의 장성한 분량으로 성장할 때까지 가르쳐 지키게 하는 교육이며, 이를 위해 하나님께서는 예수 그리스도의 몸으로서 교회를 주시고(엡 1:23), 보혜사이신 성령님을 보내셔서 교회와 인간을 돕도록 하신 것이다(요 14:16-17, 26).

3. 참된 회개를 통한 하나님의 형상 회복을 추구하는 기독교 인성교육

이상의 성경적 · 신학적 검토에 근거하여 본 논문에서는 피조성이 인격성에 우선하는 교육, 회심-중생-성화의 과정에 따라 전인격적 변화를 동반하는 교육, 가르쳐 지키게 하는 교육으로서의 성경적 인성교육의 핵심을 "피조성을 거부하고 스스로 자신의 주인이 되고자 하나님을 반역한 인간이 성령님의 인도하심에 순종함으로써 참된 회개를 경험하고, 이를 통해 하나님께서 인간에게 부여하신 하나님의 형상을 회복하며 지속적인 성령님 충만의 상태에서 그것이 전인격적으로 반영되는 삶을 살도록 하는 것"으로 제시하고자 한다. 즉, 성경적 인성교육의 본질은 성령님의 인도하심에 온전히 순종함으로써 경험하게 되는 '참된 회개'에 기반을 둔 '하나님의 형상 회복'에 있다는 것이다. 이 중 하나님께서 인간의 능동성을 요구하신 부분은 '참된 회개'이기에 인간의 행위로서의 기독교 인성교육이 초점을 맞추어야 하는 부분 역시 이와 같다고 할 수 있다. 따라서 본 논문에서는 일반 인성교육 및 일반 인성교육의 대안으로 제시되는 기독교적 인성교육과 구별되는 '기독교 인성교육'을 "참된 회개를 통한 하나님의 형상 회복을 추구하는 교육"으로 정의한다. 결국, 기독교 인성교육의 문제는 곧 참된 회개의 문제로 귀결된다.

앞서 논의된 바와 같이, '하나님의 형상'을 따라 창조된 인간이 스스로 하나님과 같이 되고자 죄를 범함으로써 인간에게 부여된 하나님의 형상이 파괴되었다. 그러므로 하나님의 형상과의 관계성 속에서만 비로소 온전해질 수 있는 인간의 인성 역시 그 과정에서 심각하게 왜곡되었고 인간은 죄 아래 놓이게 되었다. 오늘날까지 인간은 하나님과의 관계가 단절된 죽음의 상태, 즉 죄에 매인 상태에 있으며(엡 2:1) 이렇게 왜곡된 인간의 인성은 하나님을 거부하는 기제로서 작용하게 되었다. 기독교 인성교육은 바로 이 인간의 영적 죽음과 죄에 매인 왜곡된 인성에 대한 인정에서 시작된다. 기독교 인성교육의 전제는 하나님과 인간의 단절된 관계이며 기독교 인성교육의 목적은 하나님과 인간의 관계회복 및 지속적인 관계의 성장이다. 이 교육의 가능성, 다시 말해 하나님과 인간의 관계회복의 가능성은 모든 인간을 구원하고자 하시는 하나님의 은혜와 십자가의 죽음으로 인간의 죄를 대속하신 예수 그리스도의 공로, 그리고 인간을 이 삶에 동참하게 하시는 성령님의 사역에 있다. 따라서 하나님과 인간의 관계회복을 추구하는 기독교 인성교육은 인간이 성령님의 사역에 순종함으로 동참할 때에만 실현될 수 있다.

그리스도인이 실제 삶에서 예수 그리스도를 반영하지 못한다는 것은 곧 그가 하나님과의 관계를 회복하지 못한 죽음과 다름없는 상태에 처해 있음을 의미하며, 이는 성령님의 사역에 동참하기를 거부하며 성령님께 불순종하는 그의 죄에 대한 명확한 증거가 된다. 조동선이 주장하듯, 죄와 허물로 죽은 인간이 그리스도 안에서 새 피조물로 거듭나는 것은 곧 '인간' 그 자체로서 살아나는 것이다.[61] 다시 말해, 죄로 인해 영뿐만 아니라 인간성 전체가 죽은 인간, 즉 파괴된 하나님의 형상과 하나님을 거부하는 왜곡된 인성을 가진 인간이 예수 그리스도를 통해 다시 살아난다는 것은 인간의 죽은 영과 인간성에 새 생명이 피어나고 하나님의 창조의 목적에 부합한 인간의 영과 인간

---

61) 조동선, "구원론," 338.

성의 완전한 회복을 향해 나아가는 여정이 시작됨을 의미한다. 그것은 곧 '하나님께서 창조한 인간 그 자체'의 회복을 뜻하는 것이다. 하나님께서 창조하신 인간은 하나님의 형상으로서의 인간이며, 하나님의 형상을 반영하는 인성을 갖춘 인간이다. 따라서 하나님과의 관계를 회복하는 것은 반드시 그 삶에서 하나님을 반영하는 모습으로 증명되어야만 하며, 증명될 수밖에 없다. 만약 스스로 하나님과의 관계가 회복되었다고 주장하는 인간의 삶에 하나님의 형상을 반영하는 실제적인 모습이 없다면, 회복된 관계에 대해 의문을 던지고 점검하는 것이 당연한 절차이다.

기독교 인성교육은 스스로 자신의 주재권을 주장하며 성령님께 순종하기를 거부하는 삶이 없는 그리스도인의 "그리스도인 됨"에 대해 끊임없이 도전하는 교육이다. 앞 절에서 살펴본 바와 같이, 그리스도인은 하나님을 거부한 자신의 죄를 '회개'하고 십자가의 죽음으로 그 죄를 대속하신 예수 그리스도를 '믿고' 예수 그리스도의 죽음과 부활에 동참하여 그분의 '장성한 분량으로 자라가는' 회심-중생-성화의 과정을 살아가는 존재이다. 따라서 그리스도인의 '그리스도인 됨'에 대한 도전은 첫째로 그의 '회개'와 '믿음'의 진실성에 대한 의심이 될 수 있으며, 둘째로 '장성한 분량으로 성장해 나아갈 것'에 대한 촉구가 될 수 있다.

첫 번째 도전은 과연 그가 고백한 죄에 대한 회개와 예수 그리스도에 대한 믿음이 성령님의 인도하심을 전적으로 신뢰하고 그분께 순종함으로써 다다른 참된 회개와 그 회개에 근거한 믿음인지 묻는 것이다. 앞 장에서 간략히 제시되었듯, 호레스 부쉬넬은 회심에는 반드시 인성의 변화가 따름을 주장한다.[62] 보다 구체적으로, 조동선은 회개와 믿음으로 이루어진 회심 중 회개의 한 가지 요소로 "내적인 전환"을 제시한다. 회개는 이전과 전혀 다른 삶으로의 방향 전환을 의미하며, 이는 반드시 실제적인 행동의 변화를 동반한다는 것이다.[63] 이러한 변화에 대한 확신은 회개가 인간의 노력의 결과가 아닌 하나님의 영역에서 이루어지는 성령님의 역사라는 점에 근거한다. 신실하신 하나님께서 이 모든 과정을 주관하시기에, "전환"이 분명하다면, 즉 "새 사람"으로 다시 태어난 것이 분명하다면 변화는 반드시 동반될 수밖에 없다(벧전 1:22-23).

아담으로부터 비롯된 원죄, 즉 창조주 하나님에 대항하여 스스로 자신이 주인이 되기 원하는 죄에 대한 참된 회개가 있을 때 성령님께서는 인간을 전인격적으로 변화시키신다. 그러므로 삶의 변화를 동반하지 않는 회개는 성령님의 역사에 인간이 순종함으로 참여하는 성경적인 회개라고 볼 수 없다. 그리스도인이라 하면서 그리스도를 반영하는 삶을 살지 못한다는 것

---

62) 이원일, "칼뱅주의에서 기독교 인성교육 – 호레스 부쉬넬을 중심으로," 361.
63) 조동선, "구원론," 334.

은 그가 참된 회개의 자리에 있지 않다는 것을 증명한다. 기독교 인성교육은 그리스도의 몸을 이루고자 하는 그리스도인들이 이제껏 자신이 자신의 주인이 되어 살아온 죄에 대해 분명히 회개하도록 인도하시는 성령님께 순종하고 그분의 사역에 동참하도록 돕는 교육이다.

성경은 세상과 하나님 사이에 어떠한 타협도 있을 수 없음을 명백히 선언한다(요일 2:15). 예수 그리스도를 반영하는 그리스도인의 삶의 첫걸음은 세상으로부터의 온전한 돌아섬이다. 이에 대한 성경적 표현은 '다시 태어나는 것'(고후 5:17), '새 사람이 되는 것'이다. 비록 이 땅에서 성화가 완성될 수는 없다 하더라도, 그리스도인이 된다는 것은 자기중심적으로 살던 옛 사람의 인격과 전혀 다른, 그리스도 중심의 '새' 인격을 갖게 되는 것이기에 '다시 태어나는 것'과 같다.

그러나 자기중심적인 옛 사람의 세상적인 삶의 태도와 가치 체계를 완전히 버리려는 참된 회개가 있지 않는 한, 인간은 결코 전인격적인 변화를 이루어가는 새 사람이 될 수 없다. 기독교 인성교육은 그리스도를 반영하는 삶을 살지 못하고 있는 그리스도인이 과연 자신이 성령님의 이끄심에 따른 참된 회개의 자리에서 예수 그리스도를 그의 주인으로 믿고 그리스도를 따라 그리스도로 사는 그리스도인의 길을 걷고 있는 것인지 의심하고 점검하도록 하는 교육이어야만 한다. 즉, 예수 그리스도를 믿음으로써 새 사람이 된 그리스도인으로서의 출발을 점검하고 그가 삶의 모든 영역에서 그리스도로 살아가는 '그리스도인'인지 묻는 교육이어야만 한다. 기독교 인성교육은 스스로 성령님께 순종하지 않는 것을 알면서도 순종하기를 거부하는 거짓된 그리스도인을 향해 그가 '그리스도인이 아님'을 명확히 말할 수 있는 교육이어야 한다. 조셉 얼라인(Joseph Allein)은 '예수를 주라고 부르면서 죄에서 떠나지 않는 자들(딤후 2:19), 하나님을 안다고 고백하면서 행위로는 하나님을 부인하는 자들(딛 1:16)'이 스스로 고백하는 회개에 관해 강한 의구심을 표하며 기독교를 믿는다고 고백하는 것이 결코 참된 회개를 보장하지 않는다고 주장한다.[64] 참된 회개는 자신의 죄를 분명히 인정하고, 예수 그리스도와 함께 십자가에 자신을 못 박아 그리스도의 죽음에 동참하여 그 죄로부터 완전히 돌아설 것을 결단하며, 실제로 예수 그리스도 중심의 새 삶을 살아갈 것을 마음으로 간구하는 인간이 하나님의 은혜로 성령님의 인도하심에 순종함으로써만 도달할 수 있는 자리이며, 참된 회개가 없이는 결코 그리스도인으로 사는 삶이 시작되지 않기 때문이다. 회개가 없는 믿음, 믿음이 없는 중생, 중생이 없는 성화는 없다. 그렇기에 참된 회개의 부재는 기독교 인성교육의 관점에서 근본적으로 그리스도인의 정체성을 뒤흔드는 매우 심각한 문제가 된다.

---

64) Allein, 『회개의 참된 의미』, 19-20.

이때 중요한 점은 죄로 인해 죽은 인간을 다시 태어나게 하는 "참된 회개"의 자리는 하나님의 형상 회복을 완성하는 자리가 아니라는 점을 주지하는 것이다. 이는 기독교 인성교육의 그리스도인의 '그리스도인 됨'에 대한 두 번째 도전과 직결된다. 참된 회개는 옛 사람에서 새 사람으로의 분명한 돌아섬이지만, 그것이 그리스도인의 거룩함과 무결함을 의미하는 것은 아니다. 얼라인은 회개란 죄로부터 돌이키는 것이며, 회개한 인간은 무결한 존재가 되는 것이 아니라 "죄와 영원한 적대관계를 맺게 된다"고 주장한다.[65] 그에 따르면, 진정으로 회개한 사람은 죄에 대하여 무자비할 정도로 항거하며 투쟁한다.[66] 즉, 성령님의 이끄심에 순종하여 참된 회개를 경험하고 새 사람으로 거듭난 그리스도인은 지속적인 성령님의 이끄심에 따라 죄와의 본격적인 전쟁에 돌입하는 것이다. 사망의 몸을 가진(롬 7:24) 인간에게는 여전히 죄가 거하고(롬 7:17) 그 죄는 하나님을 거부하기에(롬 7:23), 그리스도인들은 영으로서 몸의 행실을 끝없이 죽이며(롬 8:13) 속사람을 계속해서 새롭게 해야만 한다(고후 4:16).

그러므로 기독교 인성교육은 성령님께 순종하기 원하는 그리스도인들이 지속적인 참된 회개의 자리에서 자신의 죄를 보고 그 죄에 항거하며 그리스도의 장성한 분량으로 성장할 수

---

65) Ibid., 42.
66) Ibid.

있도록 촉구하는 교육이어야 한다. 이렇듯 그리스도인의 '그리스도인 됨'에 대한 기독교 인성교육의 두 번째 도전은 참된 회개를 경험한 "그리스도인"을 대상으로 하며, 그가 지속적인 참된 회개의 자리에 머무름으로써 그리스도의 장성한 분량으로 성장해 나아가도록 돕는 것이다.

존 오웬(John Owen)은 그의 저서 『죄 죽임』에서 인간에게 내재하는 죄는 항상 존재하고, 그 죄는 지속적으로 활동하면서 영혼을 파괴하는 죄를 일으키고 성령님과 대립하여 치명적인 결과를 초래하기에 모든 그리스도인은 반드시 항상 죄를 죽여야 한다고 주장한다.[67] 그는 로마서 8장 말씀에 근거하여 매우 분명하게, 죄를 죽여야 하는 대상이 "그리스도인"임을 명시한다.[68] 로마서 8장 11절이 지칭하는 "너희"는 신자들을 의미하며, 신자들이란 10절의 말씀에 따라 "그리스도 예수의 영으로 산 자"를 의미하기에 중생한 자이며 참된 회개를 경험한 자, 곧 "정죄하는 죄의 힘으로부터 확실히 해방된 자"를 뜻한다.[69]

참된 회개는 죄로부터의 완전한 해방이 아니라(롬 8:13)[70] 정죄하는 죄의 힘으로부터의 해방인 것이다. 오히려 참된 회개는 본격적인 죄 죽임의 시작이다. 죄 죽임은 그리스도인들을 향한

---

67) John Owen, 『죄 죽임』, 김귀탁 역 (서울: 부흥과개혁사, 2009), 44-56.
68) Ibid., 36.
69) Ibid., 36-7.
70) Ibid., 45.

성경의 명령이며, 그리스도인은 참된 회개를 통해 태어나기 때문이다. 참된 회개를 통한 하나님의 형상 회복을 추구하는 기독교 인성교육은 심판의 날까지 완성되지 않을 "죄 죽임의 여정"이며, 성경은 모든 그리스도인에게 이 여정에 피 흘리기까지 동참할 것을 명령한다(히 12:4). 이때 절대 간과하지 말아야 할 것은 이 죄 죽임의 여정이 온전히 성령님의 주권 아래에 있다는 점이다.[71] 죄에 항거하는 참된 회개는 결코 성령님의 사역을 벗어나서 이루어질 수 없다. 참된 회개는 언제나 성령님의 인도하심에 순종함으로써 경험할 수 있는 것이다.[72]

기독교 인성교육은 일상에서 그리스도를 반영하는 삶을 살아가지 않는 그리스도인들의 '그리스도인 됨'에 대해 끊임없이 도전하는 교육이다. 보다 구체적으로, 이는 그들이 "참된 회개"를 통해 그리스도인으로 거듭난 것인지 의심하고 점검하며, "참된 회개"의 자리에서 그리스도의 장성한 분량으로 성장해 나아갈 것을 촉구하는 교육이다. 이는 "참된 회개"를 통해 하나님의 형상 회복을 추구하는 교육이기에, 기독교 인성교육의 초점은 "참된 회개"에 맞추어져 있어야 한다.

하나님께서는 하나님과 인간의 관계를 회복하고 창조된 인성(하나님의 형상)을 회복하는 유일한 방법으로 완전한 하나님의 형상이신 '예수 그리스도'를 이 세상에 보내셨고, 보혜사이신

---

71) Ibid., 60.
72) Ibid., 64-5.

성령님을 통해 인간이 예수 그리스도를 만날 수 있도록 도우신다. 예수 그리스도와의 연합을 통해서 인간은 하나님의 말씀에 대한 불순종의 관계에서 순종의 관계로 나아가게 되며, 이 길은 예수님의 명령인 "가르쳐 지키게 하는 교육"으로만 가능해진다. 참된 회개를 통한 하나님의 형상 회복을 추구하는 기독교 인성교육은 하나님의 형상을 반영하지 못하는 그리스도인들이 "하나님의 형상을 회복할 때까지" 포기하지 않고 그들을 "참된 회개"의 자리로 안내하기에, 기독교 인성교육은 분명 가르쳐 지키게 하는 교육이라고 할 수 있다.

4. 기독교 인성교육의 주체이자 장(場)으로서의 교회: 교회의 본질

기독교 인성교육은 예수 그리스도를 머리로 하는 몸 된 교회에서 빛과의 사귐을 통해 실현되고 충만해진다. 조동선은 에베소서 5장 18절에서 6장 9절까지의 말씀에 근거하여, 성령님 충만이 교회의 삶 속에서 추구되어야 함을 주장한다.[73] 성경은 교회가 서로(엡 5:19), 피차(엡 5:21)간에 예배와 가정과 일터에서 성령님 충만을 함께 추구할 것을 촉구한다는 것이다.[74] 따라서 교회는 하나님의 형상을 반영하고, 지체들이 하나님의 형상을 반영하도록 하는 기독교 인성교육의 주체이자 장(場)으로 기능할

---

73) 조동선, "성령님론," 295.

74) Ibid.

때 하나님께 부여받은 본래적 역할에 충실하게 된다. 기독교 인성교육은 곧 하나님의 말씀을 가르쳐 지키게 하는 것이기에, 참된 기독교 교육이고 본질적인 교회교육이다.

김인허는 하나님의 형상 회복이 하나님의 형상을 반영하는 것을 목적으로 하는 교회 공동체 안에서 일어날 수 있으며 일어나야 함을 제시한다.[75] 그는 "하나님의 형상을 인간 안에서 회복시킴으로써 인간의 존엄을 회복시키는 것이 교회에 주어진 본질적이고도 고유한 사역"이라고 주장한다.[76]

교회는 예수 그리스도를 머리로 하는 몸이기에, 몸을 이루는 각 지체 간의 사귐은 예수 그리스도를 통해 가능해진다. 그리고 이 사귐의 결과 하나님의 형상이 인간 안에서 회복되고 더 풍성히 실현된다. 예수 그리스도 안에서 지체 간의 '사귐'이 곧 성부와 성자와의 사귐, 즉 창조주 하나님과의 관계회복을 의미하기 때문이다(요일 1:3). 예수 그리스도의 몸 된 교회 안에서의 사귐은 빛 가운데의 사귐이며 예수 그리스도의 피 값으로 가능해진 사귐이다(요일 1:6). 따라서 이 사귐은 인간이 부여받은 하나님의 형상을 왜곡시키는 죄로부터 인간을 자유롭게 한다(요일 2:1). 교회는 예수 그리스도와 사귐을 갖는 인간들이 예수 그리스도를 통해 한 몸을 이루고 서로 사귐을 갖는 공동체이

---

75) 김인허, "인간론," 210.
76) Ibid.

다. 따라서 교회는 예수 그리스도로, 예수 그리스도와 같이, 예수 그리스도를 따라 한 몸으로서 살아가는 유기적인 공동체이다.[77]

교회는 그 존재 이유와 목적 자체로 머리 되신 예수 그리스도를 반영하는 기독교 인성교육의 주체이자 장(場)이어야만 한다. 그러한 의미에서 성경적 의미로 교회를 바로 이해한다면, 교회는 바로 머리 되신 예수 그리스도를 반영하는 기독교 인성교육의 주체이자 장(場)으로 여겨져야만 할 것이다. 만일 교회가 예수 그리스도로 살아가는 것을 불가능한 과제로 여기며 세상과 타협한다면, 그것은 변명의 여지가 없는 어둠의 속임수일 뿐이다(요일 2:3; 3:6-10; 5:18). 바울은 교회 안에 그리스도와 관계없는 어떠한 세상의 학문, 교훈, 논리 등이 들어와서는 안 됨을 강력히 주장한다(골 2:8). 그는 인간이 예수 그리스도의 죽음에 동참할 때, 세상의 모든 규례와 명령과 가르침도 함께 죽었음을 선언한다(골 2:18-23). 그는 시대에 따라 변화하는 유한한 지식이 아닌 예수 그리스도만이 지혜와 지식의 원천이시며 인간을 살게 하고 충만하게 하심을 강조한다(골 2:2-3, 9-12). 교회는 그 지혜와 생명의 원천이신 예수 그리스도를 머리로 하는 몸된 지체이기에 인간을 가장 인간답게 하는 기독교 인성교육의 장(場)이어야 한다.

---

77) 박영철, 『유기적 교회행정』(대전: 침례신학대학교출판부, 2015), 4.

나아가 성경적으로 바르게 기능하는 기독교 인성교육의 주체이자 장(場)으로서의 교회는 몸 된 지체들의 삶을 풍성하게 할 뿐만 아니라 그 자체로 하나님을 반영하는 존재가 됨으로써 세상에 소망을 보일 수 있을 것이다. 김인허는 이 점에 관해 다음의 통찰력 있는 논의를 제시한다. 현대 사회는 인간성과 인간 존엄의 상실로 고통받아왔으며 여전히 고통받고 있다. 이에 대한 사회적 · 정치적 · 경제적 · 문화적 진단 및 해결책이 끊임없이 제시되고 있지만, 그것은 궁극적인 해결책이 될 수 없다. 인간의 가치와 존엄은 하나님을 떠나 결코 회복될 수 없기 때문이다. 이 문제는 하나님과의 관계회복을 통해서만 해소될 수 있다. 성경을 믿지 않는 사람들이 이 사실을 받아들이기는 매우 어렵다. 그리고 여기에 교회의 역할이 있다. 성경적 진리는 오직 "교회 안에서 가르쳐지고, 교회의 삶으로 증명되며, 교회의 노력으로 세상에 빛을 비추듯 제시되어야 한다".

교회가 예수 그리스도를 머리로 하는 몸 된 지체로서 하나님의 형상을 반영하는 존재가 될 때, 세상은 교회를 보고 하나님을 경험하며 그 진리를 목격할 수 있게 되기 때문이다. 예수님께서는 교회에 복음의 책임을 맡기셨다. 이는 곧 하나님의 형상이 무엇을 의미하며, 하나님을 전제로 살아가는 것이 어떠한 삶인지, 그리고 그 삶이 얼마나 충만하여 기쁘고 존엄한 삶인지를 교회가 드러내야 함을 의미한다.[78] 이것이 교회의 본질이

---

78) 김인허, "인간론," 172.

다. 교회는 그 자체로 하나님의 형상을 반영하고, 몸 된 지체들이 하나님의 형상을 반영하는 삶을 살도록 하며, 하나님을 믿지 않는 세상에 하나님의 형상을 보여주고 증거하는 존재여야 한다. 기독교 인성교육의 주체이자 장(場)으로서의 교회는 바로 이와 같은 교회의 본질에 충실한 공동체이다.

이것이 기독교 인성교육의 핵심이다. 교회에서 이러한 빛 되신 예수 그리스도와의 사귐이 충만히 이루어지고 그것을 끊임없이 경험하는 참된 인성을 가진 자들이 양육될 때, 그리고 그들이 세상에서 빛과 소금으로 살아가며 그들의 일상적 삶을 통해 기독교 인성교육의 실체(하나님의 형상)가 증명될 때, 교회의 본질이 회복되고 생명력 있는 복음이 세상에 충만하게 선포될 수 있는 것이다.

"내가 너희에게 분부한 모든 것을
가르쳐 지키게 하라 볼지어다
내가 세상 끝날까지
너희와 항상 함께 있으리라 하시니라"

(마태복음 28장 20절)

참고도서 목록

1. 단행본

『성경전서(개역개정판)』. 대한성서공회, 2001.

류재석. 『희망 한국교회 멘토링 프로젝트』. 파주: 이담북스, 2016.

박영철. 『유기적 교회행정』. 대전: 침례신학대학출판부, 2015.

장재훈. 『교회 인성교육 이렇게 하라』. 군산: 내홍교회부설 인성교육연구소, 2009.

조동선 외 3인. 『침례교 신학총서』. 서울: 요단출판사, 2016.

한국성품훈련원. 『성경에 기초한 성품교육과정』. 서울: IBLP-Korea, 2011.

Alleine, Joseph. 『회개의 참된 의미』. 이길상 역. 서울: 목회자료사, 2007.

Erickson, Millard J. 『인죄론』. 나용화, 박성민 공역. 서울: 기독교문서선교회, 1993.

------. 『복음주의 조직신학』. 신경수 역. 서울: 크리스챤다이제스트, 1995.

Green, Albert E. 『(알버트 그린 박사의) 기독교 세계관으로 가르치기』. 현은자 외 2인 역. 서울: CUP, 2000.

Grudem, Wayne. 『웨인 그루뎀의 조직신학 (상,중,하)』. 노진준 역. 서울: 은성, 2009.

Hoekema, Anthony A. 『개혁주의 인간론』. 이용중 역. 서울: 부흥과 개혁사, 2012.

Owen, John. 『죄 죽임』. 김귀탁 역. 서울: 부흥과개혁사, 2009.

Seymour, Jack. 『예수님이 직접 가르쳐준 교육학』. 오성주 역. 서울: 신앙과지성사, 2015.

Yates, John. and Susan Yates. 『성품이 자녀의 인생을 결정한다』.

박혜경 역. 서울: 국민일보, 2004.

2. 정기간행물

강용원. "기독교 인성교육의 성경적 기초." 『기독교 교육정보』, 47집 (2015): 361-398.

구병옥. "인성회복을 이끄는 목회: 우리들교회를 중심으로." 『신학과 실천』, 58권 (2018): 525-550.

신승범. "기독교 인성교육에서 인성개념 도출과 인성교육 방향을 위한 제언." 『신학과 실천』, 56권 (2017): 521-543.

이원일. "칼뱅주의에서 기독교 인성교육 – 호레스 부쉬넬을 중심으로." 『장신논단』, 49권 2호 (2017): 349-374.

장화선. "개혁주의 기독교 관점에서의 인성교육." 『기독교교육논총』, 40집 (2014): 47-76.

한만오. "한국교회 교인들의 기독교인성에 관한 연구: 신앙요인 중심으로." 『복음과 실천신학』, 47권 (2018): 181-203.

한상진. "교회교육을 위한 인성교육의 중요성." 『기독교교육논총』, 40집 (2014): 167-197.

------. "인성에 대한 교육적 의미." 『신학과 실천』, 54권 (2017): 417-444.

3. 미간행물

김상철. "한국의 인성교육정책 변동과정 분석: 다차원 교육정책분석 모형을 중심으로". 박사학위논문, 고려대학교 대학원, 2018.

김하연. "교사의 인성교육 전문성에 관한 연구". 박사학위논문, 서울대학교 대학원, 2017.

망망한 바다 한가운데서 배 한 척이 침몰하게 되었습니다.
모두들 구명보트에 옮겨 탔지만 한 사람이 보이지 않았습니다.
절박한 표정으로 안절부절 못하던 성난 무리 앞에 급히 달려 나온 그 선원이
꼭 쥐고 있던 손바닥을 펴 보이며 말했습니다.
"모두들 나침반을 잊고 나왔기에 … "
분명, 나침반이 없었다면 그들은 끝없이 바다 위를 표류할 수 밖에 없을 것입니다.

우리는 삶의 바다를 항해하는 모든 이들을 위하여
그 나침반의 역할을 하고 싶습니다.
우리를 구원하신 위대한 주 예수 그리스도를 널리 전하고 싶습니다.

"하나님은 모든 사람이 구원을 받으며
 진리를 아는 데에 이르기를 원하시느니라"
 (디모데전서 2장 4절)

돌아서다, 그리고 걷다

지은이 │ 조순애
발행인 │ 김용호
발행처 │ 나침반출판사

제1판 발행 │ 2020년 7월 1일

등   록 │ 1980년 3월 18일 / 제 2-32호
주   소 │ 07547 서울특별시 강서구 양천로 583
          블루나인 비즈니스센터 B동 1607호
전   화 │ 본사 (02) 2279-6321 / 영업부 (031) 932-3205
팩   스 │ 본사 (02) 2275-6003 / 영업부 (031) 932-3207
홈   피 │ www.nabook.net
이메일 │ nabook365@hanmail.net
일러스트 제공 │ 게티이미지뱅크/iStock

ISBN   978-89-318-1596-2
책번호 다-3013

값은 뒷표지에 있습니다.